특성화 · 마이스터 고등학교 직업기초능력평가 대비

TEENUP 틴업

기초능력군 편

직업기초능력평가문제집

TEENUP

우리교과서

머리말

미래 사회의 진정한 엘리트가 되기 위해서는 '모든 부문에서 점수가 높아야 한다.'는 관념을 버려야 한다. 그보다는 하나 또는 여러 개의 인생목표를 세울 수 있어야 한다. 많은 사람들이 성장하면서 이런저런 이유로 인생목표를 바꾸기도 하지만, 미리 하나의 기본방향을 정해두는 것이 막연하게 학교를 졸업해서 직업을 선택하고 급작스레 직업기술을 배우는 것보다 훨씬 낫다. 어른이 되어서야 직업 관련 지식과 기술을 배우고 본격적으로 직업훈련을 한다면 경쟁에서 낙오하기 쉽다.

진학과 취업은 피하지 못할 경쟁이다. 피하지 못할 경쟁이라면 차라리 즐기는 게 낫다. 자신만의 미래직업을 계획하고 전략을 세운다면, 굳이 운명의 결정을 기다릴 필요가 없다. 오히려 운명이 '내' 손아귀에 들어온다. 21세기 들어 세계의 젊은이들은 전 세계적인 경제침체와 취업기회 축소라는 심각한 도전에 직면해 있다. 진학과 취업에서 전에 없는 치열한 경쟁 앞에 놓여 있다. 도전을 받아들여 싸울 것인지, 운명에 맡기고 비켜날 것인지 선택의 기로에 놓인 것이다. 중요한 것은 이 선택과 도전에 대처하는 계획과 전략이다. 합리적이고 효과적인 계획과 전략을 마련하고 그것을 실행에 옮긴다면, 아무리 무한경쟁에 휘말리더라도 두려워할 일이 없을 것이다.

아무쪼록 이 책이 전문계, 마이스터고 고등학생들이 미래직업 세계로 진출하여 자신의 운명을 개척하는 데 꼭 필요한 징검다리가 되어주길 바란다.

저자 일동

* 의사소통 국어영역 및 영어영역의 듣기평가 녹음파일은
http://blog.naver.com/alienalingua "틴업직업기초능력평가자료실"에 탑재되어 있습니다.

차례

PART 1

▶ 직업기초능력평가 소개 6

PART 2

▶ 모의고사 1회 의사소통 국어 영역 11
모의고사 1회 의사소통 영어 영역 61
모의고사 1회 수리활용 영역 109

▶ 모의고사 2회 의사소통 국어 영역 161
모의고사 2회 의사소통 영어 영역 213
모의고사 2회 수리활용 영역 265

▶ 모의고사 3회 의사소통 국어 영역 317
모의고사 3회 의사소통 영어 영역 367
모의고사 3회 수리활용 영역 419

PART 3

▶ 정답 및 해설 470

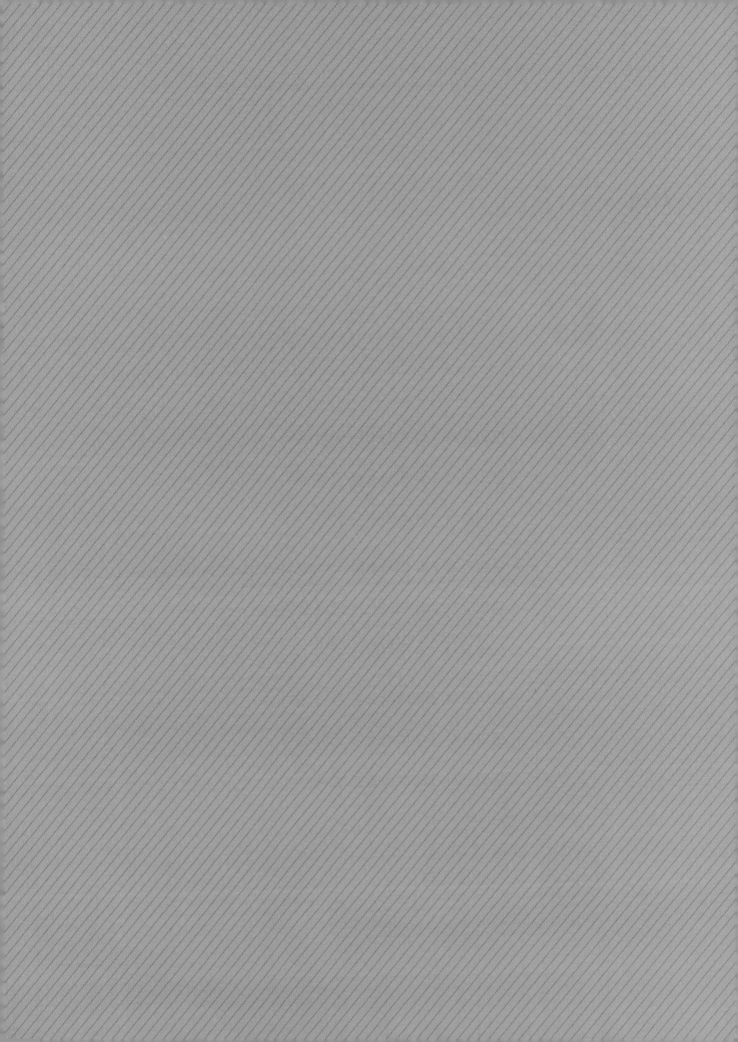

특성화 · 마이스터 고등학교 직업기초능력평가 대비

모의고사
국어 · 영어 · 수리 영역

직업기초능력평가 소개

PART 1

직업기초능력평가 TEENUP 소개

◎ 직업기초능력평가란?

직업기초능력은 직업에서 직무를 성공적으로 수행하기 위한 기본적이고 공통적인 역량을 말하고, 직업기초능력평가(Test for Enhanced Employ ability & Upgraded Proficiency: Teen Up)는 특성화 및 마이스터 고등학생들을 대상으로 하는 인터넷 기반 평가로 직장에서 요구하는 직업역량 보유 정도를 객관적으로 측정하는 평가를 가리키는 말입니다.

◎ 직업기초능력평가 평가 영역

직업기초능력평가는 다양한 기초 연구들의 결과를 반영하여 직무능력을 기초능력군(의사소통 국어 · 의사소통 영어 · 수리활용), 업무처리능력군(문제해결), 직장적응능력군(직무적응) 등 총 3개 능력군, 5개 평가 영역으로 구성하고 있습니다.

직장적응능력군	성공적인 직장 생활을 위한 직장 적응 능력 진단 • 직무적응 영역
업무처리능력군	업무처리에 필요한 직업능력 평가 • 문제해결 영역(전공계열 공통)
기초능력군	직무에 필요한 기본 직업능력 평가 • 의사소통 국어 영역 • 의사소통 영어 영역 • 수리활용 영역

의사소통 국어 영역

평가 요소	직업장면에서 요구되는 언어구사능력을 측정하는 평가로 국어 영역은 업무를 효과적으로 수행하기 위해 음성 및 문자언어를 전달하고 수용하는 능력을 평가
문항 수	50문항
평가 시간	50분
문항 유형	선택형
비고	듣기 문항 포함 ※ 듣기평가는 전체 평가의 30% 내외

의사소통 영어 영역

평가 요소	업무를 처리하는 과정에서 영어로 전달되는 간단한 문자정보나 음성정보를 수용하고 의도한 메시지를 언어적 혹은 비언어적 수단을 활용하여 수용 및 전달할 수 있는 능력을 평가
문항 수	50문항

평가 시간	50분
문항 유형	선택형
비고	듣기 문항 포함 ※ 듣기평가는 전체 평가의 30% 내외

수리활용 영역

평가 요소	업무를 처리하는 과정에서 계산, 수학적 원리 및 수리적 사고를 활용하여 업무를 수행하는 능력을 평가
문항 수	50문항
평가 시간	50분
문항 유형	선택형

문제해결 영역

평가 요소	창의적이고 논리적인 사고를 통해 문제를 올바르게 인식하고 적절하게 해결하는 능력을 평가
문항 수	40문항
평가 시간	50분

평가틀	내용 \ 행동	문제인식	대안탐색 및 분석	대안실행	평가 및 일반화
	정보 및 기술 활용	• 기기 고장, 에러의 원인 파악 • 문제해결에 필요한 정보 파악 등	• 매뉴얼 등을 통해 해결 방안 탐색 • 문제해결에 활용할 수 있는 기술이나 정보 탐색 등	• 잘못된 정보 수정 • 기기의 재접속, 재부팅 등	• 시도한 해결책의 효과성 분석 • 향후 유사 문제 발생 시 대응 전략 이해 등
	자원 관리	• 목표 수량/시간 규명 등 • 필요 자원 파악	• 가능한 날짜, 장소 탐색 • 상품의 장단점 분석 등	• 조건에 맞는 날짜 선정 • 고객에게 상품 추천 등	• 시도한 자원관리 방안의 효과성 분석 • 향후 유사 문제 발생 시 대응
	조직 이해	• 문제해결을 위해 어떤 조직 규정(절차, 규칙, 조직도 등)이 필요한지 파악	• 문제와 관련된 매뉴얼, 규정, 규칙, 구조 등을 탐색 • 대안들의 효과 및 리스크 분석	• 상품 번호 배정 • 결재 취득 • 조직 규정에 따라 서류, 부품 분류 등	• 실행의 효과성 평가 • 잘못된 규정이나 실행에 대한 대책 마련 • 향후 유사 문제 발생 시 실행 전략 등

직무적응 영역

평가 요소	직무적응에 영향을 주는 학생 개별 성격 및 동기 등을 확인하고 진단
문항 수	220문항(응시자의 일상 및 학교생활에 대한 경험, 태도 등을 문항들로 구성)
평가 시간	40분
문항 유형	선택형
비고	• 본 진단평가 영역에서는 자신을 실제보다 더 '좋게 보이려는 의도'와 '무성의한 응답'을 가려낼 수 있도록 개발됨. • 오래 생각하지 말고, 응시자 본인의 의견을 솔직하게 응답해야 정확한 진단 결과를 얻을 수 있음.

◎ 시행 방식

직업기초능력평가는 인터넷 기반의 평가방식(ICBT: Internet-Computer Based Test)으로 특성화 및 마이스터고 학교 보유 PC를 시행관리기관의 중앙본부로 연결하여 실시합니다.

◎ 평가 시간

- 직업기초능력평가는 평가 영역별로 50분에 걸쳐 시행되며, 휴식시간은 10분입니다.
- 오전 9시에 입실하여 오후 3시 20분까지 진행됩니다.

시 간	내 용
09:00 ~ 09:30 (30분)	응시자 입실, 응시자 유의사항 공지
09:30 ~ 10:20 (50분)	**의사소통 국어 영역(50문항)**
10:20 ~ 10:30 (10분)	휴식
10:30 ~ 11:20 (50분)	**의사소통 영어 영역(50문항)**
11:20 ~ 11:30 (10분)	휴식
11:30 ~ 12:20 (50분)	**수리활용 영역(50문항)**
12:20 ~ 13:20 (60분)	점심 식사
13:20 ~ 14:10 (50분)	**문제해결 영역(40문항)**
14:10 ~ 14:20 (10분)	휴식
14:20 ~ 15:00 (40분)	**직무적응 영역(220문항)**
15:00 ~ 15:20 (20분)	설문 조사

※ 평가 종료 시간은 평가실별로 다를 수 있지만 10분 내외로 큰 차이가 나지 않습니다.

특성화 · 마이스터 고등학교 직업기초능력평가 대비

모의고사
국어 · 영어 · 수리 영역

의사소통 국어 영역

의사소통 영어 영역

수리활용 영역

PART 2

특성화 · 마이스터 고등학교 직업기초능력평가 대비

모의고사 1회

의사소통 국어 영역

1 의사소통 국어 영역

Memo

모의고사 국어 영역

01 레스토랑에 근무하는 김지민 씨가 예약현황표를 보며 고객과 전화로 예약 상담을 하고 있다. 김지민 씨가 제안할 수 있는 말로 적절하지 않은 것은?

	16(금요일)		17(토요일)		18(일요일)	
	2인	4인	2인	4인	2인	4인
17 : 30	4	1	0	0	4	0
19 : 30	0	2	0	0	2	1

(숫자는 남은 테이블 수를 의미함)

고 객 여보세요, 테이블 예약을 하고 싶은데요.

김지민 언제 오실 건가요?

고 객 다음 주 토요일 7시 30분쯤이요.

김지민 17일 토요일 7시 30분 말씀입니까? 죄송합니다만, 토요일 저녁은 테이블이 모두 예약되었습니다.

고 객 아 … 그럼 그날과 가까운 날 중에 5시 이후로 자리가 있을까요?

김지민 음 … 자리는 몇 자리 테이블을 원하십니까?

고 객 4인용 테이블이요.

김지민 그럼, ______________________

① 금요일 5시 30분은 어떠십니까?

② 금요일 7시 30분은 어떠십니까?

③ 일요일 5시 30분은 어떠십니까?

④ 일요일 7시 30분은 어떠십니까?

02 전자기기 회사에 근무하는 김지민 씨가 고객과 전화 상담을 하고 있다. 점검 방법 지침에 따라 안내할 때 빈칸에 들어갈 말로 가장 적절할 것은?

〈모니터 화면이 안 나올 때의 점검 방법〉

1. 컴퓨터 전원이 켜져 있는가?
2. 모니터 전원이 켜져 있는가?
3. 모니터와 컴퓨터를 연결하는 케이블이 잘 연결되어 있는가?
   (* 1, 2, 3이 모두 확인될 경우, 모니터 명암이나 밝기 설정이 0으로 되어 있을 수 있음.)

고 객 오늘 아침에 평소처럼 컴퓨터를 켰는데 모니터 화면이 먹통이에요.
김지민 화면이 전혀 안 나온다는 말씀입니까?
고 객 네.
김지민 그렇군요. 그럼 먼저 기본적인 것부터 확인하겠습니다. 컴퓨터 전원은 켜져 있나요?
고 객 그럼요, 앞쪽에 불이 들어와 있고 팬 돌아가는 소리도 납니다.
김지민 알겠습니다. 그럼 모니터 전원도 켜져 있나요?
고 객 네. 모니터 화면 전원에도 불이 들어와 있습니다.
김지민 그럼, 모니터 케이블이 컴퓨터에 잘 연결되어 있는지 한번 봐 주실래요?
고 객 잠시만요 …. 네, 그것도 잘 꽂혀 있습니다.
김지민 그럼 이제 마우스를 다시 움직이거나 자판을 쳐 보세요.
고 객 아, 당연히 다 해 봤죠. 다시 움직여도 하나도 안 보이네요.
김지민 음 … 그러면 ______________________
고 객 아, 네. 그건 아직 안 해봤지만, 그것도 분명 … 잠깐만요. 아이고 이럴 수가! 이제 화면이 나오네요. 죄송해요, 그 생각을 미처 못했어요. 아들 녀석이 또 컴퓨터를 만지작거렸나 봐요.

① 전원을 다시 껐다 켜 보시겠습니까?

② 마우스를 다시 한번 움직여 보시겠습니까?

③ 케이블을 다른 것으로 교체해 보시겠습니까?

④ 모니터 명암/밝기 조절 장치를 조절해 보시겠습니까?

03 레스토랑에 근무하는 김지민 씨는 고객에게 주문을 받고 있다. 고객의 주문 내용을 정리한 것으로 가장 적절한 것은?

김지민 주문하시겠습니까?
고 객 치즈, 구운 햄, 토마토를 곁들인 바게트 하나, 그리고 야채 샐러드요.
김지민 다른 것은 안 필요하십니까?
고 객 음 …, 쇠고기 스테이크를 먹고 싶은데요, 프렌치 프라이 대신에 콘 수프를 먹을 수 있을까요?
김지민 예, 가능합니다.
고 객 아, 그리고 고기는 중간 정도로 익혀 주세요.
김지민 알겠습니다. 주문 확인하겠습니다. 주문하신 음식은 ______________ 맞으시죠?

① 치즈, 구운 햄, 바게트, 야채 샐러드, 프렌치 프라이와 중간으로 익힌 스테이크
② 치즈, 구운 햄, 토마토를 곁들인 바게트 하나, 샐러드, 중간으로 익힌 쇠고기 스테이크
③ 치즈, 구운 햄, 토마토를 곁들인 바게트 하나, 야채 샐러드, 콘 수프와 쇠고기 스테이크
④ 치즈, 구운 햄, 토마토를 곁들인 바게트 하나, 야채 샐러드, 콘 수프와 중간으로 익힌 쇠고기 스테이크

Memo

04 다음은 호텔에 근무하는 김지민 씨와 고객과의 대화이다. 대화를 듣고, 김지민 씨가 이어서 할 말로 가장 적절한 것은?

김지민 안녕하세요, 무엇을 도와드릴까요?
고　객 안녕하세요, 체크인을 하고 싶은데요, 제 이름은 노진홍입니다.
김지민 노진홍 씨 이름으로 예약하셨나요?
고　객 예, 맞아요.
김지민 음 …, 더블 룸에서 3박 하시는 걸로 예약되어 있네요, 맞으신가요?
고　객 더블룸이요? 우리는 더블룸 하나에 트윈룸 하나를 예약했는데요.
김지민 죄송합니다만, 시스템상의 예약 내역에는 그렇게 나와 있지 않습니다.
고　객 보시다시피, 우리 가족은 네 명이에요. 네 명이 더블룸에서 함께 잘 수는 없어요.
김지민 그러시면, ______________________

① 다시 예약을 해 주시는 게 좋겠습니다.
② 가족 중 일부만 오셔야 할 것 같습니다.
③ 다른 호텔을 알아보셔야 할 것 같습니다.
④ 혹시 남는 트윈룸이 있는지 한번 알아보겠습니다.

Memo

05 A회사 재무과에 근무하는 김지민 씨는 업무 중 프로그램 실행이 안 되어 A/S 전화를 하고 있다. 통화 후 김지민 씨가 가장 먼저 해야 할 일은?

> **상담원** 안녕하세요, 무엇을 도와드릴까요?
>
> **김지민** Open Office 패키지를 설치하려고 하는데요, 설치 방법 좀 알려주실래요?
>
> **상담원** 네, 설치 방법은 간단합니다. 먼저 사용하시는 컴퓨터의 시스템 사양을 확인하셔야 합니다. 하드 드라이브에 적어도 650MB의 여유 공간이 있어야 합니다.
>
> **김지민** 아, 그게 문제네요. 컴퓨터 용량이 거의 다 찼거든요.
>
> **상담원** 용량을 확보하셨으면 인터넷에서 해당 프로그램을 다운받으셔야 해요.
>
> **김지민** 그렇군요.
>
> **상담원** 그런 다음에 컴퓨터 관리자로 로그인해야 설치를 진행할 수 있어요. 그래야 소프트웨어를 압축 해제하고 설치할 수 있거든요. 복잡할 게 없습니다만 "OK"를 클릭하기 전에 각 단계마다 설명을 잘 읽어 주셔야 합니다.
>
> **김지민** 아, 간단할 것 같네요. 고맙습니다.
>
> **상담원** 보통의 경우 문제없이 설치될 겁니다. 혹시 설치가 되지 않으면 기존 프로그램을 삭제하시고 다시 프로그램을 다운받아서 전 과정을 다시 실행해 보세요.

① 관리자로 로그인하기

② 전원을 껐다가 다시 시작하기

③ 하드 드라이브의 용량 확인하기

④ Open Office 프로그램 다운 받기

Memo

06 다음은 식품 회사에 근무하는 김지민 씨가 박 과장과 나눈 대화이다. 마지막에 김지민 씨가 해야 할 말로 가장 적절한 것은?

> **박 과장** 지민씨, 어제 정리한 즉석 식품 판매 증대 방안 보고서 말이에요. 상무님께 보고하려고 하는데, 요약본 정리도 끝났죠?
>
> **김지민** 예, 어제 정리 다 끝났습니다.
>
> **박과장** 알겠어요. 따로 내가 알아야 할 건 없나요?
>
> **김지민** 예, 없습니다.
>
> (상무님에게 보고하고 나와서)
>
> **박과장** 지민씨, 상무님께 보고했는데 아주 혼났어요. 우리가 예상치 못했던 질문들을 하셨는데, 보고서에서 아무리 찾아봐도 없더라고.
>
> **김지민** 상무님이 어떤 질문을 하셨나요?
>
> **박과장** 경쟁사들의 유통망이 전국에 얼마나 되는지, 주로 어느 지역에 분포하고 있는지. 그것도 그거지만 우리 회사의 즉석 식품 브랜드별 매출 비중과 매출액이 구체적으로 어떻게 되는지를 찾을 수 없더군.
>
> **김지민** 과장님, 그 내용은 별첨에 붙어 있는데요.
>
> **박과장** 별첨에 있으면 내가 어떻게 아나요? 다음에는 상무님이 물어보실 것을 미리 좀 생각하고 가야겠어. 우리가 안 한 것은 답변을 못했다 쳐도 한 것은 답변을 했어야 했는데.
>
> **김지민** 예, 과장님. 다음부터는 ______________________

① 별첨 대신에 보고서에 기본 내용을 다 넣겠습니다.

② 표와 그래프로 보고서 내용을 시각화해 보겠습니다.

③ 상무님 스타일을 봐서 예상되는 질문을 뽑아 보겠습니다.

④ 과장님께서 한눈에 보실 수 있도록 내용을 요약하겠습니다.

국어 영어 수리

Memo

07 병원 원무과에 근무하는 김지민 씨는 진료 시간표를 바탕으로 예약 상담 전화를 하고 있다. 고객의 질문에 대한 대답으로 가장 적절한 것은?

의료진	구분	월	화	수	목	금
김영준	오전	●				●
	오후		●		●	
최영민	오전		●	●		
	오후					●
박정택	오전		●			
	오후	●			●	

고 객 목요일에 진료 볼 수 있나요?

김지민 목요일은 오후 진료만 가능한데 시간이 괜찮으십니까?

고 객 아, 제가 오전밖에 시간이 안 되는데, 어쩌죠? 오전에 진료 보시는 선생님이 가장 많은 요일은 언제인가요?

김지민 ______________________

① 월요일입니다.

② 화요일입니다.

③ 수요일입니다.

④ 금요일입니다.

Memo

[08~09] 전자 회사에 근무하는 김지민 씨가 새로운 상품 개발을 위한 워크숍에 참여하여 연구원의 발표를 듣고 있다. 다음 물음에 답하시오.

이제, 복잡하고 전문적이기보다는 쉽고 간단한 상품이 부상하는 시대입니다. 기술적인 우위나 섬세하고 치밀한 서비스, 스케일의 방대함 등이 중시됐던 과거에 비해 최근 업계에서 주목받는 제품과 서비스는 놀란 만큼 단순합니다.

이러한 것을 선호하는 일군의 소비자를 '슬로우 어답터(Slow Adopter)'라고 부르는데, 이들은 복잡하고 세련된 신기술을 먼저 취하려고 열광했던 '얼리 어답터(Early Adopter)'들보다는 정보 기술에 대한 수용 능력이 상대적으로 떨어지는 사람들입니다. 이런 사람들이 좋아하는 단순 제품이 갈수록 소비 시장을 주도하고 있는 추세입니다. 예를 들어, 모바일 게임에서도 다운로드 순위가 높은 게임들은 지극히 단순하고 가벼운 것들입니다. 고스톱이나 테트리스, 돌 던지기 등 기존에 잘 알려졌거나 쉽게 따라 할 수 있는 게임들이 각광을 받고 있습니다.

이런 현상은 갈수록 여성, 직장인, 중장년층 등이 소비를 주도하기 때문인데요, 이들 소비자는 기능이 복잡하거나 오랜 기간 연습해야 하고 고도의 집중력을 요구하는 제품에는 접근할 엄두를 못 내는 사람들이죠. 특히 저출산 · 고령화 등으로 인해 이런 소비 계층이 갈수록 늘어나기 때문에 쉽고 간단한 상품을 좋아하는 추세는 더욱 확산될 것으로 예상됩니다.

아울러 많은 서비스가 모바일화 한 것도 이런 현상을 부추겼는데요, 예를 들어 출근이나 출국 과정에서는 서비스나 콘텐츠에 할애할 시간과 집중력이 많지 않기 때문에 사람들이 간단한 것을 선호하게 되었죠. 이런 점을 감안하면 앞으로 업계는 고성능 서비스를 제공하는 방법을 연구하기 보다는 서비스를 시간적으로 분해해서 그 중에서 핵심을 찾아낼 필요가 있다고 봅니다.

08 '슬로우 어답터'의 특징을 파악한 것으로 가장 적절한 것은?

① 주로 젊은 남성들이 많다.

② 호기심이 왕성하고 시간적인 여유가 있다.

③ 새롭고 낯선 정보를 사용하는 것이 힘든 편이다.

④ 집중하여 끈기있게 지속할 수 있는 상품을 선호한다.

Memo

09 강연의 내용을 다음과 같이 요약했을 때 ㉠에 들어갈 말로 가장 적절한 것은?

> 소비자들은 갈수록 바쁘고, 복잡한 것을 싫어하는 만큼 너무 많은 시간을 요구해서는 안 된다는 점에서 (㉠)이 필요하다.

① 기능이 뛰어나고 기술적으로 세련된 것
② 쉽고 간단하게, 짧은 시간에 즐길 수 있는 것
③ 호기심을 유발하고 추리하고 탐구할 수 있는 것
④ 기발하고 도전적이고 흥미를 유발할 수 있는 것

Memo

[10~12] A통신사에 근무하는 김지민 씨가 새로운 상품 개발을 위한 워크숍에 참여하여 연구원의 발표를 듣고 있다. 다음 물음에 답하시오.

> 시장에서 '소비자'는 '판매자'보다 상품에 대한 정보를 적게 가지고 있기 때문에, 늘 부당한 상품 구매를 할 수밖에 없는 처지에 놓이게 됩니다. 예를 들면, 중고차 시장에서 구매자는 판매자의 말 이외에는 자동차의 상태에 대한 정보를 얻을 수 없기 때문에, 정보를 가지지 못한 소비자는 성능이 떨어지는 중고차를 종종 비싼 값에 사게 되는 것이죠. 즉 상품 정보가 소비자와 판매자에게 고르게 나뉘어 있지 못하고 한쪽에 치우쳐 있기 때문에 소비자가 불리한 거래를 하게 된다는 것입니다. 이를 '정보의 비대칭성'이라고 부릅니다.
>
> 시장에서는 상품에 대한 정보를 많이 가질수록 유리한데, 이를 마술쇼를 예로 설명해 보겠습니다. 마술사가 소비자에게 팔고 있는 마술쇼에 대한 정보는 소비자가 모를수록 마술사에게는 유리하겠죠. 소비자가 마술 정보를 많이 알고 있다면 마술쇼를 판매하기가 어려워질 테구요. 마술사는 남들이 모르는 정보가 많아야 자신의 가치를 올릴 수 있기 때문에, '정보의 비대칭성'을 사라지게 만든 TV방송을 미워할 수밖에 없을 겁니다.
>
> 요즘은 시장에서 '정보의 비대칭성'이 빠르게 해소되고 있는 추세입니다. 물론 아직도 완벽하게 정보의 대칭과 균형이 이루어진 것은 아니지만, 다양한 기술적 · 문화적 · 사회적 여건으로 인해 소비자에게 많은 정보가 흘러가도록 바뀌고 있습니다.

국어
영어
수리

10 강연을 듣고 '정보의 비대칭성'의 핵심 개념을 요약한 것으로 가장 적절한 것은?

① 소비자가 불리한 거래를 하는 것

② 생산자가 유리한 거래를 하는 것

③ 상품 정보가 고르게 제공되지 않는 것

④ 판매자에게 상품 정보가 고르게 제공되지 않는 것

Memo

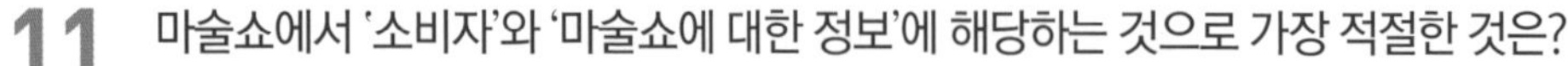

11 마술쇼에서 '소비자'와 '마술쇼에 대한 정보'에 해당하는 것으로 가장 적절한 것은?

① 관객 - 마술 비법

② 관객 - 관객 참여

③ 방송사 - 마술 비법

④ 방송사 - 시청률

Memo

12 강연을 듣고 내용을 이해한 것으로 가장 적절한 것은?

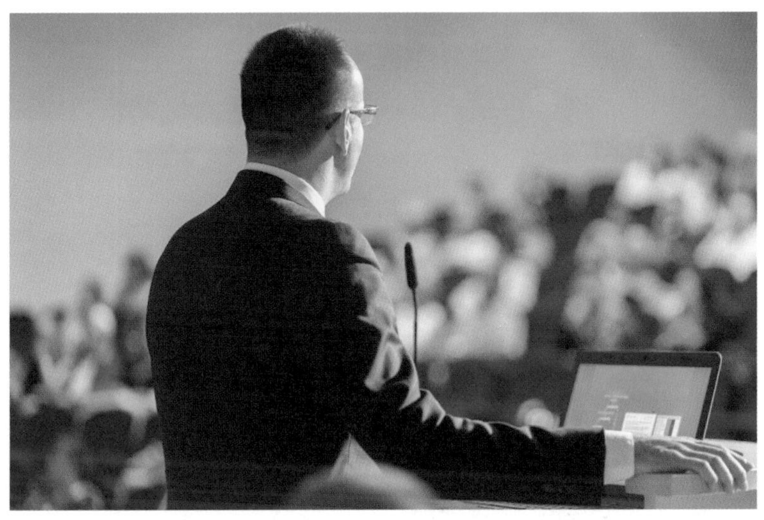

① 요즘은 정보의 대칭화가 완벽하게 이루어져 있다.

② 전파력을 가진 매체의 발전은 정보의 비대칭성을 심화시켰다.

③ 보통의 시장에서 판매자는 소비자보다 더 많은 정보를 가지고 있다.

④ 판매자와 소비자가 갖는 정보가 대등해지면 소비자는 이전보다 불리해질 것이다.

Memo

13 다음은 음료 회사에 근무하는 사원들의 청량음료 개발을 위한 회의이다. 빈칸에 이어질 대화로 가장 적절한 것은?

A 병 크기를 1.2배로 늘리는 건 어떨까요?

B 좀 어중간하지 않나요? 과연 그 크기를 소비자가 매력적이라고 받아들일지 모르겠군요.

C 크기로 접근해 보자고요? 그것도 좋은 생각이네요. 작게 줄이기도 하고 크게 늘리기도 하면서 여러 가지로 생각해 봅시다. D씨 의견은 어때요?

D 이렇다 할 좋은 아이디어가 떠오르지 않네요.

C (   )

① 한 사람이 한 가지 아이디어는 내야 합니다. 생각해 보세요.

② 이런 기회에 평소에 내성적인 성격도 극복해 보고 그러는 거예요.

③ 아무것이나 괜찮아요. 그 생각이 다른 사람의 발상에 힌트를 줄지도 모르니까요.

④ 미리 아이디어를 좀 생각해 오지 그랬어요. 시간이 촉박한데 적극적인 의견을 내 보세요.

Memo

14 다음은 의류회사에 근무하는 김지민 씨와 상사의 대화 내용이다. 김지민 씨가 파악한 자신의 문제점으로 적절하지 <u>않은</u> 것은?

> **박과장** 김지민 씨, 현재 패션 시장이 포화 상태여서 향후 국내 패션 시장에 대한 전망이 필요한데, 정리 자료 좀 만들어 보세요.
>
> **김지민** 알겠습니다. 제가 생각해도 요즘 패션 시장이 경쟁이 치열한 것 같습니다.
>
> (며칠 후)
>
> **박과장** 그래, 국내 패션 시장 전망 보고서는 다 완성되었나요?
>
> **김지민** 예, 여기 있습니다.
>
> (보고서를 보고 나서)
>
> **박과장** 그런데, 국내 패션 시장이 향후 어느 정도의 규모로 성장하겠다는 수치밖에는 없는 것 같군. 이런 자료는 내가 인터넷에서도 찾을 수 있을 것 같은데, 아닌가요?
>
> **김지민** 예, 과장님께서 전망 자료를 정리하라고 하셔서….
>
> **박과장** 내가 패션 시장을 전망하라는 이유는 향후 우리 회사가 주력해야 할 사업영역이 무엇인지 혹은 신사업 아이템이 있는지 알기 위해서 요청한 겁니다. 그런데 이렇게 가져오면 어떻게 하죠?
>
> **김지민** 저는 전망 자료를 원하시는 줄 알고, 국내 시장 전망 자료만 수집해서 정리했는데….
>
> **박과장** 당연히 그런 자료는 있어야 하지만, 알다시피 우리 산업이 성숙해지고 경쟁이 치열해지지 않았나요? 그래서 고민해 보라고 일을 시킨 건데.
>
> **김지민** 과장님이 말씀하신 의도를 알겠습니다. 다시 정리해 보겠습니다.

① 상사의 의도를 알지 못했다.

② 지시하지 않은 내용까지 보고했다.

③ 모르는 내용에 대해 전혀 물어보지 않았다.

④ 상사의 지시에 대해 기계적으로만 대처했다.

Memo

15 다음은 A상사에 근무하는 김지민 씨가 포도주 제조사 직원을 만나 인터뷰한 내용이다. 그 내용을 메모했을 때 ㉠에 들어갈 항목으로 가장 적절한 것은?

[우리 회사가 시장에 내놓은 포도주 N은 만드는 데 약 3,000원이 듭니다. 그래서 원가의 4배를 시장 가격으로 정했습니다. 도매점이나 소매점의 몫은 12,000원 가운데 40% 정도입니다. 가격이 12,000원 정도일 때가 가장 잘 팔리고, 경쟁사 제품도 그 가격대가 많습니다.]

메모

- **제조 비용 – 약 3,000원 * 4배**
- **(㉠) – 시장 가격의 40%**
- **고객 – 12,000원일 때 최고 판매**
- **경쟁사 – 12,000원 대 제품 많음**

① 원가

② 매출

③ 유통 수수료

④ 판매 순이익

Memo

16 A 쇼핑몰 홈페이지를 관리하는 김지민 씨는 고객들이 자주하는 질문을 4가지 항목으로 분류하려고 한다. 항목에 맞게 질문을 분류한 것으로 가장 적절한 것은?

Q1. 개인회원과 법인회원의 차이는 무엇입니까?
Q2. 배송중이라는데 취소할 수 있나요?
Q3. 주문한 지 5일이 지났는데 언제쯤 도착하나요?
Q4. 현금영수증도 발행해 주나요?
Q5. 구입한 옷이 사이즈가 안 맞는데 어쩌죠?
Q6. 카드 승인이 자꾸 실패되었다고 뜨는데요?
Q7. 판매자와 직접 통화하고 싶어요.
Q8. 비밀번호를 잊어버렸는데 어떻게 하죠?

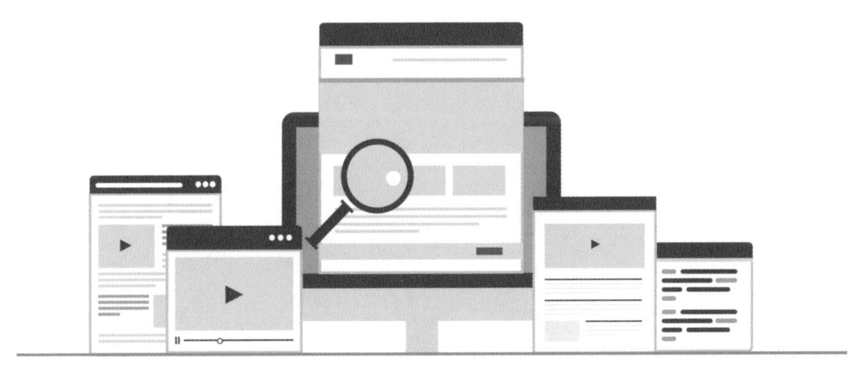

FAQ			
고객정보	주문 / 결제	배송 / 상품	취소 / 반품 / 교환
① Q1, Q8	② Q2, Q3	③ Q4, Q7	④ Q5, Q6

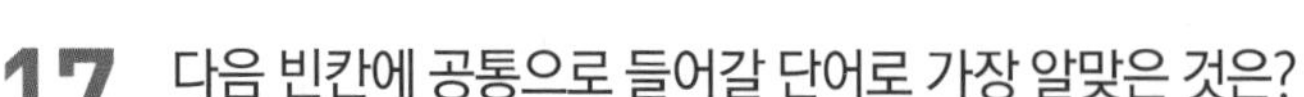

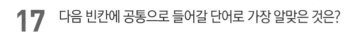

Memo

17 다음 빈칸에 공통으로 들어갈 단어로 가장 알맞은 것은?

> ▶ 이 과장은 사장에게 기획안의 오류를 지적하며 이번 기획을 (   )하기를 권유했다.
> ▶ 회사 측은 노조 간부 15명에 대한 징계 조치를 (   )하고 복직을 허용하기로 했다.

① 철폐(撤廢)

② 철수(撤收)

③ 철회(撤回)

④ 철거(撤去)

Memo

18 다음은 사내 행사 준비를 위한 온라인 회의 내용이다. 외래어 표기가 알맞지 않은 것은?

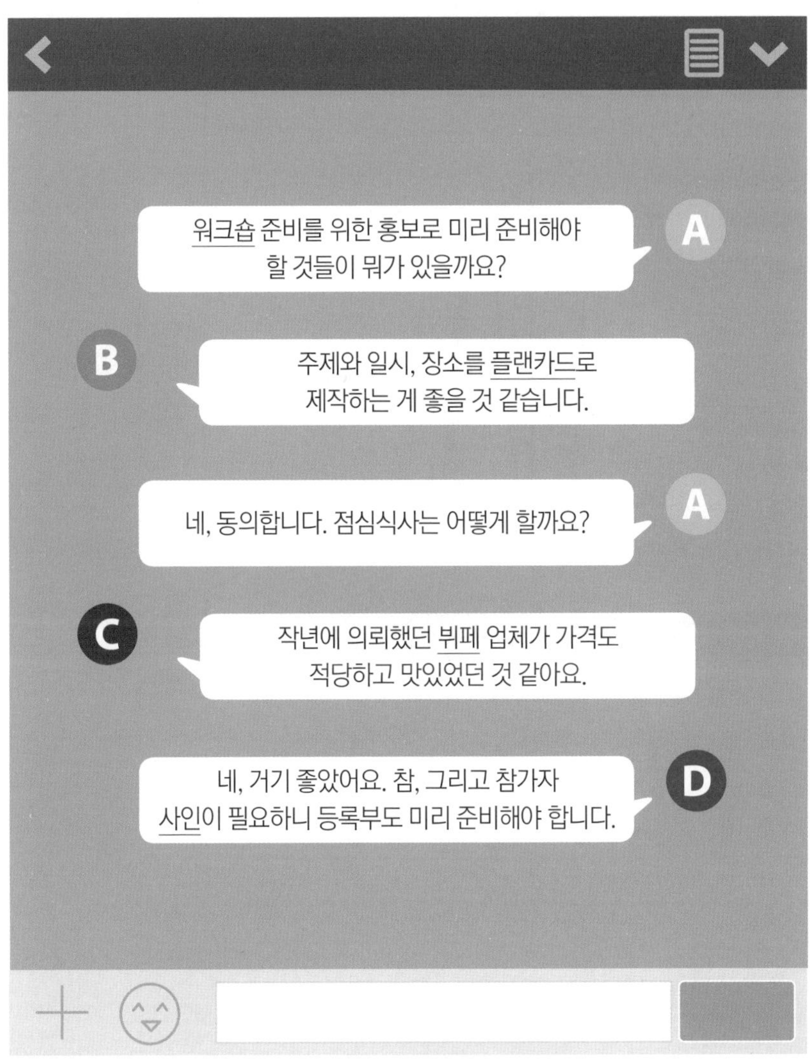

A
워크숍 준비를 위한 홍보로 미리 준비해야
할 것들이 뭐가 있을까요?
B
주제와 일시, 장소를 플랜카드로
제작하는 게 좋을 것 같습니다.
A
네, 동의합니다. 점심식사는 어떻게 할까요?
C
작년에 의뢰했던 뷔페 업체가 가격도
적당하고 맛있었던 것 같아요.
D
네, 거기 좋았어요. 참, 그리고 참가자
사인이 필요하니 등록부도 미리 준비해야 합니다.

① 워크숍 ② 플랜카드 ③ 뷔페 ④ 사인

국어
영어
수리

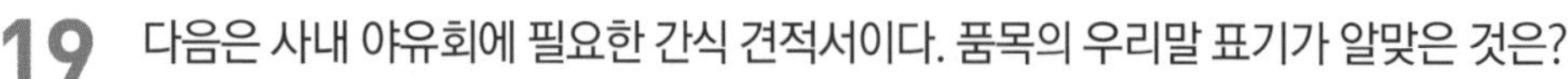

Memo

19 다음은 사내 야유회에 필요한 간식 견적서이다. 품목의 우리말 표기가 알맞은 것은?

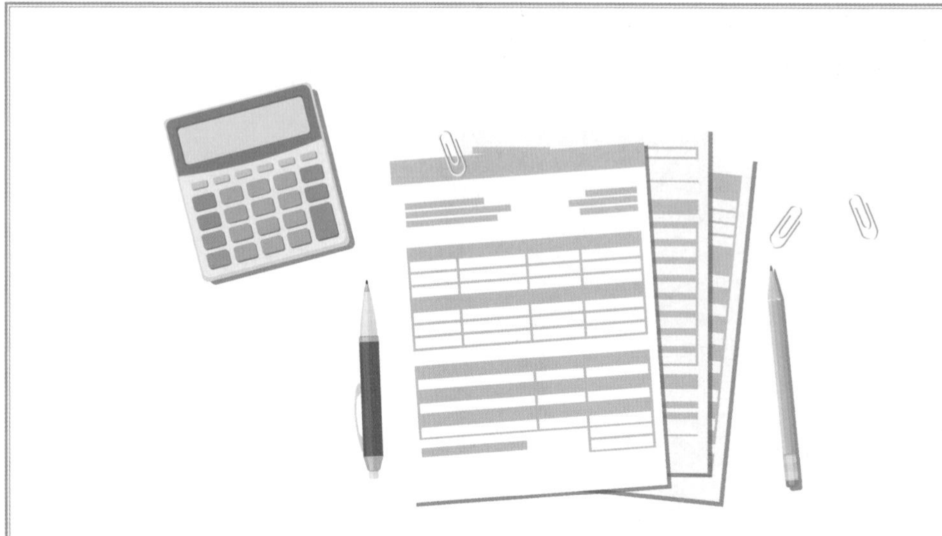

품목	단가	개수	예산(원)
① 주스	600	30	18,000
② 초콜렛	1000	30	30,000
③ 비스켓	1200	30	36,000
④ 소세지	900	60	54,000

Memo

20 회사 홍보실에서 근무하고 있는 김지민 씨는 상사로부터 사무에 필요한 자료들을 전달받았다. 김지민 씨의 말 중, 잘못된 부분을 바르게 고친 것으로 적절하지 않은 것은?

> **박과장** 자, 이게 사내 업무 매뉴얼 자료예요. 거기 보면 작년에 거래했던 업체들 연락처와 견적서 서류도 있으니 참고해 보세요.
>
> **김지민** 아, 감사합니다. 살펴보고 모르는 게 있으면 물어 봐도 될까요?
>
> **박과장** 그래요. 먼저 차분히 읽으면서 파악해 보고.
>
> **김지민** 네, 과장님 오늘 많이 피곤해 보이시는데. 이따가 회의 끝나면 제가 집까지 데려다 드릴까요?

① 있으면 → 있으시면

② 물어 → 여쭤

③ 집 → 댁

④ 데려다 → 모셔다

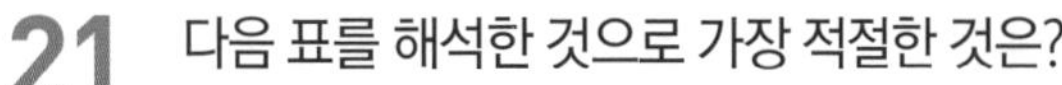

Memo

21 다음 표를 해석한 것으로 가장 적절한 것은?

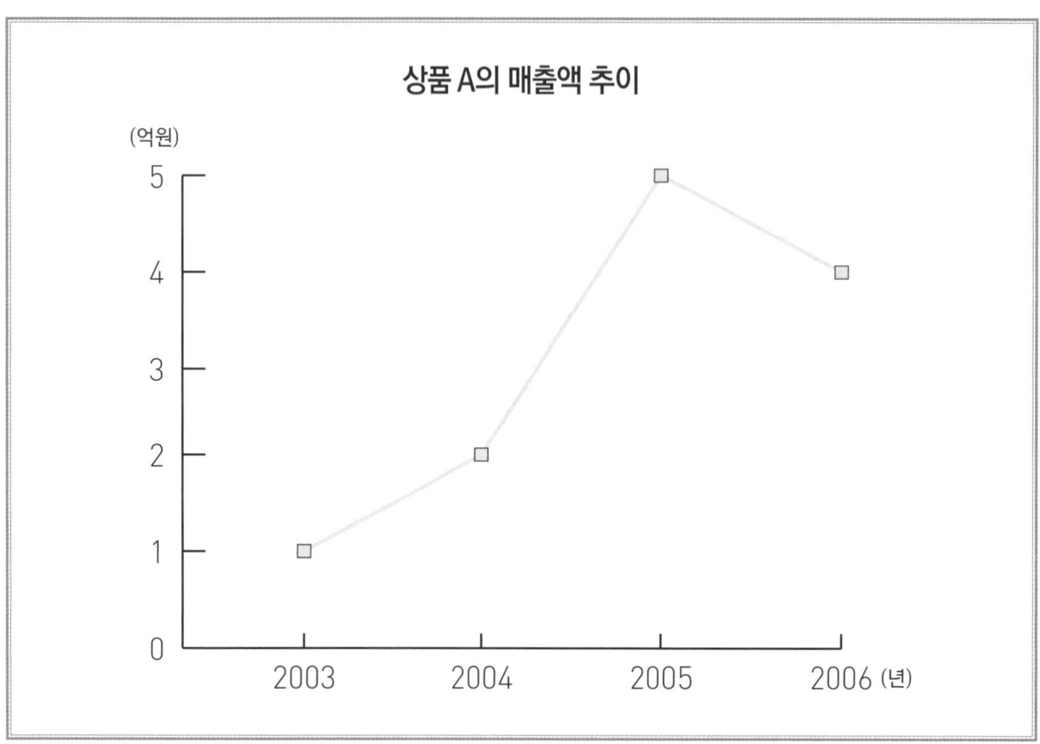

① 2006년 이후부터 매출액이 감소하기 시작하였다.

② 2005년 이후부터 매출액이 증가하기 시작하였다.

③ 매출액이 가장 적은 해는 2003년이다.

④ 2004~2005년 사이의 증가액과 2005~2006년의 감소액이 같다.

22 다음은 A사에 입사하기 위한 김지민 씨의 자기소개서의 일부이다. 맞춤법에 맞지 <u>않는</u> 것끼리 짝지어진 것은?

> 자기소개서
>
> 저는 어떤 문제가 생겼을 때 <u>웬만하면</u> 걱정을 하지 않습니다. '<u>않</u> 되면 <u>어떡하지</u>?'라고 걱정하기 보다는 어떻게든 <u>돼도록</u> 만들겠다고 <u>꼳꼳이</u> 생각합니다. 그리고 차분하게 문제를 <u>나은</u> 원인이 무엇인지 분석합니다. 그렇게 문제를 보는 습관이 몸에 <u>배도록</u> <u>끊임없이</u> 연습하고 있습니다.

① 웬만하면, 않

② 어떡하지, 돼도록

③ 꼳꼳이, 나은

④ 배도록, 끊임없이

국어 영어 수리

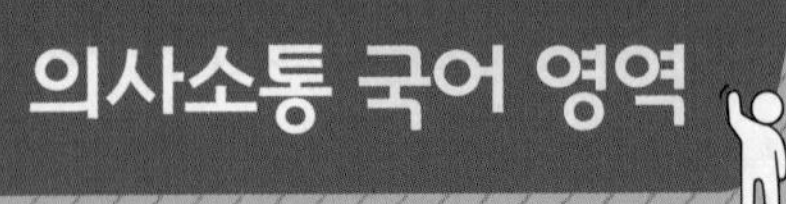

Memo

[23~25] 다음은 회사 상품개발부에 근무하는 김지민 씨가 조사한 연구 보고서이다. 잘 읽고 물음에 답하시오.

> 인류, 특히 과학 기술자에게 자연은 일종의 교과서이다. 기나긴 진화를 통해 주변 환경에 잘 적응하여 살아남은 것이 현재의 생물이기 때문에, 그 자체가 훌륭한 과학 기술의 모델이 될 수 있다. 예를 들면, 동물의 털에 붙어서 떨어지지 않음으로써 번식력을 극대화하는 어떤 식물의 열매를 모델로 하며, 스포츠 용품에 주로 쓰이는 '찍찍이', 즉 '벨크로테이프' 기술이 개발되었다. 이렇게 살아 있는 생물의 오묘한 원리를 응용하여 새로운 기술을 만드는 것을 '생체 모방 공학(Biomimetics)'이라고 한다.
>
> 사실 과학 기술은 현재 많은 부분에서 자연을 모방한 시도를 통해 꾸준히 진보하고 있다. 자연은 인간에게 좋은 선생님이고 학습장이다. (㉠) 인류는 이 자연에게서 아이디어를 얻어 새로운 과학 기술을 소유하게 되고, 이 과학 기술을 활용하여 다시 자연을 변화시키는 진보의 과정을 거듭해 왔다.

23 김지민 씨의 동료가 위 글을 읽고 이해한 것으로 적절하지 <u>않은</u> 것은?

① 인간은 자연에게서 많은 것을 배울 수 있군.

② 과학 기술은 다시 자연을 보존하는 데 큰 기여를 했겠군.

③ '벨크로테이프' 기술도 자연현상에서 아이디어를 얻은 것이군.

④ 자연의 원리에서 착안하여 만들어 낸 기술을 '생체 모방 공학'이라고 하는군.

Memo

24 문맥상 ㉠에 들어갈 말로 가장 적절한 것은?

① 그래서

② 그러나

③ 그런데

④ 그러면

25 상품 개발 아이디어에 관한 자료 보고로서 위 글의 제목으로 가장 적절한 것은?

① 자연은 과학 기술의 모방이다.

② 과학 기술은 자연을 변화시킨다.

③ 자연을 공부하라! 아이디어가 열린다.

④ 자연은 인간의 삶이 진보하도록 돕는다.

Memo

26 다음은 여성인력개발센터에서 근무하는 김지민 씨의 직업교육훈련 프로그램 신청에 대한 전화 상담 내용이다. 질문에 대한 대답으로 가장 적절하지 않은 것은?

> **전자책 출판 제작자**
>
> 전자책 제작툴을 활용한 전자책 출판 기획에서 제작, 마케팅에 이르는 토털훈련 프로그램으로 독립출판 및 셀프퍼블리싱을 가능하게 한다.
>
> 국비지원 직업훈련
>
> **교육일정**
> **교육기간** 20○○. ○.○○~○.○○(**45일, 180시간**)
> **교육시간** 월~금(9:30~13:30) / 주5일 1일 4시간
> **접수기간** 20○○.○.○○(화)까지
> **접수방법** 방문접수(구비서류 제출)
> **선별방법** 서류 전형(1차 합격)후 면접전형
>
> **교육비**
> -자부담 10만원(80% 출석 수료시 5만원, 수료후 6개월 이내 취업시 5만원 환급)
> - 취업 취약계층인 경우 자부담 없음(증빙서류 별도 제출)
>
> **교육내용**
> - 콘텐츠 제작 및 출판기획
> - 전자책 제작 솔루션의 이해 및 ePub 2.0의 활용
> - ePub 3.0 활용 : 이펍 에디터 익히기 및 활용, 콘텐츠 제작 실습
> - 디자인 법칙, 저작권 이해 : 포토샵 및 일러스트 활용 제작 실습
> - 콘텐츠 마케팅 및 유통과정
> - 개인별 포트폴리오 구성 및 점검
>
> **훈련대상**
> - 대한민국 거주 경력 단절 여성이며 취업 의지가 높은 자
> - 전자출판업 창업 및 프리랜서 활동 희망자
> - 출판인쇄업 및 여러 분야 실용 디자인 경력자 우대
> * 훈련 불가 대상 또는 훈련 가능 자영업자는 센터 홈페이지에서 확인 요망
>
> **제출서류**
> 1. 이력서 1부
> 2. 반명함판 사진 2매
> 3. 훈련신청서 및 구직신청서(사무실 비치)
>
> **○○여성인력개발센터 · ○○여성새로일하기센터**
> 01-123-4567(센터) / 070-1234-5678(담당 직원)

① **질문** 인터넷으로 접수할 수는 없나요?
대답 예, 번거로우시겠지만 구비서류를 준비하셔서 직접 방문하셔야 합니다.

② **질문** 한 번도 안 빠지면 5만원을 돌려주나요?
대답 예, 한 번도 안 빠지셔야 자신이 부담하신 금액에서 5만원을 돌려 드립니다.

③ **질문** 저의 남편도 관심있어 하는데, 남자는 신청할 수 없나요?
대답 예, 아쉽지만 경력 단절 여성을 위한 프로그램입니다.

④ **질문** 지금 직장에서 잠시 휴직 중인데 신청할 수 있나요?
대답 아니요, 경력 단절이란 직업을 그만 두고 일이 끊어진 사람을 의미하는 것이라, 휴직이어도 직장이 있으신 분은 신청하실 수 없습니다.

Memo

27 다음 공지문을 읽고 생각한 것 중 적절하지 않은 것은?

긴/급/공/지

사랑해 주시는 회원 여러분, 먼저 해킹 범죄에 의한 개인 정보 유출 관련 언론 보도로 회원님께 심려를 끼쳐드려 진심으로 사과의 말씀 올립니다.

유감스럽게도 저희는 해킹 범죄에 의해 개인 정보가 유출되었음을 인천광역시 지방경찰청의 연락으로 통보를 받았으며, 사이버 수사팀과 함께 조사한 결과 유출된 시기는 데이터 기준으로 수년 전에 노출된 것으로 파악되었습니다.

아직 경찰이 수사중인 사건이라, 경찰로부터 유출된 개인 정보 관련 데이터를 받지 못했습니다. 데이터가 전달되는 대로 '개인 정보 유출 여부 확인하기' 서비스를 통해 회원님께서 확인이 가능하도록 신속히 조치하겠습니다.

저희는 경찰과 협력하여 유출 정보의 유포 방지와 범인 검거를 통해 소중한 회원 정보를 즉각 회수하기 위한 최선의 노력을 계속 기울이고 있습니다. 회원 여러분께서는 번거로우시더라도 비밀번호 변경을 통해 개인 정보 유출에 의한 피해를 막아 주시면 감사하겠습니다.

해킹 범죄의 대상이 되어 저희를 사랑해 주시는 회원님께 심려를 끼쳐드린 점 다시 한번 고개 숙여 사과드립니다.

① 어서 비밀번호를 바꿔야겠군.

② 컴퓨터가 해킹당해서 정보가 유출되었군.

③ 벌써 오래 전에 개인 정보가 유출되었나 보군.

④ 내 정보가 유출되었는지 당장 조회해 봐야겠어.

국어 영어 수리

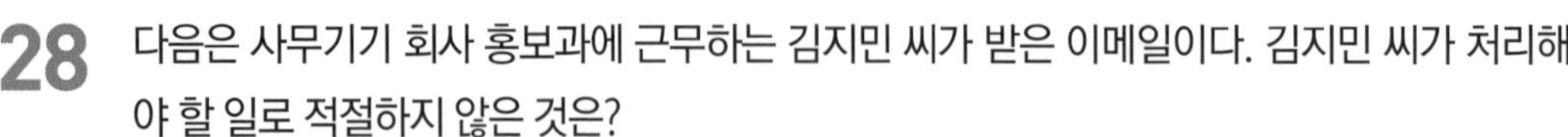

Memo

28 다음은 사무기기 회사 홍보과에 근무하는 김지민 씨가 받은 이메일이다. 김지민 씨가 처리해야 할 일로 적절하지 않은 것은?

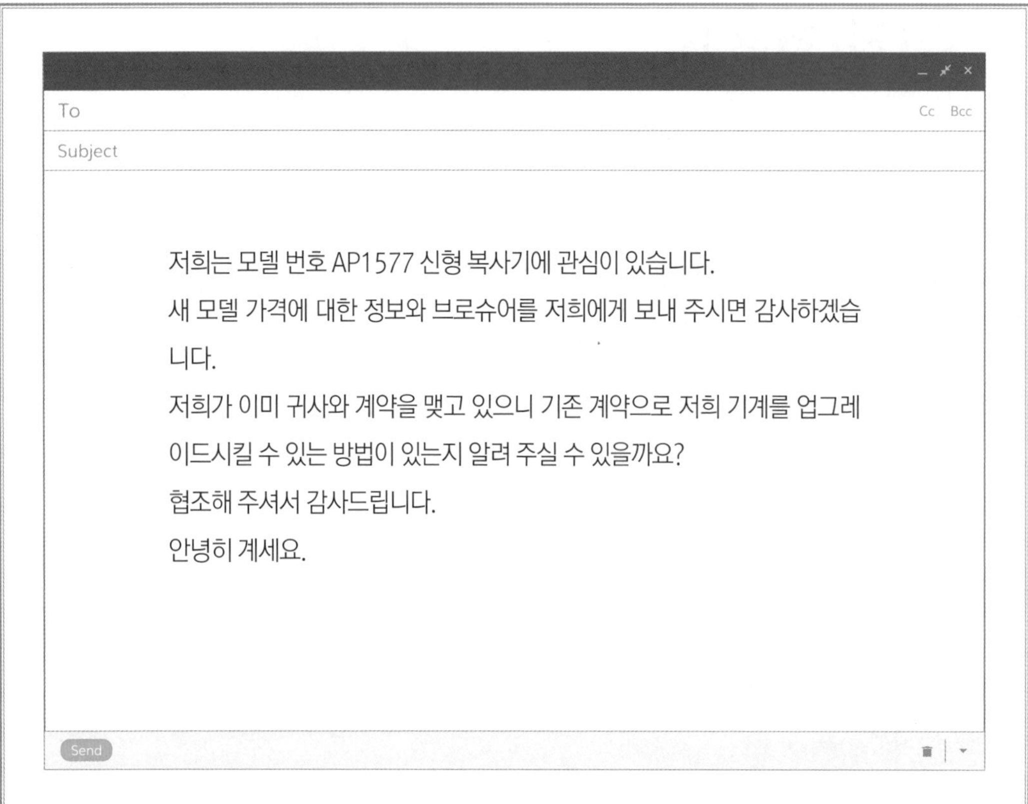

To Cc Bcc

Subject

저희는 모델 번호 AP1577 신형 복사기에 관심이 있습니다.
새 모델 가격에 대한 정보와 브로슈어를 저희에게 보내 주시면 감사하겠습니다.
저희가 이미 귀사와 계약을 맺고 있으니 기존 계약으로 저희 기계를 업그레이드시킬 수 있는 방법이 있는지 알려 주실 수 있을까요?
협조해 주셔서 감사드립니다.
안녕히 계세요.

Send

① 기존 계약 사항 확인하기

② 업그레이드 조건 확인하기

③ 기존 모델의 재고 파악하기

④ AP1577의 브로슈어를 보낼 것

Memo

29 다음은 K호텔에 근무하는 김지민 씨가 받은 전화 상담 내용이다. 상사에게 보고할 불만 접수 내용으로 적절하지 않은 것은?

> **김지민** K호텔 고객 서비스 상담원 김지민입니다. 무엇을 도와드릴까요?
>
> **고 객** 어제 A702에 묵었던 이은정이라고 하는데요, 돈을 환불받고 싶습니다.
>
> **김지민** 아, 왜 그러시는지 자세하게 말씀해 주실 수 있겠습니까? 무슨 문제가 있었나요?
>
> **고 객** 네, 실은 여러 가지 문제가 있었어요. 제가 혼잡한 도로 쪽 말고, 분명 안쪽 객실을 예약했는데, 막상 오니 남아 있는 객실이 없다더군요.
>
> **김지민** 네, 고객님. 그 점 사과드립니다. 또 다른 문제가 있었나요?
>
> **고 객** 그리고 아침을 좀 여유롭게 먹고 회의에 참석하려고 아침 6시에 모닝콜을 부탁했습니다. 그런데 모닝콜이 오지 않았어요. 전날 밤 차 소리 때문에 잠을 설치다가 늦잠을 자는 바람에 회의에 늦고 말았어요.
>
> **김지민** 아, 그러셨군요. 정말 죄송합니다.
>
> **고 객** 그런데 그게 끝이 아니에요. 아침 식사 전에 샤워를 하는데 욕실에 수건이 없더군요. 늦어서 서두르느라 샤워를 시작하기 전에 확인할 생각은 못했죠. 결국 손바닥만 한 수건으로 겨우 닦고 나왔어요. 수건이 너무 작아서 몸이 젖은 채로 옷을 입어야 했다고요.
>
> **김지민** 고객님, 정말 불편하셨겠습니다. 정말 곤란한 상황이셨네요. 조치를 취하기 전에 고객님의 불편 사항을 고객 지원 팀장님께 보고 드리겠습니다.
>
> **고 객** 네, 좋아요. 하지만 그 모든 상황이 너무 화가 났고, 제가 겪은 불편에 대해 어느 정도 보상을 기대합니다.
>
> **김지민** 네, 충분히 이해합니다. 고객님의 불편 사항을 검토해 보고 적절한 조치를 취해 드리겠습니다.

① 모닝콜이 오지 않음.

② 아침식사가 제공되지 않음.

③ 샤워 수건이 비치되지 않음.

④ 예약과 다른 객실이 배정됨.

Memo

30 다음은 가구 회사에 다니는 김지민 씨가 받은 전화이다. 김지민 씨가 빈칸에 제안할 말로 가장 적절한 것은?

김지민 안녕하세요? 무엇을 도와드릴까요?

고 객 안녕하세요? M사의 노진홍입니다. 저희가 사무실을 리모델링하고 있는데요, 귀사의 인체공학 사무 가구에 관심이 있어서요.

김지민 아, 그러시군요. 생각하고 계신 제품이 있으신가요?

고 객 글쎄요, 저희는 지금까지 한 가지 디자인만 봤는데요, 노블린이라고 하는 거예요. 그런데 아쉬운 게 그 제품 디자인이 저희 사무실 면적에 비해 너무 큰 것 같다는 거예요. 저희 사무실 공간이 그다지 넓지는 않거든요. 하지만 실제 모양과 디자인은 아주 마음에 들어요.

김지민 그런 품목들 중에 고객님이 관심을 가지실 만한 다른 제품들이 몇 가지 더 있습니다. 크기와 색상도 다양하고요. 실례지만 전화하시는 곳이 어디인지 여쭤봐도 될까요?

고 객 아, 경기도 의정부시입니다.

김지민 아, 그렇군요. 저희 전시장을 한 군데 방문해 보시라고 권해 드리려 했는데, 그 근처에는 하나도 없네요. 그럼 대신, ______________________

① 다른 가구점을 연결해 드리겠습니다.

② 처음에 고르신 상품을 더 저렴하게 드리겠습니다.

③ 원하시는 디자인을 말씀해 주시면 제작하도록 하겠습니다.

④ 관심을 가지실 만한 제품들을 살펴보실 수 있도록 브로슈어를 보내드리겠습니다.

Memo

31

다음은 김지민 씨가 제작한 '활판인쇄 체험 교실' 기획서 중 일부이다. ㉠~㉣ 중 어법에 맞는 것은?

명칭 : 활판인쇄 체험 교실, 인쇄소 사장이 가르치는 출판의 즐거움

내 용 :	① 초급 코스〈2시간×1회/월 3회〉 자기만의 명함 ㉠재작
	② 중급 코스〈2시간×3회/월1회〉 자신만의 책 만들기
	③ 공방 대여 … 중급 코스 수료자를 대상으로 한 공방 이용 서비스
강 사 :	자사 숙련공 또는 정년 퇴직한 장인
정 원 :	각 코스당 3~5명
수강료 :	① 초급 코스 30,000원(재료비 별도 20,000원)
	② 중급 코스 100,000원(재료비 별도 50,000원)
	③ 공방 대여(별도 검토)
고 지 :	◆ 소규모 지역 정보지에 광고 ㉡개재
	◆ 노년 세대를 대상으로 한 프리페이퍼, 온라인 ㉢메거진에 기사 광고 의뢰
	◆ 포스터 배포(헌책방, 미술 관련 대학 · 전문학교, 지역 상점가 등)
일 정 :	2017년 7월~8월 조정 및 고지 준비
	2017년 9월 ~ 고지 ㉣개시
	2017년 11월 ~ 초급 코스 개설

① ㉠ 재작　　② ㉡ 개재　　③ ㉢ 메거진　　④ ㉣ 개시

국어 영어 수리

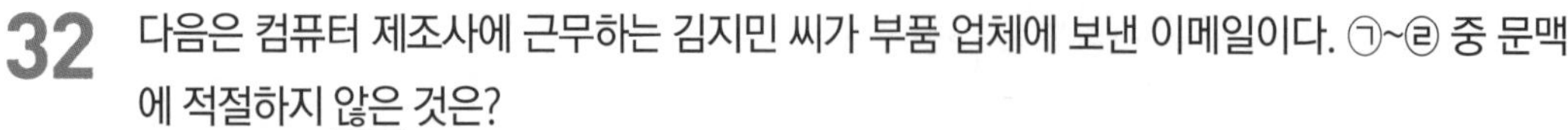

Memo

32 다음은 컴퓨터 제조사에 근무하는 김지민 씨가 부품 업체에 보낸 이메일이다. ㉠~㉣ 중 문맥에 적절하지 않은 것은?

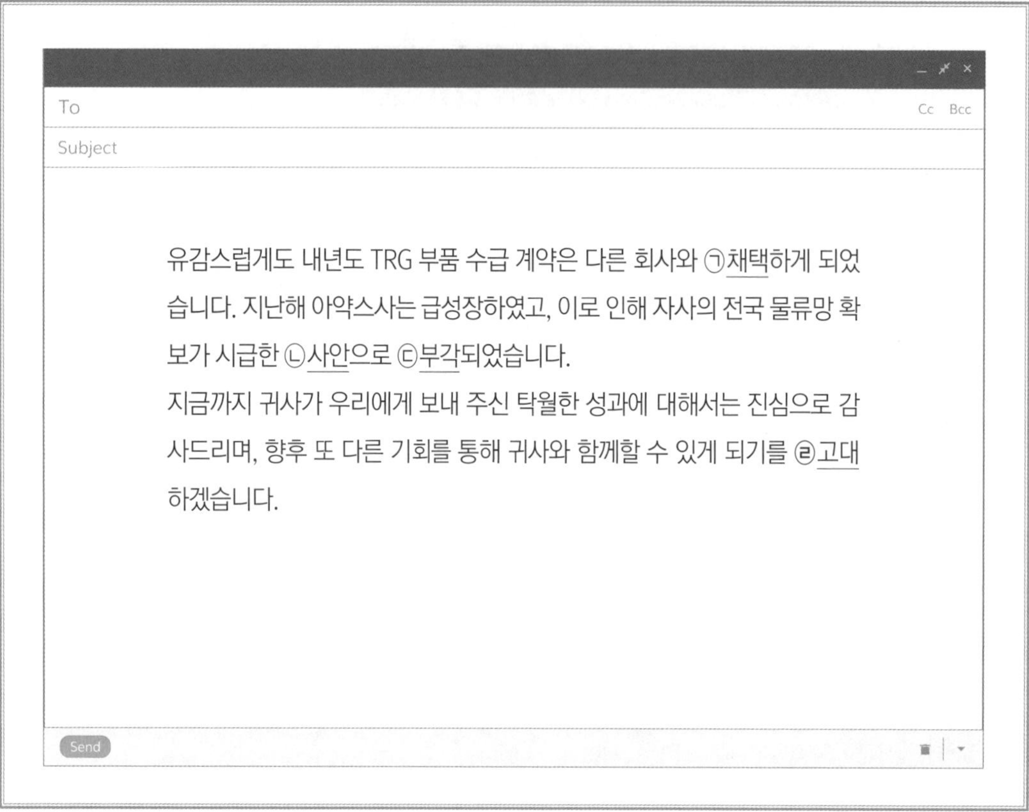

유감스럽게도 내년도 TRG 부품 수급 계약은 다른 회사와 ㉠채택하게 되었습니다. 지난해 아약스사는 급성장하였고, 이로 인해 자사의 전국 물류망 확보가 시급한 ㉡사안으로 ㉢부각되었습니다.
지금까지 귀사가 우리에게 보내 주신 탁월한 성과에 대해서는 진심으로 감사드리며, 향후 또 다른 기회를 통해 귀사와 함께할 수 있게 되기를 ㉣고대하겠습니다.

① ㉠ 채택 ② ㉡ 사안 ③ ㉢ 부각 ④ ㉣ 고대

Memo

33 다음은 회사 인사부에 근무하는 김지민 씨가 관리직 사원의 워크숍 참여를 독려하는 메모를 작성하고 수정한 것이다. 수정 과정에서 김지민 씨가 사용한 전략으로 적절하지 않은 것은?

〈수정 전〉

제목 : 11월 8일 연수 세미나

우리 부서에서 신임 관리자들의 역량을 개선시키기 위한 일련의 워크숍을 기획하고 집행할 업무를 담당하게 되었다는 소식을 전하게 되어 진심으로 기쁘게 생각합니다. 인사부에서 직원들의 역량 및 회사의 상황을 분석하고 필요한 자원을 제공하였습니다. 세미나의 각 세션은 금년도 말까지 매월 열리게 될 것입니다. 11월 8일에는 '강렬한 발표를 진행하는 방법'이라는 여러분들에게 정말로 필요할 것 같은 내용으로 워크숍을 여니 참석해 주신다면 많은 도움이 될 것이라고 생각합니다.

〈수정 후〉

제목 : 11월 8일, 훌륭한 발표자가 되는 법을 배우세요.

11월 8일 '강렬한 발표를 진행하는 방법'이라는 주제로 진행될 특별한 아침 워크숍에 초대합니다. 이 중요한 리더십 역량은 관리자로서 성공하기 위한 비결로 인사부에서 선별해 낸 이슈입니다. 이번 워크숍을 위해 시카고에서 비행기 편으로 전문가를 초빙할 예정입니다.

① 흥미로운 제목을 달자.
② 좀 더 간결하고 명확하게 전달하자.
③ 핵심 내용을 요약하여 끝 부분에 강조하자.
④ 독자에게 어떤 영향을 미칠지를 구체적으로 고려하자.

국어 영어 수리

Memo

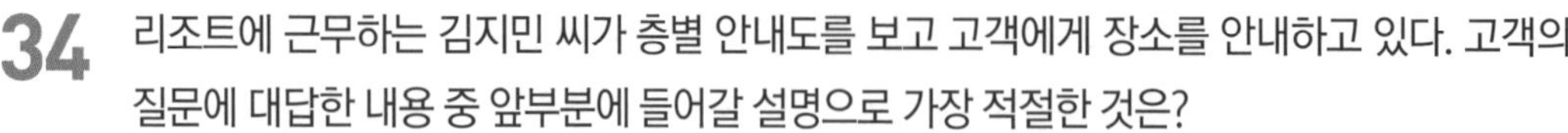

34 리조트에 근무하는 김지민 씨가 층별 안내도를 보고 고객에게 장소를 안내하고 있다. 고객의 질문에 대답한 내용 중 앞부분에 들어갈 설명으로 가장 적절한 것은?

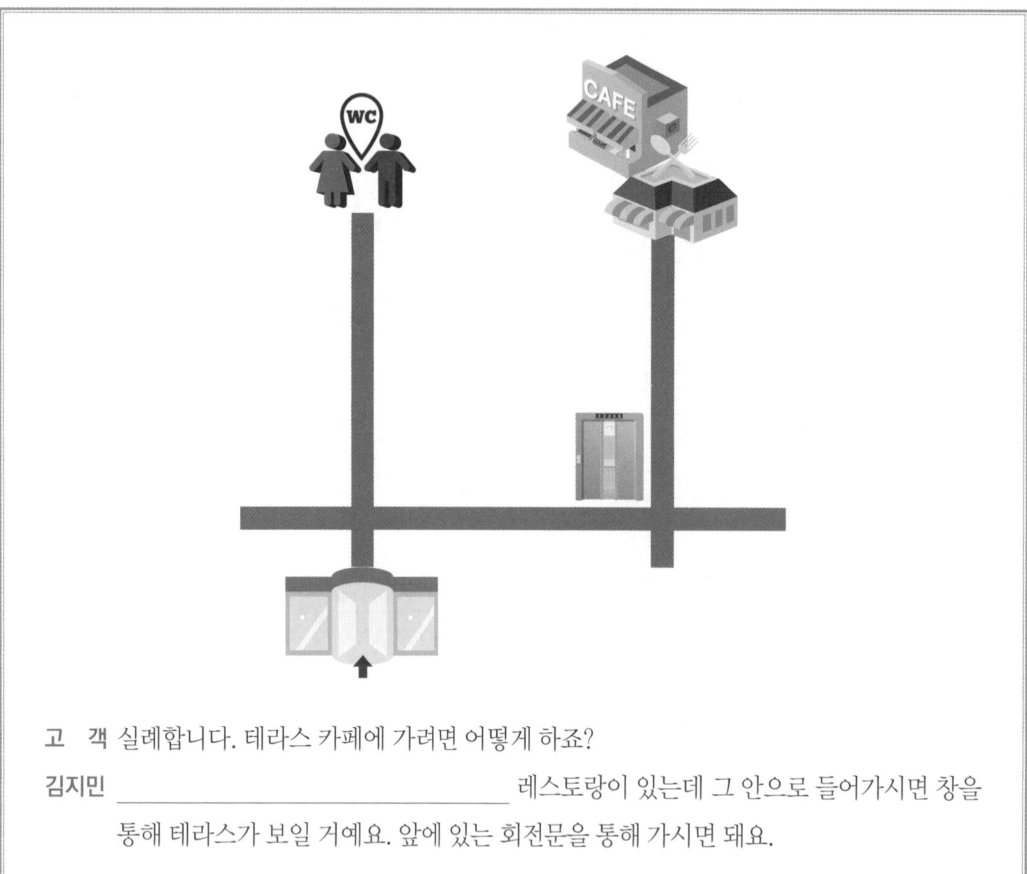

고　객 실례합니다. 테라스 카페에 가려면 어떻게 하죠?

김지민 ______________________ 레스토랑이 있는데 그 안으로 들어가시면 창을 통해 테라스가 보일 거예요. 앞에 있는 회전문을 통해 가시면 돼요.

① 왼쪽 모퉁이를 돌아 엘리베이터가 보이면 그 쪽 끝에

② 왼쪽 모퉁이를 돌아 엘리베이터가 보이면 엘리베이터 왼쪽 길 끝에

③ 오른쪽 모퉁이를 돌아 가시다 보면 엘리베이터가 보일 거예요. 그 맞은편으로 쭉 따라가시면

④ 오른쪽 모퉁이를 돌아 가시다가 엘리베이터 오른쪽으로 쭉 따라가시면

Memo

35 다음은 ABC 카페에 근무하는 김지민 씨가 상사의 요구에 따라 작성한 고객 분석표이다. 고객 분석표의 결론에 해당하는 말로 가장 적절한 것은?

> **상사** 김지민 씨, 우리 고객층을 한번 분석해 봐야겠는데, 퍼센트 단위로 표나 그래프로 한 눈에 구별되도록 만들어 보세요. 기준은 연령과 생활 수준 두 가지 정도면 될 것 같고. 그리고 주요 고객층을 두 가지 요소를 포함하여 한 문장으로 정리해서 넣으면 좋겠어요.

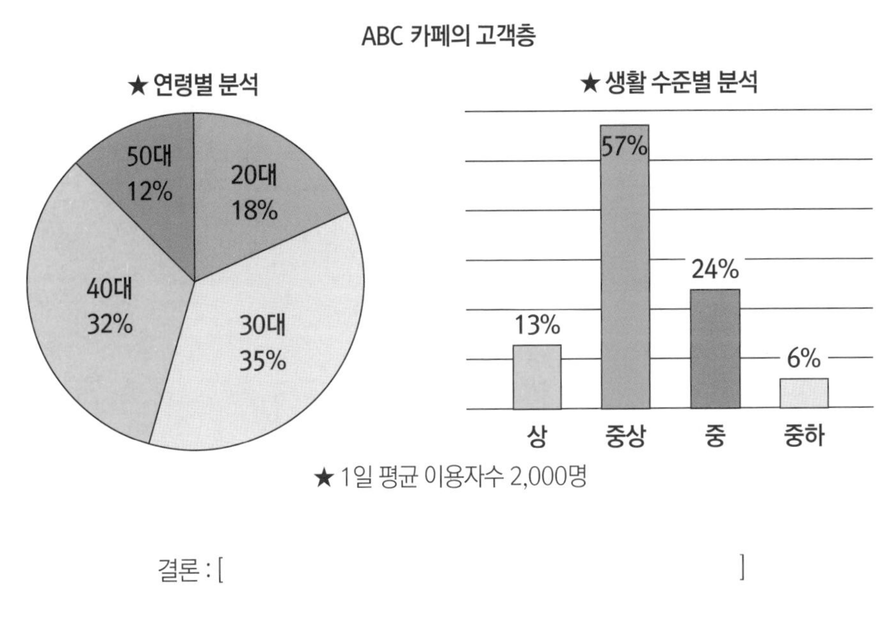

결론 : [ ]

① 20~30대의 중하위 소득층이 많음.

② 30~40대의 중하위 소득층이 많음.

③ 30~40대의 비교적 부유한 소득층이 많음.

④ 40~50대의 비교적 부유한 소득층이 많음.

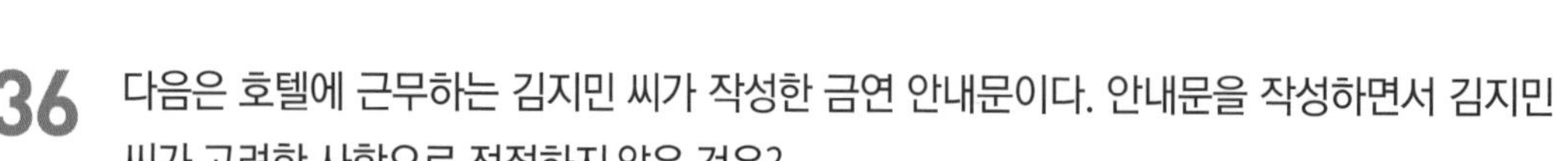

Memo

36 다음은 호텔에 근무하는 김지민 씨가 작성한 금연 안내문이다. 안내문을 작성하면서 김지민 씨가 고려한 사항으로 적절하지 않은 것은?

> **안 내 문**
>
> 본 호텔은 이용객의 쾌적한 환경을 위해 전 건물이 금연 구역으로 지정되어 있습니다. 금연 구역 내에서의 흡연은 국민건강증진법(제34조 제3항)에 의거 10만원 이하의 과태료가 부가됩니다. 흡연자를 위해 호텔 후문 쪽에 흡연 구역이 지정되어 있으니 불편하시더라도 흡연 구역 내에서 흡연해 주시기 바랍니다. 호텔 이용객 여러분의 많은 협조 부탁드립니다.

① 흡연 구역을 안내할 것.

② 관련 법규를 제시할 것.

③ 공손한 어투를 사용할 것.

④ 중요한 정보는 맨 끝에 쓸 것.

Memo

[37~38] 다음은 우체국 방문 택배 요금표이다. 물음에 답하시오.

우체국 택배(방문 접수) : 고객이 원하는 장소로 우체국 직원이 방문하여 접수하는 서비스

구분 / 중량(크기)	2kg까지 (60cm까지)	5kg까지 (80cm까지)	10kg까지 (120cm까지)	20kg까지 (140cm까지)	30kg까지 (160cm까지)
동일지역	4,000원	5,000원	6,500원	8,000원	9,500원
타지역	5,000원	6,000원	7,500원	9,000원	10,500원
제주(익일배달)	6,500원	8,000원	9,500원	11,000원	13,000원
제주(D + 2일)	5,000원	6,000원	7,500원	9,000원	10,500원

- **크기 = 가로 + 세로 + 높이**
- 크기는 160cm 이내, 한 변의 길이 100cm 이내에 한해 취급하며, 중량과 크기 중에 큰 것에 해당하는 요금을 적용합니다
- **1박스의 중량이 30kg을 초과하는 경우 접수가 불가합니다.**

37 김지민 씨가 택배를 접수하려고 할 때 고려해야 할 사항으로 적절하지 않은 것은?

① 무게는 얼마인가?

② 보내는 지역은 어디인가?

③ 세 변의 길이 합은 얼마인가?

④ 한 변의 길이가 160cm를 넘지 않는가?

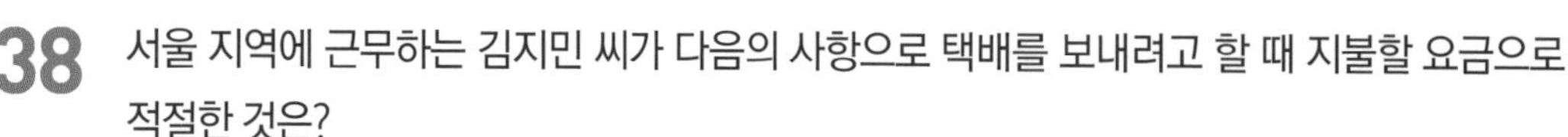

Memo

38 서울 지역에 근무하는 김지민 씨가 다음의 사항으로 택배를 보내려고 할 때 지불할 요금으로 적절한 것은?

보내는 곳 : 강원도
크기 : 가로 90cm, 세로 50cm, 높이 10cm
무게 : 15kg

① 6,000원
② 7,500원
③ 9,000원
④ 10,500원

Memo

39 인터넷 서점에 근무하는 김지민 씨는 고객에게서 다음과 같은 항의를 접수하였다. 김지민 씨가 고객에게 할 수 있는 말로 적절하지 않은 것은?

접수번호	접수일자	회원 이름	배송지	서명	묶음배송여부
248367	170403	정혜미	서울시 종로구 평창동 233	이기적 유전자 (* * 사)	○
				파이 이야기 (○○출판)	
				보고서 실무 (+ + 사)	

아니, 여기 좀 이상한 거 같아요. '이기적 유전자'는 주문 안 했거든요? 처음에는 바구니에 '이기적 유전자'를 담긴 했지만 결제할 때는 분명 삭제했다고요. 나머지 두 개는 맞게 왔는데, 가격은 '이기적 유전자'까지 포함해서 결제된 거 아니에요? 이거 환불받으려면 어떻게 해야 해요? 그리고 주문한 지 이틀이면 온다고 해 놓고서는 일주일 걸려 오는 거는 또 뭐예요? '보고서 실무'는 급하게 필요한 책이었는데 제때 안 와서 피해를 봤다고요.

① '나의 구매 정보'에서 다시 한번 구매 내역을 확인해 주시겠습니까?

② 배송을 하다 보면 예상보다 늦어질 수도 있고 그런 점은 이해해 주셔야 합니다.

③ 죄송합니다, '보고서 실무'가 품절 상태라 구하는 데 시간이 걸려 배송이 지연되었습니다.

④ 취소가 제대로 이루어지지 않았던 것 같습니다. 접수상황에는 '이기적 유전자'도 나와 있거든요.

국어 영어 수리

40 다음은 화장품 회사에 근무하는 A씨가 전체 매출 중 주요 세 분야의 브랜드별 매출 규모를 분석한 표이다. 이를 보완하기 위해 동료 김지민 씨가 조언해 줄 말로 적절하지 않은 것은?

화장품 브랜드별 매출 규모

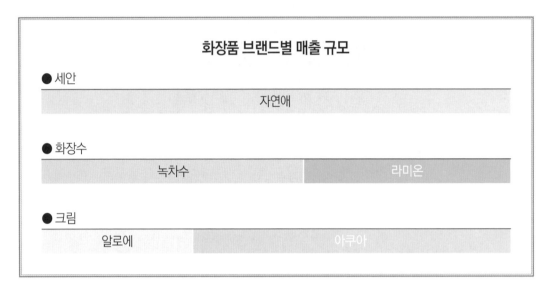

● 세안

자연애

● 화장수

녹차수	라미온

● 크림

알로에	아쿠아

① 세안 부분에 '자연애' 말고 다른 브랜드도 반영해야겠어.

② 표를 보면 무조건 '알로에'의 판매량이 가장 적은 것처럼 보이는 걸?

③ 표를 보면 사람들이 '라미온'보다 '아쿠아'가 더 많이 팔렸다고 단정짓겠어.

④ 표에 판매량 수치를 넣어서 좀 더 구체적인 매출 규모가 파악되도록 해 봐.

Memo

41 다음은 친환경식품 회사에 근무하는 김지민 씨가 관련 자료를 수집하여 작성한 보고서이다. 논리 전개에 맞게 배열한 것으로 가장 적절한 것은?

㉠ 또한 제품에 따라 약간 다르지만 인스턴트 라면에는 인공 조미료, 향료, 색소, 유화제, 안정제, 산화방지제 따위가 들어간다. ㉡ 라면에 쓰이는 고열 처리된 탄수화물은 입자가 작고 성글어서 소화 흡수가 비정상적으로 빠르다. ㉢ 한 가지만 먹어도 좋지 않을 이런 여러 종류의 첨가물을 한꺼번에 먹도록 만든 것은 더욱 치명적이다. ㉣ 그것은 빠른 만큼 혈당치를 급속히 증가시켜 우리 몸의 인슐린 분비 세포에 타격을 가한다.

① ㉠ - ㉡ - ㉢ - ㉣

② ㉠ - ㉣ - ㉢ - ㉡

③ ㉡ - ㉠ - ㉢ - ㉣

④ ㉡ - ㉣ - ㉠ - ㉢

국어
영어
수리

Memo

42 다음은 이탈리안 레스토랑 M에 근무하는 박지민 씨가 매출을 높이기 위한 기획 회의에 대비하여 아이디어를 메모한 것이다. 이를 포괄하는 최종 가설로 가장 적절한 것은?

> 이탈리안 레스토랑 M의 매출을 높이기 위하여
>
> 가설 : (   )
>
> **고객 모집 :** 데이트 코스를 소개한 잡지의 특집 코너 등에 기사 광고를 낸다.
>
> **메뉴 :** 둘이 즐길 수 있는 특별 메뉴를 개발한다.
>
> **인테리어 :** 여럿이 앉는 자리를 줄이고 둘이 앉는 자리를 늘린다.

① 커플 고객 유치에 주력한다.

② 다양한 세대를 아우르도록 한다.

③ 식사의 개념을 넘어 추억을 제공한다.

④ 낭만적이고 온화한 분위기로 전환한다.

Memo

43 여행사에 근무하는 김지민 씨는 새로운 상품 개발을 위해 관련된 고객의 수요를 수집했다. 자료의 내용을 4가지 항목으로 나누어 도식화하고자 할 때 ①~④에 들어갈 말로 적절하지 않은 것은?

1. 14주된 아기 엄마입니다. 태교 여행 좀 다녀오려는데요
남편이랑 뱃속의 우리 애기랑 이렇게 셋이서 여행을 다녀오려는데요, 신랑이 여행가는 건 좋지만 혹시나 몸에 무리가 가지 않을까 걱정해요. 그런데 어디가 좋을지 잘 모르겠어요. 너무 걸어야 하는 곳이나 장시간 비행인 곳은 안 될 것 같고…그냥 가까운 국내가 좋을까요?

2. 국내 태교 여행 갈 만한 곳 없을까요?
2박 3일로 국내 쪽으로 남편과 함께 태교 여행을 가 볼까 하는데, 어디 갈 만한 곳 없을까요? 원래는 제주도에 가려고 했는데 비행기편이 없어서 다른 곳으로 목적지를 바꾸려고 하는데, 적당한 곳을 찾지 못하겠네요.

3. 국내 태교 여행 어디로 가나요?
태교 여행 국내로 어디 가나요? 이번 주말에 집에 있긴 싫고 아기 낳기 전에 바람도 쐴 겸 나가고 싶네요. 쌍둥이 예비맘이라 많이 걷지는 못할 거 같고 경치 구경하고 밥 맛있게 먹고 1박 2일 정도로 갈 수 있는 곳 어디 없나요?

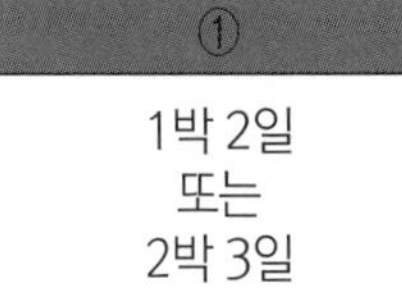

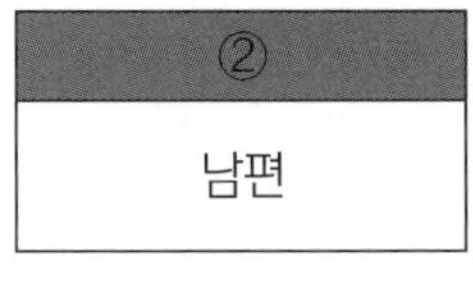

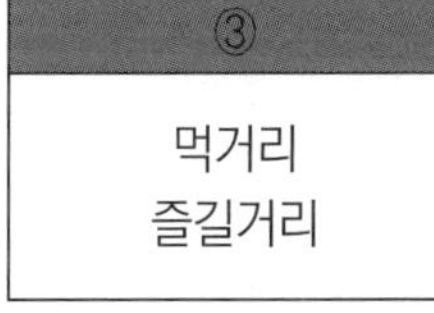

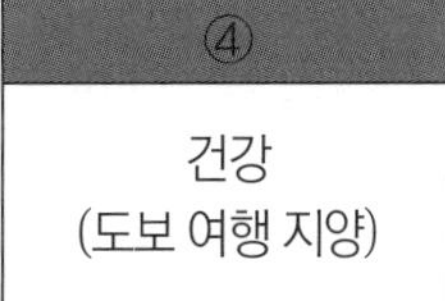

① 여행 기간

② 여행 동반자

③ 여행 준비

④ 여행 고려 사항

Memo

44 다음은 식품 회사에 근무하는 김지민 씨가 새로운 상품 개발을 위한 아이디어를 조직화한 것이다. 결론적으로 ㉠에 들어갈 아이디어로 가장 적절한 것은?

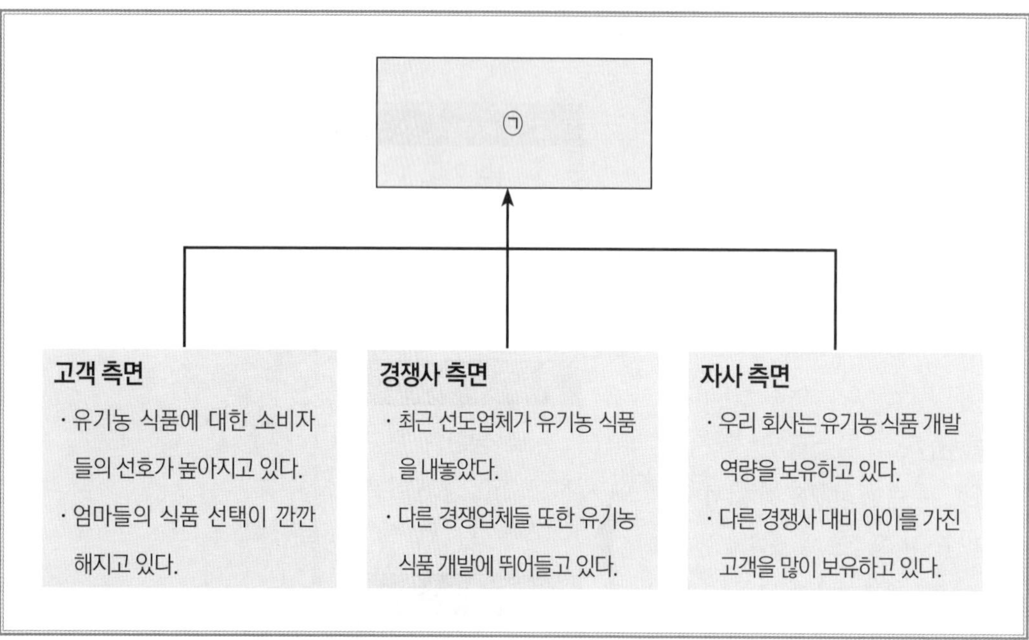

① 유기농 식품에 대한 선호도가 높아지고 있다.

② 아이들을 위한 유기농 식품 개발이 필요하다.

③ 모두가 즐겨 찾을 수 있는 건강 식품 개발이 필요하다.

④ 경쟁업체들이 많이 몰리지 않는 독보적인 상품 개발이 필요하다.

Memo

45 다음은 김지민 씨가 작성한 보고서를 읽고 상사인 박 과장이 지적한 내용이다. 지적한 내용에 맞게 수정한 것으로 가장 적절한 것은?

〈수정 전 보고서〉

이번 역량 평가는 글로벌 기업으로서의 도약을 위해 필요하며, 글로벌 기업들은 역량 평가를 도입해 조직 구성원의 역량을 객관적으로 평가하고, 직원의 역량을 향상시킬 수 있는 방안으로 활용하고 있어, 우리 회사도 역량 평가를 도입해 조직 구성원의 역량을 제고할 수 있도록 할 필요가 있음.

박과장 보고서 문장이 너무 길지 않나요? 문장 하나가 서너 줄이니 무슨 소리를 하고 있는지 잘 모르겠어요. 역량 평가의 필요성에 대해 이러이러해서 필요하고, 이런 측면에서도 필요하고, 이런 관점에서도 필요하다는 식으로 제시를 해놨는데, 필요성에 대해 간단히 두 줄 정도로만 정리하면 되지 않을까요? 게다가 중복되는 말도 많고 ⋯.

〈수정 후〉

① 역량 평가는 누가 뭐래도 꼭 필요하며 여러 가지 면에서 도움이 됨.

② 역량 평가를 도입한다면 조직 구성원의 역량을 향상시킬 수 있으며, 객관적인 평가가 가능함.

③ 주관적으로 평가하는 불합리한 평가 체계가 아닌 객관적으로 조직 구성원을 평가한다는 점에서 역량 평가가 꼭 필요함.

④ 역량 평가는 조직 구성원을 객관적으로 평가하여 역량을 제고할 수 있도록 하며, 이는 글로벌 기업으로의 도약을 위해 반드시 필요함.

국어 영어 수리

46 A상사의 지점에 근무하는 김지민 씨가 본사 직원이 보낸 이메일을 읽고, 핵심을 1줄로 요약한 것으로 가장 적절한 것은?

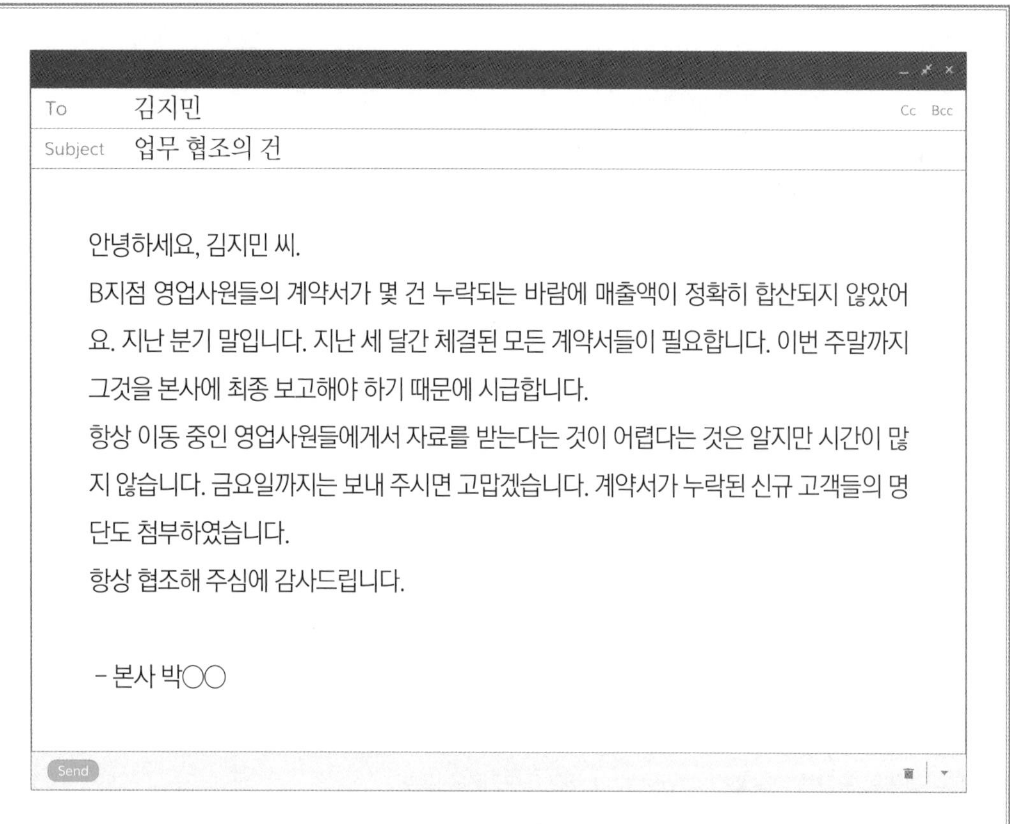

To 김지민 Cc Bcc

Subject 업무 협조의 건

안녕하세요, 김지민 씨.

B지점 영업사원들의 계약서가 몇 건 누락되는 바람에 매출액이 정확히 합산되지 않았어요. 지난 분기 말입니다. 지난 세 달간 체결된 모든 계약서들이 필요합니다. 이번 주말까지 그것을 본사에 최종 보고해야 하기 때문에 시급합니다.

항상 이동 중인 영업사원들에게서 자료를 받는다는 것이 어렵다는 것은 알지만 시간이 많지 않습니다. 금요일까지는 보내 주시면 고맙겠습니다. 계약서가 누락된 신규 고객들의 명단도 첨부하였습니다.

항상 협조해 주심에 감사드립니다.

- 본사 박○○

Send

① 명단을 점장께 보고

② 누락자 계약서만 스캔

③ 계약서 누락 명단 확인

④ 세 달간 계약서 전부 본사 전달

Memo

47 다음은 A회사에 근무하는 김지민 씨가 기획한 '고객 감사 운동' 제안서 내용이다. 각 항목의 소제목으로 적절하지 않은 것은?

1. (㉠)
: 고객 불만에 대응하는 매뉴얼 작성
- 전 사원이 같은 대답을 할 수 있도록 한다.
- 지금까지의 고객 불만 사항을 모두 모아 전사적인 대응책을 생각한다.

2. (㉡)
: 고객 불만 사항 데이터베이스 공유화
- 빨리 응답할 수 있는 시스템을 도입한다.
- 앞으로 발생할 새로운 불만과 대응책을 공유할 수 있는 체제를 구축한다.

고객 감사 운동

3. (㉢)
: 고객의 불만 해결을 가장 중시하고 전문 부서를 설치
- 고객 불만 해결에 집중한다.
- 응대하기 어려운 불만 사항은 전문 부서에서 대응한다.

4. (㉣)
: 철저한 사원 교육
- 매뉴얼이 완벽하게 지켜지도록 사전에 철저히 교육한다.

① ㉠ – '한마음' 작전

② ㉡ – '빠른 응답' 작전

③ ㉢ – '역할 분담' 작전

④ ㉣ – '유비무환' 작전

국어 영어 수리

Memo

48 다음은 카페에 근무하는 김지민 씨가 새 메뉴 도입을 위한 기획서에 들어갈 개요를 작성한 것이다. 수정한 원리로 적절하지 <u>않은</u> 것은?

〈수정 전〉

새 메뉴 도입에 관한 개요
● **목적** 점포의 매출을 늘리기 위해 새로운 고객인 젊은 층을 끌어들인다. ● **구체적인 대책** 젊은이들이 좋아하는 과일 맛이 나는 달콤하고 상쾌한 음료 메뉴가 필수적이다. 시브리즈, 프루츠퍼레이드, 초콜릿마티니 등이 적절하다고 생각한다.

〈수정 후〉

새 메뉴 도입에 관한 개요
● **목적** 점포의 매출을 늘리기 위해 새로운 고객인 젊은 층을 끌어들인다. ● **구체적인 대책** 젊은이들이 좋아하는 과일 맛이 나는 달콤하고 상쾌한 음료 메뉴가 필수적이다. • 시브리즈 • 프루츠퍼레이드 • 초콜릿마티니 등

① 구체적인 문장으로 풀어서 표현한다.

② 상위 항목의 글자 크기를 더 크게 한다.

③ 문장의 계층구조를 들여쓰기로 보여 준다.

④ 기호를 사용하여 주요 항목들을 눈에 띄게 표현한다.

[49~50] 다음은 A인쇄소가 경쟁사별 특징을 분석한 표이다. 다음 물음에 답하시오.

〈경쟁사의 특징 분석〉

기업명	하늘인쇄	명심인쇄	서해인쇄
전망	경영난에 빠져 있다는 소문	파주에 새 공장 설립	대리점과의 경로 강화
주된 수주 경로	대형 인쇄사 경유	대형 대리점 경유	디자이너 경유
연간 추정 매출액	90억원	180억원	120억원
제조 기술	특수 가공	대량 인쇄	두꺼운 종이 인쇄

49 위의 표를 해석한 것으로 가장 적절한 것은?

① '하늘인쇄'는 향후 전망이 기대되는 기업이다.

② 특별한 인쇄 기술로 승부하는 기업은 '명심인쇄'이다.

③ 매출이 가장 낮을 것으로 예상되는 기업은 '서해인쇄'이다.

④ '서해인쇄'는 주로 디자이너들을 통해서 주문을 접수한다.

Memo

50 위의 표를 다음과 같이 수정한 이유로 적절하지 않은 것은?

〈경쟁사의 특징 분석〉

기업명	하늘인쇄	서해인쇄	명심인쇄
연간 추정 매출액	90억원	120억원	180억원
주된 수주 경로	대형 인쇄사 경유	디자이너 경유	대형 대리점 경유
제조 기술	특수 가공	두꺼운 종이 인쇄	대량 인쇄
전망	경영난에 빠져 있다는 소문	대리점과의 경로 강화	파주에 새 공장 설립

① 영업 → 제조, 현재 → 미래의 순으로 나열하는 게 좋겠어.

② 짧은 구절에서 긴 구절 순서로 나아가는 것이 보기 좋겠어.

③ 경쟁사를 매출액에 따라 왼쪽에서 오른쪽으로 배치해야겠어.

④ 위아래 순서를 가장 중요한 항목부터 위에 두어야겠어.

특성화 · 마이스터 고등학교 직업기초능력평가 대비

모의고사 1회

의사소통 영어 영역

Memo

모의고사 영어 영역

01 다음은 바텐더로 근무하는 이지은 씨와 한 손님의 대화 내용이다. 바텐더인 이 지은 씨가 손님에게 제공할 음료로 옳은 것은?

①

②

③

④

Memo

02 다음은 레스토랑에서 예약 업무를 담당하는 이지은 씨와 한 고객의 대화이다. 대화에 따라 고객이 레스토랑에 방문했을 때 앉게 될 자리는?

① A　　② B　　③ C　　④ D

Memo

03 다음은 호텔에서 요리사로 일하는 K씨와 수석 요리사 Paul씨와의 대화이다. 이들이 준비할 음식으로 가장 적절한 것은?

① 

② 

③ 

④ 

Memo

04 외국인 광고 회사에 다니는 김 대리가 외국인 동료 David와 광고 업무에 관하여 대화를 나누고 있다. 김 대리의 마지막 말로 적절한 것은?

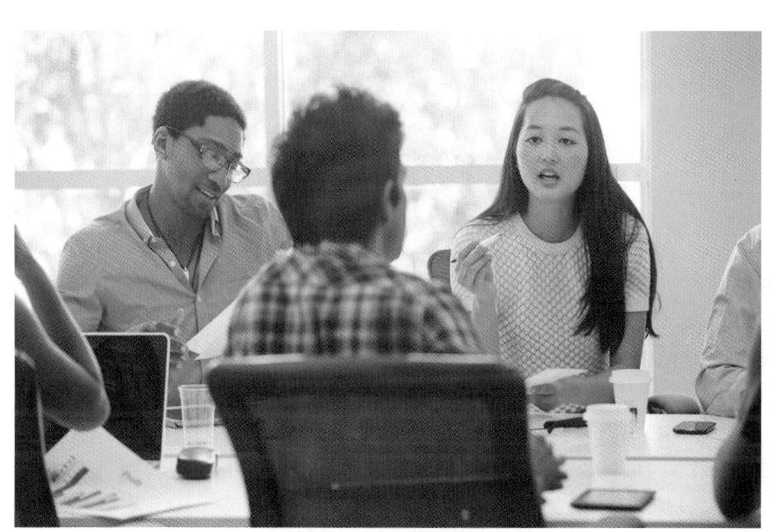

① I don't think we've met before.

② I wonder if this advertisement really works.

③ Thank you for your advice.

④ I guess your machine is so nice.

Memo

05 호텔 프런트 데스크에서 근무하는 김지은 씨가 외국인 고객 Mr. David와 대화하고 있다. 예약한 방의 내용이 아닌 것은?

① 스위트 룸

② 밝은 조명

③ 바다가 보이는 전망

④ 가격 할인

Memo

06 구내 편의점에서 근무하는 Ms. Lee가 외국인 고객에게 안내해야 할 물품으로 알맞은 것은?

①

②

③

④

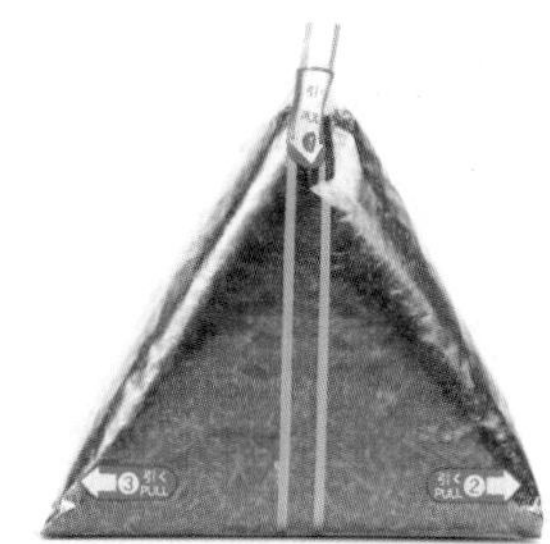

국어
영어
수리

Memo

07 다음은 기계 생산업체에서 근무하는 김 씨와 외국인 동료 Tom과의 대화이다. 이들이 옮겨야 하는 것은?

① 밀링 머신

② 파일 보관함

③ 책상

④ 선반

Memo

08 공항 면세점에서 근무하는 Ms. Lee가 외국인 고객과 대화하고 있다. 외국인 고객이 지불해야 할 액수는?

① $150

② $145

③ $140

④ $135

국어
영어
수리

Memo

09 공항 종합안내소에서 근무하는 Mr. Kim과 외국인 승객이 대화하고 있다. Mr. Kim이 안내해야 할 곳은?

① 은행

② 약국

③ 공항 경비대

④ 면세점

Memo

10 다음은 조선업체에서 선박 설계 파트에서 수습사원으로 일하고 있는 김지은 씨와 선박 건조 파트 직원의 대화이다. 김지은 씨가 남자 직원에게 전화를 건 목적으로 알맞은 것은?

① 남자의 드로잉이 마음에 들지 않아서 다시 그려 달라고 요청하기 위해

② 남자가 회의에 제시간에 참석할 수 있도록 서두르라고 요청하기 위해

③ 설계 사무실의 책임자가 화가 났다는 말을 전하기 위해

④ 선박 디자인과 설계 명세서가 일치하는지 확인해 달라고 요청하기 위해

Memo

11 다음은 유람선 보건실에서 일하고 있는 김지은 씨와 한 승객과의 대화이다. 승객이 보건실을 찾은 이유는?

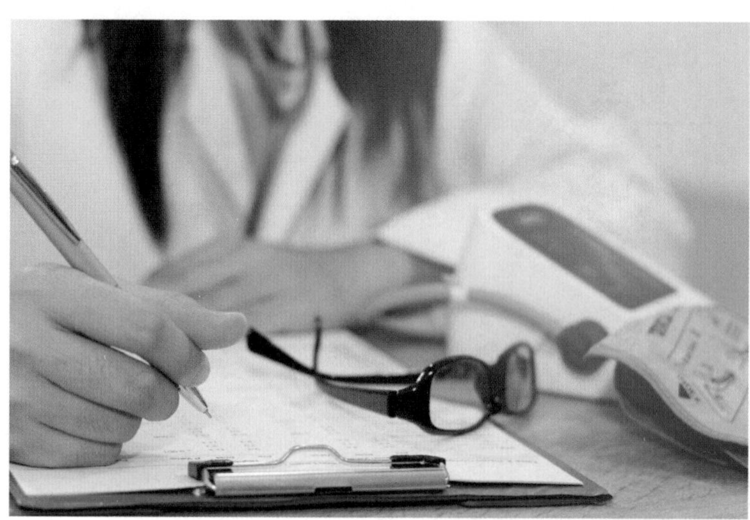

① 승객의 친구가 복통이 심해져서 약을 사려고

② 승객이 뱃멀미가 나서 처방을 받으려고

③ 승객이 알레르기가 심해서 처방을 받으려고

④ 승객의 친구가 구내염이 심해 음식을 먹지 못해서

Memo

12 다음은 김지은 씨와 택배 기사의 통화 내용이다. 택배 기사가 김지은 씨의 물건을 받으러 올 시간은?

①10:15

②10:30

③10:45

④ 11:00

Memo

13 다음은 비서로 근무하는 김지은 씨와 그녀의 매니저와의 대화 내용이다. 매니저가 박 선생을 만나기를 원하는 때는?

① 화요일 오전

② 화요일 오후

③ 목요일 오전

④ 목요일 오후

Memo

14 다음은 인테리어 회사에서 현장 관리자로 근무하는 김지은 씨와 집주인의 대화 내용이다. 김지은 씨가 오늘 페인트 작업을 하게 될 것은?

① 거실, 주방, 방 2개

② 거실, 주방, 책장

③ 거실, 주방, 계단, 방 2개

④ 거실, 주방, 방 3개

Memo

15 무역 종합전시장에서 근무하는 Ms. Lee가 외국인 고객을 안내할 곳으로 알맞은 것은?

Foreigner	Excuse me. Where is the consvenience shop?
Ms. Lee	Go straight two blocks. You will see it on your left. It's next to the bookstore.

① 

② 

③ 

④ 

Memo

16 건축 사무소에 근무하는 Mr. Kim은 업무 협의차 방한한 미국인 Mr. Roy와 협의를 하고 있다. 협의 내용과 관련 없는 것은?

Mr. Roy Let's talk about work schedule. Some of parts seem to be proceeding slowly.

Mr. Kim Sorry, it is some 2 weeks behind schedule. In order to advance work schedule, we need more hands.

Mr. Roy How about adding extra help from tomorrow?

Mr. Kim OK, thanks.

Mr. Roy When will the job be finished?

Mr. Kim If extra help works together with us, we are able to meet the deadline.

① 작업의 일부분이 늦어지고 있다.

② 작업 일정을 맞추기 위해 추가 인력을 배치할 예정이다.

③ 추가 인력이 배치될 경우, 예상치 못한 비용 지출로 어려움이 생길 수 있다.

④ 추가 인력이 배치될 경우, 마감 시한 안에 작업을 끝낼 수 있다.

Memo

17 다음은 어느 작업에 대한 유의 사항인가?

Before working it, you must leave all the windows open. Ventilation will keep the air fresh. And you'd better work from the top down in order of ceiling, wall, floor.

① 몰딩 작업

② 용접 작업

③ 선반 작업

④ 페인트 작업

Memo

18 중공업 회사에 근무하는 김 대리가 첫 출근한 외국인 동료에게 직장 상사를 소개하는 말로 적절한 것은?

① Welcome back!

② How do you do?

③ I'm glad to meet you.

④ This is Mr. Yu, our president.

국어 영어 수리

Memo

19 다음은 비서로 근무하는 김지은 씨와 한 의뢰인과의 통화 내용이다. 의뢰인의 마지막 질문에 대한 김지은 씨의 대답으로 알맞은 것은?

① All e-mail readers can read it.

② You are able to open it with the Acrobat Reader.

③ You won't need any special programs to open it.

④ You will open it with Photoshop.

Memo

20 다음은 국제 공항 안내 센터에서 근무하는 Ms. Lee와 외국인 사이의 대화이다. 외국인이 가야 할 곳으로 알맞은 것은?

Foreigner Where's the nearest store where I can buy toiletries?

Ms. Lee It's on the 2nd floor across from the bakery.

① 카페

② 화장실

③ 편의점

④ 빵집

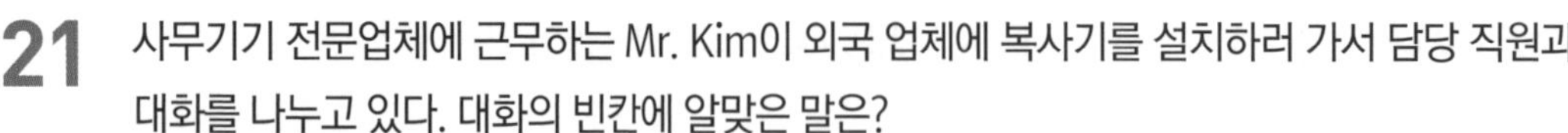

Memo

21 사무기기 전문업체에 근무하는 Mr. Kim이 외국 업체에 복사기를 설치하러 가서 담당 직원과 대화를 나누고 있다. 대화의 빈칸에 알맞은 말은?

Mr. Kim I've installed the copy machine. It's working very well.

Staff Thank you. How much is the monthly rental fee?

Mr. Kim 100 dollars a month.

Staff I see. ___________________

Mr. Kim It carries a one-year. There's no charge for all services during the warranty period.

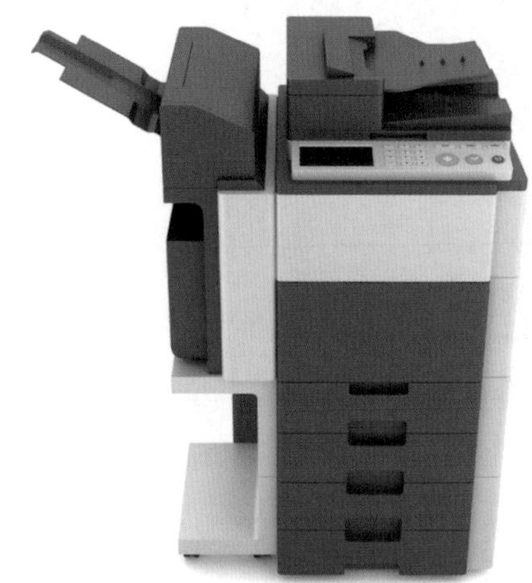

① How much is it?

② How long is the warranty period?

③ How fast is the copy speed?

④ How can I contact you?

Memo

22 쇼핑 센터에 근무하는 Ms. Lee가 외국인 고객과 대화를 나누고 있다. 외국인 고객이 물건을 사기 꺼려하는 이유가 아닌 것은?

Foreigner	These shirts are not my style. Is there another one in new design?
Ms. Lee	How about this one? It's new design.
Foreigner	I don't like blue color.
Ms. Lee	How about the pink shirt next to the blue one?
Foreigner	Oh, it's so nice. How much is it?
Ms. Lee	It's 50 dollars.
Foreigner	Oh, it's too expensive. Can you show me a cheaper one?

① 디자인

② 색깔

③ 가격

④ 사이즈

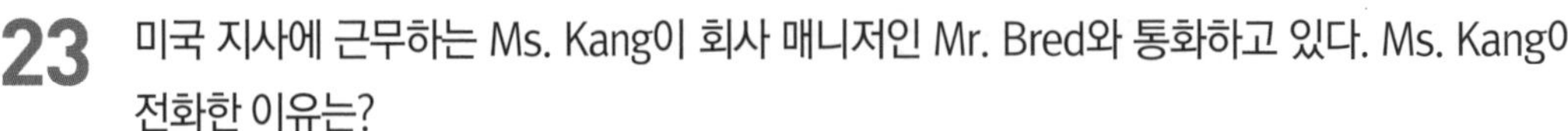

Memo

23 미국 지사에 근무하는 Ms. Kang이 회사 매니저인 Mr. Bred와 통화하고 있다. Ms. Kang이 전화한 이유는?

Ms. Kang Hello, Mr. Bred, I'm calling to tell you that I can't go to work today.

Mr. Bred What's the matter? Are you sick?

Ms. Kang Yes, I was in pain all night long and I still feel terrible.

Mr. Bred I'm sorry to hear that. You'd better go to see a doctor.

① To ask for holiday ② To ask for day off

③ To ask for sick leave ④ To ask for cure

24 다음은 어떤 사무기기에 대한 사용 설명서인가?

- Lift the lid gently.
- Neatly place the document face down on the glass.
- Cover the lid gently.
- Press the button.

① fax machine ② photocopier

③ printer ④ laptop computer

Memo

25 외국 지사로 발령 받은 Ms. Kang이 새로 이사한 집에 들여놓을 가구 구매를 위해 인터넷에서 다음과 같은 광고를 보았다. Ms. Kang이 바르게 이해한 것은?

> **CUSTOM FURNITURE**
>
> Grand Opening Sale
> Up to 30% off all furniture
> including bed, wardrobe, dressing table, desk, etc.
> Every product in our store is made of best quality wood
> and we offer CUSTOM FURNITURE you want!
> 602 S. 24th street, Washington
>
> *** We are looking for furniture manufacturers working with us.**

① 맞춤 가구를 판매한다.

② 옷장은 판매하지 않는다.

③ 30% 넘게 할인 판매된다.

④ 보통 품질의 원목을 사용하여 제품을 만든다.

국어 영어 수리

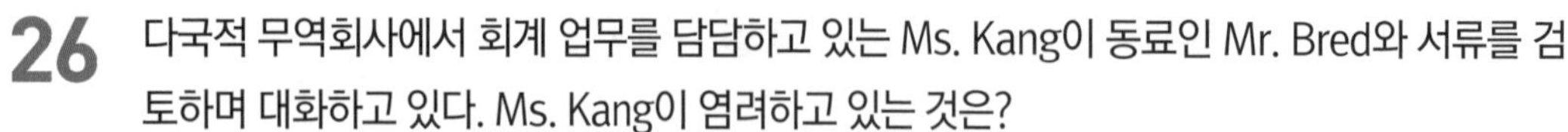

Memo

26 다국적 무역회사에서 회계 업무를 담당하고 있는 Ms. Kang이 동료인 Mr. Bred와 서류를 검토하며 대화하고 있다. Ms. Kang이 염려하고 있는 것은?

Ms. Kang Can you give me a hand, Mr. Bred?
Mr. Bred Of course. What is it?
Ms. Kang It's the Best bank statement. Something isn't right.
Mr. Bred What's the problem?
Ms. Kang This account doesn't balance.
Mr. Bred That's right. We have to tell vice president about this.

① 너무 바빠서 도와줄 수 없다.
② 은행 영업이 일찍 끝난다.
③ 수출대금이 들어오지 않는다.
④ 계좌 잔고가 맞지 않는다.

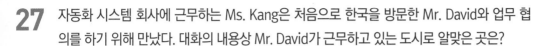

Memo

27 자동화 시스템 회사에 근무하는 Ms. Kang은 처음으로 한국을 방문한 Mr. David와 업무 협의를 하기 위해 만났다. 대화의 내용상 Mr. David가 근무하고 있는 도시로 알맞은 곳은?

Ms. Kang Hello, my name is Kang. Welcome to Seoul. Here's my business card.

Mr. Bred Nice to meet you, Ms. Kang.

Ms. Kang Are you from New York office?

Mr. Bred Yes, I work in New York, but worked in London and Tokyo last year.

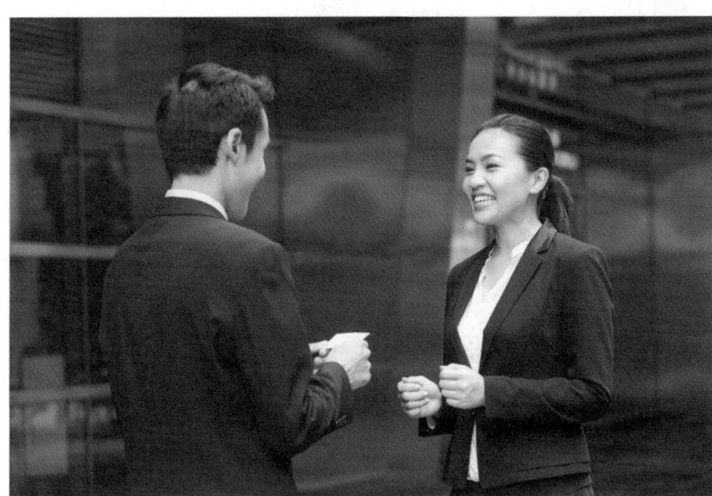

① Seoul

② New York

③ London

④ Tokyo

Memo

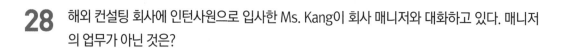

28 해외 컨설팅 회사에 인턴사원으로 입사한 Ms. Kang이 회사 매니저와 대화하고 있다. 매니저의 업무가 아닌 것은?

Manager	What do you know about our company?
Ms. Kang	Not very much, I'm afraid.
Manager	That's OK, but you'd better get to know it.
Ms. Kang	Thank you for your advice, so what do you do?
Manager	I place an advertisement, greet visitors, and help my vice president.
Ms. Kang	Oh, it's so hard work.

① 부사장 업무 보조

② 회사 방문객 맞이

③ 신입사원 교육

④ 광고 업무

Memo

29 다음은 기계부품 회사에 다니는 Mr. Kim이 기계전시 박람회에 관하여 외국 협력회사 담당자에게 보낸 이메일 중 일부이다. 이메일을 보낸 목적으로 가장 적절한 것은?

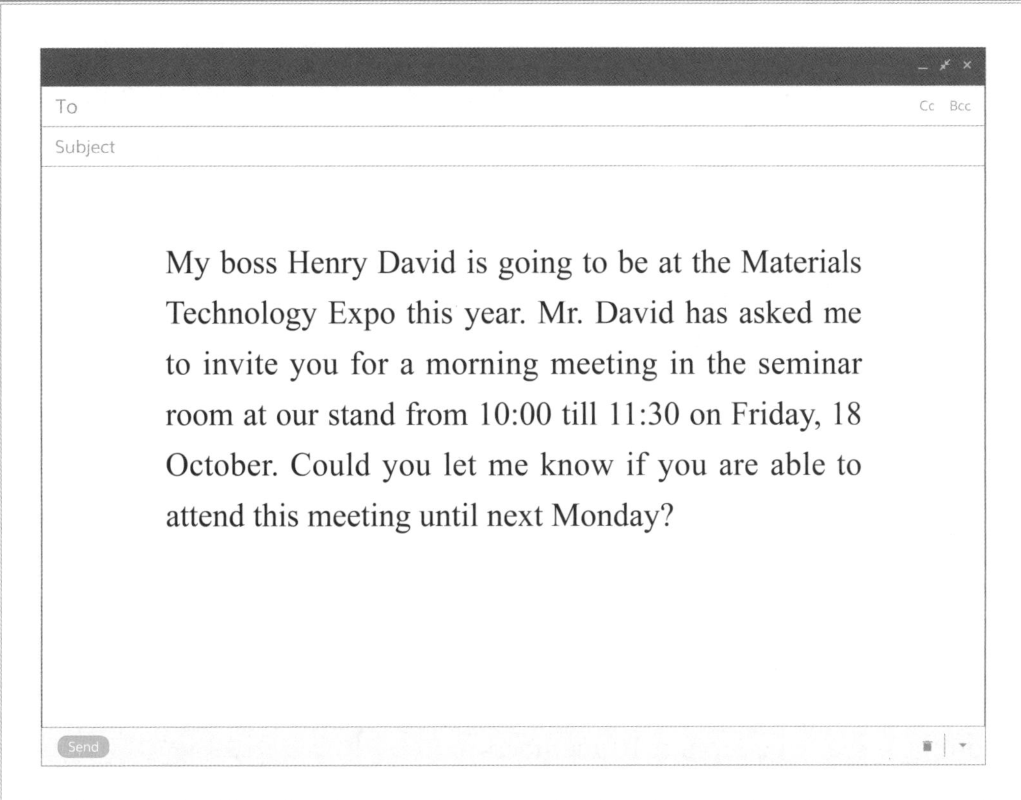

To

Subject

My boss Henry David is going to be at the Materials Technology Expo this year. Mr. David has asked me to invite you for a morning meeting in the seminar room at our stand from 10:00 till 11:30 on Friday, 18 October. Could you let me know if you are able to attend this meeting until next Monday?

① 회의 참석 요청

② 세미나 개최

③ 박람회 개최

④ 아침 식사 초대

Memo

30 다음은 로봇전기회사에 홍보 매니저로 근무하는 Mr. Kim이 미국에 있는 회사를 방문하고자 보낸 이메일의 일부이다. 이 메일의 내용과 다른 것은?

To　　Cc　Bcc

Subject

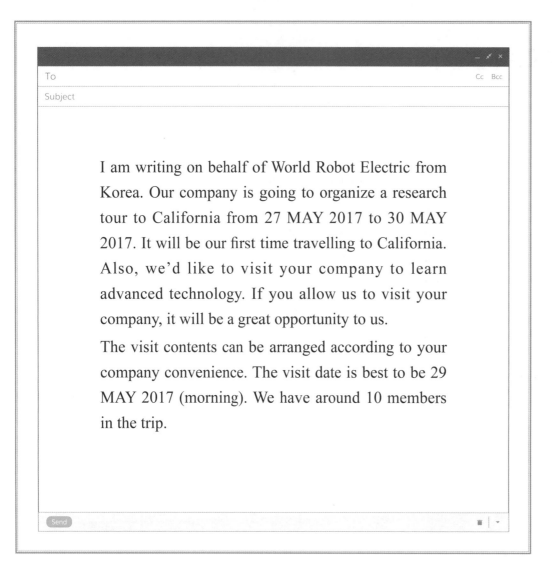

I am writing on behalf of World Robot Electric from Korea. Our company is going to organize a research tour to California from 27 MAY 2017 to 30 MAY 2017. It will be our first time travelling to California. Also, we'd like to visit your company to learn advanced technology. If you allow us to visit your company, it will be a great opportunity to us.

The visit contents can be arranged according to your company convenience. The visit date is best to be 29 MAY 2017 (morning). We have around 10 members in the trip.

Send

① 캘리포니아 방문 기간은 5월 27일부터 5월 30일까지이다.

② 선진 기술을 배우기 위해 방문하기를 원한다.

③ 회사 방문 시 활동 내용은 양쪽이 협의하여 실시한다.

④ 방문 인원은 10여 명 정도이다.

Memo

31 다음은 사무기기 전문 회사 주문 담당으로 근무하는 Mr. Kim과 외국인 고객과의 대화이다. 대화에서 언급되는 복사기에 대한 내용으로 잘못된 것은?

Foreigner	Hello, this is Tom working in a foreign electronics company. I want to order a copy machine. It's an urgent order!
Mr. Kim	I remember your company purchased the copy machine up-to-date a month ago.
Foreigner	That's right, but, we have no choice but to purchase one more due to increased work.
Mr. Kim	Do you want the same one?
Foreigner	Yes, it's much better than the one we used before.
Mr. Kim	Oh, I see. We can send out the goods tomorrow.

① 급하게 주문하고 있다.

② 똑같은 제품이 한 달 전에 구매되었다.

③ 이 제품의 성능은 그 전에 사용했던 것보다 훨씬 좋다.

④ 이 제품은 다음 주에 발송될 수 있다.

Memo

32 다국적 기업 수습사원으로 근무하는 Mr. Kim은 고객 만족도에 대한 프레젠테이션을 준비하고 있다. 맨 처음 할 말로 알맞은 것은?

Mr. Kim This morning, ________

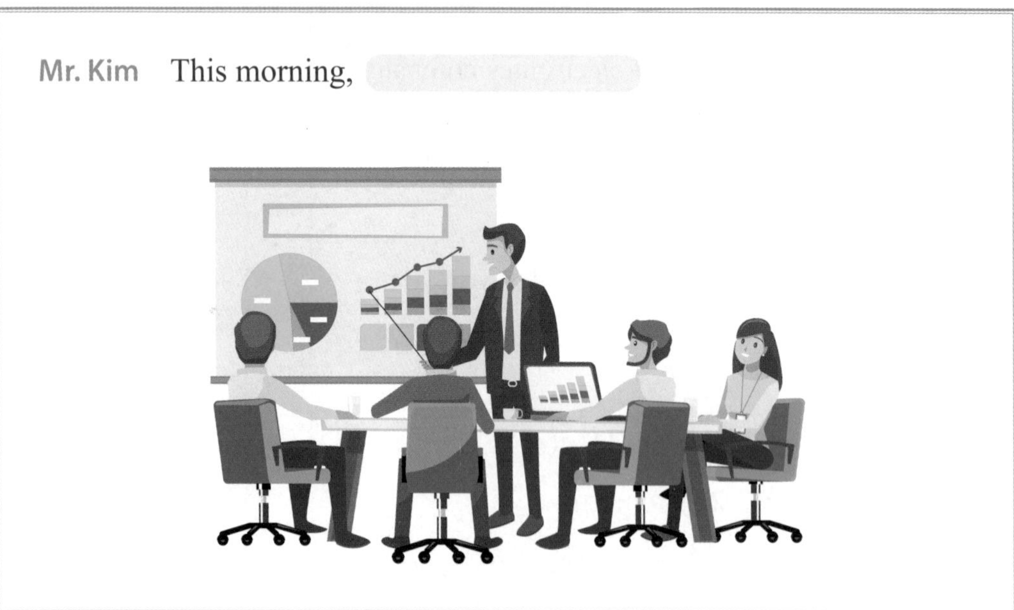

① now I'd like to move on to the next topic.

② I'm going to talk about customer satisfaction.

③ finally, I'd like to say how important customer satisfaction is.

④ are there any questions?

Memo

33 다국적 기업 수습사원으로 근무하는 Mr. Kim이 고객에게 보낸 이메일 중 일부이다. 이 글을 보낸 목적은?

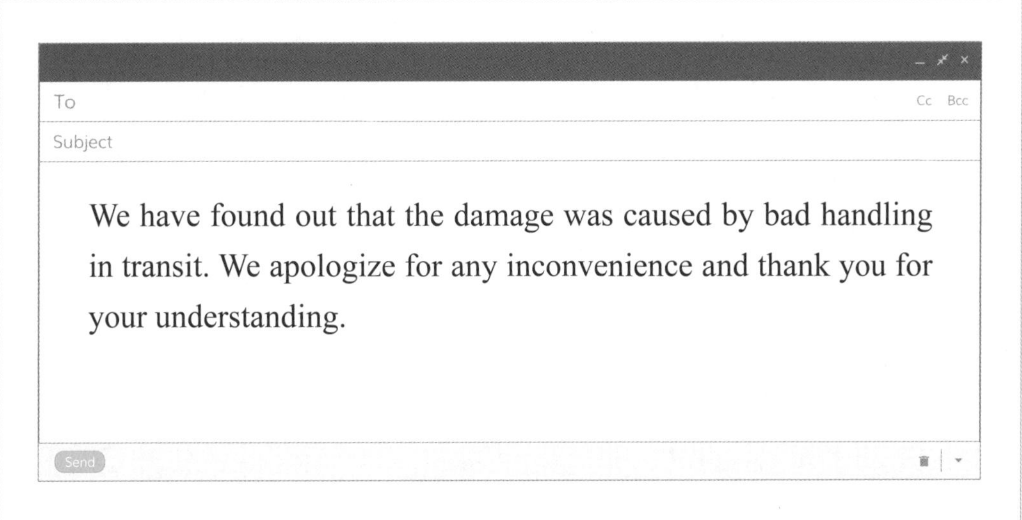
To Cc Bcc
Subject

We have found out that the damage was caused by bad handling in transit. We apologize for any inconvenience and thank you for your understanding.

Send

① 사과
② 감사
③ 배송 절차 확인
④ 식사 초대

34 한국에서 미국으로 출장을 간 Mr. Kim이 미국 회사 직원 Jennifer와 통화하고 있다. 빈칸에 들어갈 내용으로 알맞은 것은?

Mr. Kim What time would you like to meet?
Jennifer How about 2:00 p.m.?
Mr. Kim And where should we meet?
Jennifer ________________________.

① What can I do for you?
② What is the total?
③ Why don't you come to our office?
④ Why don't you have dinner with me tonight?

Memo

35 김 지은 씨는 미국에서 열리는 기계 박람회에 참석하기 위하여 공항 세관 심사대에서 세관 심사원의 질문을 받고 있다. 빈칸에 들어갈 내용으로 알맞은 것은?

Man May I see your passport and ________________?

Ms. kim I have them right here.

① arrival card
② landing card
③ departure card
④ customs declaration form

36 섬유 회사 총무부에 근무하는 Mr. Kim이 회사 견학을 온 외국인들을 상대로 안내를 하고 있다. 이들이 다음으로 향할 곳은 어디인가?

This place on which we stand is the sky lounge on the top floor. We can enjoy a whole view of Seoul from here. And across from the sky lounge are the lecture hall and the gym. Now we're going to visit Publicity Department to hear of our company .

① 홍보부
② 스카이 라운지
③ 강당
④ 체육관

Memo

37 국내 반도체 회사에 다니는 Mr. Kim은 미국 전자 회사에 전화를 걸어 반도체 생산에 관한 업무 협의를 하려 한다. 음성 안내를 듣고 눌러야 하는 번호는?

For customer service, press 1; household appliance department, press 2; for mobile phone department, press 3; for semiconductor department, press 4.

① 1　② 2　③ 3　④ 4

38 미국으로 처음 출장을 가는 Mr. Kim이 기내에서 입국신고서를 작성하던 중 모르는 부분을 승무원에게 질문하려고 한다. 질문으로 알맞은 것은?

① May I go to the restroom?

② Can I get you another drink?

③ Could you show me how to fill out this form?

④ Please turn off the light.

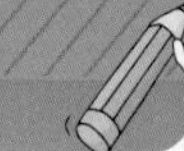

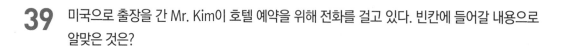

39 미국으로 출장을 간 Mr. Kim이 호텔 예약을 위해 전화를 걸고 있다. 빈칸에 들어갈 내용으로 알맞은 것은?

Clerk	The Best Hotel. How may I help you?
Mr. Kim	________________________.
Clerk	What day will you be arriving?
Mr. Kim	December 18th.

① I'd like to know the rate for the room?

② I'd like to make a reservation.

③ I'd like to cancel my reservation.

④ I'd like to go to my room now.

Memo

40 다음 중 고속버스 매표원으로 근무하는 김지은 씨가 손님들에게 사용할 수 있는 표현이 <u>아닌</u> 것은?

① Deluxe express or normal?

② Can I get a discount for disabled people?

③ How many persons?

④ One way ticket or return?

Memo

41 다음은 레스토랑에서 계산원으로 근무하는 김지은 씨가 발행한 영수증이다. 영수증에 대해 손님이 내용을 바르게 파악하지 못한 것은?

Geo's Sweetland

2371 Main Street
02-8679-5489

Take Out	**Party of 2**
Table ---	**Ticket 4002**
Server : Nina	**SERVER**
14:27 PM	**Date 2017/07/14**

1	CHICKEN SAND Rib Sauce French Fries	$ 9.30
1	CHILI CHEESE Homemade Coleslaw (NO BREAD)	$ 7.99
1	COFFEE	$ 1.99
1	ICE TEA	$ 2.15
	Sub total	$ 21.43
	VAT	$ 2.14
	Check Total	$ 23.57

① 레스토랑의 위치는 Main Street 2371번지이다.

② 레스토랑 안에서 음식을 먹을 때 서빙을 한 사람은 Nina이다.

③ 레스토랑을 나온 시간은 오후 2시 27분이다.

④ 4가지 음식에 대한 총 금액은 23달러 57센트이다.

Memo

42 의류점에서 판매원으로 근무하는 김지은 씨에게 손님이 의류 꼬리표를 가지고 와서 질문을 하고 있다. 손님의 질문에 대해 김지은 씨가 안내할 내용으로 적절하지 않은 것은?

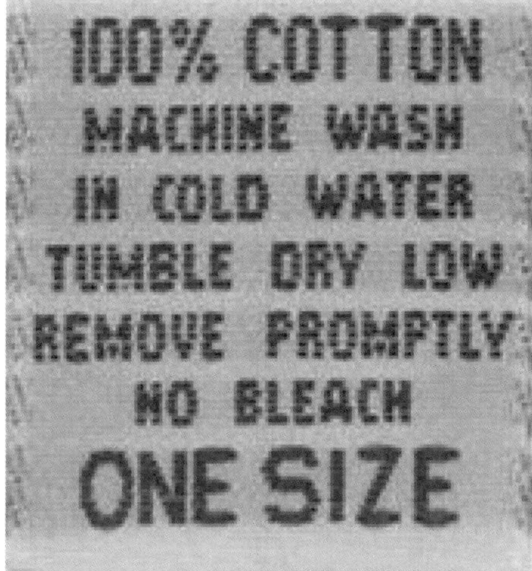

① 100% 면 제품이다.

② 세탁기에서 차가운 물로 세탁해야 한다.

③ 빨랫줄에 널지 않고 낮은 곳에 펴서 말려야 한다.

④ 사이즈는 한 가지 뿐이다.

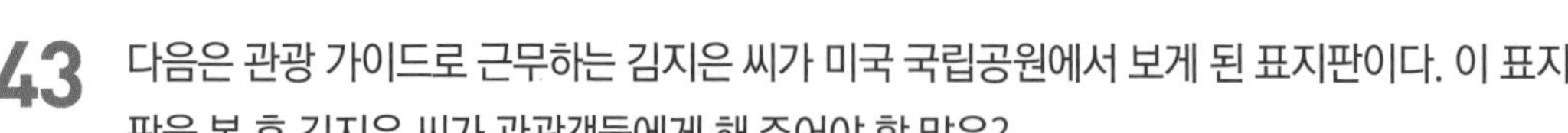

43 다음은 관광 가이드로 근무하는 김지은 씨가 미국 국립공원에서 보게 된 표지판이다. 이 표지판을 본 후 김지은 씨가 관광객들에게 해 주어야 할 말은?

Horses can bite or kick
Please take care
Children must be supervised by an adult

① 말들이 물거나 찰 수 있으니 아이들을 잘 돌보세요.

② 말들을 조심해서 잘 다루세요.

③ 말들을 화나게 하거나 발로 차지 마세요.

④ 어른들은 아이들과 함께 말을 타세요.

Memo

44 다음은 택배 회사에 근무하는 김지은 씨가 물건을 포장할 때 사용하는 라벨이다. 이 라벨을 이용해서 포장해야 하는 제품으로 가장 알맞은 것은?

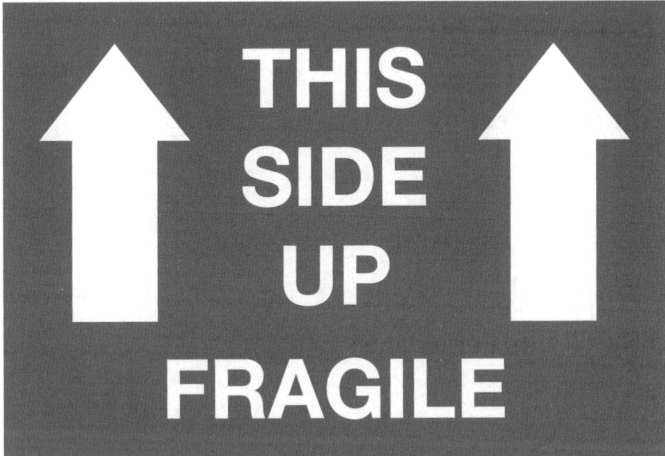

① 도서

② 와인

③ 전화기

④ 학용품

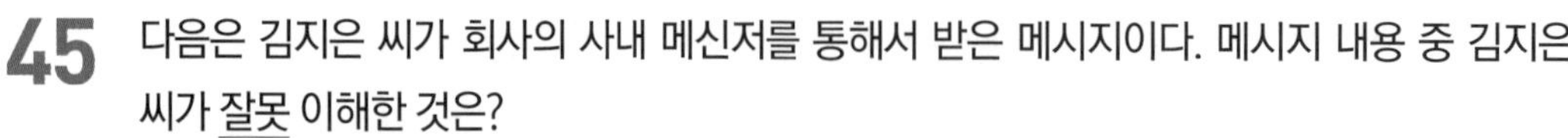

45 다음은 김지은 씨가 회사의 사내 메신저를 통해서 받은 메시지이다. 메시지 내용 중 김지은 씨가 잘못 이해한 것은?

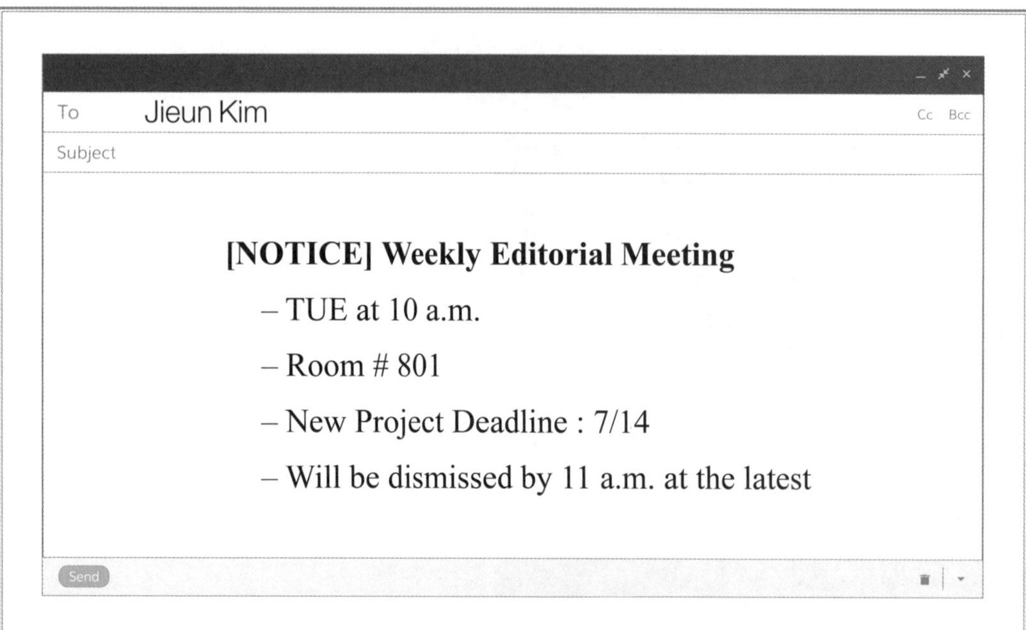

[NOTICE] Weekly Editorial Meeting

– TUE at 10 a.m.

– Room # 801

– New Project Deadline : 7/14

– Will be dismissed by 11 a.m. at the latest

① 주간 편집회의가 있구나.

② 화요일 오전 10시에 801호로 가야겠네.

③ 새 프로젝트 마감일이 7월 14일이구나.

④ 회의가 적어도 1시간 이상은 넘겠구나.

Memo

46 아래 화면은 파워포인트 프로그램의 일부이다. 프레젠테이션에서 반복되는 영어 단어를 다른 동의어로 바꾸기 위해 적절한 말을 찾아보려고 할 때 선택해야 하는 버튼은?

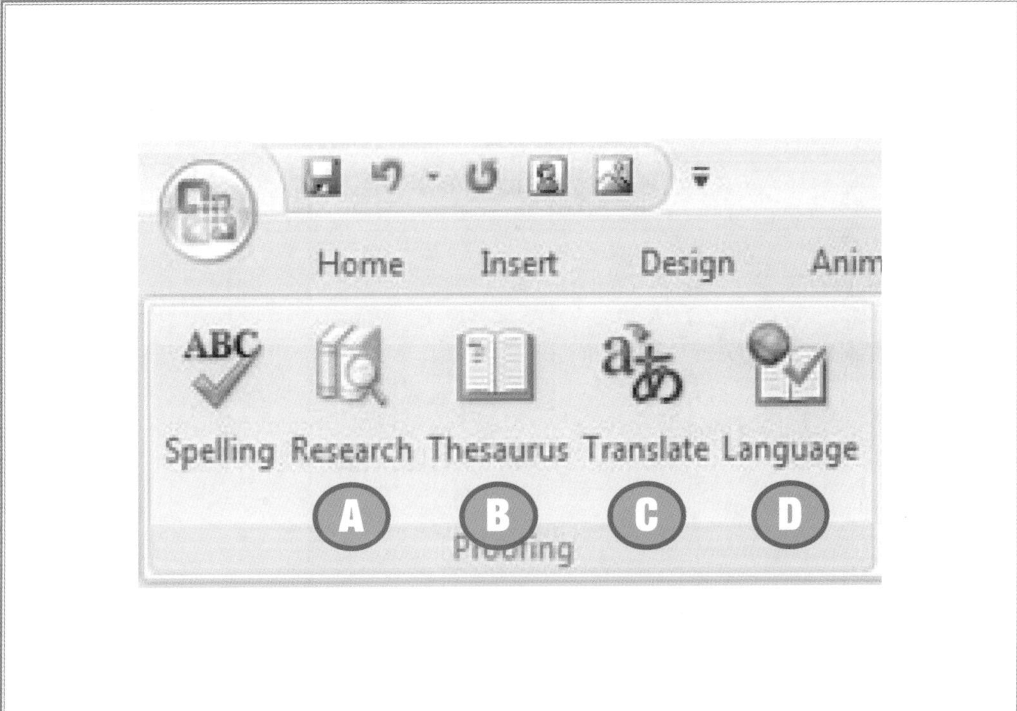

① A : Research

② B : Thesaurus

③ C : Translate

④ D : Language

Memo

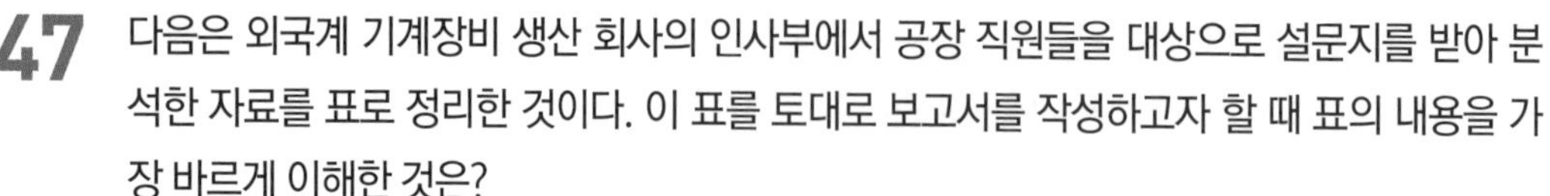

47 다음은 외국계 기계장비 생산 회사의 인사부에서 공장 직원들을 대상으로 설문지를 받아 분석한 자료를 표로 정리한 것이다. 이 표를 토대로 보고서를 작성하고자 할 때 표의 내용을 가장 바르게 이해한 것은?

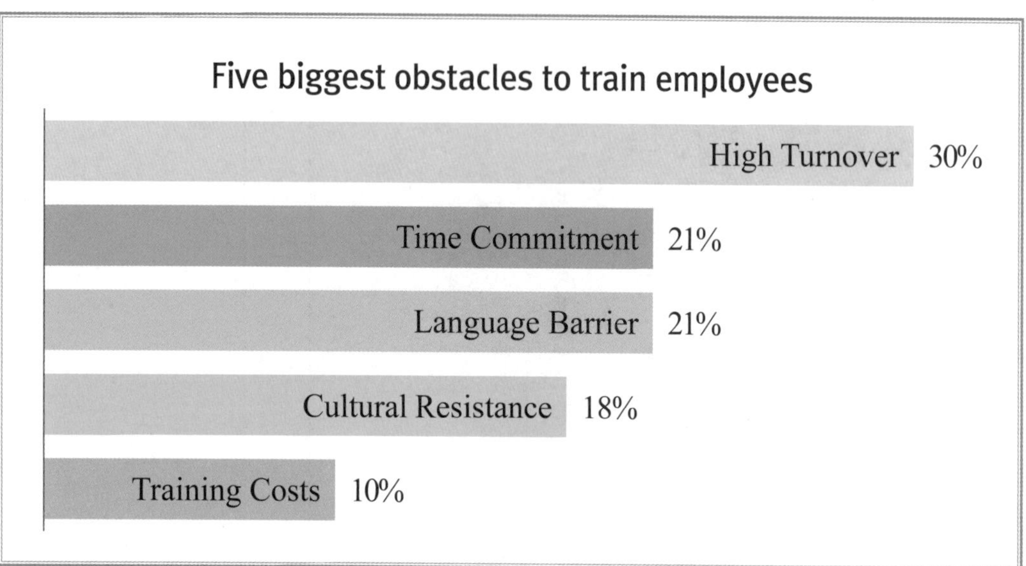

① 직원들이 높은 입금에 대해 가장 많이 만족해 하는군.

② 업무 도중에 작업 용어에 어려움을 겪는 직원이 21%나 되는군.

③ 직원을 연수시키는 비용은 그리 큰 문제가 되지 않는 편이군.

④ 문화적 부적응을 낮춰 주는 것이 사원 복지에 가장 큰 도움이 되겠군.

Memo

48 조선업계 기업체의 회계부에 근무하는 김지은 씨가 업무 메일을 체크하는 중에 아래와 같은 내용이 포함된 이메일을 받았다. 메일의 내용으로 보아 이 메일을 어느 부서로 전달해 주어야 할까?

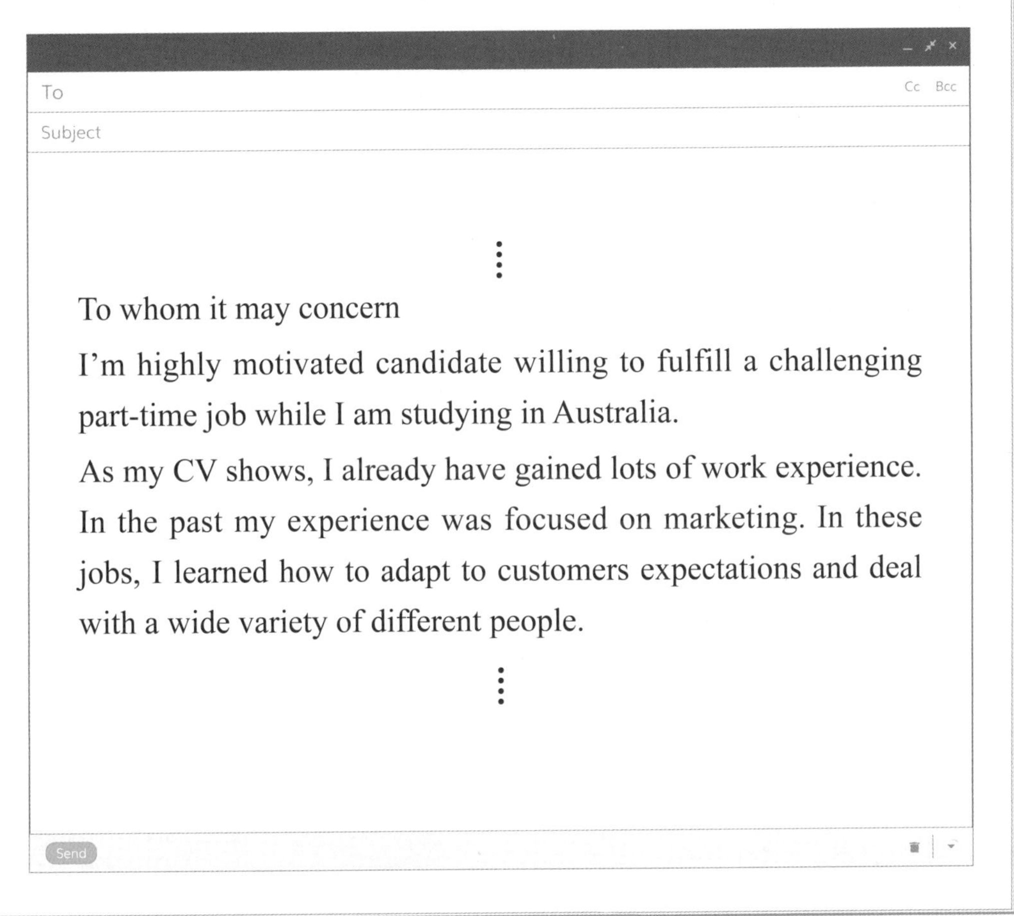
To Cc Bcc
Subject

⋮

To whom it may concern

I'm highly motivated candidate willing to fulfill a challenging part-time job while I am studying in Australia.

As my CV shows, I already have gained lots of work experience. In the past my experience was focused on marketing. In these jobs, I learned how to adapt to customers expectations and deal with a wide variety of different people.

⋮

Send

① Inspection department

② Accounting department

③ Sales department

④ Human resources department

Memo

49 호텔 룸서비스 담당 직원으로 일하고 있는 김지은 씨에게 객실에서 에어컨의 리모컨 사용에 대한 도움 요청이 왔다. 리모컨 사용 설명 중 옳지 않은 것은?

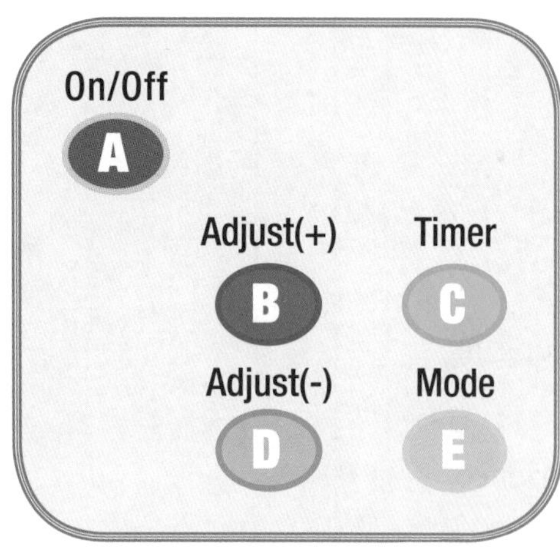

◀ How to Use Remote Controller

On/Off : To turn the unit on or off

Adjust (+/−) :

[Press] To set up the turning on time, press the Adjust Button

[Hold] To adjust the room temperature, hold the Adjust Button for 3 seconds

Timer : To adjust the turning off time, press the Timer button

Mode : To select the cooling mode

① 에어컨을 켜고 끄려면 A버튼을 눌러야 한다.

② 에어컨의 작동 시작 시간을 설정하려면 D버튼을 길게 눌러야 한다.

③ 에어컨의 온도 설정을 위해서는 B버튼과 D버튼을 이용해야 한다.

④ 에어컨의 작동모드를 변경하려면 E버튼을 눌러야 한다.

Memo

50 영국 출장 중인 김지은 씨가 주말을 이용해서 런던 도심 구경을 하기 위해 셔틀관광버스를 탔다. 버스 안에서 발견한 아래 안내문은 어떤 의미일까?

> **Unlimited**
> **hop-on hop-off**
> **travel**
> **for 4 hours**

① 4시간 동안은 모든 교통수단이 무료입니다.

② 4시간 동안은 대중교통 사용을 자제하세요.

③ 4시간 동안 마음껏 버스를 타거나 내릴 수 있습니다.

④ 4시간 동안 버스 운행이 되지 않습니다.

특성화 · 마이스터 고등학교 직업기초능력평가 대비

모의고사 1회

수리활용 영역

Memo

모의고사 수리활용 영역

01 다음은 ○○관광에서 근무하는 P씨가 고객과 나눈 대화이다. P씨가 고객에게 안내해야 하는 버스 임대료의 총 금액은? (단, 45인승 버스의 정원을 초과해서 승차할 수는 없다.)

① 7,000,000원

② 7,500,000원

③ 8,000,000원

④ 8,500,000원

Memo

02 ○○웨딩홀에서 근무하는 P씨가 다음 대화 상황에서 고객에게 답변할 말로 가장 적절한 것은?

고객 ○○웨딩홀이죠? 지금 찾아가려고 하는데 정확한 위치를 가르쳐 주세요.

P씨 네. 고객님. 현재 어디에 계십니까?

고객 자동차로 가고 있는데 방금 □□고속도로, △△톨게이트를 지났습니다.

P씨 네. 고객님. △△톨게이트를 나오시면 삼거리가 보이실 겁니다. 그 삼거리에서 우회전하시고 조금 지나면 사거리가 나옵니다. 그리고 그곳에서 ◎◎초등학교를 끼고 우회전하여 직진한 후 ________________________________.

고객 네. 감사합니다.

① 삼거리에서 좌회전하시면 K웨딩홀이 보이실 겁니다.

② 두 번째 삼거리에서 우리 중학교 쪽으로 좌회전하시면 K웨딩홀이 보이실 겁니다.

③ 첫 번째 삼거리에서 좌회전 후 좌회전하시면 K웨딩홀이 보이실 겁니다.

④ 삼거리에서 우리 중학교 쪽으로 우회전하시면 K웨딩홀이 보이실 겁니다.

Memo

03 ○○백화점 △△의류 매장에서 근무하는 K씨는 백화점 크리스마스 세일 기간을 맞이하여 전 품목 25% 할인 판매를 위해 가격표 위에 할인된 가격을 표시하라는 지시를 받았다. K씨가 다음 의류에 표시해야 하는 할인가는?

① 120,820원

② 129,450원

③ 138,080원

④ 155,340원

Memo

04 △△의류 매장에서 재고 제품 판매 업무를 담당하고 있는 K씨는 연도가 지날 때마다 같은 할인율을 적용해서 제품을 할인 판매하고 있다. 다음 가격 택의 (   )에 기입해야 하는 금액으로 적절한 것은?

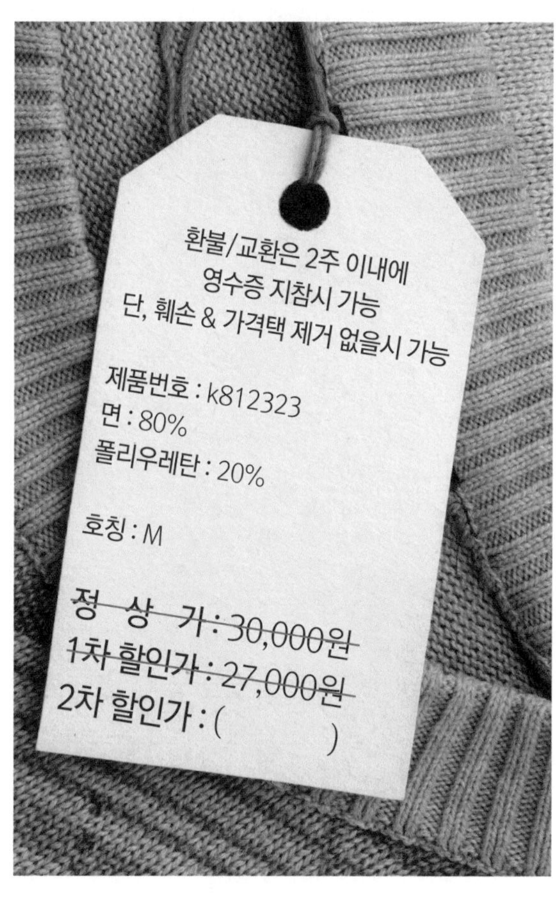

환불/교환은 2주 이내에
영수증 지참시 가능
단, 훼손 & 가격택 제거 없을시 가능
제품번호 : k812323
면 : 80%
폴리우레탄 : 20%
호칭 : M
~~정 상 가 : 30,000원~~
~~1차 할인가 : 27,000원~~
2차 할인가 : (   )

① 24,300원

② 24,500원

③ 25,000원

④ 25,650원

Memo

05 ○○가구에서 근무하고 있는 C씨는 정기 세일 행사 가격 표시를 확인하다 할인율이 잘못 표시된 상품을 발견하였다. 다음 중 할인율을 수정해야 할 품목은?

세일 품목

품목	기존 가격(원)	세일 가격(원)	할인율
식탁	450,000	360,000	20%
식탁의자	60,000	54,000	20%
책상	400,000	340,000	15%
책상의자	150,000	127,500	15%

① 식탁

② 식탁의자

③ 책상

④ 책상의자

Memo

06 ○○미용실에서 근무하고 있는 K씨는 고객으로부터 비용에 대한 전화 문의를 받았다. 다음 중 K씨의 답변으로 가장 적당한 것은?

> 고객 내일 두피스케일링과 함께 볼륨매직 시술을 예약하려구요, 비용은 얼마인가요?

○○미용실 이용 요금

Cut / 커트		Color / 컬러,염색	
어린이커트	7,000	일반염색	35,000
학생커트	8,000	매니큐어	35,000
남성커트	10,000	전체 하이라이팅	30,000
여성커트	15,000		

Perm / 펌		Magic&Straight / 매직&스트레이트	
일반펌	30,000	일반 스트레이트펌	35,000
디지털펌	45,000	일반매직	40,000
		볼륨매직	50,000

Upstyle&Dry / 업스타일&드라이		Clinic / 클리닉	
남성드라이	7,000	손상회복 클리닉	30,000
여성 아이롱드라이	10,000	두피 스케일링	25,000
업스타일	30,000		

생일 할인 서비스 20% 할인
하루 전 예약시 10% 할인

① 총 시술 비용은 25,000원입니다.

② 총 시술 비용은 50,000원입니다.

③ 총 시술 비용은 67,500원입니다.

④ 총 시술 비용은 75,000원입니다.

Memo

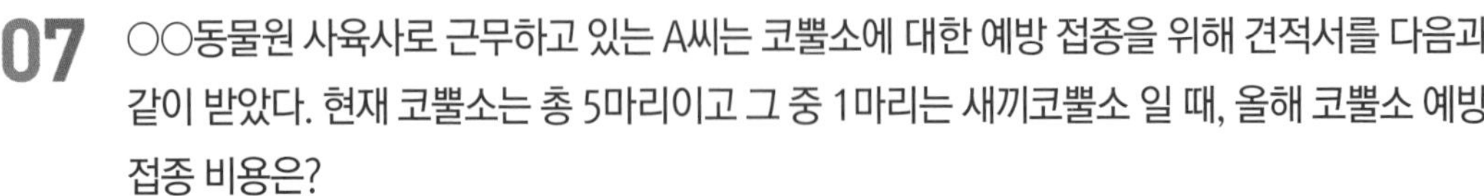

07 ○○동물원 사육사로 근무하고 있는 A씨는 코뿔소에 대한 예방 접종을 위해 견적서를 다음과 같이 받았다. 현재 코뿔소는 총 5마리이고 그 중 1마리는 새끼코뿔소 일 때, 올해 코뿔소 예방 접종 비용은?

코뿔소 예방 접종 비용

작년, 1마리당 15,000원

새끼일 경우 5,000원 할인 적용

올해부터 정부 차원에서 50% 지원

① 30,000원

② 32,000원

③ 35,000원

④ 38,000원

Memo

08 △△프로 자전거팀 매니저 업무를 맡고 있는 S씨는 선수들 헬멧을 구매하려고 한다. 선수 구성 및 구매 예정 수량이 다음과 같을 때, 헬멧의 추가 구매 금액으로 적절한 것은?

소속 선수 구성 : 사이클 선수 30명, MTB 선수 20명
구매 예정 수량 : 사이클용 20개, MTB용 15개
헬멧 가격 : 사이클용 150,000원, MTB용 200,000원

① 6,000,000원
② 6,250,000원
③ 6,500,000원
④ 7,200,000원

Memo

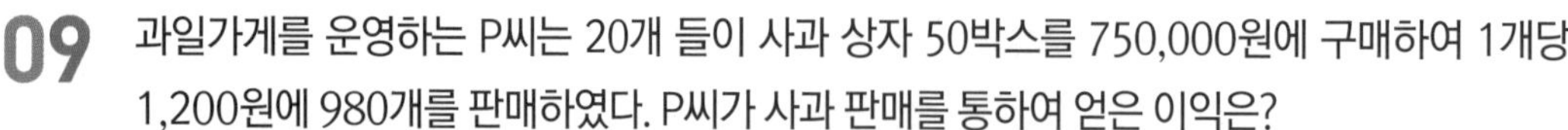

09 과일가게를 운영하는 P씨는 20개 들이 사과 상자 50박스를 750,000원에 구매하여 1개당 1,200원에 980개를 판매하였다. P씨가 사과 판매를 통하여 얻은 이익은?

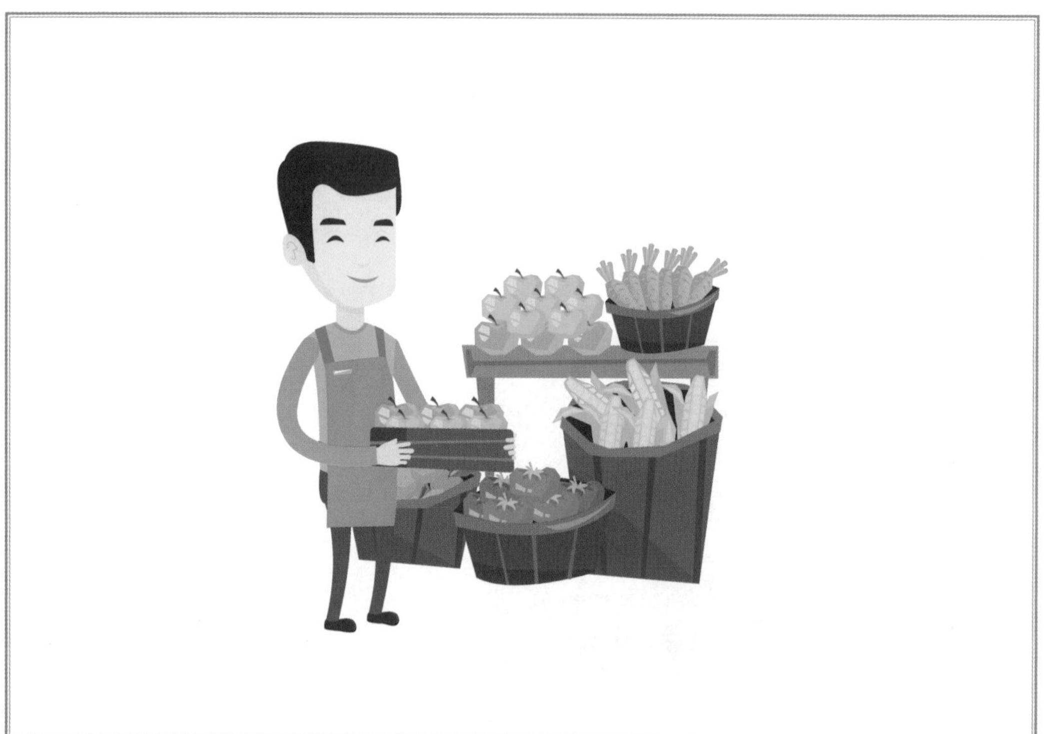

① 406,000원

② 416,000원

③ 426,000원

④ 436,000원

Memo

10 ○○한지 공방에서 근무하는 C씨는 한지로 꽃을 만들어 판매하고 있다. 꽃 한 송이를 만드는 데 필요한 한지 테이프의 길이가 0.5m 일 때, 한지 테이프 1통으로 벌어들이는 최대 수익은 얼마인가?

- 한지 테이프 1통에 든 테이프의 길이는 총 5m이고, 가격은 5,000원이다.
- 한지 꽃 한 송이 판매 가격은 3,000원이다.

① 20,000원

② 23,000원

③ 25,000원

④ 30,000원

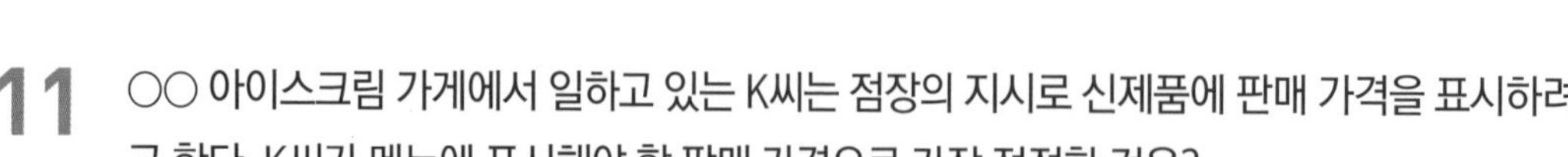

Memo

11 ○○ 아이스크림 가게에서 일하고 있는 K씨는 점장의 지시로 신제품에 판매 가격을 표시하려고 한다. K씨가 메뉴에 표시해야 할 판매 가격으로 가장 적절한 것은?

> 점장 신제품 아이스크림의 원가가 2,200원이고, 판매가의 45%를 이윤으로 남기려고 합니다. 그러면 판매 가격을 얼마로 해야 하는지 계산해서 메뉴에 신제품 판매 가격을 표시해 주세요.

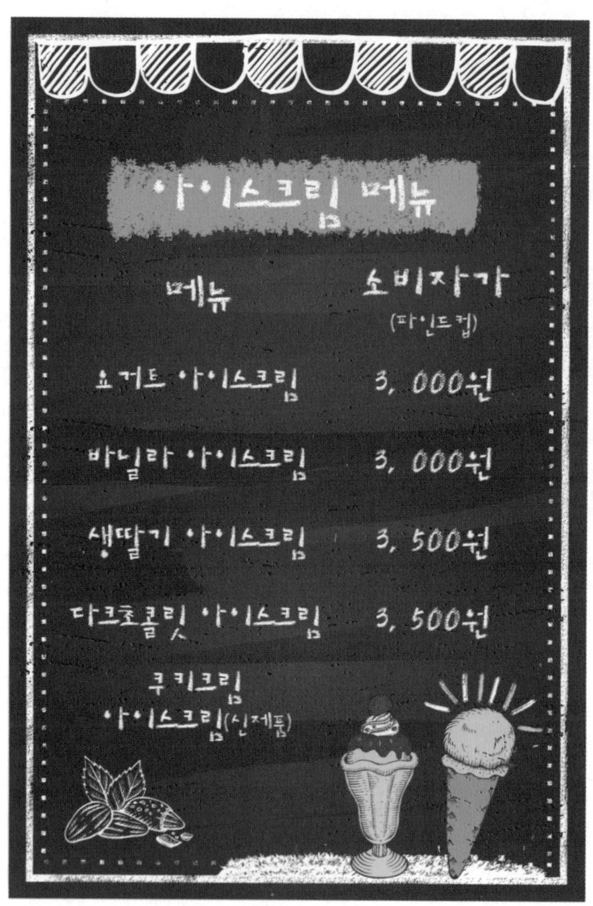

① 3,000원

② 3,500원

③ 4,000원

④ 4,500원

12 ○○학교 영양사로 근무하는 Y씨는 다음 레시피에 따라 내일 제공될 잔치국수의 재료를 준비하고자 한다. ○○학교의 급식 인원이 540명이라 할 때 Y씨가 준비해야 할 소면의 양은?

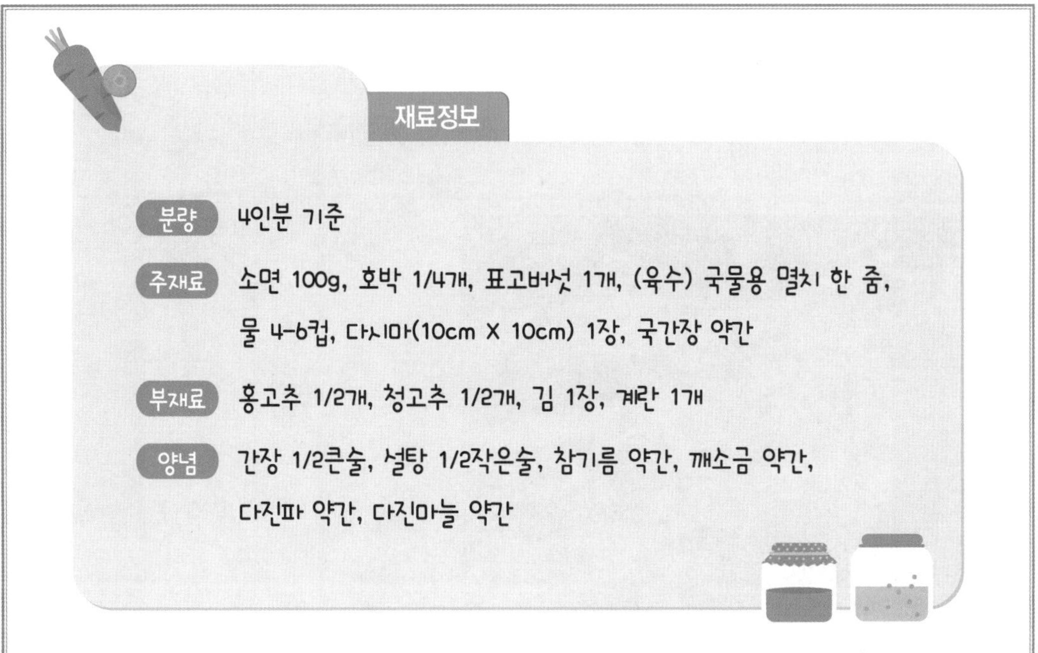

재료정보
분량 4인분 기준
주재료 소면 100g, 호박 1/4개, 표고버섯 1개, (육수) 국물용 멸치 한 줌,
물 4-6컵, 다시마(10cm X 10cm) 1장, 국간장 약간
부재료 홍고추 1/2개, 청고추 1/2개, 김 1장, 계란 1개
양념 간장 1/2큰술, 설탕 1/2작은술, 참기름 약간, 깨소금 약간,
다진파 약간, 다진마늘 약간

① 12,500g

② 13,000g

③ 13,500g

④ 14,000g

Memo

13 ○○마트에서 상품 진열 업무를 담당하는 K씨는 재고품 판매를 위해 상품 A와 상품 B를 묶음 판매할 수 있도록 준비하라는 지시를 받았다. 상품 A와 상품 B의 재고가 각각 120개와 80개이고 재고가 남지 않도록 묶음을 만들 때 K씨가 준비해야 할 동일 가격대의 묶음 상품의 최대 개수는?

① 40개 ② 50개 ③ 60개 ④ 80개

Memo

14 △△ 회사 사원 K 씨는 사무실에서 필요한 A4 용지를 주문하기 위해 한 달 동안 회사에서 사용하는 A4 용지의 소비량을 조사하였더니 프로젝트 1개당 평균 A4 용지 600매 정도를 사용하였다. 다음 달에는 4개의 프로젝트가 있을 예정이라고 할 때, K씨가 주문해야 하는 A4 용지의 최소 수량은? (A4 용지 한 박스당 500매가 들어있다.)

① 3 박스　② 4 박스　③ 5 박스　④ 6 박스

Memo

15 통신기기 판매 업체에서 근무하는 K씨는 정가 1,025,000원인 S사의 신제품 모바일기기를 구입하고자 하는 고객으로부터 통신업체별 상품 가격 비교 문의를 받았다. 다음 고객의 문의에 대한 K씨의 답변으로 가장 적절한 것은?

- **A통신사 제품** : 100,000원 기본 할인 + S카드 추가 할인 10%
- **B통신사 제품** : K카드 결재 시 20% 할인
- **C통신사 제품** : 20만원 상당의 사은품 증정
- **D통신사 제품** : 75,000원 기본 할인 + S카드 추가 할인 15%

S카드와 K카드를 모두 가지고 있는데 어떤 통신사 제품을 가입하는 것이 가장 저렴할까요?

① A통신사 제품을 구매하는 것이 가장 저렴합니다.

② B통신사 제품을 구매하는 것이 가장 저렴합니다.

③ C통신사 제품을 구매하는 것이 가장 저렴합니다.

④ D통신사 제품을 구매하는 것이 가장 저렴합니다.

Memo

16 △△냉동에서 검수 업무를 담당하고 있는 H씨는 납품받은 생선의 무게를 측정하여 기록하고 있다. 저울의 최소 눈금 단위의 ½을 오차로 표시한다고 할 때, 다음 중 H씨가 기록해야 할 생선의 무게로 가장 적절한 것은?

① 2.3±0.1kg

② 2.3±0.01kg

③ 2.3±0.5kg

④ 2.3±0.05kg

국어 영어 수리

Memo

17 ○○기계에서 생산 공정 설계 업무를 담당하는 J씨는 제품별 이번 달 생산량을 보고하기 위해 다음과 같이 공장 직원과 통화하였다. J씨가 보고해야 할 이번 달 B제품의 생산량은?

> 공장 직원 지난 달에는 A와 B를 합하여 300개의 제품을 생산하였습니다. 지난 달에 비해 A제품의 생산량이 20% 증가하였고, B제품의 생산량은 지난 달과 같아서, 이번 달 전체 생산량은 5% 증가하였습니다.
>
> 

① 75개　　② 90개　　③ 180개　　④ 225개

Memo

18 □□전자에서 생산 공정 관리 업무를 담당하고 있는 K씨는 동료 직원에게 불량품 발생에 따른 비용을 다음과 같이 확인하였다. 다음 중 K씨가 계산한 허용 가능한 최대 불량률은?

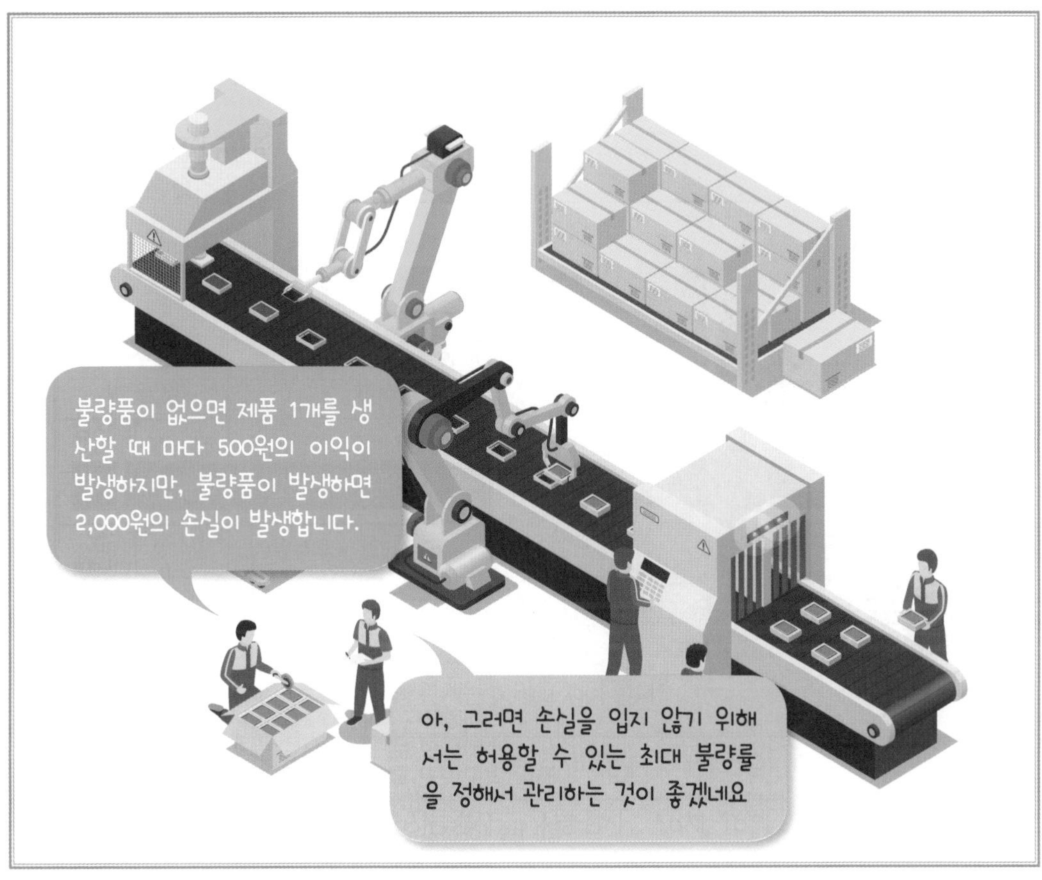

① 13 %　　② 15 %　　③ 20 %　　④ 25 %

국어
영어
수리

Memo

19 △△식품에서 신제품 개발 업무를 담당하고 있는 K씨는 농축된 과일 가루에 물을 혼합하여 음료를 개발하고 있다. K씨가 팀장에게 대답할 음료의 농도는?

① 10% ② 12.5% ③ 15% ④ 17.5%

Memo

20 ○○마트에서 유제품 진열 업무를 맡고 있는 A씨는 플레인, 딸기 맛, 복숭아 맛, 포도 맛 4종류의 요구르트 중 맛이 다른 2개를 묶어서 묶음 상품을 준비하라는 지시를 받았다. A씨가 묶음 상품으로 구성할 수 있는 종류의 수는?

① 5가지　② 6가지　③ 8가지　④ 10가지

Memo

21 □□회사 보안 업무를 담당하는 R씨는 회사에 모든 사원이 서로 다른 비밀번호를 등록하여 출입 관리를 하려고 한다. 등록 가능한 알파벳은 a, b, c, d, e 이고, 알파벳 4개로 비밀번호를 등록할 수 있다고 할 때, 등록 가능한 최대 사원의 수는 몇 명인가? (단, 알파벳은 중복 사용할 수 없다.)

① 120명 ② 156명 ③ 160명 ④ 198명

Memo

22 △△방송 FD로 일하는 N씨는 오디션 프로그램을 담당하고 있다. N씨는 TOP 4에 올라온 참가자 중에서 최종 결선에 참가할 2명의 참가자를 선발하려고 한다. 다음 선발 방법을 통해서 결선에 올라간 참가자로 바르게 묶은 것은?

〈점수 산정 방법〉

* 심사위원 점수는 100% 반영한다.
* 방청객 점수는 한 표 당 0.5 점의 점수를 반영한다.

참가자	김○○	박○○	이○○	최○○
심사위원 점수	82점	79점	92점	80점
방청객 득표 수	24명	31명	27명	20명

① 김○○, 박○○

② 박○○, 이○○

③ 이○○, 최○○

④ 김○○, 이○○

Memo

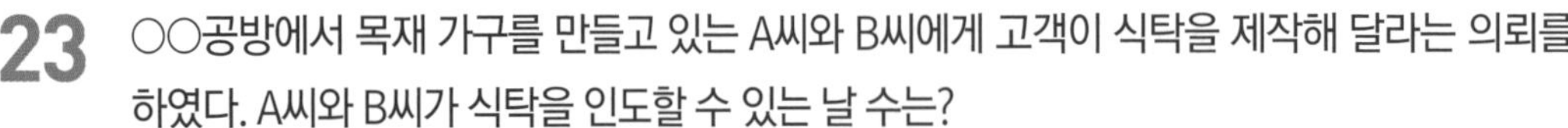

23 ○○공방에서 목재 가구를 만들고 있는 A씨와 B씨에게 고객이 식탁을 제작해 달라는 의뢰를 하였다. A씨와 B씨가 식탁을 인도할 수 있는 날 수는?

① 1 일　　② 2일　　③ 3일　　④ 4일

Memo

24 □□회사 총무부에서 근무하는 L씨는 판촉물로 들어온 머그컵 120개를 모든 부서에 똑같은 개수로 나누어 주라는 지시를 받았다. 다음 중 L씨가 팀장에게 대답할 회사내 부서의 개수는?

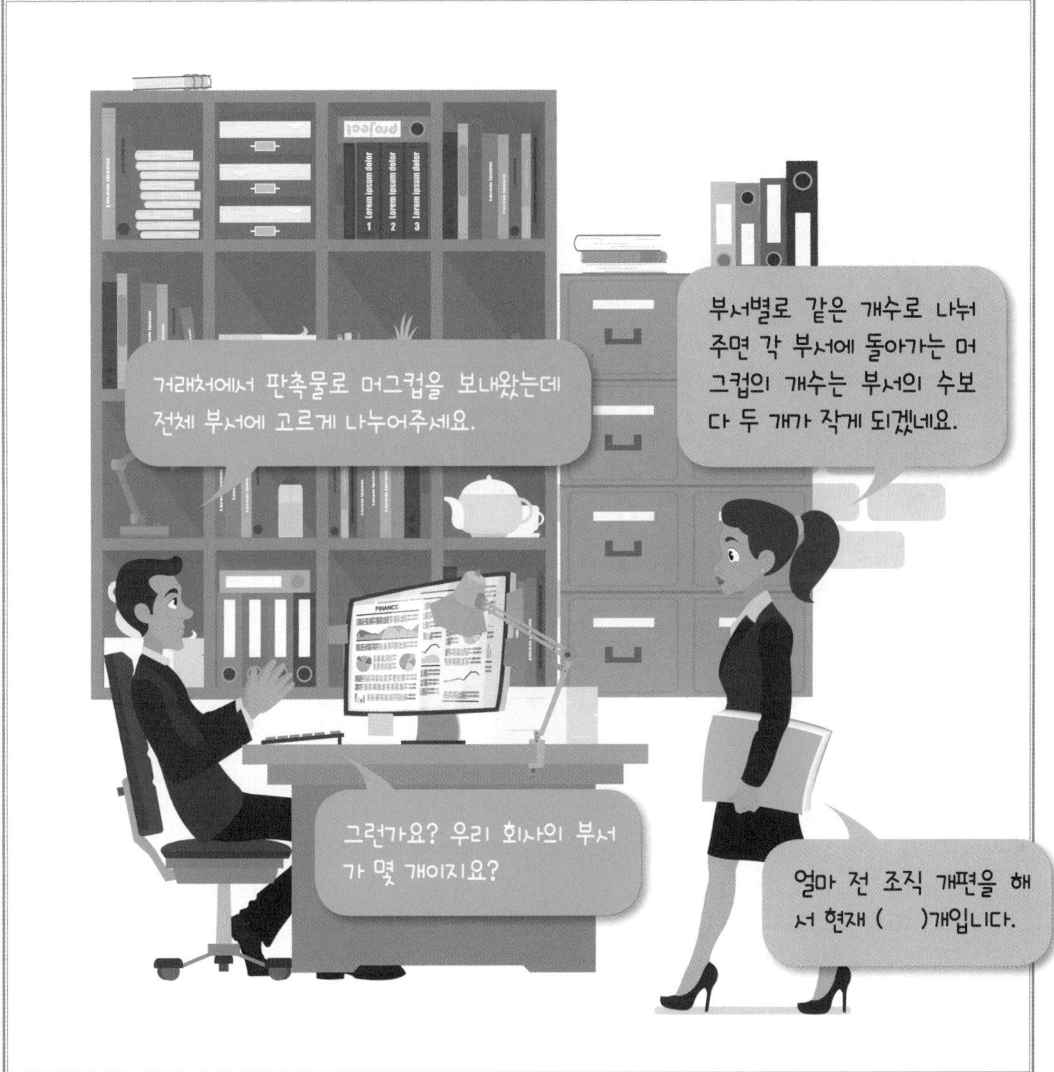

① 8개　　② 10개　　③ 12개　　④ 14개

국어
영어
수리

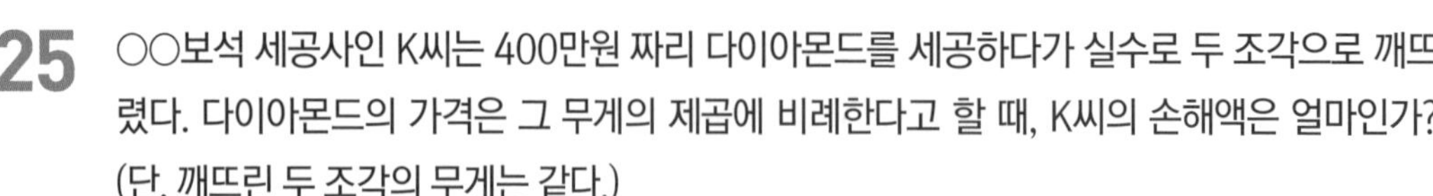

Memo

25 ○○보석 세공사인 K씨는 400만원 짜리 다이아몬드를 세공하다가 실수로 두 조각으로 깨뜨렸다. 다이아몬드의 가격은 그 무게의 제곱에 비례한다고 할 때, K씨의 손해액은 얼마인가? (단, 깨뜨린 두 조각의 무게는 같다.)

① 100만원 ② 200만원 ③ 250만원 ④ 300만원

Memo

26 ○○가구에서 근무하는 K씨는 다음 그림과 같은 직사각형 모양의 탁자에 천을 붙여 리폼해 달라는 주문을 받았다. 탁자 다리를 제외하고 윗면과 옆면에만 천을 붙였다고 할 때, K씨가 사용한 천의 넓이는?

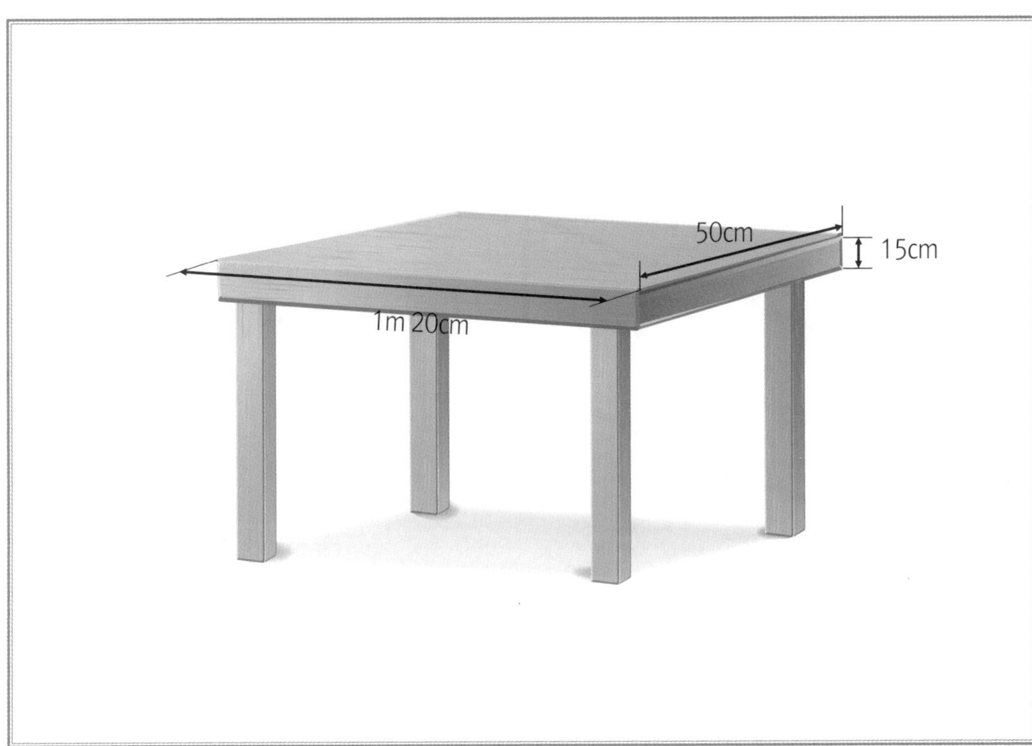

① $0.98m^2$

② $1.11m^2$

③ $1.58m^2$

④ $2.01m^2$

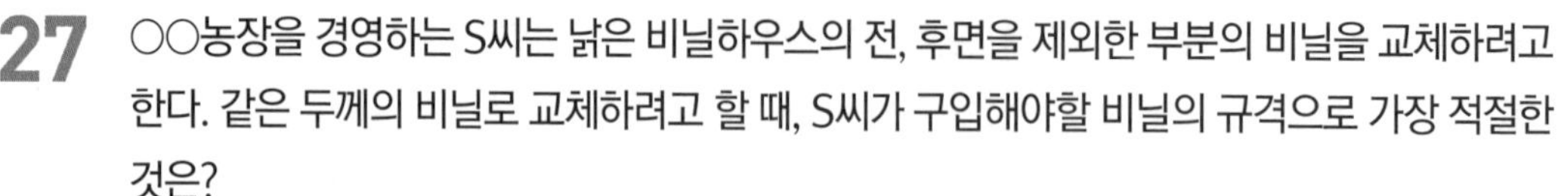

Memo

27 ○○농장을 경영하는 S씨는 낡은 비닐하우스의 전, 후면을 제외한 부분의 비닐을 교체하려고 한다. 같은 두께의 비닐로 교체하려고 할 때, S씨가 구입해야할 비닐의 규격으로 가장 적절한 것은?

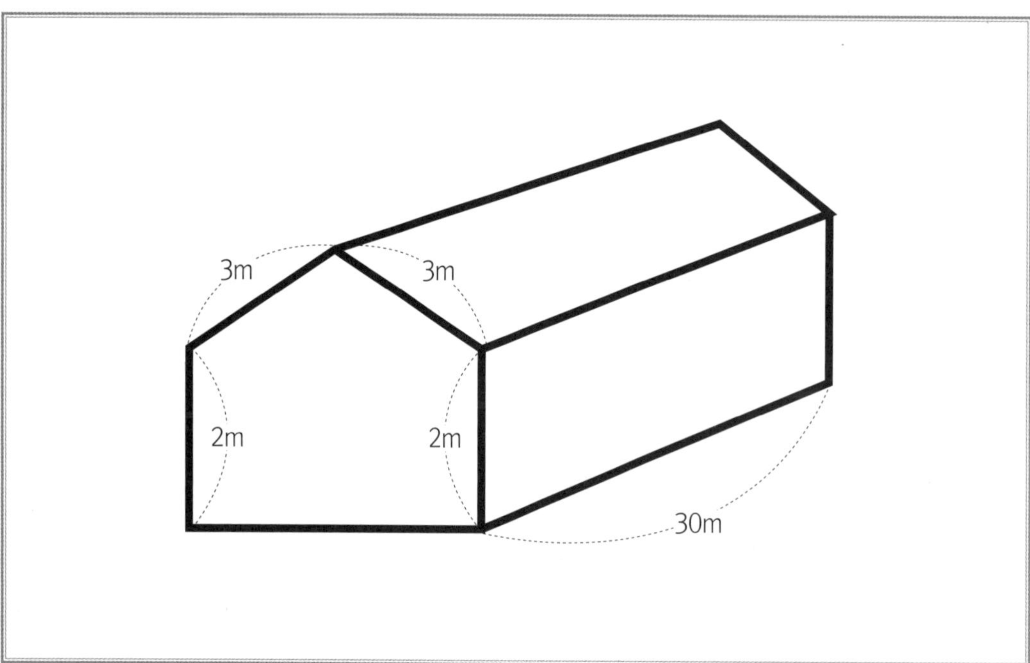

	폭(cm)		길이(cm)		두께(mm)
①	800	×	2500	×	1
②	800	×	3500	×	1
③	1000	×	2500	×	1
④	1100	×	3500	×	1

Memo

28 ○○피자전문점에서 근무하는 L씨는 판매하는 피자 1조각당 열량을 표시하라는 지시를 받았다. 피자 한 판을 8등분 하여 조각 피자를 판매한다고 할 때 L씨가 표시해야 할 조각 피자의 열량은?

총 2600Kcal

① 325kcal

② 345kcal

③ 365kcal

④ 385kcal

국어
영어
수리

Memo

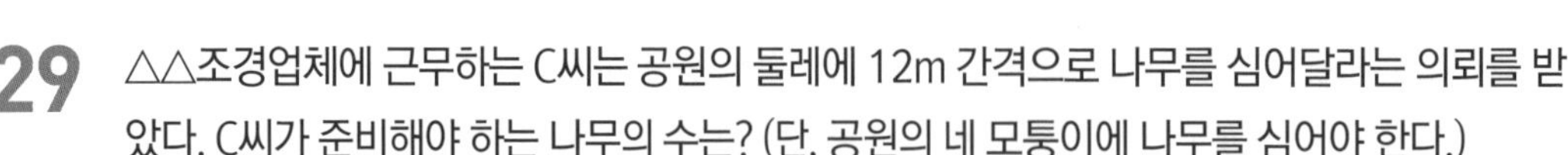

29 △△조경업체에 근무하는 C씨는 공원의 둘레에 12m 간격으로 나무를 심어달라는 의뢰를 받았다. C씨가 준비해야 하는 나무의 수는? (단, 공원의 네 모퉁이에 나무를 심어야 한다.)

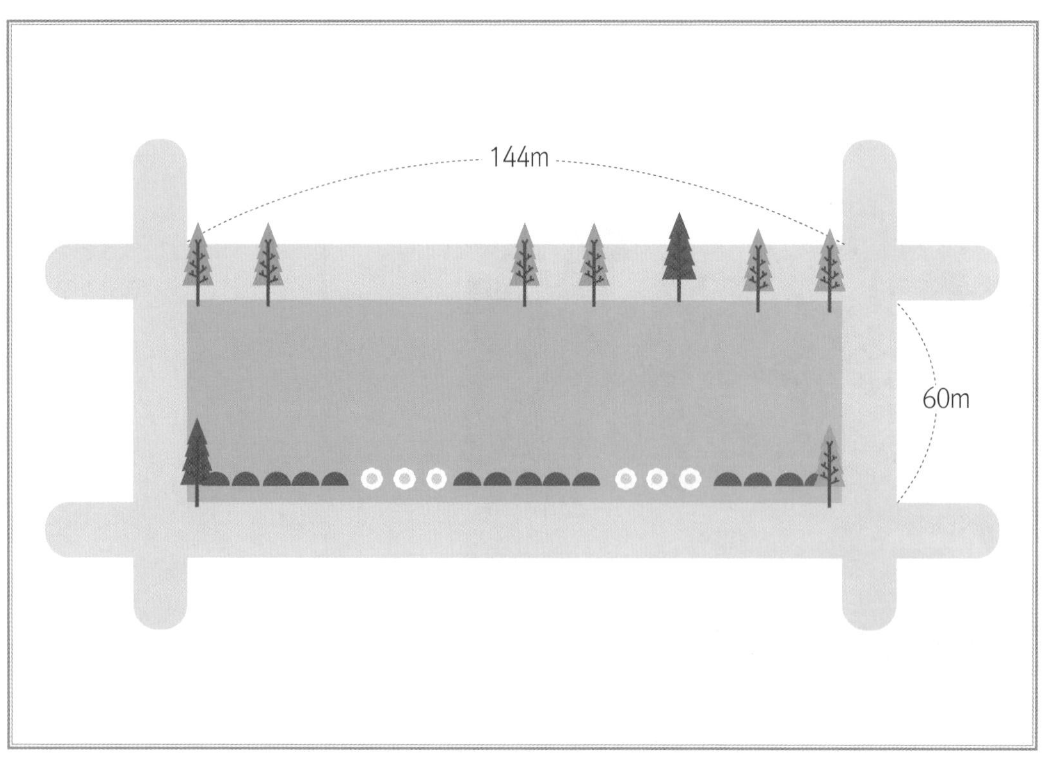

① 34 그루　② 32 그루　③ 30 그루　④ 28 그루

Memo

30 ○○과수원에서 일하는 L씨는 바람으로부터 사과나무를 보호하기 위하여 사과나무밭 둘레에 측백나무를 심으려고 한다. 사과나무의 숫자가 16그루이고 아래 그림과 같은 방식으로 측백나무를 심는다고 할 때, L씨가 준비해야 하는 측백나무의 수는?

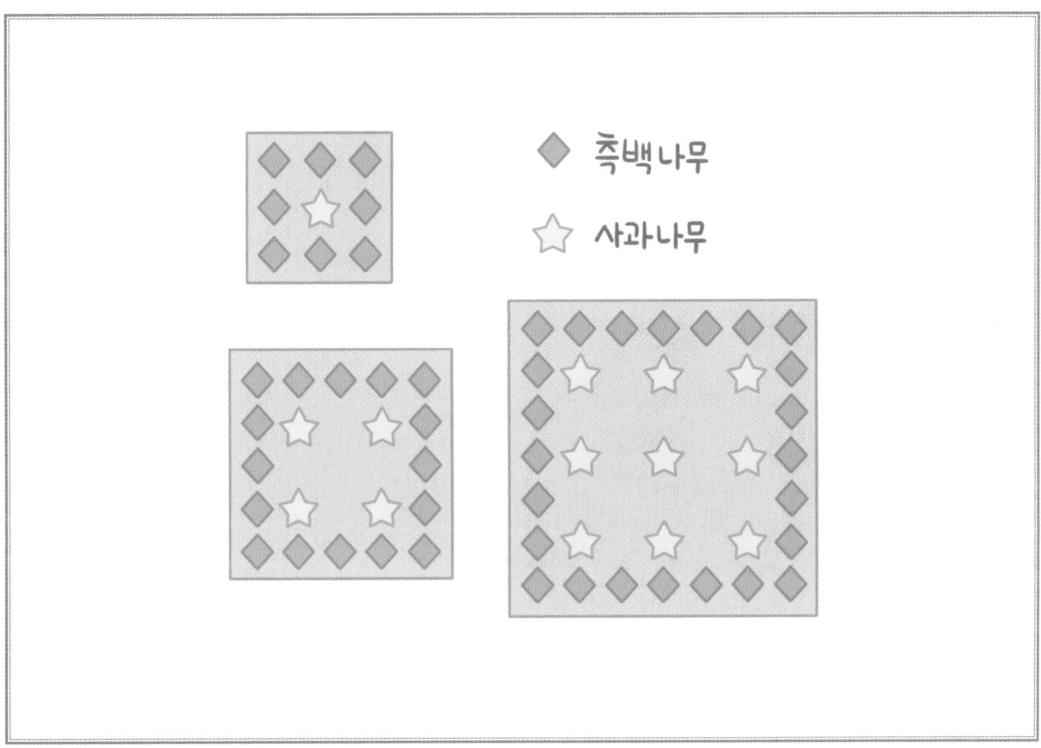

① 22 그루 ② 26 그루 ③ 30 그루 ④ 32 그루

Memo

31 ○○광고에서 광고용 도안을 그리는 업무를 담당하고 있는 K씨는 다음과 같은 손목시계 광고 도안을 그려달라는 의뢰를 받았다. K씨가 손목시계 광고 도안에서 그려야 하는 시침과 분침 사이의 각도가 포함된 범위는?

① 80° ~ 90°

② 90° ~ 100°

③ 100° ~ 110°

④ 110° ~120°

Memo

32 우체국에서 근무하고 있는 L씨는 고객으로부터 다음과 같은 곰인형을 택배로 보낼 때 필요한 박스를 추천해달라는 요청을 받았다. 다음 중 L씨가 고객에게 추천해야 할 박스의 크기로 가장 적당한 것은?

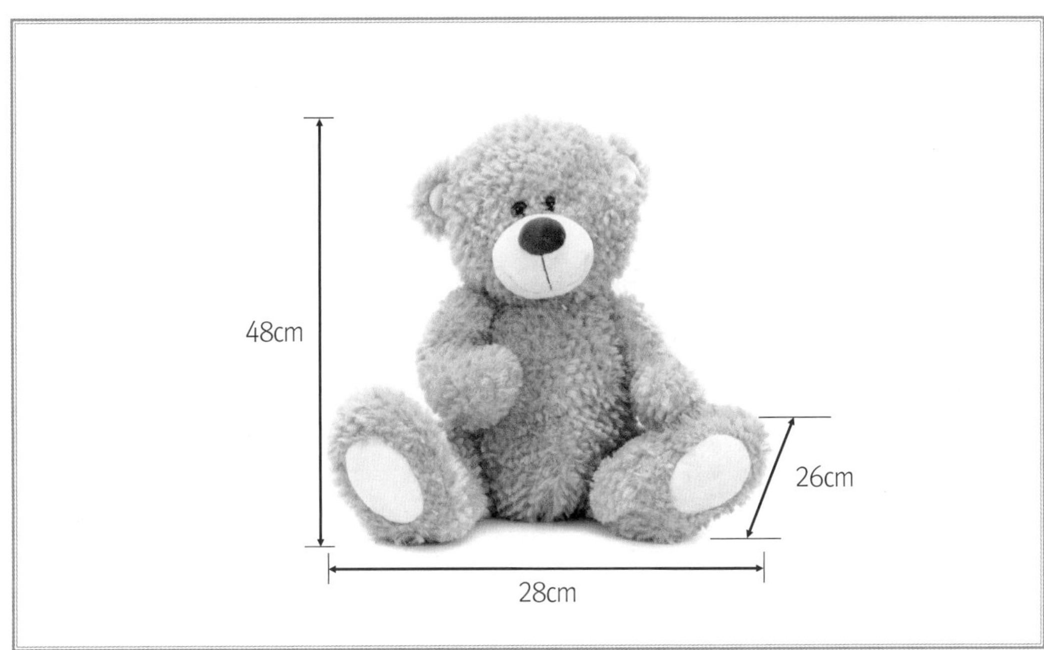

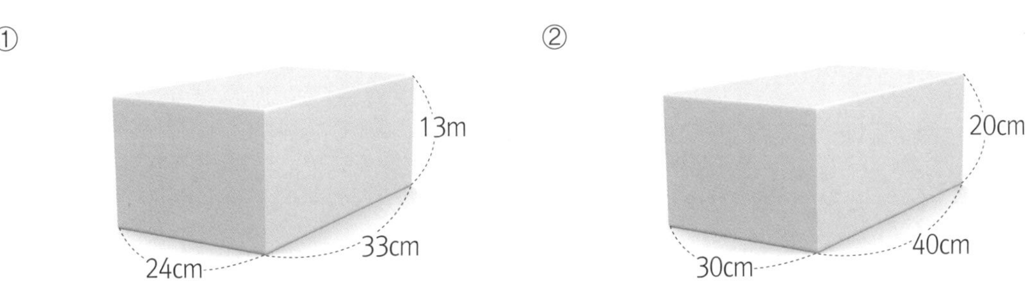

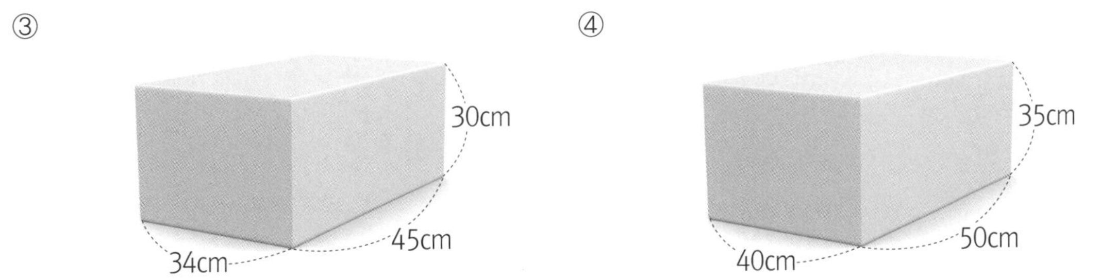

Memo

33 농업인 P씨는 3㎡당 6주씩 참외 모종을 비닐하우스에 심으려고 한다. 다음 그림과 같은 비닐하우스 3동에 참외 모종을 심는다고 할 때 P씨가 심을 수 있는 참외 모종은 최대 몇 주인가?

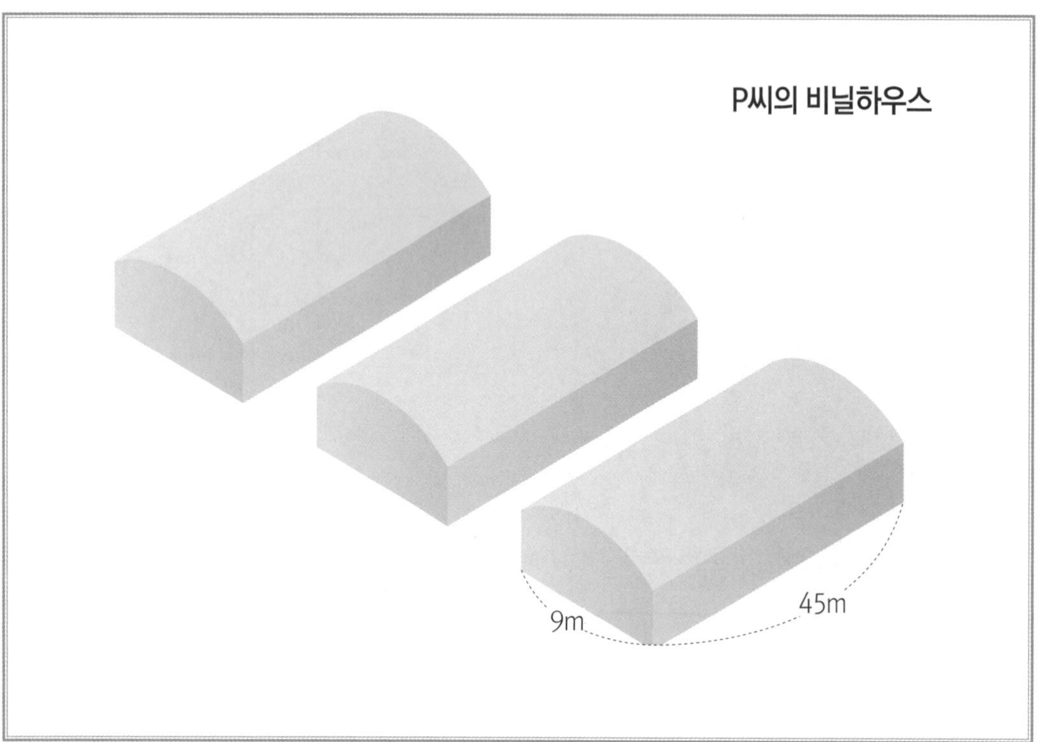

① 45주

② 405주

③ 810주

④ 2,430주

Memo

34 △△건설회사에서 근무하는 K씨는 아래와 같이 도로 공사 의뢰를 받았다. 도로의 폭이 2m라 할 때, 색칠한 도로의 넓이는?

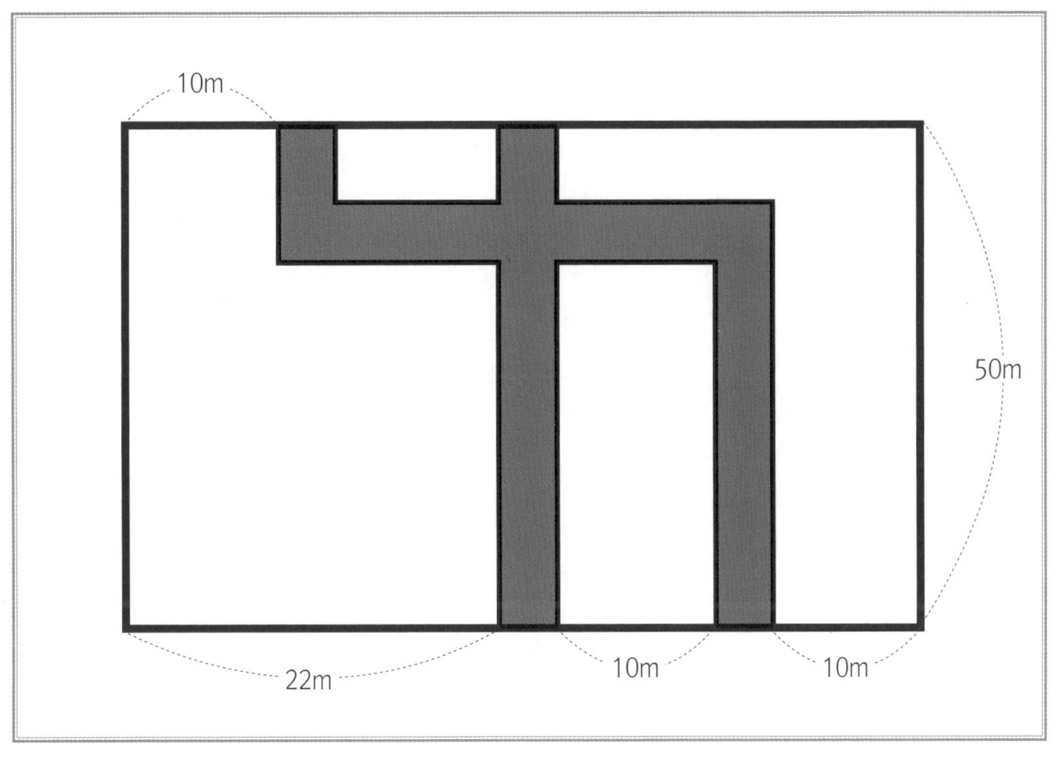

① $200m^2$ ② $222m^2$ ③ $244m^2$ ④ $260m^2$

국어
영어
수리

Memo

35 ○○인테리어에서 타일공으로 근무하고 있는 K씨는 △△아파트 리모델링에 사용될 타일을 사전에 준비하려고 한다. 한 변의 길이가 25㎝인 정사각형 모양의 타일을 이용하여 다음과 같은 발코니 바닥 공사를 진행하기 위해 K씨가 준비해야할 타일의 개수는?

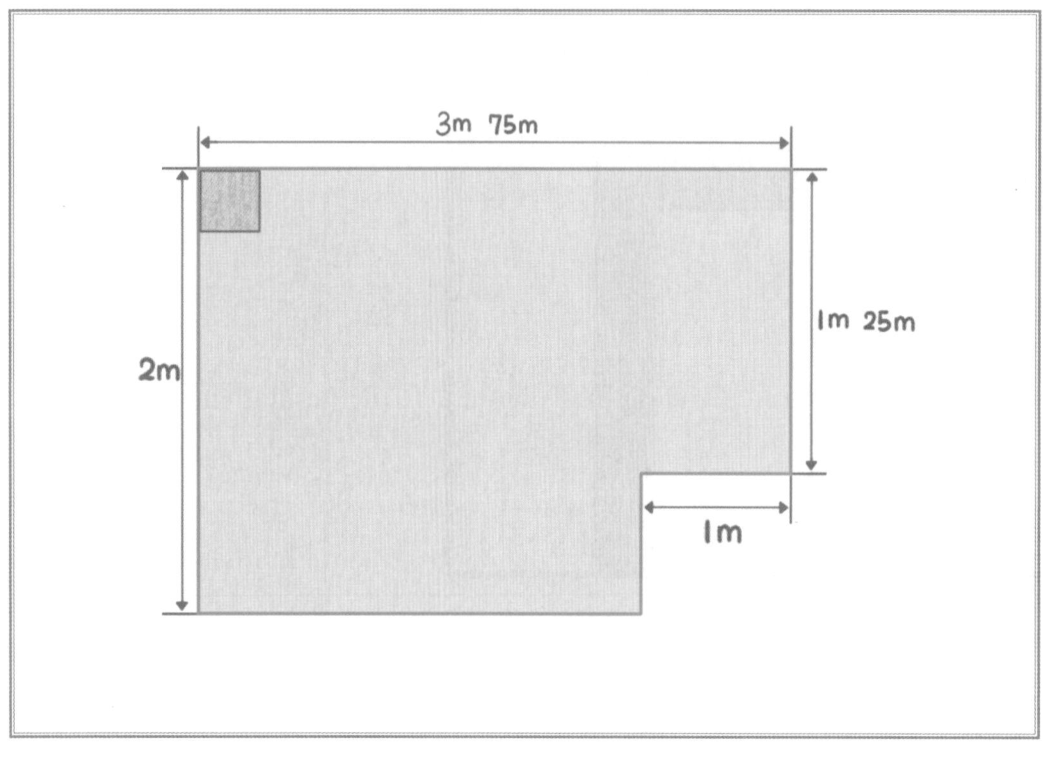

① 88개　　② 108개　　③ 112개　　④ 120개

Memo

36 ○○정밀의 총무부에서 회계 업무를 담당하고 있는 J씨는 지방 출장 후 K씨가 제출한 다음의 지출품의서를 처리하던 중 잘못된 부분을 발견하였다. J씨가 K씨에게 수정을 요구해야 하는 항목은?

지 출 결 의 서

일금 원정( )

발의		인		처리사항	확인
결재		인			
지출		인			

지 출 내 역

적요	수량	단가	총액	사용내역	비고
주유	1	53,000	53,000	이동 차량 주유비	
식대	3	7,500	22,500	점심 식사	
인쇄 및 제본	33	12,350	400,550	발표용 자료 제작	
음료	36	1,250	45,000	참석자 증정용	

위 금액을 영수합니다

20○○년 ○월 ○일

– K –

① 주유

② 식대

③ 인쇄 및 제본

④ 음료

Memo

37 H호텔에서 근무하는 K씨는 예약된 강연장 준비를 하고 있다. K씨가 준비해야 할 전체 의자의 개수는?

장소	개수	설치 품목 (1개 실당)		
		테이블	의자	빔프로젝트
대회의실	3	40개 (6인용)	240개	1
소회의실	4	15개 (6인용)	90개	1
세미나실	15	6개 (4인용)	24개	-

① 1,440개

② 1,640개

③ 1,840개

④ 2,040개

Memo

38 □□회사 기획팀에서 근무하고 있는 K씨는 사내 체육대회를 위해 팀별로 티셔츠를 주문받으려고 한다. 다음 조사 결과를 참고로 K씨가 정리한 주문 내역 중 수정이 필요한 곳은?

〈사내 체육대회 티셔츠 수요 조사 결과〉

팀구분	인원	사이즈			
		S	M	L	XL
총무팀	10	2	3	3	2
기획팀	7	1	2	4	0
영업팀	5	0	2	3	0
생산팀	13	3	2	7	1

백팀(흰색) : 총무팀, 기획팀
청팀(파란색) : 영업팀, 생산팀

〈K씨의 주문 내역〉

	S	M	L	XL	계
흰색	3	5	7	2	17
파란색	3	4	11	1	18

① 흰색 M사이즈

② 흰색 L사이즈

③ 파란색 M사이즈

④ 파란색 L사이즈

국어 영어 수리

Memo

39 □□ 회사 총무부 신입사원 K씨는 사내 행사 기념품으로 타월을 주문하려고 견적서를 받아보았다. 작년 견적서와 비교하여 올해 기념품의 인상률로 적절한 것은?

견 적 서 2016년

홍 길 동 귀하

일금 원정( )

품목	수량	단가	공급가액	비고
타월	200		1,000,000	
합계			1,000,000	

견 적 서

2017년

홍 길 동 귀하

일금 원정( )

품목	수량	단가	공급가액	비고
타월	300		1,800,000	
합계			1,800,000	

① 20% ② 50% ③ 80% ④ 0 %

Memo

40 □□네일아트 숍을 운영하는 B씨는 다음과 같은 기준으로 VIP 고객을 선정하여 각종 할인 혜택을 제공하려고 한다. 다음 고객 명단 중 VIP 고객은 몇 명인가?

〈□□네일아트의 VIP고객 선정 기준〉

누적 이용 금액 30만 원 이상 고객 또는 누적 이용 금액 20만 원 이상이면서 5회 이상 이용한 고객

고객명	이용 금액	이용 횟수	고객명	이용 금액	이용 횟수
강정희	192,000	5	장예주	521,000	12
김경호	256,000	3	신재희	238,000	6
김성희	360,000	6	정혜선	386,000	10
민지호	197,000	4	주미진	159,000	9
황민영	423,000	7	조재영	240,000	4
김현민	281,000	3	황유림	155,000	5
박보경	167,000	5	임서연	299,000	6
이현경	357,000	6	성은주	218,000	4
이정인	242,000	4	이수빈	98,000	5
곽정민	76,000	2	김채원	204,000	4

① 7명 ② 8명 ③ 9명 ④ 10명

Memo

41 ○○은행에서 연금 보험 판매 업무를 맡고 있는 S씨는 고객으로부터 보험 상품에 대한 문의를 받았다. 다음 중 고객의 문의에 대한 답변으로 가장 적당한 것은?

〈연금 수령액 예시표〉

※ 만 55세 남성

일시납	10년 보증형	20년 보증형	기본형	원금보장형
1억	420,000원	410,000원	299,000원	210,000원
2억	840,000원	820,000원	590,000원	430,000원
3억	1,260,000원	1,230,000원	880,000원	450,000원

※ 만 55세 여성

일시납	10년 보증형	20년 보증형	기본형	원금보장형
1억	380,000원	380,000원	290,000원	220,000원
2억	760,000원	760,000원	590,000원	440,000원
3억	1,150,000원	1,140,000원	880,000원	660,000원

① 매월 수령액은 290,000원입니다.

② 매월 수령액은 380,000원입니다.

③ 매월 수령액은 410,000원입니다.

④ 매월 수령액은 420,000원입니다.

Memo

42 자동차 대리점에서 근무하고 있는 P씨는 지점장으로부터 2017년 평균 판매량이 가장 높은 직원을 선정하여 보고하라는 업무 지시를 받았다. P씨가 지점장에게 보고해야 할 직원은?

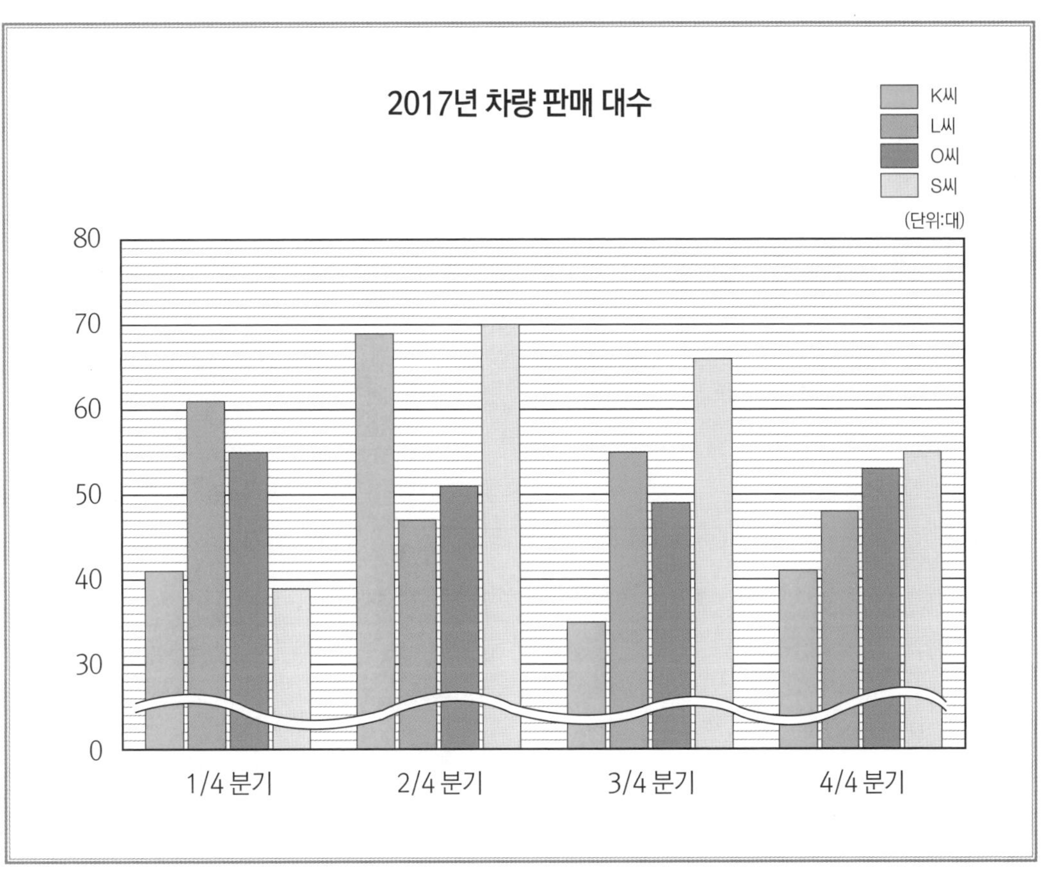

① K씨 ② L씨 ③ O씨 ④ S씨

Memo

43 ○○화장품에서 마케팅 업무를 담당하고 있는 J씨는 자사 제품의 고객 만족도 조사 결과를 정리하고 있다. 다음 중 J씨가 결과 보고를 위해 만족 비율이 높은데서 낮은 순으로 정리한 것으로 옳은 것은?

〈제품별 고객 만족도 조사 결과〉

(단위 : 명)

	만족	불만족	계
A제품	72	55	127
B제품	53	39	92
C제품	24	18	42
D제품	69	71	140
계	218	183	401

① B제품 - C제품 - D제품 - A제품

② B제품 - C제품 - A제품 - D제품

③ C제품 - B제품 - D제품 - A제품

④ C제품 - B제품 - A제품 - D제품

44 ○○리서치에서 제품 선호도 조사 업무를 담당하는 K씨는 4개의 스마트폰 제조 회사에 대한 재구매 결과를 조사해서 분석 보고서를 제출하라는 지시를 받았다. 다음 중 K씨가 조사 결과를 분석한 보고서에 포함시킬 내용으로 적절하지 않은 것은?

〈스마트폰 첫 구매 후 재구매 결과 조사〉

첫 구매	재구매(단위 : 명)				계
	L사	S사	P사	M사	
L사	91	16	21	2	130
S사	5	39	10	1	55
P사	3	5	44	13	65
M사	12	4	7	52	75
계	111	64	82	68	325

① 절반 이상의 소비자가 재구매 시 스마트폰 제조 회사를 바꾸려 하지 않는다.

② L사의 스마트폰을 재구매한 소비자가 제일 많다.

③ M사의 스마트폰에 대한 소비자의 만족도가 제일 낮다.

④ 첫 구매에서 L사의 스마트폰을 구매한 소비자가 재구매 시 P사의 제품을 선택하는 경우가 그 반대의 경우보다 더 많다.

국어 영어 수리

Memo

45 ○○자동차 영업점에서 영업 사원으로 근무하고 있는 H씨는 영업점에서 중형차를 구입한 구매자 중 구매 후 6년 이상이 지난 고객에게 자동차 카탈로그를 보내려고 한다. H씨가 준비해야 하는 카탈로그의 수는?

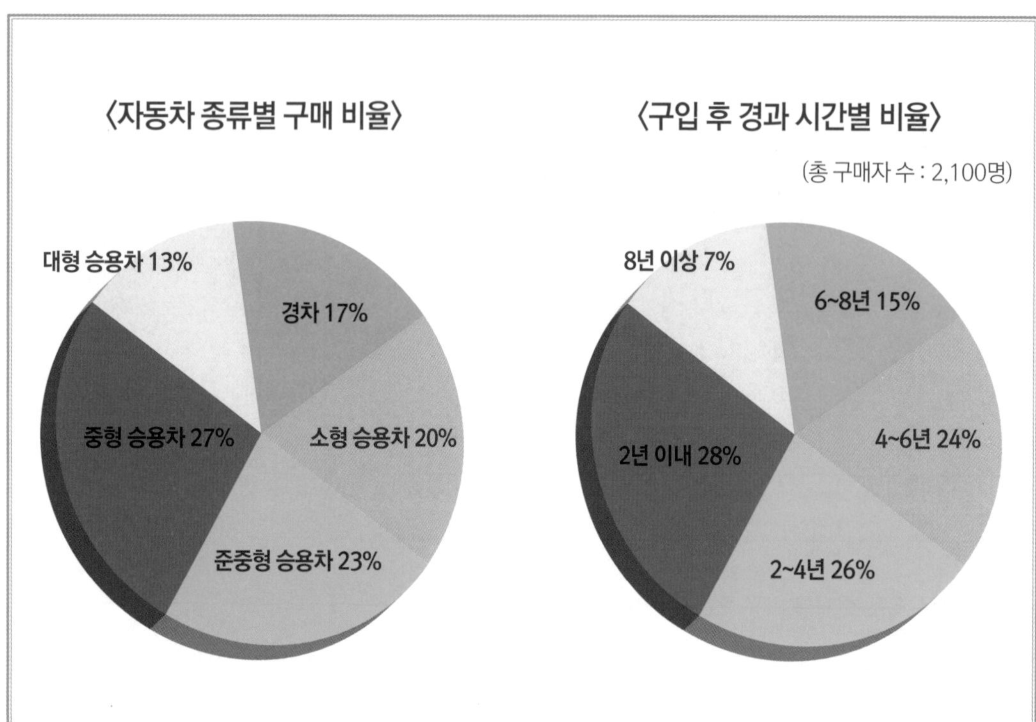

① 약 90부

② 약 100부

③ 약 110부

④ 약 125부

Memo

46 전자 제품 대리점에서 근무하는 S씨는 전년도 12월 TV 판매량과 동일하게 올해 12월 판매할 물품을 확보하고자 한다. S씨가 구매해야 할 물품 가격의 총액은?

품 목	도매가(원)	전년도 동월 판매량(대)	현재 재고(대)
32인치(UN32K4110BF)	234,000	11	2
43인치(UN43K5110AF)	340,000	26	12
43인치(UN43K5110BF)	410,000	20	9
50인치(UN50K6300AU)	810,000	8	4

① 10,624,000원

② 12,466,000원

③ 14,616,000원

④ 16,424,000원

Memo

47 ○○인테리어에서 근무하는 G씨는 □□주방으로부터 공사에 필요한 물품 견적서를 받고 선금을 지급하려고 한다. G씨가 지급해야 할 금액은?

<table>
<tr><td colspan="6">견 적 서</td></tr>
<tr><td rowspan="4">공급자</td><td>등록번호</td><td colspan="3">123-45-5678</td><td rowspan="4">○○인테리어 귀하

아래와 같이 견적합니다.</td></tr>
<tr><td>상호</td><td>□□주방</td><td>성명</td><td>△△△</td></tr>
<tr><td>사업장 소재지</td><td colspan="3">서울시 은평구 □□길</td></tr>
<tr><td>업태</td><td>유통, 서비스</td><td>품목</td><td>주방기구</td></tr>
<tr><td colspan="3">합 계 금 액</td><td colspan="3"></td></tr>
</table>

순번	구분 / 내용	수량	단가	합계
1	씽크대 상판	1	220,000원	220,000원
2	씽크대	1	110,000원	110,000원
3	하부장	4	80,000원	320,000원
4	상부장	4	60,000원	240,000원
합계금액				

※ 물품을 납품하기 위해 금액의 40%를 선금으로 지급해주시기 바랍니다.

① 356,000원

② 392,000원

③ 420,000원

④ 450,000원

48 ○○호텔에 근무하는 A씨는 고객으로부터 이용 요금에 대한 문의를 받았다. A씨의 답변으로 가장 적당한 것은?

○○호텔 이용 요금표(부가세 포함, 단체 할인 요금)

객실	이용 요금(1박/1일)	비고
스탠다드 트윈(2인실)	120,000원	
비즈니스 스위트(3인실)	150,000원	2박 이상 이용 시 10% 할인
패밀리(4인실)	220,000원	
회의실(40인 기준)	400,000원	컴퓨터, 프로젝트, 음향장비 포함

남자 12명, 여자 20명이 2박 3일 묵으며 2일간 워크숍 및 회의를 진행하려고 합니다. 남자, 여자가 다른 방을 사용하며 가장 저렴하게 방을 빌렸을 때 이용 요금은 얼마인가요?
RECEPTI

① 3,740,000원

② 3,770,000원

③ 3,920,000원

④ 3,980,000원

Memo

49 식자재 도매업을 하고 있는 P씨는 밀가루의 2017년 12월 판매량과 수익을 정리하면서 작년 기록과 비교하였다. P씨의 작년 대비 이익 증가액은?

2016년 12월			2017년 12월		
판매량	판매 단가 (10kg 1포당)	구입 단가 (10kg 1포당)	판매량	판매 단가 (10kg 1포당)	구입 단가 (10kg 1포당)
1,630포	10,900원	10,100원	1,720포	11,800원	10,700원

① 578,000원

② 588,000원

③ 592,000원

④ 602,000원

Memo

50 경북지역에서 감 농장을 운영하고 있는 C씨는 강원 지역에 거주하는 고객으로부터 곶감 6상자를 주문받았다. 선물용 곶감 1상자의 가격이 54,000원이고 거리에 따른 운임이 다음과 같을 때, C씨가 고객에게 안내해야 할 운임을 포함한 전체 가격은?

거리별 운임 계산 방법

운임 = 기본 운임 × 거리별 할증율

기본 운임 = 상자 수 × 3,000원

〈거리별 할증율〉

	수도권	강원권	충북권	충남권	전북권	전남권	경북권	경남권	제주
수도권	0.8	0.9	0.9	0.9	0.9	1	1	1.1	3
강원권	0.9	1	1	1	1	1.1	1.1	1.2	3
충북권	0.9	1	1	1	1	1	1	1	3
충남권	0.9	1	1	1	1	1	1	1	3
전북권	0.9	1	1	1	1	1	1	1	3
전남권	1	1.1	1	1	1	1	1	1	3
경북권	1	1.1	1	1	1	1	1	1	3
경남권	1.1	1.2	1	1	1	1	1	1	3
제주	3	3	3	3	3	3	3	3	1

① 339,000

② 341,000

③ 343,800

④ 349,300

특성화 · 마이스터 고등학교 직업기초능력평가 대비

모의고사 2회

의사소통 국어 영역

Memo

모의고사 국어 영역

01 다음은 정유 회사에 근무하는 김지민 씨가 들은 뉴스의 내용이다. 김지민 씨가 써야 하는 보고서의 요약 내용으로 적절하지 않은 것은?

> 국제유가가 큰 폭으로 떨어졌습니다. 25일 미국 뉴욕 상업거래소에 따르면 서부 텍사스산 중질유 WTI 6월 딜리버리 선물은 배럴당 48.90 달러에 장을 마감했습니다. 전일 대비 배럴당 2.46달러, 비율로는 4.8% 떨어진 것입니다.
> 국제유가 폭락에 대해서는 여러 가지 분석이 나돌고 있습니다. OPEC이 원유생산 감산 합의를 9개월 연장한다는 데는 합의했지만 시장에서는 감산량의 확대까지 기대했다는 지적입니다. 결국 추가 감산 합의가 나오지 않자 실망 매물이 늘어났다는 것입니다.
> 그동안 너무 많이 올라 일단 이익을 정리하려는 대기 매물이 많아 국제유가가 떨어졌다는 분석도 나오고 있습니다. 실제로 기관투자가들은 일정액 이상 오르면 향후 전망과는 무관하게 이익부터 먼저 실현하는 경향이 있습니다.
> 무엇보다 미국의 셰일가스 생산이 계속 늘어 감산 합의만으로는 떨어지는 국제유가를 방어하는 데 한계가 있다는 지적도 있습니다.
> 그밖에 금리와 환율 급변으로 시중의 돈이 금융시장과 외환시장에 몰리면서 상대적으로 원유시장은 매력을 잃고 있다는 주장도 설득력을 얻고 있습니다.

① 추가 감산 합의에 따른 감산량 확대로 인한 유가 하락

② 이익 실현 매물의 증가로 인한 유가 하락

③ 셰일가스 생산 증가로 인한 유가 하락

④ 금리와 환율의 급변으로 인한 유가 하락

02 상사의 지시를 듣고 김지민 사원이 해야 할 방법으로 적절하지 않은 것은?

상사 지민씨 브로슈어 편집 마감날이 6월 10일인 것 알죠? 다 해가고 있나요?
지민 내용은 완성되었는데 사진 이미지를 어떤 이미지로 넣어야 할지 고르는 중입니다.
상사 멋있고 효과적인 이미지를 넣는 것도 중요하지만 먼저 주의해야 할 점은 저작권 침해예요.
지민 저작권을 침해하지 않기 위해서는 어떻게 해야 되죠?
상사 가장 안전한 방법은 이미지의 저작권을 가진 사람이 다른 사람도 맘껏 쓰라고 공개해 둔 그림을 찾는 거예요. CCL(Creative Commons License)을 활용하도록 하세요. CCL은 저작권자가 '내 저작물은 이런저런 조건을 지키면 여기저기에 써도 좋다'라고 달아둔 조건이에요.
지민 뭔가 어렵고 복잡한데 더 쉬운 방법은 없나요?
상사 그럼 인터넷에서 이미지를 검색할 때 사용권한 탭에서 '재사용 가능'이라고 되어 있는 부분을 체크해서 사용하세요.

① 저작권이 모두에게 공개된 이미지를 활용한다.
② 구글에서 라이선스 필터를 사용하여 이미지를 검색한다.
③ 원작자에게 이미지를 상업적으로 사용해도 좋다는 허락을 맡고 사용한다.
④ 무료 이미지 사이트의 무료 이미지를 이용한다.

Memo

03 다음은 게임 개발업체 직원들이 회의에서 나눈 대화이다. 기획팀에 속한 김지민 씨가 할 수 있는 말로 적절한 것은?

> **기획팀** 지난번 데모 버전 시연에서 주인공 캐릭터의 화면 시점이 너무 흔들려서 테스터들에게 좋지 못한 평가를 받았다고 합니다. 팀장님도 시점을 변경할 수 없냐고 하셨고요. 그래서 지금의 1인칭 뷰에서 3인칭 뷰로 게임의 시점을 바꿨으면 합니다.
>
> **개발팀** 시점을 바꾼다는 게 그냥 카메라 각도를 바꾸듯이 쉽게 할 수 있는 일이 아닙니다. 시점을 바꾸는 것만으로 게임 장르가 FPS에서 잠입액션으로 바뀌는 거예요. 코딩을 추가하는 정도가 아니라 처음부터 새롭게 짜야 됩니다.
>
> **기획팀** 실패할 줄 알면서도 그대로 가는 게 더 어렵게 가는 길이죠. 주인공의 성격과 움직임이 서로 어울리지 않는 면도 있고요. 개발팀에서 어떻게든 바꾸어 주셨으면 합니다.
>
> **개발팀** 디버깅만 남은 게임을 이렇게 갈아엎으면 어떻게 하자는 겁니까? 이런 일이 생기지 않도록 처음부터 기획을 잘했어야 되는 거 아닌가요?
>
> **김지민** ______________________________

① 데모 버전을 해 보니 제가 봐도 재미없던데 기획 자체가 문제였던 것 같습니다.

② 시점을 바꾸는 것만으로 게임 장르가 바뀐다니 시점을 바꾸는 것은 상당히 어려운 작업이겠군요.

③ 주인공의 성격과 움직임이 서로 어울리지 못한다는 게 무슨 말이죠?

④ 기획은 잘 되었는데 개발팀에서 기획 의도를 따라가지 못한 것 아닌가요?

04 다음은 연필 회사 연구원으로 근무하는 김지민 씨가 들은 사장의 연설이다. 김지민 씨가 판단한 내용으로 적절한 것은?

> 어려서부터 계속 지켜봤던 연필 공장은 내가 언젠가는 일해야 할 곳이라고 생각해 왔었어요. 증조할아버지 때부터 아버지 때까지 연필을 만드는 집안이었으니 당연히 연필은 내 삶의 일부이기도 했습니다.
>
> 볼펜과 같은 문구 시장에는 독일의 파버카스텔, 일본의 파일로트 등 100~300년의 역사를 가진 명문 장수 기업이 수두룩합니다. 이런 기업과 경쟁하려면 오직 숙련된 근로자들이 쌓아온 품질밖에 없습니다. 70여 년간 한 번도 대량해고 같은 인력 구조 조정을 안 했습니다. 기업인에게는 이게 사회 공헌이지 않겠습니까? 우리 회사의 130여 직원 중에서 20여 명이 연구개발 인력입니다. 숙련된 근로자들에게 우리 회사의 현재가, 연구원들에게 우리 회사의 미래가 달려 있습니다.
>
> 독일 · 일본의 명품 필기구를 마케팅으로 단번에 따라잡을 수는 없을 것입니다. 그들 못지않게 긴 시간 동안 좋은 제품으로 고객 신뢰를 얻는 게 경영 목표입니다.

① 우리 사장님은 3대째 연필과 관련된 가업을 잇고 계시구나.

② 우리 회사 연필이 파버카스텔, 파일로트보다 더 나은 품질을 가지고 있구나.

③ 인력 구조 조정을 안 한 이유에는 필기구의 품질을 위한 목적도 있구나.

④ 우리 회사는 마케팅이 부족하니 마케팅을 강화해야 하는구나.

국어
영어
수리

Memo

05 다음은 모바일 회사에 근무하는 김지민 씨와 고객과의 통화이다. 고객이 준비해야 할 서류를 바르게 안내한 것은?

따르릉

김지민 반갑습니다, 고객님. 달빛 모바일 상담원 김지민입니다. 무엇을 도와드릴까요?

고객님 새로 나온 은하수8을 사려고 하는데요, 가장 싸게 사는 방법이 뭐죠?

김지민 네, 도와드리겠습니다. 고객님은 현재 무슨 통신사를 이용하고 계신가요?

고객님 올레 통신사를 이용하고 있습니다.

김지민 혹시 휴대폰 가격 할인을 위하여 통신사 변경도 가능하신가요?

고객님 변경하고 싶지는 않고요. 변경하는 편이 가격 할인이 많이 되나요?

김지민 통신사를 변경할 때 보조금이 더 많이 붙는 경우도 있습니다.

고객님 보조금이 얼마나 더 나오죠?

김지민 업체마다 기기 변경과 통신사 변경에 따라 보조금이 다릅니다.

고객님 아무튼 싸게 살 수 있는 방법으로 해 주세요.

■ 은하수8 업체별 지원금

- **티 통신사** 기기 변경시 – 20만원
- **올레 통신사** 기기 변경시 – 20만원, 통신사 변경시 – 10만원
- **유쁠 통신사** 기기 변경시 – 20만원, 통신사 변경시 – 20만원

■ 필요서류

- **티 통신사**
  기기 변경시 – 주민등록증 사본 / 통신사 변경시 – 주민등록증 사본, 통신사 변경 신청서
- **올레 통신사**
  기기 변경시 – 가족관계증명서 / 통신사 변경시 – 가족관계증명서, 통신사 변경 확인서
- **유쁠 통신사**
  기기 변경시 – 휴대폰 사용 허가서 / 통신사 변경시 – 휴대폰 사용 허가서, 재직증명서

① 주민등록증 사본, 통신사 변경 신청서

② 가족관계증명서, 통신사 변경 확인서

③ 가족관계증명서

④ 휴대폰 사용 허가서, 재직증명서

Memo

06 다음은 게임 개발업체에 근무하는 김지민 씨가 참석한 회의 내용이다. 이 회의를 통해 새롭게 나올 게임의 과금 방향으로 적절한 것은?

김팀장	올 하반기에 출시될 모바일 게임 '소년의 모험' 과금 구조에 대해 토의하는 시간을 갖도록 하겠습니다. 박사원이 먼저 이야기해 보세요.
박사원	이런 게임은 처음에 돈을 받고 파는 패키지 게임으로 팔 수밖에 없지 않을까요? 실장님은 어떻게 생각하세요?
이실장	만약 패키지 방식으로 판매한다면, 우리 회사 최대 타이틀이라는 걸 생각할 때 최소 만원 이상에 판매해야 한다는 계산이 나옵니다만, 과연 모바일 게임 유저들이 만 원 이상의 돈을 주고 게임을 살지 의문이네요.
박사원	월 정액제 게임도 아니고 한 번 돈을 내면 평생 할 수 있는 게임인데 유저들이 만 원 정도는 내지 않을까요?
이실장	요즘 유저들은 시작할 때 돈을 내야 하는 게임은 하지 않아요. 패키지로 출시했다가 안 팔리기라도 하면 회사가 받는 타격이 너무 큽니다. 어떻게든 무료로 시작하게 하고 차후에 돈을 받는 방법을 택해야 한다고 봅니다.
박사원	다른 게임처럼 부분 유료화를 하고 싶어도 '소년의 모험'은 RPG장르라 부분 유료화를 할 만한 여지가 없지 않나요?
김팀장	이미 제작이 끝나가고 있는 게임 장르에 대해 왈가왈부하는 것은 비효율적이니 그만하도록 합시다. 총 4파트로 나누어 DLC(DownLoadable Contents) 개념으로 파는 것은 어떤가요?
이실장	게임을 4부분으로 쪼개서 판매하자는 말이네요.

① 패키지 형식으로 팔아야 한다.

② 부분 유료화를 하기 어려우므로 정액제 게임으로 나가야 한다.

③ 무료로 시작할 수 있도록 만들어야 한다.

④ 가격을 싸게 책정해야 한다.

Memo

07 다음은 인쇄업체에 근무하는 김지민 씨의 통화 내용이다. 김지민 씨가 질문할 내용으로 적절하지 않은 것은?

김지민	알파기획입니다.
선생님	안녕하세요. 저는 우리정보고등학교 교사입니다. 포스터 견적을 의뢰하려고 하는데요.
김지민	포스터 내용이 어떻게 되죠?
선생님	저희가 정부에서 시행하는 직업계고 육성사업인 매직 사업에 선정되었는데요. 학생들과 학부모, 지역주민들에게 이 사업을 홍보하는 포스터를 만들 생각입니다.
김지민	그럼 매직 사업이 어떤 의미와 성격을 가지고 있는지 알아야겠네요.
선생님	네, 이 사업은 중등 직업교육의 양적 확대 노력과 더불어 직업계고의 매력도를 높이는 질적 노력을 추진하는 사업입니다.
김지민	내용이 추상적이라 포스터 내용이 어떻게 들어가야 할지 파악하기 어렵네요.
선생님	주요 세 가지 내용을 중심으로 포스터를 3종으로 만들 계획입니다.

① 왜 매직 사업을 신청하셨나요?

② 전체 내용을 알 수 있는 포스터를 포함하여 4종으로 만드는 것은 어떤가요?

③ 각 포스터에 들어갈 사업을 상징하는 심벌이 있나요?

④ 이미지와 내용 중 무엇의 비중이 더 컸으면 하시나요?

Memo

[08~09] 자전거 회사 영업부 사원들의 대화를 듣고, 질문에 답하시오.

김부장 아시다시피 우리 회사 자전거 매출이 점점 떨어지고 있습니다. 지난 3분기엔 전년도 대비 6%가 떨어졌습니다. 영업이익은 13%나 감소했습니다. 이과장은 원인이 무엇이라고 생각합니까?

이과장 3/4분기에 매출이 떨어진 이유는 근본적으로 우리나라 경제상황이 불투명한 데 있다고 봅니다. 현재 자전거뿐만 아니라 전체 레포츠 관련 소비심리가 크게 위축되고 있습니다. 자전거별 판매 현황을 보면 10만원 이하와 10만원대 자전거 판매는 여전히 증가세에 있습니다.

김부장 저가 자전거는 중국제와 경쟁을 해야 하니 이윤을 높일 수 없고 고가 자전거는 국내 경기가 어려워 진퇴양난이군. 김지민 씨가 생각하기에 해결 방법이 뭐가 있을 것 같나요?

김지민 저는 새로운 영역을 만들어내는 게 어떨까 생각합니다. 사람들이 이동수단으로서의 자전거는 여전히 타고 있으니 오토바이를 대신할 전기자전거는 어떨까요?

김부장 전기자전거로 방향을 트는 것도 괜찮지. 박대리, 현재 전기자전거 비율이 얼마나 되지? 내가 알기론 매우 미미하다고 알고 있는데.

박대리 1.2%입니다. 하지만 이는 그동안 전기자전거를 타는 데 원동기 면허가 있어야 했고 전기자전거는 자전거 전용도로를 이용할 수 없기 때문이었습니다.

이과장 저도 동의합니다. 저가 자전거 시장은 포화상태라 더 이상 성장할 수 없고, 고가의 레포츠 자전거는 일부 매니아들에게만 먹힌다면, 전기자전거 시장은 우리나라 도로 상황과 맞물려 성장세가 이어질 수도 있습니다.

김부장 다들 전기자전거에 희망을 걸고 싶어 하는구만. 하지만 먼저 그 동안 전기자전거 점유율이 낮았던 이유부터 짚고 넘어가는 게 순리겠지. 김지민 씨가 이와 관련한 보고서를 작성해서 올리세요.

08 김부장이 김지민 씨에게 작성하라고 한 보고서의 제목으로 적절한 것은?

① 자전거 매출과 영업이익이 떨어지는 이유

② 이동수단으로서의 자전거와 레포츠로서의 자전거

③ 기존 자전거의 영업이익을 대체할 전기자전거

④ 전기자전거의 단점과 개선 방안

국어 영어 수리

Memo

09 김지민 씨가 작성한 회의록 내용 중 바르지 않은 것은?

자전거 영업부 회의록

1. 일시	2017년 12월 12일 (화) 15:00~16:00	기록자 : 김지민
2. 장소	본관 2층 영업부 회의실	
3. 참석자	영업부 김부장, 이과장, 박대리, 김지민	
4. 안건	2018 대비 영업 개선 방안 회의	

5. 회의 내용

① 작년에 비해 3/4분기의 매출, 영업이익 실적이 낮아짐.
② 매출과 영업이익이 떨어진 근본 원인은 경제상황이 불투명한 데 있음.
③ 자전거 시장이 포화상태라 저가 자전거와 레포츠 자전거RK 하락세
④ 상황 타개책의 하나로 전기자전거에 대한 논의

① ② ③ ④

[10~11] 다음은 멀티플렉스 영화관의 교육생 김지민 씨가 슈퍼바이저로부터 들은 교육 내용이다. 대화를 듣고 이어지는 물음에 답하시오.

김영화 안녕하세요. 새롭게 우리 회사의 일원이 된 여러분들을 환영합니다. 저는 여러분들의 교육을 담당하게 될 슈퍼바이저 김영화입니다. 저희 직원을 스마일 프렌드라고 부르는 건 다 아시죠? 오늘은 스마일 프렌드의 근무 장소와 각기 해야 할 일에 대해서 말씀드리겠습니다.

먼저, 티켓 박스입니다. 이곳에서 일하는 스마일 프렌드는 티켓 발권과 교환 및 환불, 영화 정보에 대한 안내를 맡게 됩니다.

둘째, 스위트 바입니다. 이곳에서는 음료와 팝콘 등 각종 스낵을 판매하게 됩니다.

셋째, 플로어입니다. 이곳에서는 상영관 안내와 관리, 청소, 입퇴장을 안내하게 됩니다.

우리 영화관에서 하는 일의 전체 구조를 파악하기 쉽도록 교육생 여러분은 차례대로 플로어, 스위트 바, 티켓 박스 순으로 근무를 경험하게 됩니다. 질문 있나요?

김지민 스마일 프렌드에게 각종 복지 혜택이 있다고 들었는데, 구체적으로 어떤 복지 혜택이 있나요?

김영화 네, 먼저 한 달에 영화 10편을 무료 관람할 수 있습니다. 단, 상영 10분전부터 본인만 예매가 가능하고 잔여석이 20% 이상 있어야 합니다. 또 스위트 바의 모든 음식이 50% 할인됩니다. 단 이러한 혜택을 교육생은 받을 수 없고 교육생 훈련 수료 후 자체 필기시험에 합격한 직원에 한합니다.

Memo

10 교육을 받은 김지민 씨가 이해한 것으로 바른 것은?

① 스마일 프렌드의 근무 장소는 각각 다르지만 해야 할 일은 모두 같다.

② 티켓 박스에서는 상영관을 안내하고 입퇴장 관리를 맡는다.

③ 필기시험에 합격한 사람에 한해 스낵을 할인받을 수 있다.

④ 전날 예매할 경우 한 달에 영화 10편을 무료 관람할 수 있다.

11 교육을 받은 김지민 씨가 질문할 내용으로 적절한 것은?

① 플로어, 스위트 바, 티켓 박스 중 한 군데서만 근무해도 되나요?

② 플로어, 스위트 바, 티켓 박스에서 각각 얼마나 근무하게 되나요?

③ 스마일 프렌드에게 구체적으로 어떤 복지 혜택이 있나요?

④ 요즘 어떤 영화가 재밌나요?

Memo

12 다음은 두 사원 간의 대화이다. 박 사원의 감정에 공감해 주기 위해 김지민 씨가 해야 할 말로 적절한 것은?

> **박 사원** 과장님이 지시한 자료를 조사하느라 이틀을 매달려서 정리해 놨는데 오늘 보고 드리니, 이 정도 정리하는 데 이틀이나 걸렸다고 뭐라고 하시네.

① 속상하겠다.

② 그 정도 가지고 속상해하지 마.

③ 그만한 일로 혼났다고 하기는 어렵지.

④ 과장님이 원래 자기가 시킨 일은 바로 처리해야 만족하는 분이잖아.

Memo

13 다음 매입매출장의 빈칸에 알맞은 내용과 숫자를 적으시오.

매 입 매 출 장

년월일	품명	매입			매출		
		수량	단가	금액	수량	①	금액
2017.12.12	밀가루	2포대	10,000원	20,000원			
2017.12.13	춘 장	1kg	10,000원	10,000원			
2017.12.14	짜장면				10그릇	5,000원	②

① ______________________

② ______________________

Memo

14 다음은 2017년 12월에 박공업씨가 취업하기 위해 쓴 이력서의 일부이다. 이력서에 대한 설명으로 올바른 것은?

<table>
<tr><td colspan="3" rowspan="3">사 진</td><td colspan="4">이 력 서</td></tr>
<tr><td>성 명</td><td colspan="2">박 공 업</td><td>주민등록번호
000202-3222222</td></tr>
<tr><td>생년월일</td><td colspan="3">2000년 2월 2일생 (만 17세)</td></tr>
<tr><td colspan="3">주 소</td><td colspan="4">서울시 금천구 벚꽃로 254 월드메르디앙 1204호</td></tr>
<tr><td colspan="3">호적관계</td><td>호주와의 관계</td><td>父</td><td>호주성명</td><td>박 기 술</td></tr>
<tr><td colspan="3">년 월 일</td><td colspan="3">학 력 및 경 력 사 항</td><td>발 령 청</td></tr>
<tr><td>2018</td><td>2</td><td>15</td><td colspan="3">송파공업고등학교 하이텍디자인과 졸업 예정</td><td></td></tr>
<tr><td>2017</td><td>10</td><td>2</td><td colspan="3">2017 청소년 미래상상 기술경진대회 은상 수상</td><td></td></tr>
<tr><td>2016</td><td>2</td><td>15</td><td colspan="3">거원중학교 졸업</td><td></td></tr>
</table>

① 호주가 자신의 아버지이므로 호주와의 관계는 父라고 써야 한다.

② 호주와의 관계에서 父는 한자어이므로 한자어 대신 아버지라고 한글로 써야 한다.

③ 고등학교 졸업 예정은 아직 오지 않은 미래이므로 이력서에 적어서는 안 된다.

④ 학력 및 경력 사항을 적을 때는 최신 이력이 먼저 오도록 적는다.

국어

영어

수리

15 김지민 씨는 빌딩의 주차 관리인이다. 오후 5시에 들어와서 저녁 8시에 나가는 외부 트럭 운전자에게 받아야 할 요금은?

빌딩 주차 요금

입주민 : 월 10만원 정액

외부인 : 오전 9시~오후 6시 - 1시간 3천원

오후 6시~익일 오전 9시 - 1시간 2천원

1일 최대 금액 - 3만원

① 6천원 ② 7천원 ③ 8천원 ④ 만원

16 식품 회사 광고기획부에 근무하는 김지민 씨는 주간 업무회의에 참석하여 다음 사항을 기록하였다. 이 내용을 바탕으로 직원들에게 구두로 전달한 내용 중 바르지 않은 것은?

월간 주간회의 회의록

1. 일 시	2017년 12월 12일(화) 09:00~10:00
2. 장 소	2층 회의실
3. 참석자	신상품개발부: 김부장 생산개발부: 이부장 기획조정실: 박부장 광고기획부: 최부장, 김지민
4. 안 건	• 과자에서 나방이 나온 사건 수습 방법 • 타사 신상품의 선풍적 인기 • 중고등학생 공장 견학 프로그램 논의

5. 회의 내용

- **광고기획부**: 우리 제품 과자봉지에서 나방이 나온 사진이 인터넷에 유포 중. 주요 언론에 나오는 것은 막았고, 사진을 올린 소비자에게 위로금과 함께 사진을 내리지 않으면 법적 소송에 들어갈 수 있다는 이야기를 전함. 나방이 들어간 경위에 대해서 생산개발부에서 조사함.
- **생산개발부**: 벌집나방 애벌레는 비닐을 뚫을 수 있는 능력이 있음. 정황 상 제조공정에서 애벌레가 들어간 후 성충이 되어 과자봉지에서 나오지 못했을 가능성이 큼.
- **신상품개발부**: 타사의 신상품이 엄청난 인기를 끌고 있음. 일단 맛과 모양이 비슷한 미투제품을 만들어 대응하고자 함.
- **기획조정실**: 나방 논란이 더 커질 경우 생산자의 부주의로 들어간 것으로 처리하되, 더 이상 논란이 되지 않을 경우 조용히 대응. 신상품 개발부에서는 최대한 빨리 미투제품을 만들어 타사 신상품의 인기에 편승할 것. 중고등학생 공장 견학은 일단 불허, 차후 논의.

① 과자에서 나방이 나온 사진이 인터넷에 돌고 있다.

② 제조공정에서 애벌레가 들어간 후 나방이 되었을 가능성이 있음.

③ 타사의 신상품이 인기를 끌고 있는데 우리 회사는 비슷하게 만들 능력이 없음.

④ 학생들의 공장 견학 프로그램은 차후 논의 후 결정

Memo

17 어학원에서 상담원으로 근무하고 있는 김지민 씨는 TOEFL 대비반에 대해 수강생에게 설명하려고 한다. 김지민 씨가 잘못 설명한 것은?

스페이스 토플			
1개월 과정		2개월 과정	
Reading / Listening [기본] 주5일(월20회) 12:00~13:50 16:30~18:20 [중급] 주5일(월20회) 12:00~13:50 16:30~18:20 [실전] 월수/화목(월8회) 10:00~11:50	Speaking / Writing [기본] 주5일(월20회) 10:00~11:50 14:30~16:20 [중급] 주5일(월20회) 10:00~11:50 14:30~16:20 [실전] 월수/화목(월8회) 12:00~13:50	Reading / Listening [기본] 월수금/화목금 (월10회) 12:00~13:50 16:30~18:20 [중급] 월수금/화목금 (월10회) 12:00~13:50 16:30~18:20	Speaking / Writing [기본] 월수금/화목금 (월10회) 10:00~11:50 14:30~16:20 [중급] 월수금/화목금 (월10회) 10:00~11:50 14:30~16:20
260,000원 / 105,000원		135,000원	

나는 어떤 레벨의 수업을 들어야 할까? 목적별 토플 점수 확인!				
60점 반	70-80점 반	80-90점 반	90-100점 반	100점 반
Community College 진학 준비 - 각종 영어 시험 전 기초 다지기 - 영어 수업 대비	Community College 유학 준비 - 학부 유학 준비 (예체능/일본/중국) - 영어 수업 대비 - 교환학생 준비	- 교환학생 준비 - 영미/유럽권 학부 유학 준비 - 국내대학원 준비 - 편입 준비	- 교환학생 준비 - 유학, 국내/외 대학원 진학 준비 - 영어 특기자, 국제학부 준비생	- IVY League 및 상위권 대학 학부 유학 준비 - 영미권 대학원 준비(석사/박사) - 국내 대학 특례 준비

① 1개월 과정과 2개월 과정이 있으며, 2개월 과정은 강의 시간이 2배이다.

② 짧고 빠르게 배우시려는 분에겐 1개월 과정을, 천천히 배우시려는 분에겐 2개월 과정을 추천한다.

③ 실전 과정은 1개월 과정에만 있다.

④ 교환학생을 준비한다면 70, 80, 90점 어느 반에서 들어도 좋다.

Memo

18 김치 공장에서 일하는 김지민 씨는 사업 다각화를 위해 상사로부터 일본에 김치를 수출할 때 필요한 내용을 확인하라는 지시를 받았다. 김지민 씨가 상사에게 보고할 내용으로 가장 적절한 것은?

1. 개요

굴, 젓갈이 포함되지 않은 한국산 김치는 일반적으로 HS code 2005에 분류할 수 있으며 한국산 김치를 일본으로 수입하려는 경우 안전성을 확인하기 위해 식품위생법 제 27조에 따라 후생노동성 검역소에 수입신고를 해야 합니다.

2. 절차

(1) 판매 목적으로 수입하는 경우, 후생노동성 검역소 수입식품감시 담당창구에 '식품 등 수입신고서' 및 기타 서류(원재료, 성분, 제조공정 등에 관한 설명서, 필요한 경우 위생증명서, 시험성적서)를 제출합니다.

(2) 검역소의 검사 신고를 접수받으면 식품위생 감시원은 다음의 사항을 심사합니다. ① 식품위생법에 규정된 제조 기준에 적합한지 여부 ② 첨가물의 사용 기준 적절성 여부 ③ 유해물질이 포함되어 있는지 여부 ④ 제조자가 과거 위생상 문제를 일으켰는지 여부

(3) '식품 등 수입신고 필증'을 교부받으면 통관 시 세관에 제출합니다.

3. JAS 규격 김치를 일본에서 판매하는 경우 사업자가 임의로 일본 농림규격 검사를 받아 합격한 제품에 JAS 마크를 부착할 수 있습니다.

① 모든 한국산 김치는 HS code 2005에 해당한다.

② 서류 제출 후 '식품 등 수입신고 필증'을 교부받아 후생성에 제출해야 한다.

③ 사업자가 임의로 검사를 받으면 일본 농림규격 검사를 통과하더라도 JAS 마크를 부착할 수 없다.

④ 일본 내 식품위생법과 JAS 규격을 분석하여 맞춤형으로 생산하는 것이 필요하다.

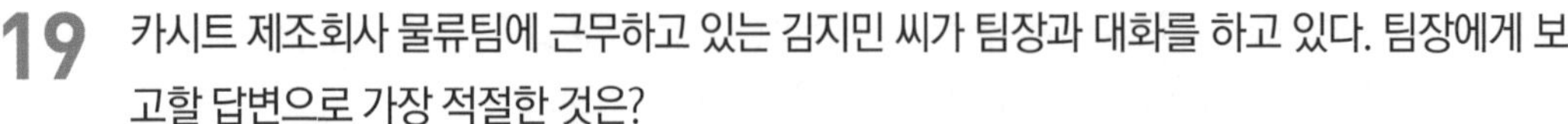

Memo

19 카시트 제조회사 물류팀에 근무하고 있는 김지민 씨가 팀장과 대화를 하고 있다. 팀장에게 보고할 답변으로 가장 적절한 것은?

> **팀 장** 지민 씨 인터넷 봤어요? 지금 태풍이 태평양을 강타하고 있다고 해요. 오늘 오전 7시를 기해 태평양으로 가는 모든 배가 운항 금지되었네요.
>
> **김지민** 미국 수출 물량이 이미 배에 선적되어 있을 텐데 큰일이네요.
>
> **팀 장** 수출이 안 되면 성과급도 줄고 취업문도 좁아질 테니 심각해요. 그것보다 아산공장에서 부산항으로 가기로 계획된 물량은 어떻게 되어 있는지 확인해서 보고하세요.
>
> ……
>
> **김지민** 안녕하십니까. 본사 물류팀 김지민입니다. 부산항으로 가야 할 수출물량이 어떻게 되어 있는지 알기 위해 전화 드렸습니다. 아, 출고 중이고 출하하진 않았다고요? 지금 하고 계시다고요. 알겠습니다. 감사합니다.

① 아직 피킹작업 중이라고 합니다.

② 상차 대기장에 쌓여 있는 상태라고 합니다.

③ 상차 작업 중이라고 합니다.

④ 공장에선 나갔지만 아직 부산항에 도착하지 않았다고 합니다.

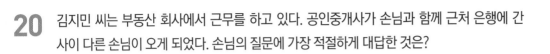

Memo

20 김지민 씨는 부동산 회사에서 근무를 하고 있다. 공인중개사가 손님과 함께 근처 은행에 간 사이 다른 손님이 오게 되었다. 손님의 질문에 가장 적절하게 대답한 것은?

손 님 전세 좀 알아보러 왔는데, 여기 105㎡, 112㎡, 161㎡이 각각 몇 평이라는 뜻이죠? 제곱미터로 바꿔서 표기해 놓으니 알 수가 있어야지.

김지민 (1평이 3.3㎡라고 했는데 그럼 105, 112, 161을 3.3으로 나눠야 되나? 그럼 각각 몇 평이지?) ______㉠______

손 님 여기 집 구경 좀 해 보고 싶은데 지금 볼 수 있는 집 있나요?

김지민 ______㉡______

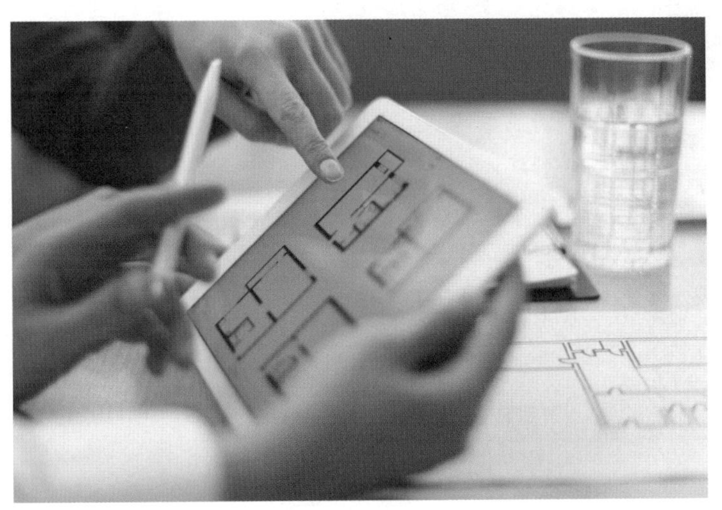

	㉠	㉡
①	각각 32, 34, 48평입니다.	중개사가 은행에 잠시 갔으니 잠깐만 기다려 주세요.
②	각각 32, 34, 48평입니다.	중개사가 은행에 잠시 갔으니 내일 와 주세요.
③	각각 48, 34, 32평입니다.	중개사가 은행에 잠시 갔으니 잠깐만 기다려 주세요.
④	각각 48, 34, 32평입니다.	중개사가 은행에 잠시 갔으니 내일 와 주세요.

국어
영어
수리

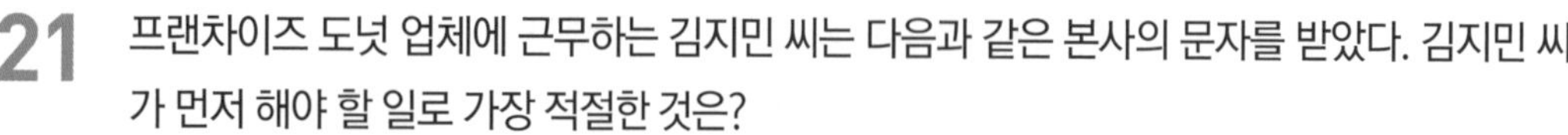

Memo

21 프랜차이즈 도넛 업체에 근무하는 김지민 씨는 다음과 같은 본사의 문자를 받았다. 김지민 씨가 먼저 해야 할 일로 가장 적절한 것은?

> [ABC 도넛]
>
> 오늘 12일 6시 각 매장에 들어간 크림베이글에 이상이 있다는 제보가 들어옴.
> 각 매장에서는 확인 후 조치할 것.

① 본사에 전화를 걸어 어찌된 영문인지 확인한다.

② 크림베이글을 먹어 보고 실제 이상이 있는지 확인한다.

③ 크림베이글을 빨리 판매하기 위해 세일을 단행한다.

④ 매대에서 크림베이글을 뺀다.

22 한 식품 회사에서 근로자들이 점심을 먹을 수 있는 식당을 만들기로 하였다. 이 식당이 급식 시설로 허가받을 수 있는 상황으로 알맞은 것은?

◈ 「식품위생법」 제2조에 규정된 급식 시설
가. 기숙사, 나. 학교, 다. 병원, 라. 「사회복지사업법」 제2조 제4호의 사회복지시설, 마. 산업체, 바. 국가, 지방자치단체 및 「공공기관의 운영에 관한 법률」 제4조 제1항에 따른 공공기관, 사. 그 밖의 후생기관 등

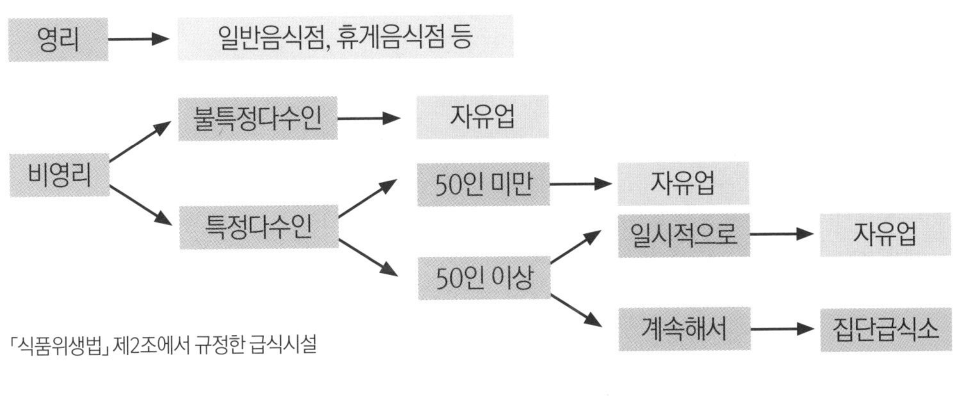

「식품위생법」 제2조에서 규정한 급식시설

① 60명의 근로자에게 식대를 받고 이윤을 남기는 경우

② 50명의 근로자에게 식대를 받고 이윤을 남기는 경우

③ 40명의 근로자에게 식대를 받지 않고 식사를 제공하는 경우

④ 50명의 근로자에게 식대를 받고 이윤을 남기지 않는 경우

국어 영어 수리

Memo

23 고등학교 행정실무사로 근무하고 있는 김지민 씨는 저소득층 교육비 지원 업무를 맡고 있다. 다음 공고문으로 보아 서울희망장학금을 받을 수 있는 학생으로 적절한 것은?

『서울희망장학금 고등학교 분야』 2017년 장학생 선발 공고문

지원대상	중복여부	지원기간	지원방법
저소득층 고등학생	수업료, 학교운영비 중복 수혜 불가 (교육급여, 교육청 학비 지원, 기타 지자체 장학금 등)	선발된 분기로부터 4분기까지	학교장 추천

[중점 안내사항]

◇ **지원 대상 확대** : 주소지가 서울이 아닌(경기도 등) 학생 중 중위소득 80% 이하의 저소득층 가정의 학생

※ 교육청 학비 지원 조사 결과 준용

◇ **지원액** : 수업료, 학교운영비(분기별 684,840원 이내 전액, 특성화고는 학교운영비만 지원)

※ 684,840원 초과 학교 별도 안내(붙임 5 참조)

◇ 배정인원의 1.25배 추천으로 인하여 소득기준내(중위소득 80%) 학생 중 탈락자가 발생할 수 있음.

◇ 교육청 학비 지원 사업 탈락자(중위 60% 초과~80% 이내)를 NEIS에서 확인 후 중점 추천(미신청자 추천 가능).

※ NEIS에 80%로 표기된 학생은 재단 조사 결과 소수점 초과로 인해 탈락자가 다수 발생하므로 80% 미만인 학생을 중점 추천

① A 학생 – 서울 강북구에 살고 중위소득 100%로 아무런 지원을 받지 않고 있다.

② B 학생 – 서울 송파구에 살고 중위소득 70%로 아무런 지원을 받지 않고 있다.

③ C 학생 – 경기도 하남시에 살고 중위소득 50%로 학비 지원을 받고 있다.

④ D 학생 – 서울 서초구에 살고 중위소득 30%로 교육급여를 받고 있다.

24 여행사 광고팀 사원 김지민 씨가 다음 회의 결과를 토대로 취할 전략으로 적절하지 않은 것은?

6.10. 광고팀 회의 결과

1. 블로그나 개인 SNS를 통한 홍보 필요
2. 여행 후기를 통한 업체 홍보가 효과적
3. 광고처럼 보이지 않는 것이 가장 중요
4. 검색어를 통해 홍보하려면 포털사이트 상단에 나올 수 있어야 함.

① 여행객들의 사진을 찍어 주며 자사 명칭이 노출된 여행 프로필 사진으로 바꾸도록 유도한다.

② 좋은 여행 후기를 작성한 여행객에게 여행 상품권을 주는 이벤트를 실시한다.

③ 자사가 가장 좋은 여행사라는 광고를 실시한다.

④ 포털 사이트에 광고비를 주고 키워드 광고를 신청한다.

국어 영어 수리

Memo

25 어린이 통학버스 운전자인 김지민 씨가 해야 할 행동으로 적절하지 <u>않은</u> 것은?

「도로교통법」 개정 (경찰청, 2017. 6. 3. 시행)

어린이 통학버스를 운전하는 사람은 운행을 마친 후 어린이가 모두 하차하였는지 확인해야 하고, 위반하면 20만 원 이하의 벌금에 처한다.

어린이 통학버스 운전자의 역할

- 어린이가 승차를 위해 무단횡단하지 않도록 주의를 준다.
- 승차 시에는 한 줄로 서서 안전하게 타도록 유도한다.
- 어린이 승차 후에는 안전을 확인 후 출발한다.
- 운행할 때 안전띠를 맸는지 확인하고 안전거리를 유지한다.
- 통학버스 안에서는 정숙한 분위기를 유지시킨다.
- 통학버스 안에 어린이를 혼자 두지 않도록 한다.
- 하차 시에는 안전을 확인한 후 차 문을 연다.
- 하차 시에는 반드시 보조교사의 도움을 받으며 내리게 한다.
- 하차 후 출발 시에 버스 주위를 확인한 후 출발한다.

① 통학버스 승차를 위해 무단횡단을 하지 않도록 주의를 준다.
② 승차 시 한 줄로 세워 타게 한다.
③ 통학버스 안에서 아이들이 떠들면 조용히 시킨다.
④ 보조교사가 없을 때는 운전석에서 어린이가 하차하는 것을 주의 깊게 살핀다.

Memo

26 문구점을 인수한 김지민 씨가 전 주인으로부터 받은 메모를 읽고 준비해야 할 일로 가장 적절한 것은?

> 안녕하세요.
> 14년간 운영해 오던 문구점을 다른 분에게 넘기게 되어 아쉽습니다.
> 근처에 초중고가 모두 있고 다른 경쟁 문구점이 없어서 운영하는 데 어려움은 없으실 겁니다.
> 우리 문구점은 초등학교 정문 앞에 위치하고 있어 등교하면서 이용하는 학생들이 많습니다.
> 하교 시에는 많은 학생들이 학원 셔틀버스를 이용하기 때문에 들르지 않는 경우가 많습니다.
> 또한 학부모님들이 구입하는 경우보다 초등학생들이 직접 구입하는 경우가 많습니다.
> 중고생은 하교 시 방문하는 학생들이 있지만 많은 숫자는 아닙니다.
> 보통 밤에는 손님이 거의 없습니다.
> 잘 운영하셔서 문구점의 명맥이 계속 이어져 가길 바랍니다.
> 감사합니다.

① 개업 세일 이벤트를 한다.

② 주인이 바뀌었다는 내용을 고객들에게 알린다.

③ 근처 초중고 학교의 등하교 시간을 알아본다.

④ 도난 방지용 CCTV를 설치한다.

국어 영어 수리

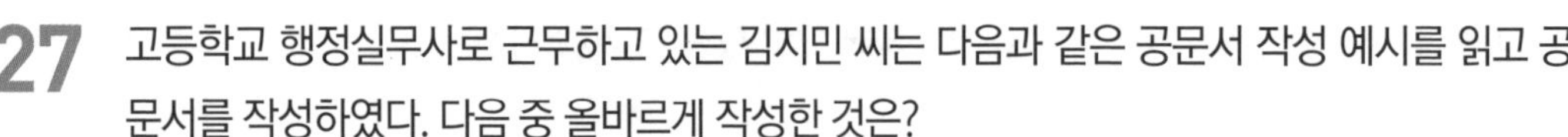

Memo

27 고등학교 행정실무사로 근무하고 있는 김지민 씨는 다음과 같은 공문서 작성 예시를 읽고 공문서를 작성하였다. 다음 중 올바르게 작성한 것은?

〈공문서 작성 예시〉

꿈과 행복을 주는 일류 ○○교육

○○광역시교육청

수신자 ○○○○학교장
(경유)
제 목 업무관리시스템 시범운영 교육대상자 통보

1. 관련 : 총무과-2330(2017.11.3.) 업무관리시스템 시범운영계획 알림
2. 업무관리시스템 시범운영 교육대상자를 붙임과 같이 통보하오니 참석하여 주시기 바랍니다.

∨∨가.∨일시 : 2017.11.16.(화) 10:00~18:00
∨∨나.∨장소 : 교육정보원 3연수실
∨∨다.∨대상 : 붙임 참조
∨∨라.∨교재 : 당일 배부
∨∨마.∨기타
∨∨1)∨개인용 GPKI인증서 지참
∨∨2)∨교육장소의 주차공간이 협소하오니 가급적 대중교통 이용

붙임∨∨업무관리시스템 시범운영 교육대상자 명단 1부.∨∨끝.

첫째 항목부호는 제목의 첫 글자와 같은 위치

첫째 항목 다음 항목부터는 바로 앞 항목의 위치로부터 2타씩 오른쪽에서 시작

본문 작성시 유의사항
항목부호와 그 항목의 내용 사이에는 다음 1타 띄우기
[붙임] 다음 2타 띄우기
[끝] 앞에 2타 띄우기

○○광역시교육청

주무관 ○○○ **기록관리담당사무관** ○○○ **총무과장** 전결 11/11 ○○○
협조자
시 행 총무과-1234 ( ) **접수** ( )
우 ○○○○○ ○○광역시 ○○구 ○○○ 76길 11 http://www.○○○.go.kr.
전화 ○○○-○○○-○○○○ /전송 ○○○-○○○-○○○○ / @korea.kr /공개

사랑한다 애들아! 고마워요 선생님!

Memo

① **수신자** 서울특별시교육감(진로직업교육과장)
(경유)
제 목 일반고 직업교육 강화 지원 운영비 신청

1. 관련 : 서울시교육청 진로직업교육과-9350 (2017.7.15.)
2. 내용
가. 일시 : 2017.8.17.~12.28 매주 월화금 5, 6교시
나. 장소 : 챔피언반 음악활동실, 체력단련실
다. 대상 : 진로설정이 되어 있지 않은 1,2학년 학생 10여명
붙임 직업교육 운영계획서_○○고 1부. 끝.

② **수신자** 서울특별시교육감(진로직업교육과장)
(경유)
제 목 일반고 직업교육 강화 지원 운영비 신청

1. 관련 : 서울시교육청 진로직업교육과-9350 (2017.7.15.)
2. 내용
가. 일시 : 2017.8.17.~12.28 매주 월화금 5, 6교시
나. 장소 : 챔피언반 음악활동실, 체력단련실
다. 대상 : 진로설정이 되어 있지 않은 1,2학년 학생 10여명
붙임 직업교육 운영계획서_○○고 1부. 끝.

③ **수신자** 서울특별시교육감(진로직업교육과장)
(경유)
제 목 일반고 직업교육 강화 지원 운영비 신청

1. 관련 : 서울시교육청 진로직업교육과-9350 (2017.7.15.)
2. 내용
가. 일시 : 2017.8.17.~12.28 매주 월화금 5, 6교시
나. 장소 : 챔피언반 음악활동실, 체력단련실
다. 대상 : 진로설정이 되어 있지 않은 1,2학년 학생 10여명
붙임 직업교육 운영계획서_○○고 1부. 끝.

④ **수신자** 서울특별시교육감(진로직업교육과장)
(경유)
제 목 일반고 직업교육 강화 지원 운영비 신청

1. 관련 : 서울시교육청 진로직업교육과-9350 (2017.7.15.)
2. 내용
가. 일시 : 2017.8.17.~12.28 매주 월화금 5, 6교시
나. 장소 : 챔피언반 음악활동실, 체력단련실
다. 대상 : 진로설정이 되어 있지 않은 1,2학년 학생 10여명
붙임 직업교육 운영계획서_○○고 1부. 끝.

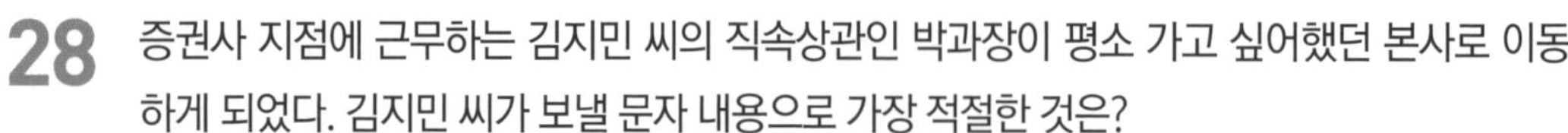

Memo

28 증권사 지점에 근무하는 김지민 씨의 직속상관인 박과장이 평소 가고 싶어했던 본사로 이동하게 되었다. 김지민 씨가 보낼 문자 내용으로 가장 적절한 것은?

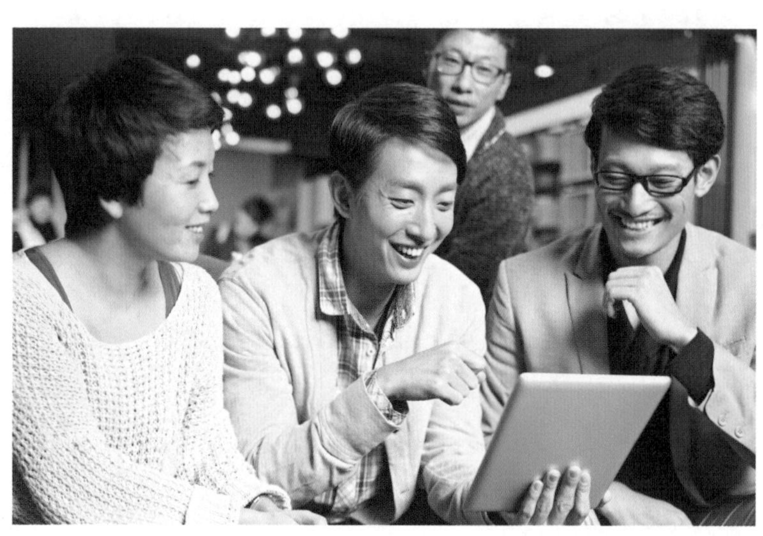

① 안녕하세요. 박과장의 본사 발령을 진심으로 축하합니다. 행복하세요.

② 안녕하세요. 김지민입니다. 과장님의 영전을 진심으로 축하드리며 높으신 뜻 새로이 펼치시기를 기원합니다.

③ 안녕하세요. 박과장님 하시는 일 모두 잘 이루어지기를 바랍니다. 축 승진.

④ 안녕하세요. 김지민입니다. 전보를 진심으로 축하드리며 지난 시간 동안의 많은 도움 감사드립니다.

Memo

29 증권사에 근무하는 김지민 씨가 다음 상황에서 동료에게 할 위로의 말로 가장 적절한 것은?

동 료 나 이번 성과급에서 B 받았어. 내 실적만 나쁜 게 아니고 증시 상황이 전반적으로 어려운 상황인데 왜 나만 이런 성과급을 받아야 하는지 모르겠어.

김지민 ______________________

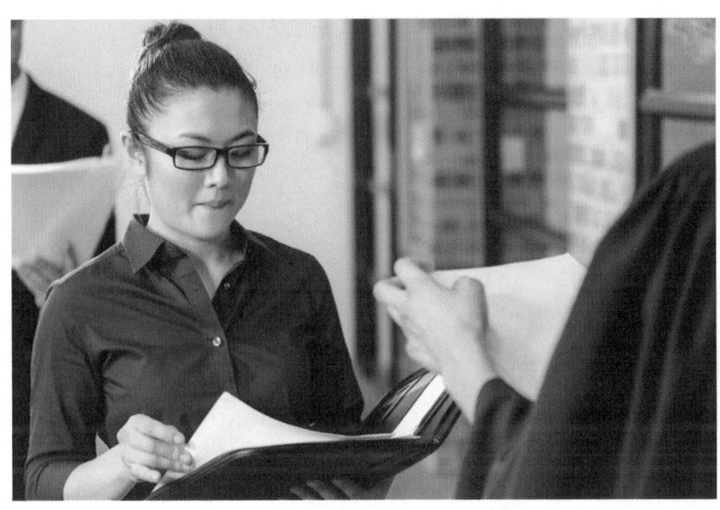

① 나는 S 받았는데 너는 정말 속상하겠다.

② 너무 속상해 하지 마. 너를 아끼는 사람들이 있다는 걸 기억해.

③ B를 받을 만하니까 받은 거겠지. 더 열심히 뛰면 되지 않을까?

④ 나름대로 열심히 한다고 했는데 B 받아서 속상하겠다.

Memo

30 K전자 마케팅팀에 근무하는 김지민 씨가 연구개발팀에서 만든 시제품을 받고자 한다. 다음 상황에서 김지민 씨가 연구개발팀원에게 해야 할 말로 가장 적절한 것은?

김지민 안녕하세요, 마케팅팀 김지민입니다. 양산 제품이 나오기 전에 마케팅 컨셉을 잡기 위해 현재 나와 있는 시제품을 보고 싶은데요.

박연구 연구용으로 만든 거라 몇 개 되지도 않는데, 시제품이 외부로 나가면 돌아오지 않는 경우가 많아 밖으로 반출시킬 수는 없고 연구실로 오셔서 사진 찍고 설명 들으시면 됩니다.

① 시제품을 주시면 저희가 잘 관리한 후 다음 주 금요일까지 꼭 다시 가져다 드리겠습니다.

② 시제품이 없으면 마케팅 컨셉 잡기가 어렵습니다. 물건 안 팔고 싶습니까?

③ 우리 팀장님이 지시한 일입니다. 안 주시면 제가 곤란해집니다.

④ 저희 마케팅팀 8명이 연구실에 다 같이 찾아가면 연구실도 곤란할 텐데요.

Memo

31 고객센터에 근무하는 김지민 씨는 고객과의 전화업무에 지쳐 새로운 업무를 해 보려고 다른 지점으로 이동하였다. 새롭게 만난 팀장에게 김지민 씨가 할 말로 가장 적절한 것은?

> **팀 장** 우리 지점에 온 것을 환영해요. 지민 씨는 작년에 고객만족팀에서 좋은 평가를 받았던데, 우리 지점에서도 잘할 수 있겠죠? 여기도 고객만족팀이 고생이 많아요.
>
> **김지민** ______________________
>
> 

① 잘할 수 있습니다.

② 무슨 일이든 맡겨 주시면 최선을 다해 처리하겠습니다.

③ 죄송하지만 고객만족 CS팀보다는 새로운 팀에서 다른 업무를 맡아 보고 싶습니다.

④ 죄송하지만 안 하겠습니다.

Memo

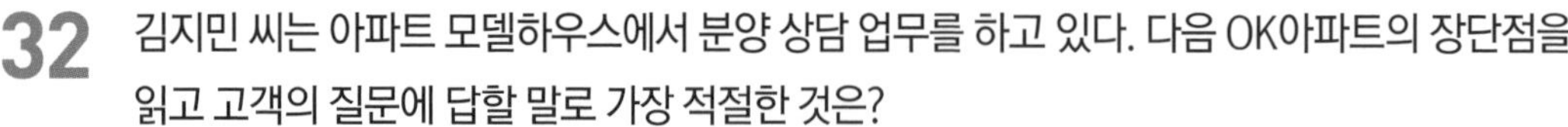

32 김지민 씨는 아파트 모델하우스에서 분양 상담 업무를 하고 있다. 다음 OK아파트의 장단점을 읽고 고객의 질문에 답할 말로 가장 적절한 것은?

> **OK아파트의 장단점**
>
> ★ 지하철역이 도보 15분 거리지만 마을 버스가 지하철역까지 다님.
>
> ★ 아파트 옆쪽에 외곽 순환도로가 있어서 먼지가 많고 시끄러움.
>
> ★ 아파트 바로 앞에 하천이 있어 경관이 빼어남. 단, 벌레가 많고 홍수 피해가 날 수 있음.
>
> **고객** 아파트 바로 옆에 고속도로가 있던데 먼지도 많이 날리고 밤에도 화물차가 계속 다녀서 시끄럽지 않겠어요?

① 먼지 전혀 안 나고요, 시끄럽지 않습니다.

② 먼지 나고 시끄러운 게 싫으면 다른 데 가셔야죠.

③ 먼지 나고 시끄러울 수 있지만 대신 어디를 가시든 교통이 매우 편리합니다.

④ 대신 하천이 있어서 자녀분들 정서에 도움이 됩니다.

Memo

33 다음은 김지민 씨가 조사한 자료이다. 자료에서 김지민 씨가 파악한 것으로 적절하지 않은 것은?

베트남 신발 생산 및 수출 현황

□ 2012~2016년, 15%가 넘는 연간 수출 성장률

- 베트남은 중국, 인도, 브라질에 이어 4대 신발 생산국이며 신발 생산량의 90%는 해외로 수출됨.
- 2016년 신발 수출액은 130억 달러를 기록하였으며 EU와 미국이 베트남의 최대 수출국임.
  - 2012년-2016년 연평균 성장률은 15.7%를 기록하였고, 내수시장 성장률도 2015년에 약 15%를 기록할 정도로 빠르게 성장 중임.
  - 2016년 미국 수출 비중은 전체의 34.5%, EU 수출 비중은 전체의 32.5%를 차지하는 등 미국과 EU가 주력시장임.
  - 미국과 EU에 이어 중국, 일본, 한국이 그 뒤를 이음.

2012-2016년 베트남 신발 수출액 (십억 달러)

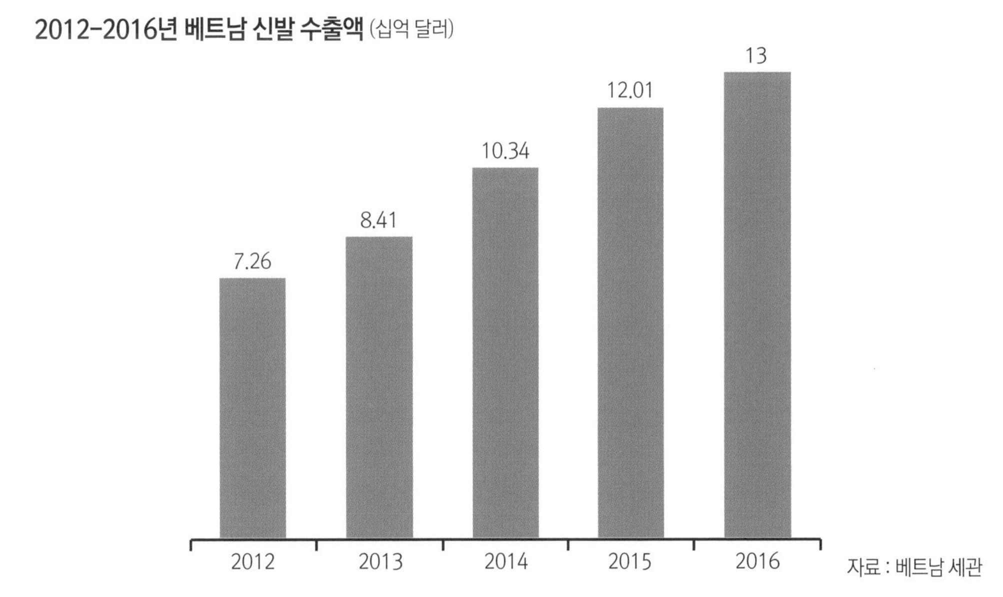

자료 : 베트남 세관

① 베트남 신발 수출은 2012년부터 매년 15% 가량 성장하고 있다.

② 한국의 신발 수출이 베트남으로 인해 감소하고 있다.

③ 베트남에서 생산한 신발을 한국에서 수입하고 있다.

④ 베트남에서 생산한 신발은 상당 부분 미국과 EU에서 수입하고 있다.

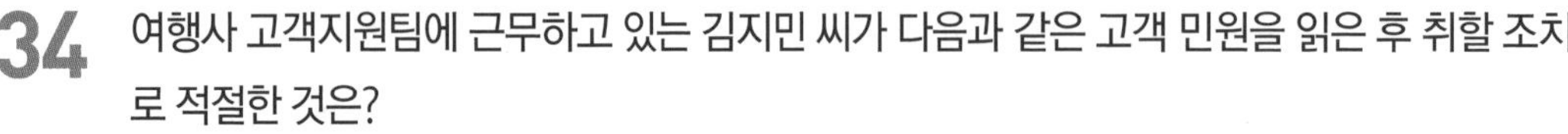

Memo

34 여행사 고객지원팀에 근무하고 있는 김지민 씨가 다음과 같은 고객 민원을 읽은 후 취할 조치로 적절한 것은?

카메라 렌즈 파손 문의

귀사의 가이드가 제 카메라로 저희 가족을 찍어 주다가 카메라를 바위에 떨어뜨려 렌즈가 파손되었습니다. 얼마 안 되는 가격이라면 사과 받고 끝낼 수도 있겠지만 렌즈 하나의 가격이 몇 십 만원이라 배상 받고 싶습니다. 현재 가이드는 죄송하다고만 말하고 배상 문제는 회사로 문의하라고 합니다. 귀사의 브랜드를 보고 선택한 여행이니만큼 이 문제를 잘 처리해 주시기 바랍니다.

① 고객에게 카메라 렌즈 비용의 2배를 배상한다.

② 여행사는 배상 의무가 없으니 법대로 하라고 한다.

③ 보험사에 관련 내용을 전달하고 문의한다.

④ 문제를 일으킨 가이드에게 책임을 지운다.

Memo

35 다음은 고용노동부 민원마당의 질의응답 게시판과 편의점에서 근무하는 김지민 씨가 작성한 근로계약서의 내용이다. 계약서의 내용을 가장 바르게 이해한 것은?

1. 질의 수습기간이 퇴직금 산정을 위한 계속근로 기간에 포함되는지 여부

답변 수습기간이란 정식 채용 후에 근로자의 작업능력 양성 · 교육 및 직무 오리엔테이션을 목적으로 설정되는 기간을 말하는 바 사규 등 취업규칙에서 규정한 것처럼 신규 채용된 자에 대하여 3개월의 수습기간을 거치는 경우라면 동 수습기간은 당해 근로자의 계속근로 기간에 포함되어야 함.

2. 질의 임시직 근로자로 2년 이상 근무하였는데 퇴직금을 지급 받을 수 있는지요?

답변 퇴직금 제도는 4대 보험 가입 여부, 근로계약서 체결 여부와 관련 없이 임시직이라 하더라도 4주간 평균하여 1주간 소정 근로시간이 15시간 이상이고, 계속근로 기간이 1년 이상이면 30일분 이상의 평균임금을 퇴직금으로 지급 받을 수 있음.

3. 질의 최저임금 적용 범위는 어떻게 되나요?

답변 최저임금액은 1명 이상 근로자를 사용하는 모든 사업 또는 사업장에 사업의 종류를 구분하지 아니하고 적용되나, 근로자의 근무형태 등에 따라 적용함. 다만, 다음의 경우에는 차등 적용됨.

- 수습사용 중에 있는 자로서 수습사용한 날부터 3개월 이내인 자 → 시간급 최저 임금액의 90%(단, 근로계약 기간이 1년 미만인 수습사용 근로자는 최저임금액 100% 적용)

표준근로계약서(기간의 정함이 있는 경우)

ABC편의점(이하 "사업주"라 함)과 김지민(이하 "근로자"라 함)은 다음과 같이 근로계약을 체결한다.

1. **근로계약 기간** : 2018년 1월 1일부터 2018년 12월 30일까지
2. **근무장소** : ABC편의점
3. **업무 내용** : 계산 및 청소
4. **소정 근로시간** : 오전 9시부터 12시까지
5. **근무일** : 주 5일 근무
6. **임금** : 시급 7,530원 (수습 1개월)

① 계약기간이 1년이니 계약이 끝난 후 퇴직금을 받을 수 있다.

② 최저임금이 적용되는 사업장이 아니다.

③ 수습기간이 1개월이니 첫 달은 시급 7,530원의 90%만 받는다.

④ 수습기간이라도 첫 달 시급 7,530원을 다 받을 수 있다.

국어 영어 수리

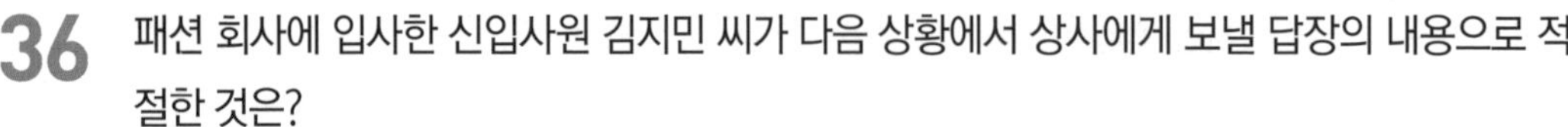

Memo

36 패션 회사에 입사한 신입사원 김지민 씨가 다음 상황에서 상사에게 보낼 답장의 내용으로 적절한 것은?

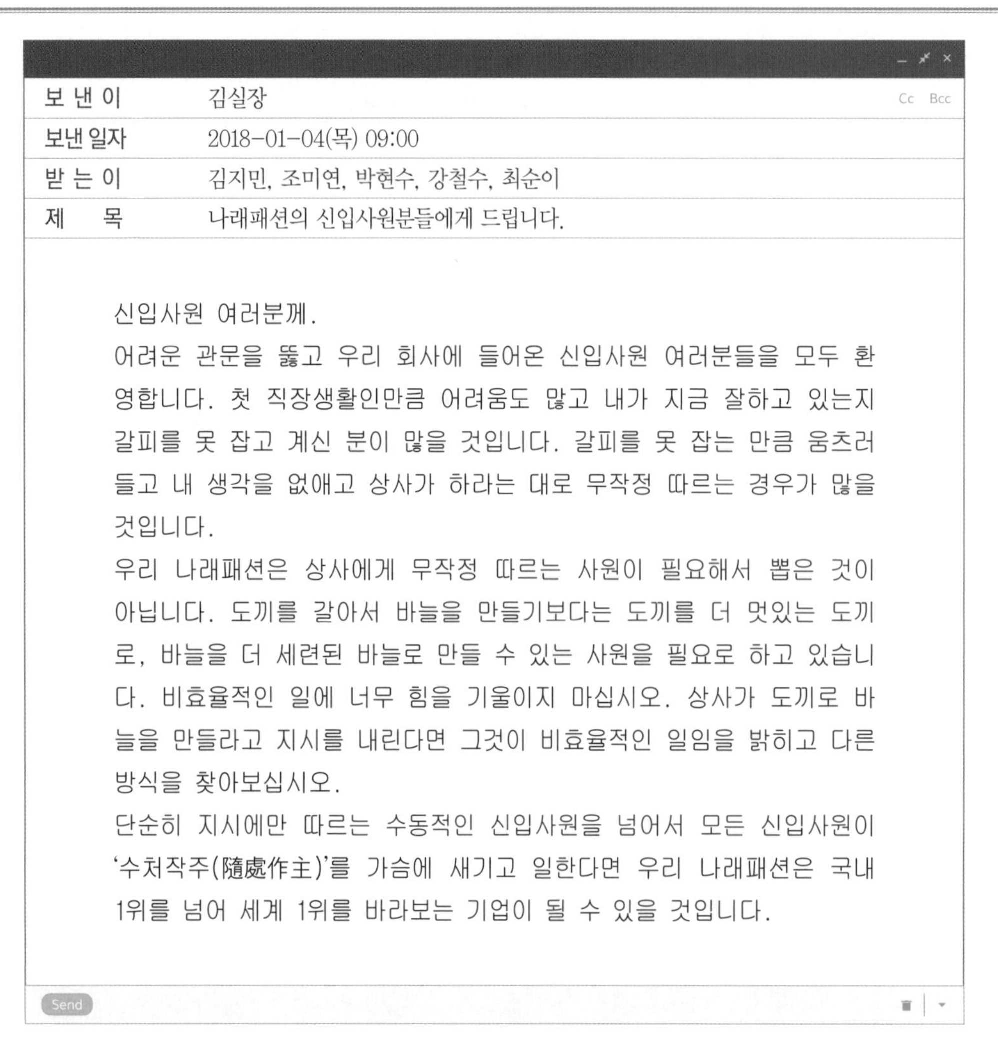

보 낸 이	김실장
보낸 일자	2018-01-04(목) 09:00
받 는 이	김지민, 조미연, 박현수, 강철수, 최순이
제 목	나래패션의 신입사원분들에게 드립니다.

신입사원 여러분께.
어려운 관문을 뚫고 우리 회사에 들어온 신입사원 여러분들을 모두 환영합니다. 첫 직장생활인만큼 어려움도 많고 내가 지금 잘하고 있는지 갈피를 못 잡고 계신 분이 많을 것입니다. 갈피를 못 잡는 만큼 움츠러들고 내 생각을 없애고 상사가 하라는 대로 무작정 따르는 경우가 많을 것입니다.
우리 나래패션은 상사에게 무작정 따르는 사원이 필요해서 뽑은 것이 아닙니다. 도끼를 갈아서 바늘을 만들기보다는 도끼를 더 멋있는 도끼로, 바늘을 더 세련된 바늘로 만들 수 있는 사원을 필요로 하고 있습니다. 비효율적인 일에 너무 힘을 기울이지 마십시오. 상사가 도끼로 바늘을 만들라고 지시를 내린다면 그것이 비효율적인 일임을 밝히고 다른 방식을 찾아보십시오.
단순히 지시에만 따르는 수동적인 신입사원을 넘어서 모든 신입사원이 '수처작주(隨處作主)'를 가슴에 새기고 일한다면 우리 나래패션은 국내 1위를 넘어 세계 1위를 바라보는 기업이 될 수 있을 것입니다.

Send

① 실장님의 말씀처럼 도끼를 가는 자세보다는, 제가 이 회사의 주인인 것처럼 생각하고 행동하겠습니다.

② 실장님의 말씀처럼 도끼를 가는 자세보다는, 매사에 열심히 하는 사원이 되겠습니다.

③ 실장님의 말씀처럼 능동적인 자세보다는, 제가 이 회사의 주인인 것처럼 생각하고 행동하겠습니다.

④ 실장님의 말씀처럼 능동적인 자세보다는, 매사에 신중한 사원이 되겠습니다.

Memo

37 다음은 김지민 씨가 고객과 나눈 카카오톡 대화이다. 다음 중 맞춤법이 올바르지 않은 것은?

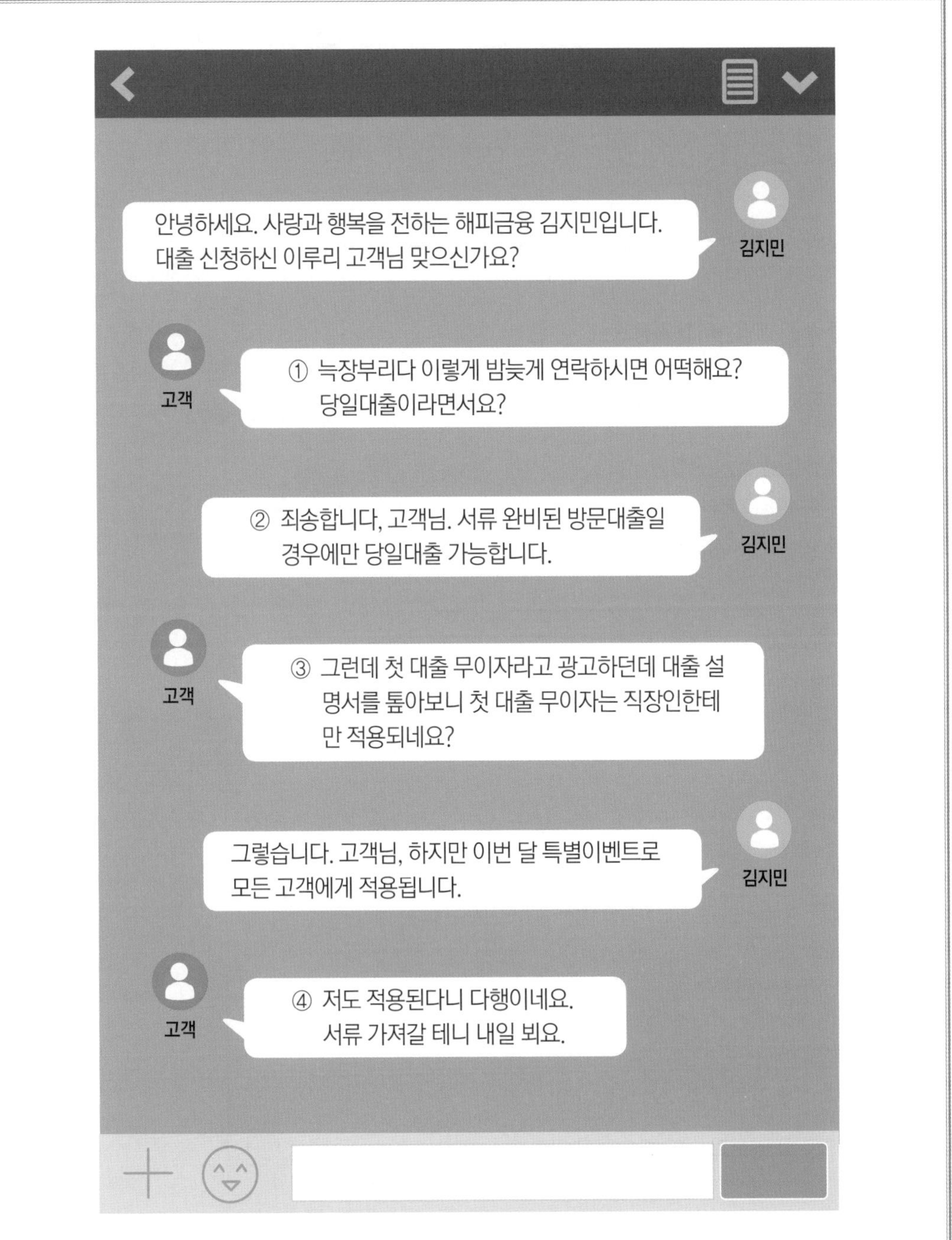

안녕하세요. 사랑과 행복을 전하는 해피금융 김지민입니다. 대출 신청하신 이루리 고객님 맞으신가요?
김지민
① 늑장부리다 이렇게 밤늦게 연락하시면 어떡해요? 당일대출이라면서요?
고객
② 죄송합니다, 고객님. 서류 완비된 방문대출일 경우에만 당일대출 가능합니다.
김지민
③ 그런데 첫 대출 무이자라고 광고하던데 대출 설명서를 톺아보니 첫 대출 무이자는 직장인한테만 적용되네요?
고객
그렇습니다. 고객님, 하지만 이번 달 특별이벤트로 모든 고객에게 적용됩니다.
김지민
④ 저도 적용된다니 다행이네요. 서류 가져갈 테니 내일 봬요.
고객

Memo

38 다음은 유치원 교사 김지민 씨가 받은 공문 내용이다. 이를 토대로 김지민 씨가 작성할 가정 통신문 내용 중 적절하지 않은 것은?

> **수족구병 예방 안내문**
>
> 1. 최근 수족구병 발생이 지속적으로 증가하고 있어, 영유아들이 많이 이용하는 어린이집에서의 예방 관리가 중요해지고 있습니다.
> 2. 각 유치원에서는 손 씻기를 포함한 개인위생 수칙 준수 등 유의사항을 숙지하시어, 수족구병 예방 관리에 적극 협조하여 주시길 바랍니다.
>
> * 수족구병은 백신이 없어 개인위생 수칙 준수 등 예방관리가 가장 중요
>
> **◂ 수족구병 예방수칙 ▸**
>
> ◇ 외출 후, 배변 후, 식사 전후, 기저귀 교체 전후 손 씻기 생활화
>
> * 특히 산모, 소아과나 신생아실 및 산후 조리원, 유치원 종사자
>
> ◇ 아이들의 장난감, 놀이기구, 집기 등을 청결히(소독) 하기

> 수족구병 예방 가정통신문
>
> 존경하는 아름유치원 학부모님께,
>
> ______________________

① 최근 수족구병 발생이 지속적으로 증가하고 있습니다.

② 저희 유치원에서는 등원 즉시 손 소독을 실시하고 있습니다.

③ 학부모님께서도 댁에서 손 소독과 백신 접종에 협조하여 주시기 바랍니다.

④ 저희 유치원 직원들도 수족구가 발병하지 않도록 위생과 소독에 최선을 다하겠습니다.

Memo

39 아파트 관리실 직원으로 근무하는 김지민 씨가 다음과 같은 관리소장의 지시를 받았다. 김지민 씨가 각 항목에 붙여야 할 안건 제목을 보기에서 끌어다 놓으시오.

관리소장 김지민 씨, 지난 입주자 대표회의 결과를 공고문으로 정리해 주세요. 공고문은 안건별로 핵심 결정 사항만 한두 줄로 요약하면 됩니다.

김지민 네, 알겠습니다. 주요 결의 내용은 회의 중에 정리해 두었고 안건명만 추가하면 됩니다.

아파트 입주자 대표회의 결과 공고

제목 : 2018년 2월 입주자 대표회의 결과 **게시일** : 2018. 3. 4

1. **회의일시** : 2018. 2. 24(금) 19:00~21:30
2. **회의장소** : 관리사무소 옆 부인경로당
3. **참석인원** : 재적 10명 참석 7명, 불참 3명, 관리소장, 방청 2명
4. **안건 및 의결사항**

가. 2018년 1월 감사보고

나. ① – 현재 계약하고 있는 농협조례지점과 화재보험업체 견적서 받기로 함.

다. ② – 주택관리사협회 전남도회 홈페이지에 입찰공고하기로 함.

라. ③ – 102동, 108동, 207동 양쪽 배수로, 207동 503호 옥상기와 방수공사 주택관리사협회 전남도회 홈페이지에 입찰공고하여 공사 진행하기로 함.

마. ④ – 2018.3.16 만기 하나은행 40,000,000원 1년 정기예금 재예치하기로 함. (이자율 3.95%) 퇴직급여 보통예금계좌는 현행과 같이 별도 관리하기로 함.

보기

가. 통장만기 갱신 및 통합

나. 주택화재보험 계약만료에 따른 갱신 여부

다. 방역소독, 저수조청소, 계단청소 용역 계약 만료에 따른 갱신 여부

라. 누수세대 옥상통로, 배수로 방수공사 입찰공고 및 공사 진행 여부

① ______________ ② ______________

③ ______________ ④ ______________

Memo

[40~41] 다음은 온라인 기업 라인뱅크의 회의 내용이다. 이어지는 물음에 답하시오.

김부장	이제 한 달 후에 우리 라인뱅크가 출범할 텐데 무엇을 준비해야 할지 논의해 봅시다.
이과장	고객들에게 우리 회사의 앱을 깔게 만드는 것이 관건입니다. 수익성은 나중 문제고 시장을 선점하고 표준이 되는 것이 가장 중요하다고 생각합니다.
박계장	결국 어떻게 설치하게 만드느냐가 문제 아닐까요? 일반적인 앱은 유료이거나 무료인데 우리는 무료를 넘어서 앱을 설치하는 고객에게 돈을 주면 어떨까요?
김지민	그럼 고객 한 명 당 얼마 정도 제공하면 될까요?
박계장	100원은 너무 적고 1,000원은 줘야 될 것 같습니다.
김지민	혹시 앱을 설치해 1,000원만 받고 더 이상 이용하지 않는 체리피커들이 몰려오진 않을까요?
박계장	어차피 1,000원을 옮기기 위해선 우리 앱을 사용해야 하니 그런 목적으로 설치하는 고객들이라도 일부는 잡을 수 있을 것 같습니다.
이과장	앱을 설치하기만 해도 1,000원이라는 건 나쁘진 않지만 좀 옹졸해 보이지 않을까요? 이것 때문에 관심 없는 사람이 앱을 설치하는 비율은 높지 않을 것 같은데요.
김부장	돈보다 긍정적으로 보이면서 대부분의 사람들이 좋아하는 경품은 없을까요?
박계장	다들 받고 싶어 하는 거라면 여행상품권이 좋을 것 같습니다.
이과장	여행이 눈에 띄긴 하지만 너무 돈이 많이 드는 상품인데요. 배보다 배꼽이 클 수 있어요. 내야 하는 제세공과금도 상당할 테고. 경품 금액의 22%잖아요.
김지민	우리 회사의 캐릭터 인형은 어떨까요? 특히 젊은 층에서 좋아하지 않나요?
김부장	1, 2, 3등은 여행상품권, 나머지 아차상 백 명은 인형으로 주면 되겠네요.
김지민	______________________________

40 회의에서 김지민 씨가 이어서 할 말로 적절하지 <u>않은</u> 것은?

① 경품의 제세공과금은 누가 부담하나요?

② 라인뱅크의 장점은 무엇인가요?

③ 1, 2, 3등의 차이는 어떻게 나누실 건가요?

④ 인형 배송은 실물 배송과 온라인 상품권 중 무엇이 좋을까요?

Memo

41 다음과 같은 회의 결론이 나왔다면 김지민 씨가 작성할 안내문구로 가장 적절한 것은?

> 제세공과금은 당첨된 본인이 부담하게 하는 것으로 하고, 여행상품권은 제세공과금을 납부한 당첨자에게만 제공함.
> 제세공과금에 대한 내용을 고객에게 확실하게 고지해야 추후 분쟁이 없음.
> 인형은 5만원 이하의 상품이기에 당첨자가 제세공과금을 낼 필요 없음.

① 1, 2, 3등 당첨자의 제세공과금을 아래 계좌로 입금해 주시면 입금 3일 이내에 상품을 보내 드립니다. 제세공과금은 경품의 22%이며 정확한 금액은 당첨자의 휴대폰으로 각자 발송해 드립니다. 납부를 원하지 않는 고객에게는 인형을 보내 드립니다.

② 1, 2, 3등 당첨자의 제세공과금을 아래 계좌로 입금해 주시면 입금 3일 이내에 상품을 보내 드립니다. 제세공과금은 경품의 22%이며 정확한 금액은 당첨자의 휴대폰으로 각자 발송해 드립니다.

③ 1, 2, 3등 당첨자의 제세공과금을 아래 계좌로 입금해 주시면 입금 3일 이내에 상품을 보내 드립니다.

④ 1, 2, 3등 당첨자는 제세공과금이 필요 없습니다.

국어
영어
수리

Memo

42 다음은 건설사에서 근무하는 김지민 씨가 친구와 직장생활의 고충을 이야기한 내용이다. 앞으로 김지민 씨가 쓰게 될 어법으로 적절한 것은?

지민　오랜만이야. 상담센터에 들어갔다는 이야기는 들었어.
친구　응, 너도 건설사에 들어갔다는 이야기 들었어. 직장생활은 할 만하니?
지민　그만둬야 할 것 같아. 직장 선배랑 매일 싸운다.
친구　어쩌다 싸우는데?
지민　내가 생각하기엔 선배가 잘못한 것 같아서 그 잘못을 말해 주는데 그걸 화내고 싸우는 거지.
친구　네 선배도 화낼 만하겠네. 선배는 지시하는 대로 하는 신입사원을 좋아할 텐데.
지민　그럼 발전이 없잖아. 그리고 선배가 틀리게 하는 게 많더라.
친구　실제로 선배가 틀리게 할 수도 있지만 그걸 지적하는 방법이 잘못된 게 아닐까?
지민　그럼 지적을 어떻게 해야 하는데?
친구　'나 전달법'이라고 들어봤어? 상대방의 행동을 수정하고 싶을 때 문장의 주어를 상대방으로 시작하는 게 아니라 '나'를 주어로 문장을 서술하는 방법이야.
〈나 전달법(I-message)의 3요소〉
1. 받아들일 수 없는 행동에 대한 비난이나 비평 없는 서술
2. 그 행동이 나에게 미치는 구체적인 영향
3. 구체적인 영향에 대한 자신의 감정, 느낌

지민　정말 그렇게 말하면 싸우지 않을 수 있을까? 그렇다면 앞으론 이렇게 말해야겠네.

① 선배님, 저희 프레젠테이션 하는 날이 내일인데 발표 준비 안 해도 될까요?
② 선배님은 발표도 많이 해보셨고 파워포인트 전문가이시니 잘 준비하실 것 같습니다.
③ 그래도 저는 준비를 하나도 안 해놔서 발표할 때 실수할까 봐 걱정됩니다.
④ 선배님이 어떻게 발표해야 할지 지시해 주시면 제가 준비해 놓겠습니다.

43 회사에서 경리로 근무하고 있는 김지민 씨에게 9월 2일에 입사한 직원이 국민신문고에 문의한 내용을 보여 주었다. 이 내용대로 김지민 씨가 처리해야 할 행동으로 적절한 것은?

직장 입사 후 이중 청구되는 건강보험료 2017.10.29 10:29:43

question

직장을 이직하여 9월 2일 입사했습니다.

1일 시점을 기준으로 지역의료보험료가 청구되었고 직장에서는 10일자 급여에서 건강보험료가 또 이중으로 청구된다고 하는데 전 도저히 이 부분을 받아들일 수 없으니 지역의료보험료를 1일분의 일할로 계산된 금액으로 청구할 수 있게 부탁드립니다.

answer

1. 귀하의 가정에 건강과 행복이 가득하시기를 기원하며, 국민신문고 민원에 대하여 답변 드리겠습니다.
2. 귀하의 민원 내용은 8월 말 직장에서 퇴사하여 9월 2일 새로운 사업장의 직장가입자가 되었고, 9월 분 보수에서 건강보험료가 공제되었으나 지역가입자 보험료가 추가로 부과되었다는 취지로 이해됩니다.
3. 국민건강보험법은 가입자의 자격을 취득한 날이 속하는 달의 다음 달부터 가입자 자격을 잃은 날의 전날이 속하는 달까지 보험료를 징수하되, 다만 매월 1일에 가입자 자격을 취득한 경우에는 그 달부터 징수하도록 규정하고 있습니다. (국민건강보험법 제69조)
4. 다만, 귀하께서 9월 1일부터 해당 사업장의 근로자로 실제 재직하게 된 경우라면, 직장가입자 자격 변동일을 9월 2일로 신고했다고 하더라도 사업장에서는 귀하의 자격변동일을 9월 1일로 변경하여 신고할 수 있으며, 이 경우 부과된 9월분의 지역보험료는 취소되고 사업장으로 직장가입자 보험료가 청구됨을 알려드립니다. 사업장에서 변경신고를 하지 않아 귀하의 직장가입자 변동일이 9월 2일로 유지되는 경우, 9월분 보험료는 직장이 아닌 지역보험료로 부과되므로 보수에서 공제한 9월분 건강보험료가 있다면 사업장에서 환급받으시기 바랍니다.

① 안타깝지만 해 줄 수 있는 것이 없기에 아무 행동도 하지 않는다.

② 일할 계산으로 1일치를 제외한 나머지 지역의료보험료를 환급해 준다.

③ 9월분 직장가입자 의료보험료를 환급해 준다.

④ 9월 직장가입자 보험료를 냈으므로 9월분 지역의료보험료를 환급해 준다.

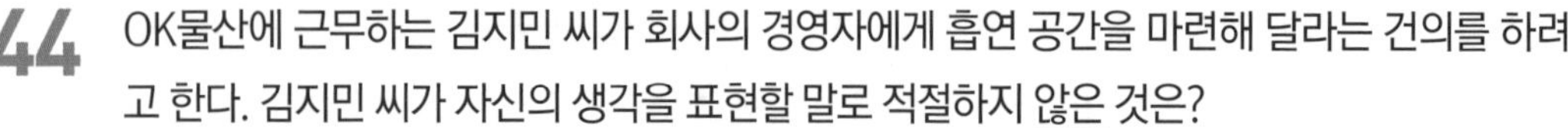

Memo

44 OK물산에 근무하는 김지민 씨가 회사의 경영자에게 흡연 공간을 마련해 달라는 건의를 하려고 한다. 김지민 씨가 자신의 생각을 표현할 말로 적절하지 <u>않은</u> 것은?

① 건의 주제를 말씀 드려야지.

→ 사장님 저희 빌딩 안에는 흡연할 수 있는 공간이 없습니다.

② 문제점을 말씀 드리자.

→ 담배를 피우기 위해서는 일하다 말고 1층으로 내려가 빌딩 바깥에서 피워야 합니다.

③ 해결 방안을 말씀 드려야지.

→ 이 기회에 담배를 끊도록 하겠습니다.

④ 해결책의 기대 효과를 말씀 드려야지.

→ 담배 피우는 데 걸리는 시간을 아껴 더 많은 업무를 할 수 있습니다.

Memo

45 심리상담 센터에 근무하는 데스크 직원 김지민 씨는 다음과 같은 전화를 받았다. 김지민 씨가 고객에게 추천하기에 적합한 심리검사는?

> **김지민** 네, 마음 편한 심리상담 센터 김지민입니다. 무엇을 도와드릴까요?
>
> **최고객** 거기 심리상담 센터죠? 제가 묻고 싶은 게 있는데요.
>
> **김지민** 네, 무엇이든 물어보세요.
>
> **최고객** 우리 아들이 원래 엄마 말도 잘 듣고 참 착한데요. 그런데 내년에 고3 올라가는 시기여서 그런지, 공부를 열심히 안 해서 그런지, 자꾸 자기 머리가 나쁘다고 공부하기 싫다고 하네요. 그래서 자기 머리가 좋은지 안 좋은지를 알고 싶다고 하는데 여기서 그런 검사도 가능한가요?
>
> **김지민** 네, 가능합니다.
>
> **최고객** 그리고 아들이 자꾸만 내 성격이 이상하다고 나보고도 성격검사를 한 번 받아 보라고 하던데. 나도 받아볼 수 있을까요?
>
> **김지민** 네, 추천 드리는 검사가 있습니다.

〈심리검사〉	〈검사내용〉	〈대상 연령〉
① K-WISC-IV 한국판 웩슬러 아동용 지능검사	지능검사	6세~16세
② K-WAIS-IV 한국판 웩슬러 성인용 지능검사	지능검사	16세~69세
③ MMPI 2 성인용 다면적 인성검사	성격검사	19세 이상 성인
④ MMPI-A 청소년용 다면적 인성검사	성격검사	13세~18세

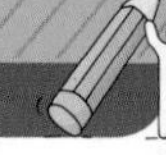
Memo

[46~47] 다음은 경청에 관한 내용이다. 보기를 읽고 질문에 답하시오.

> 보기
>
> **경청** - 남의 말을 귀 기울여 주의 깊게 들음.
>
> **경청의 방해 요인**
>
> 짐작하기, 대답할 말 준비하기, 걸러내기, 판단하기, 다른 생각하기, 조언하기, 언쟁하기, 자존심 세우기, 슬쩍 넘어가기, 비위 맞추기
>
> **경청 훈련 방법**
>
> 주의 기울이기, 상대방의 경험을 인정하고 더 많은 정보 요청하기, 정확성을 위해 요약하기, 개방적인 질문하기, '왜?'라는 질문 피하기

46 다음 설명에 해당하는 경청의 방해 요인을 찾아 적으시오.

> 상대방의 말을 듣기는 하지만 상대방의 메시지를 온전하게 듣는 것이 아닌 경우이다. 상대방이 분노나 슬픔, 불안에 대해 말하는 것을 들어도 그러한 감정을 인정하고 싶지 않다거나 회피하고 싶다거나 무시하고 싶을 때 자기도 모르는 사이에 상대방이 아무 문제도 없다고 생각해 버린다. 즉 듣고 싶은 것만 걸러 듣는 것을 말한다.

➡ ______________________

Memo

47 다음 중 올바른 경청에서 나온 것으로 적절하지 않은 것은?

> 남자친구가 나보고 지금 다니는 회사는 비전이 없으니까 그만두고 자신이 앞으로 차릴 커피 가게에서 같이 일하자고 해. 나로선 힘들게 들어간 회사고 하는 일도 재미있는데 어떻게 해야 될지 모르겠어.

① 놀란 표정으로 상대방을 바라본다.

② 지금 들어간 회사 좋은 회사 아니니, 월급도 많이 주지 않아?

③ 남자친구가 너한테 회사 그만두고 자기가 차릴 커피 가게에서 같이 일하자고 했다고?

④ 말도 안 돼. 그래서 남자친구가 하라는 대로 할 거야?

Memo

48 다음 중 올바른 맞춤법을 사용한 사람은?

김부장	이과장, 자네 점심으로 자장면을 먹었다면서? 어떻해 날 두고 그럴 수 있나?
이과장	부장님, 올바른 맞춤법 사용하시길 바라요. 더 이상 제 일에 간여하지 마시고요.
박대리	과장님, 그래도 회사일인데 부장님이 관여하시는 게 맞지 않나요? 이 참에 마음대로 말씀하시는군요?
김지민	좋은 회사인줄 알고 들어왔는데 다들 너무하시네요. 따뜻한 회사가 되기를 바래요.

① 김부장

② 이과장

③ 박대리

④ 김지민

49 금융 회사에 근무하는 김지민 씨는 은행 간 거래의 입출금 내역이 맞지 않아 거래 은행에 전화를 걸었다. 다음 중 올바른 전화예절로 적절한 것은?

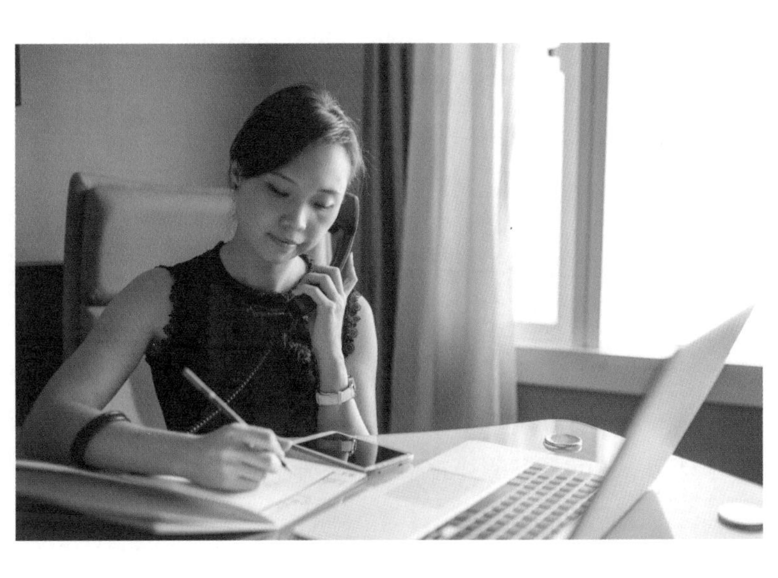

① 전화를 걸기 전에 내가 할 말을 키워드로 적어 둔다.

② "안녕하세요, ○○은행이죠? 입출금 내역이 안 맞아서 전화 드렸습니다."

③ "거기 입출금 처리하는 데 아니에요? 그럼 어디다 해야 돼요?"

④ "입출금 처리하는 데 맞죠? 그쪽 은행이랑 저희랑 뭐가 잘 안 맞는데요."

Memo

50 다음은 중소기업진흥공단에서 진행하는 청년창업사관학교에 대한 안내문이다. 해당 사업에 선정될 수 있는 창업지원자는?

청년창업사관학교 사업 개요

우수 창업아이템을 보유한 청년(예비) 창업자를 발굴하여, 창업계획 수립부터 사업화까지 창업의 모든 단계를 일괄 지원하여 젊고 혁신적인 '청년CEO'로 양성합니다.

〈선정요건〉

신청・접수일 기준 만 39세 이하인 자로서,

① 예비창업자 또는 예비창업팀

예비창업자는 신청일 현재 법인기업의 대표가 아니어야 하며, 업종에 관계없이 본인 명의로 사업자등록을 하지 않은 자를 말함.

예비창업팀은 예비창업자 2~4인으로 구성 가능하며, 1인을 대표자로 신청해야 함. (신청 후 변경 불가)

② 창업 후 3년(신청・접수일 기준) 이하 기업의 대표자

「중소기업기본법」 제2조 제1항에 따른 중소기업의 대표자에 한함.

창업일은 개인사업자의 경우 사업개시일, 법인기업의 경우 법인 등기부등본 상 회사성립 연월일을 기준으로 함.

③ 단, 기술경력 보유자는 신청・접수일 기준 만 49세 이하인 자로서 ① 또는 ②의 기준을 충족하는 대표자로 함.

〈기술경력 보유자 기준〉

신청과제와 관련된 기술분야 경력 보유자로서 아래 요건을 충족하는 자

① 고등학교 졸업자로서 10년 이상 해당 분야 경력 소지자

② 전문대학 졸업자로서 7년 이상 해당 분야 경력 소지자

③ 학사학위 소지자로서 5년 이상 해당 분야 경력 소지자

④ 석사학위 소지자로서 3년 이상 해당 분야 경력 소지자

⑤ 기타 이와 동등한 경력이 있다고 인정되는 자(박사, 기술사, 기능장 등)

① 19세 고등학교 졸업자로 창업 후 2년 된 법인기업의 대표

② 29세 전문대학 졸업자 예비창업자 2명으로, 신청 시 대표자는 없음.

③ 39세 학사학위 소지 예비창업자 5명으로, 5년 이상 해당 분야 경력 소지자

④ 49세 기술경력 보유 석사학위 소지자로서 창업 후 5년 된 법인기업의 대표

특성화 · 마이스터 고등학교 직업기초능력평가 대비

모의고사 2회

의사소통 영어 영역

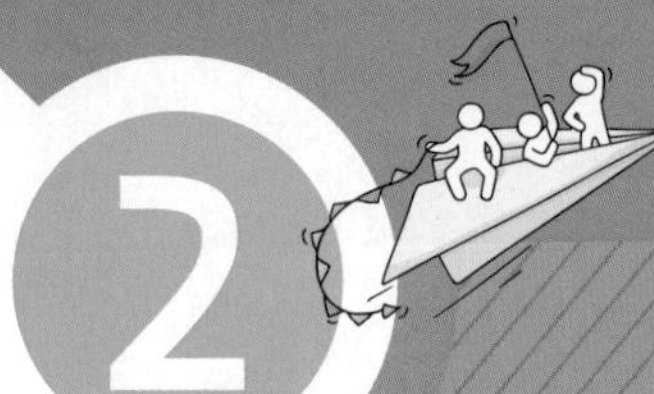

모의고사 영어 영역

Memo

01 다음은 상점 점원으로 근무하는 김지은 씨와 남자 손님과의 대화 내용이다. 대화 후 남자가 구입할 물건은?

①

②

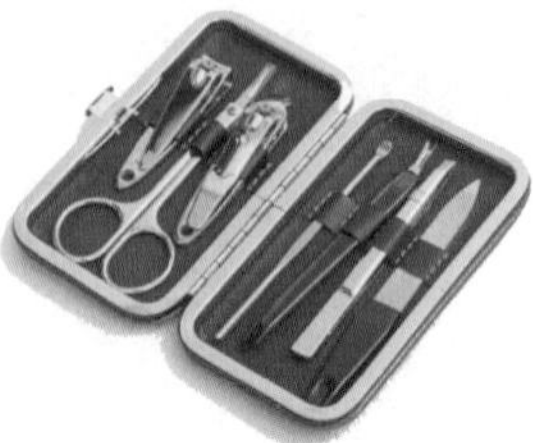

③

④

Memo

02 다음은 피부관리샵에서 근무하는 지은씨와 한 손님의 대화이다. 손님이 받고자 하는 서비스는 무엇인가?

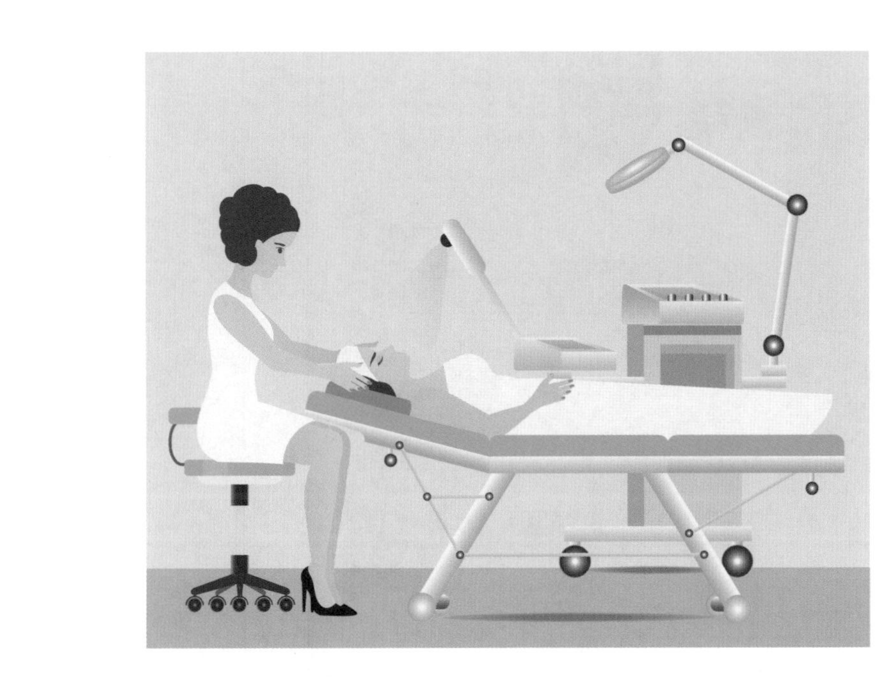

① 스트레스 해소를 위한 목 마사지

② 각질 제거를 위한 전신 마사지

③ 짙은 화장으로 인한 거친 피부 관리

④ 장시간 햇빛 노출로 인한 피부 미백

Memo

03 다음은 헤어살롱에서 근무하는 김지은 씨와 손님의 통화 내용이다. 김지은 씨가 손님에게 안내해 주는 헤어살롱 건물로 알맞은 것은?

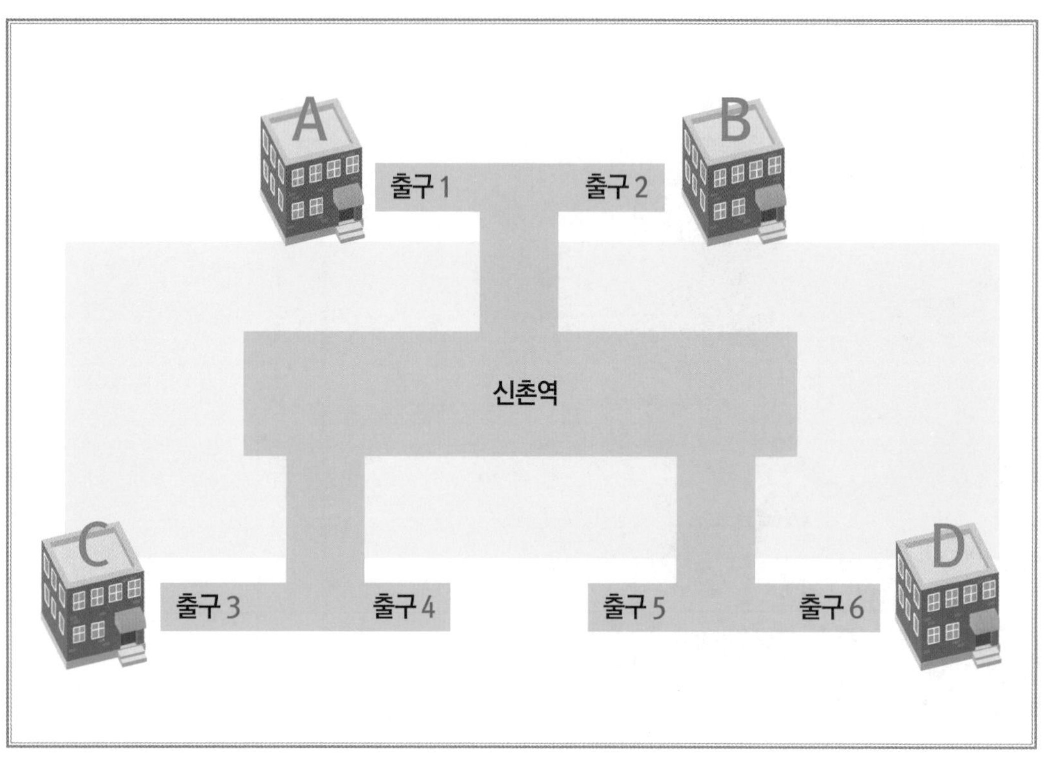

① A ② B ③ C ④ D

Memo

04 다음은 주식회사 홍보부에 근무하는 Ms. Park과 남자 외국인 고객과의 대화이다. 이들이 Mr. Goodman을 만나는 곳은?

① 2nd floor

② 3rd floor

③ 4th floor

④ 5th floor

Memo

05 다음은 다국적기업에 지원한 Mr. Na의 면접 장면이다. Mr. Na가 가지고 있는 자격증은?

① 선반

② 용접

③ 밀링

④ 전자

Memo

06 다음은 병원에서 간호사로 근무하는 박지은 씨와 내원환자의 대화 내용이다. 박지은 씨의 마지막 말에 대해 남자가 할 행동으로 적절한 것은?

①

②

③

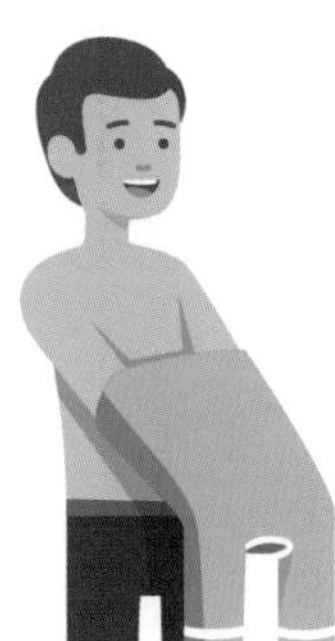

④

Memo

07 은행에 근무하는 K씨가 외국인 고객과 대화하고 있다. 비밀번호를 설정하기 위해 필요한 숫자는 몇 자리인가?

① 3자리 숫자

② 4자리 숫자

③ 5자리 숫자

④ 6자리 숫자

08 호텔 프런트 데스크에서 근무하는 K씨가 외국인 고객과 대화하고 있다. 외국인 고객이 바로 해야 할 일로 적절한 것은?

① 신용카드 발급하기

② 식당으로 가기

③ 룸서비스 이용하기

④ 시간 확인하기

Memo

09 다음은 회사에서 비서로 근무하는 박지은 씨와 한 의뢰인과의 통화 내용이다. 전화에서 말해 주는 의뢰인의 전화번호는?

① 02-3891-2246

② 02-8931-2246

③ 02-8931-2466

④ 02-3899-2462

Memo

10 다음은 여행가이드로 근무하는 김지은 씨와 여행객 일행이 탄 관광크루즈에서 나오는 안내방송이다. 안내방송을 듣고 김지은 씨가 여행객들에게 전달한 것 중 잘못된 것은?

① 출발시간은 7시이고, 10분 안에 출발합니다.

② 종착지인 부산에는 내일 오전 11시에 도착합니다.

③ 승객은 배의 어느 곳이든 마음대로 방문할 수 있습니다.

④ 저녁은 배가 출발 후 1시간 후부터 제공될 예정입니다.

Memo

11 건축설비 회사에 다니는 나 과장은 한국으로 출장을 오는 외국인 엔지니어 Kevin씨를 공항에서 맞이하고 있다. 나 과장이 해야 할 마지막 말로 적절한 것은?

① It's good to hear that.

② I beg your pardon.

③ How do you do?

④ Thank you.

Memo

12 외국 출장을 가는 나 대리가 공항에서 탑승수속을 밟고 있다. 나 대리가 해야 할 마지막 말로 가장 적절한 것은?

① Please do.

② You, too.

③ No, just a few minutes.

④ Thank you.

Memo

13 다음은 레스토랑에서 주방보조로 근무하는 한지은 씨와 요리사와의 대화이다. 이들의 음식 준비가 늦어지는 이유는?

① 손님들이 한꺼번에 너무 많이 와서

② 냉장고에 보관해 둔 빵의 양이 너무 적어서

③ 야채들이 싱싱하지 않아서 새 야채를 주문하느라

④ 식칼이 너무 무뎌서 새로 갈아야 하므로

Memo

14 미국의 자동화 시스템 설치 전문회사에 취업한 Mr. Kim은 현장 점검을 하기 위해 시내에 있는 작업장에 나와 있다. 회사에 있는 Mr. Roy와의 대화를 듣고 제일 먼저 해야 할 일은?

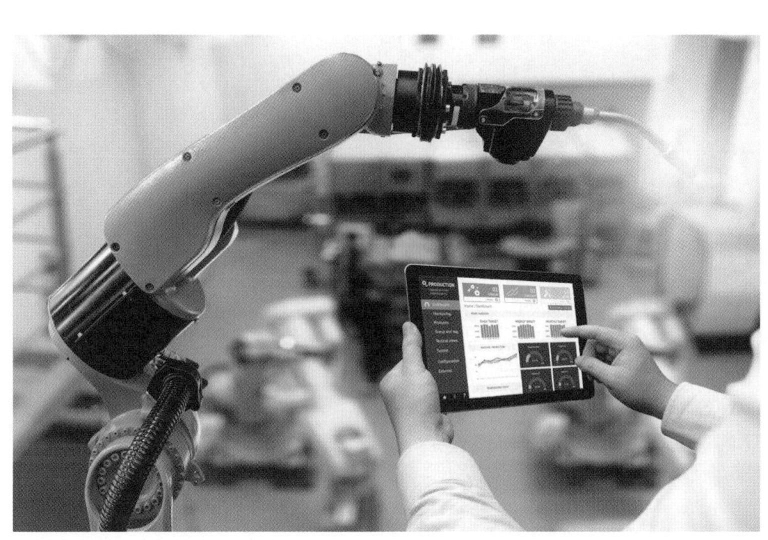

① 보조 시스템 작업을 마무리한다.

② 메인 서버를 수리한다.

③ 지하철역으로 간다.

④ 택시를 탄다.

Memo

15 다음은 은행에서 출납원으로 근무하는 지은씨와 한 남자의 대화이다. 남자가 은행을 방문한 목적은?

① 스페인 여행을 위해 현지 통화로 환전하려고

② 스페인 여행사에 여행대금을 미리 송금하려고

③ 스페인 현지 통화의 환율을 미리 알아보려고

④ 스페인 현지 통화를 한국 통화로 환전하려고

Memo

16 금융회사 인사과에서 근무하는 김지은 씨가 두꺼운 파일철 여러 권을 한꺼번에 옮기려고 한다. 옆에 있는 직원에게 같이 옮겨달라고 도움을 청할 때 쓸 수 있는 말로 가장 적절한 것은?

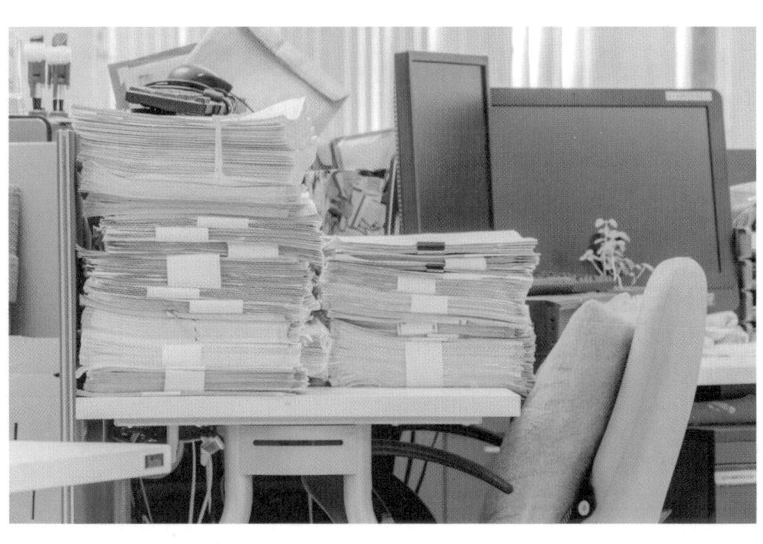

① Where do you want me to bring the files?

② How can I help you to bring the files?

③ Why don't you bring the files instead of me?

④ Would you give me a hand to bring the files?

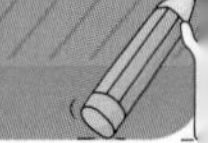

Memo

17 미국 화학공장 견학 중인 김지은 씨는 다음과 같은 표지판을 보았다. 김지은 씨가 표지판을 이해하고 착용할 것 중에서 옳지 <u>않은</u> 것은?

WEAR

· SPLASH GOGGLES ·
· FACE SHIELD ·
· RUBBER GLOVES ·
· APRON ·

IN THIS AREA

①

②

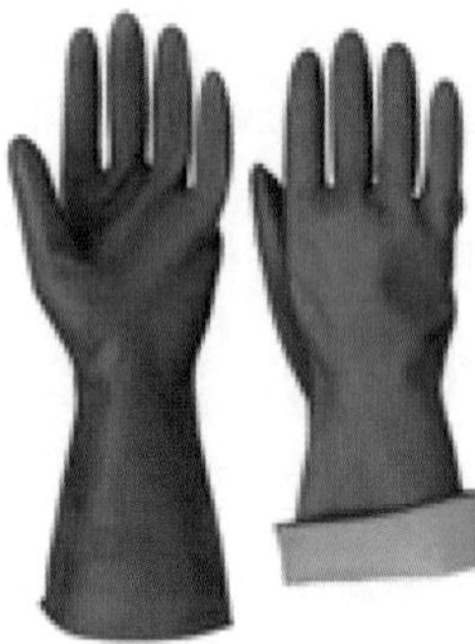

③

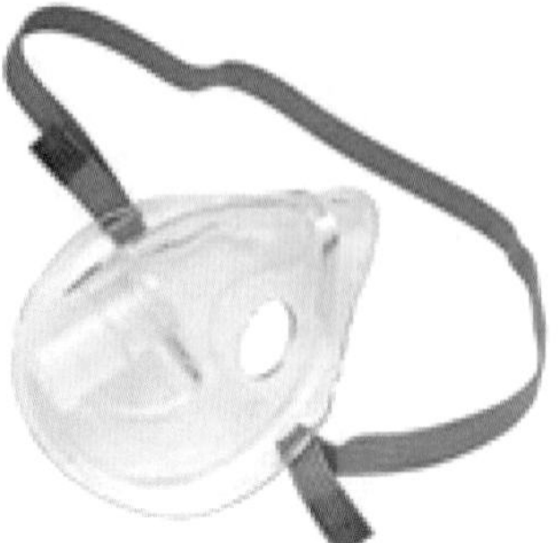

④

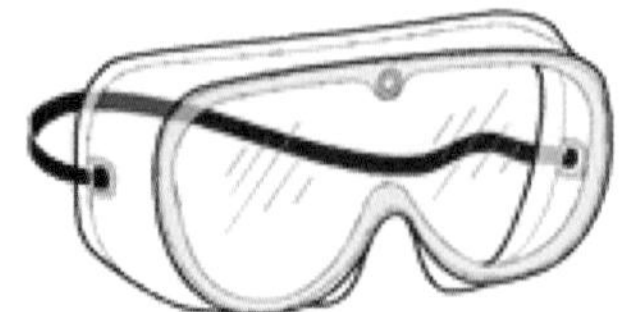

Memo

18 평창올림픽 스키장의 스키 렌털 및 유지관리 파트에서 일하고 있는 김지은 씨가 고객에게 할 수 있는 말로 가장 적절한 것은?

① How much is the rental?

② It is really helpful to sharpen the edge and wax it.

③ Put a wrap and move it to the fridge.

④ It is 150,000 won including the caddy fee.

19 다음은 무역회사에서 일하고 있는 박지은 씨와 고객의 휴대폰 대화 내용이다. John의 마지막 메시지를 받고 박지은 씨가 취해야 할 행동은?

11:11 100%

John : May, 18 14:11

Did you check my email for order?

Jieun : May, 18 14:12

Yes, I got it. Thanks.

John : May, 18 14:13

Thanks for your cooperation.

Jieun : May, 18 14:14

My pleasure.

John : May, 18 14:15

Please send me an email of shipping schedule for Order No. GT-142.

① 주문서에서 빠진 항목을 상세히 기술한 이메일을 발송한다.

② 확보한 선적 물품의 상세한 내역을 이메일로 발송한다.

③ 선적 일정을 이메일로 발송한다.

④ 수입통관 내역을 이메일로 발송한다.

20 다음은 호텔 접수대에서 근무하는 김지은 씨와 회의실 위치를 묻는 남자 투숙객과의 대화이다. 아래의 호텔 평면도를 참고해서 남자의 질문에 해야 할 대답으로 옳은 것은?

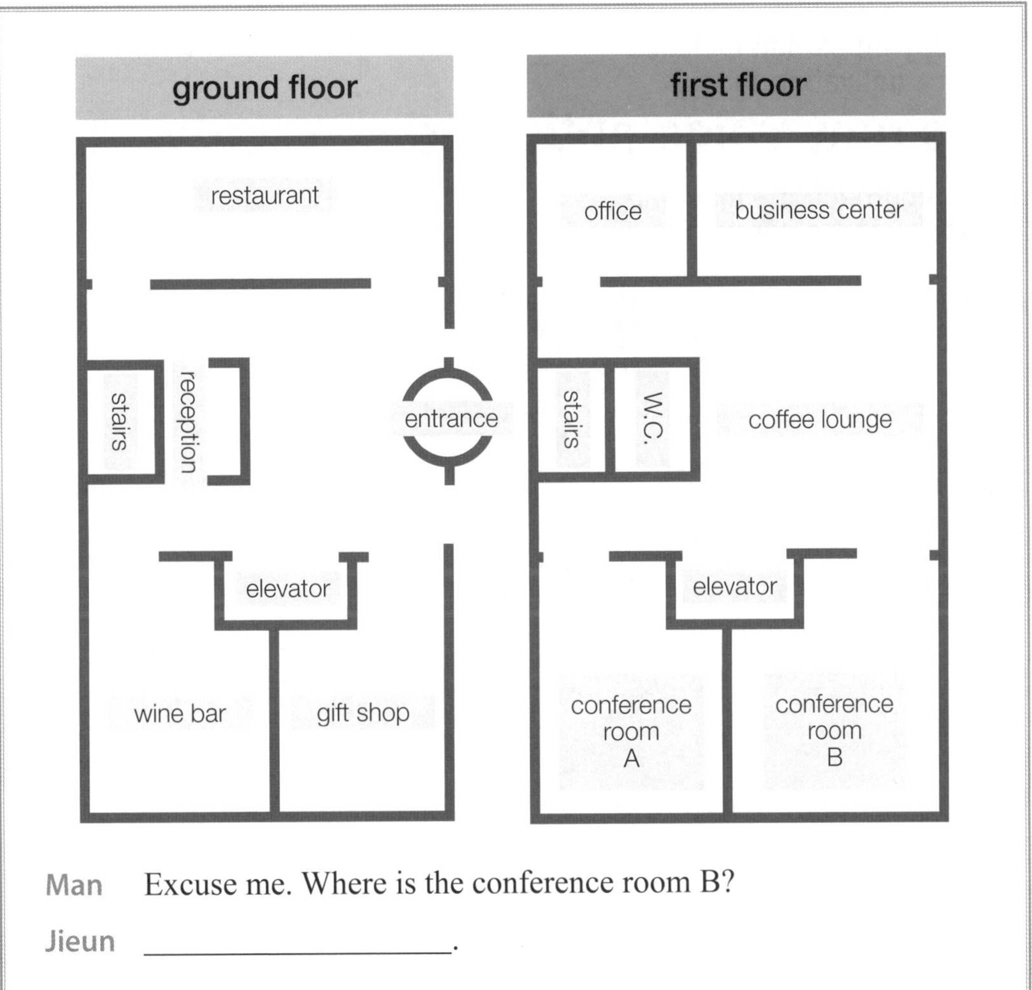

Man Excuse me. Where is the conference room B?

Jieun ______________________.

① Walk up the stairs to the first floor and you'll find the conference room B in front of the stairs.

② Take the elevator up to the first floor and turn right out of the elevator and you'll find the conference room B.

③ Walk up the stairs to the first floor and you'll find the conference room B next to the business center.

④ Take the elevator down to the ground floor and you'll find the reception desk next to the stairs.

Memo

21 보험사에 근무하는 김지은 씨는 사무실 복사기 앞에서 다음과 같은 안내문을 보았다. 안내문에 대해 바르게 이해한 것은?

> (The copy repairman installed voice activation today)
>
> **This copier is now voice activated**
>
> Simply approach the machine and say in a clear voice
>
> **"COPY", "FAX" or "SCAN"**

① 복사기의 기능이 더 복잡해졌구나.

② 복사기가 이제 제대로 고쳐졌구나.

③ 복사기를 음성으로도 조작할 수 있게 되었구나.

④ 복사기를 조심해서 다뤄야겠구나.

Memo

22 다음은 회사원 박지은 씨가 회사 건물 내의 어떤 장소에서 보게 된 안내문이다. 안내문에 대해 바르게 이해한 것은?

> **THIS MACHINE**
> **TAKES YOUR MONEY**
> **AND**
> **GIVES YOU NOTHING IN RETURN**

① 자판기에 물건이 모두 떨어졌구나.

② 줄을 서야 이 기계를 사용할 수 있구나.

③ 현금 인출기가 고장이 났구나.

④ 이 기계는 유지비가 많이 드는구나.

Memo

23 다음은 회사원 박지은 씨가 회사 건물 내에서 보게 된 경고문이다. 경고문에 대해 바르게 이해한 것은?

> WARNING
>
> THESE BUILDINGS ARE PROTECTED BY VIDEO SURVEILLANCE
>
> NO TRESPASSING
>
> TRESPASSERS WILL BE PROSECUTED

① 비디오를 함부로 만지면 안 되는구나.

② 불법 비디오는 퇴출되어야 해.

③ 비디오 검사를 해야 통과할 수 있구나.

④ 이 건물에 함부로 침입하면 처벌 받는구나.

Memo

24 다음은 인사과에 근무하는 김지은 씨가 거래처 지인에게 보내는 공적인 편지이다. 일반적인 비즈니스 편지 작성 서식에 맞게 내용의 순서를 바르게 나열한 것은?

A	To: Mr. Gilbert Samson EASTPACK Management, INC. 24 Main Street New York, NY 100245
B	Dear Gilbert My heartiest congratulations on your promotion. Your advancement reflects the quality and creativity that have characterized your work in your company. Best wishes for your success. Best regards.
C	July 1st, 2017
D	*Jieun Kim*
E	Jieun Kim Manager, Department of human resources
F	From: Jieun Kim GEONEO Management, INC. 21, Yahyun 1 gil, Dongdaemun Seoul, Korea

① A → B → C → D → E → F

② A → B → C → F → E → D

③ F → C → A → B → D → E

④ F → A → B → D → C → E

국어
영어
수리

Memo

25 다음은 김지은 씨가 미국 출장 중에 길에서 본 표지판이다. 이 표지판을 보고 취하게 될 행동으로 옳은 것은?

PLEASE

DRIVE SLOW,
SHARE THE
ROAD

① 지나가는 사람들에게 길을 먼저 양보한다.

② 스쿨존이므로 운전을 천천히 해야 한다.

③ 반대편 차량과 교차통행을 해야 하므로 천천히 운전해야 한다.

④ 갓길이 없는 도로이므로 차선을 잘 지켜서 운전해야 한다.

Memo

26 관광가이드인 박지은 씨가 관광객들을 데리고 유람선 여행을 하는 중에 다음과 같은 표지판을 보았다. 표지판을 읽고 관광객들에게 바르게 안내한 내용은?

① 이곳은 항상 깨끗하게 청소되어 있어야 합니다.

② 이곳은 복장을 단정하게 유지한 채로 근무해야 합니다.

③ 이곳에서는 분명한 의사소통이 되도록 또박또박 말해야 합니다.

④ 이곳은 통행에 불편을 끼치지 않도록 유지해야 합니다.

Memo

27 무역회사에 근무하는 김지은 씨가 비즈니스 이메일을 쓰면서 끝맺는 말로 흔하게 사용하는 표현이 아닌 것은?

① Very truly yours.

② Yours very faithfully.

③ Respectfully yours.

④ Be my guest.

Memo

28 다음은 견적요청 서신(인콰이어리)의 일부 내용이다. 빈칸 Ⓐ, Ⓑ에 들어갈 내용으로 바르게 짝지어진 것은?

⋮

Commodity Descriptions :
Unit Price :
Quantity :
Amount : ______Ⓐ______
Terms of payment :
Packing :
Shipment : ______Ⓑ______
Inspection :
Validity :

⋮

	Ⓐ	Ⓑ
①	FOB California US $324,800.00	within four months after our receipt of L/C
②	LUMBER, FIXTURES (CW-274545)	FOB California US $560.00
③	Standard export packing	by an irrevocable Letter of Credit at sight
④	until March 10, 2018	manufacturer's inspection to be final

국어
영어
수리

29 아래 그림은 김지은 씨가 근무하는 사무실의 팩스 계기판이다. 팩스를 보내는 중에 번호 입력이 틀렸거나, 보내던 팩스를 잠시 멈추고자 할 때 눌러야 하는 버튼은?

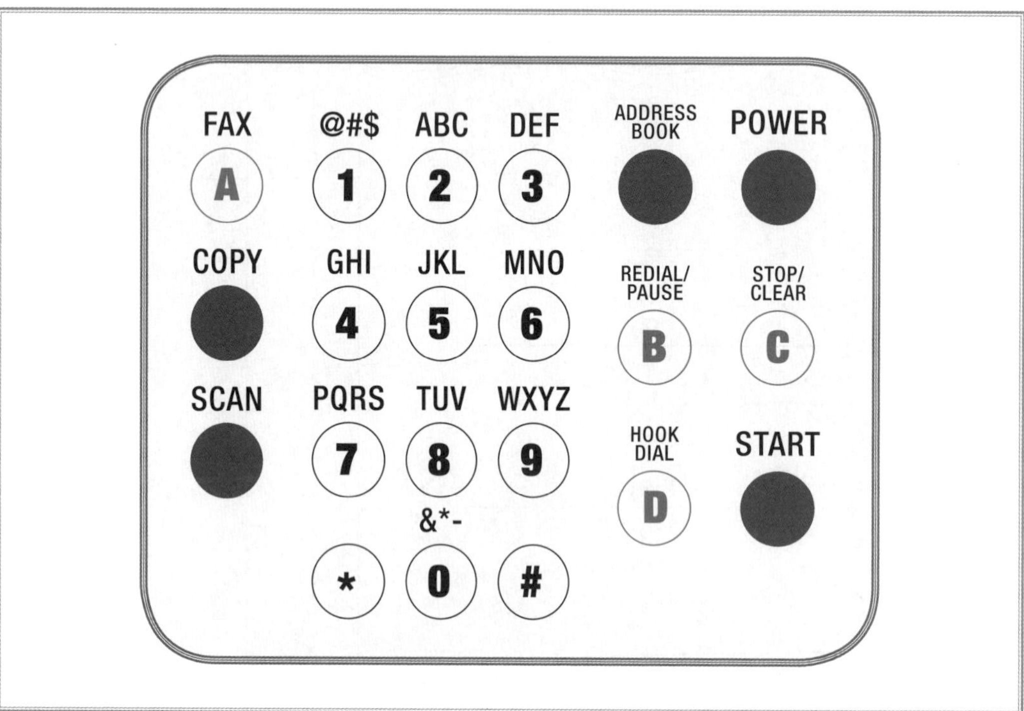

① A ② B ③ C ④ D

Memo

30 중소기업에 근무하는 박지은 씨는 계약업체를 대상으로 신제품에 대한 프레젠테이션을 할 예정이다. 프레젠테이션을 위해 준비해야 할 장비들로 바르게 묶인 것은?

① laptop, digital projector, whiteboard

② microphone, overhead projector, shovel

③ flipchart, glue, greeting cards

④ maker pens, TV, search lights

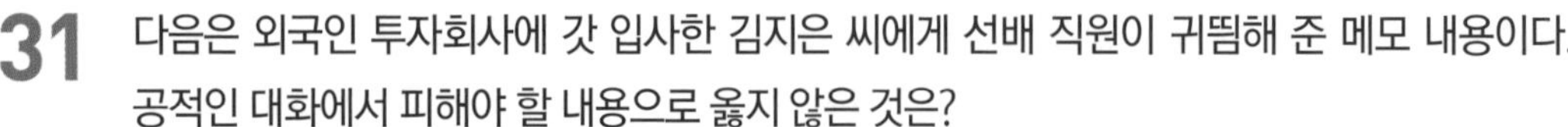

Memo

31 다음은 외국인 투자회사에 갓 입사한 김지은 씨에게 선배 직원이 귀띔해 준 메모 내용이다. 공적인 대화에서 피해야 할 내용으로 옳지 않은 것은?

Avoid these subjects with others you don't know very well:

- Health or diet habits
- The cost of things
- Personal questions
- Mean gossip
- Off-color jokes
- Controversial issues

① 물건의 가격에 대한 내용

② 사적인 영역에 해당되는 내용

③ 비열한 험담

④ 색깔과 관련된 농담

Memo

32 병원에서 간호사로 근무하는 박지은 씨가 업무상 사용하는 표현이 <u>아닌</u> 것은?

① Are you having any kind of medical treatment at the moment?

② Do I need to confirm my reservation for dinner?

③ When did you see a doctor lately?

④ Do you feel pain on your throat?

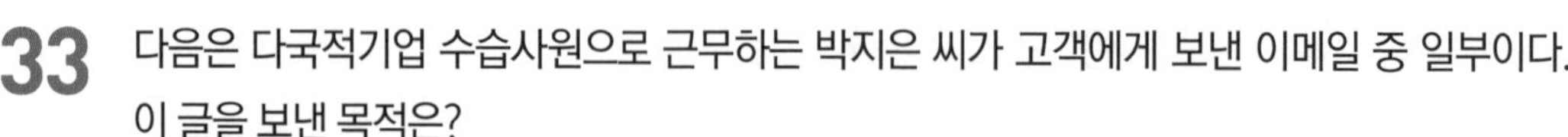

Memo

33 다음은 다국적기업 수습사원으로 근무하는 박지은 씨가 고객에게 보낸 이메일 중 일부이다. 이 글을 보낸 목적은?

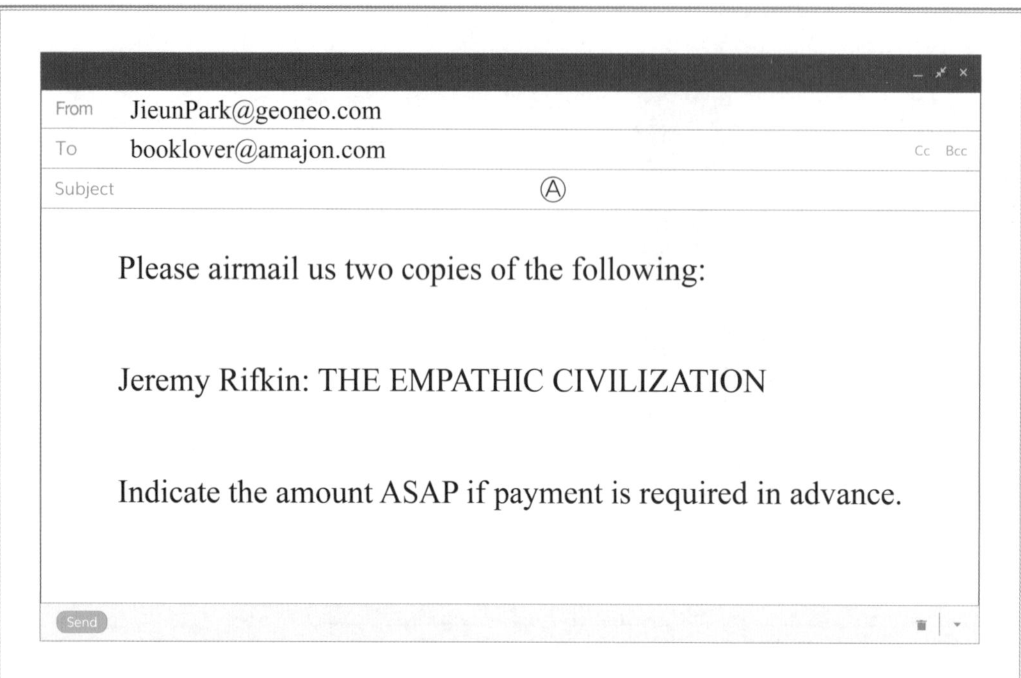

From JieunPark@geoneo.com

To booklover@amajon.com

Subject Ⓐ

Please airmail us two copies of the following:

Jeremy Rifkin: THE EMPATHIC CIVILIZATION

Indicate the amount ASAP if payment is required in advance.

Send

① Making a copy of the book

② Asking the cost of copy

③ Placing an Order

④ Requesting the copy version through emailing

34 다음은 호텔 접수대에서 근무하는 김지은 씨가 투숙객에 대한 업무 처리 순서를 나열한 것이다. 빈칸 Ⓐ, Ⓑ, Ⓒ에 알맞은 말로 바르게 나열된 것은?

Manual for Check-in Service
1. Greeting guests
2. Ⓐ
3. Confirm the booking details: Date, Room type, etc
4. Check room status
5. Ⓑ
6. Ask the guests to fill in the registration form
7. Call the porter to take the guests' bags
8. Ⓒ

	Ⓐ	Ⓑ	Ⓒ
①	Hand the room key to the guests	Swipe the guests' credit card	Ask for the guests' names
②	Ask for the guests' names	Swipe the guests' credit card	Hand the room key to the guests
③	Swipe the guests' credit card	Hand the room key to the guests	Ask for the guests' names
④	Ask for the guests' names	Hand the room key to the guests	Swipe the guests' credit card

35 다음은 호텔 접수대에서 근무하는 김지은 씨와 투숙객과의 통화 내용이다. 투숙객이 전화를 한 이유로 알맞은 것은?

> **Jieun** Hello. Reception desk. Jieun speaking.
>
> **Man** Hello. It's Smith from room 1021. Air conditioning in our room doesn't work properly. When turning on, it heats up the room, but doesn't cool down the room.
>
> **Jieun** Did you check the thermometer in the room?
>
> **Man** Yes. It indicates the right temperature.
>
> **Jieun** OK, Mr. Smith. Our maintenance worker will come up to fix it.

① 방의 에어컨이 작동하지 않아서

② 방의 에어컨이 적절하게 작동하지 않아서

③ 방의 온도계가 적절하게 작동하지 않아서

④ 방의 온도계 숫자가 수시로 올랐다 내렸다 해서

Memo

36 다음은 박지은 씨가 안내 데스크에서 일하고 있는 종합병원의 층별 안내도이다. 처음 오는 외래환자가 직원 건강 담당부서를 찾고자 할 때 안내해야 할 층은?

	HOSPITAL DIRECTORY			
6	IV Therapy	Behavioral Health	Pediatrics	
5	Internal Medicine	Senior Clinic		Obstetrics
4	Pulmonary	Allergy	ENT	Neuro
3	Physical Therapy	Dermatology	Employee Health	Diabetes
2	Conference	Audiology	X-Ray	Lab
1	Wound Care	Dental Clinic	Medical Oncology	Radiation Oncology

① 1층 ② 3층 ③ 5층 ④ 6층

Memo

37 다음은 헤어살롱에서 근무하는 김지은 씨가 헤어살롱에서 사용할 물품을 구입하고 받은 영수증이다. 구입한 물품 중에는 일반적으로 헤어살롱에서 사용하지 않는 잘못 구입한 것이 있다. 잘못 구입한 물품을 반품하고 돌려받을 돈은 모두 얼마인가?

MARKET

*** SHOPPING BILL ***

TALL COMB	3.10
STAMP PAD	2.50
IRON	26.99
COMPASS	1.80
RAZOR	11.20
Total:	$ 45.59

① $ 4.30

② $ 5.60

③ $ 13.00

④ $ 26.99

38 해외출장 중인 박지은 씨는 장애인 동료 직원과 함께 지하철을 이용하려고 한다. 티켓 발매기에서 눌려야 할 버튼은?

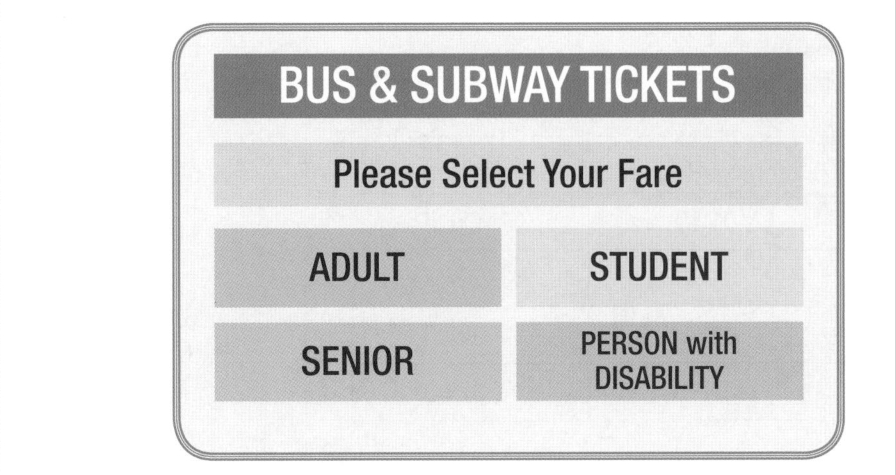

① ADULT, ADULT

② ADULT, STUDENT

③ ADULT, SENIOR

④ ADULT, PERSON with DISABILITY

Memo

39 해외출장을 마치고 CD4521편으로 한국으로 돌아가려고 공항에 온 김지은 씨가 항공일정 안내 화면을 보고 생각한 내용으로 가장 적절한 것은?

DEPARTURES			
FLIGHT	DESTINATION	TIME	STATUS
AB 1350	PARIS	01:00	BOARDING
CD 4521	SEOUL	01:10	CANCELED
EF 3589	LONDON	01:25	BOARDING
GH 6871	BERLIN	01:50	AT 02:20
KM 5674	SEOUL	02:10	AT 02:40

① 내 비행기가 좀 지연되는구나.

② 빨리 탑승 수속을 시작해야겠네.

③ 내 항공편이 취소되었으니 다음 비행기를 빨리 알아봐야겠군.

④ 조금만 더 기다리면 곧 비행기를 탈 수 있겠구나.

Memo

40 다음은 회사 내 주방에 붙어 있는 안내문이다. 이 안내문에 대해 잘못 이해한 것은?

OFFICE KITCHEN ETIQUETTE

1. Clean as You Go!
2. Wipe down Microwave After Each Use.
3. No Science Experiments in the Refrigerator.
4. Keep Surfaces Free of Food Debris.
5. Clean the Pot after Coffee.
6. When the Trash is Full. Tie it Up & Replace with a New Bag.

THANK YOU!

① 다 사용한 후에 항상 뒷정리를 해야겠다.

② 전자레인지를 사용한 후에는 매번 닦아 두어야겠다.

③ 냉장고 안에 있는 과학실험도구들은 건드리지 않아야겠다.

④ 쓰레기가 가득 차면 봉지를 묶고 새 봉지로 바꾸어 두어야겠다.

Memo

41 다음은 광고회사에 입사한 박지은 씨가 첫 프레젠테이션을 준비하는 중에 참고서적을 읽다가 발견한 글이다. 아래 글에 대해 박지은 씨가 바르게 이해한 것은?

> The kickoff meeting for a new project is your best opportunity to set up a common goal between the project team and the client for the first time. The great kickoff comes from good planning for the project. After you have prepared your project work, you had better plan for an effective meeting.

① 킥업미팅은 새 프로젝트를 통해 그룹 내에서 두각을 나타낼 수 있는 좋은 기회이다.

② 킥업미팅은 프로젝트팀과 고객이 만나서 새 프로젝트에 대한 기본적인 것들을 결정하는 매우 중요한 회의이다.

③ 킥업미팅은 고객으로부터 새 프로젝트를 따낼 수 있는 가장 좋은 기회이다.

④ 킥업미팅은 프로젝트의 성공적인 완수를 축하하는 일종의 파티이다.

42 다음은 IT회사의 상무와 그의 비서로 근무하는 김지은 씨의 대화 내용이다. 대화의 내용으로 볼 때 김지은 씨가 지금 당장 해야 할 일은?

> **Man** You did a good job of recording at the meeting.
>
> **Jieun** My pleasure. When do I need to finish the minutes and could you check it before I shoot it out?
>
> **Man** Please finalize it until tomorrow morning and I don't need to check it. When you finish the minutes, send it out to all division members under my approval sign as usual.
>
> **Jieun** Yes, sir. Is there anything I need to do right now?
>
> **Man** Please fax these 3 pages to UK office.
>
> **Jieun** No problem.
>
> **Man** Thank you.

① 회의록 초안을 기록해야 한다.

② 회의록 최종안을 직원들에게 메일로 보내야 한다.

③ 영국 사무실에 팩스를 3장 보내야 한다.

④ 회의록 최종안을 출력해서 파일에 철해 두어야 한다.

국어 영어 수리

Memo

43 다음은 외국계 화장품 회사에서 비서로 일하고 있는 박지은 씨가 받은 이메일이다. 이메일을 읽은 후에 박지은 씨가 상사에게 보고해야 할 내용으로 적절한 것은?

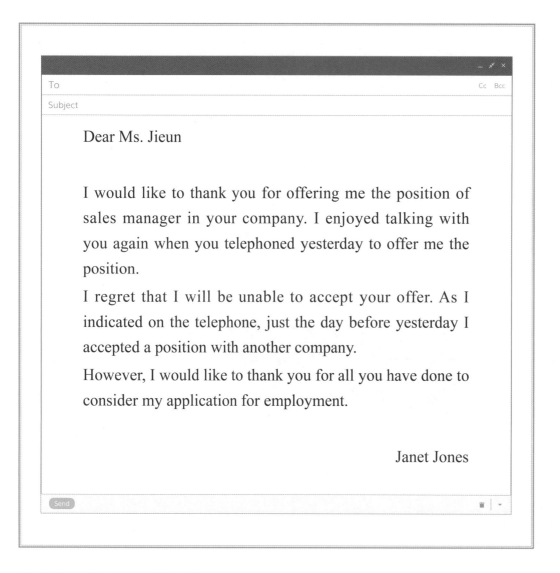

To　　Cc　Bcc

Subject

Dear Ms. Jieun

I would like to thank you for offering me the position of sales manager in your company. I enjoyed talking with you again when you telephoned yesterday to offer me the position.

I regret that I will be unable to accept your offer. As I indicated on the telephone, just the day before yesterday I accepted a position with another company.

However, I would like to thank you for all you have done to consider my application for employment.

Janet Jones

Send

① 재닛 존스 씨가 영업 매니저로 채용된 것을 감사해하는 편지를 보내 왔습니다.

② 재닛 존스 씨가 직책에 대한 제안을 기꺼이 받아들이겠다고 합니다.

③ 재닛 존스 씨는 우리 회사에서 일할 수 없게 됨을 죄송하게 생각한답니다.

④ 재닛 존스 씨는 우리 회사 영업 매니저직을 얻기 위해 여러 차례 전화를 했답니다.

Memo

44 바탕 화면에 열려 있는 화면 중 하나를 빠르게 캡처하여 문서에 추가하려고 할 경우에 선택해야 할 버튼은?

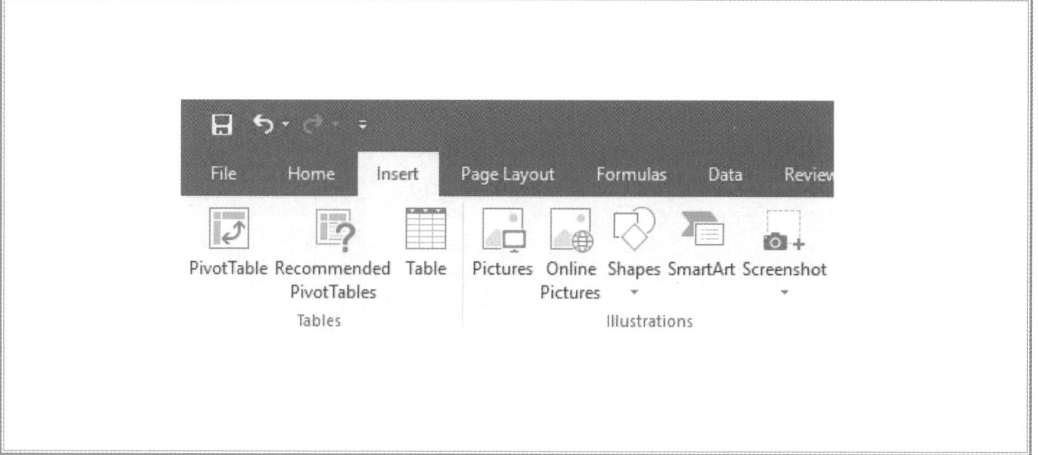

① Picture

② Shapes

③ SmartArt

④ Screenshot

Memo

45 외국계 회사 구내 미용실에서 헤어 디자이너 보조로 근무하는 김지은 씨에게 처음 온 여자 손님이 커팅과 염색을 한 후에 계산대에서 아래 쿠폰을 제시하면서 계산을 요청하고 있다. 손님에게서 받아야 할 금액은 얼마인가?

SPECIAL SAVINGS!

10% off 1st Time Clients

20% off 2nd Time Clients

30% off 3rd Time Clients

Discount does not include 10% tax.

[COUPON CODE **TRS 2154**]

CUT AND STYLE
Cut -- $30
Wet Cut -- $25
Men's Cut -- $20
Bangs trim -- $5

COLOR SERVICES
Color -- $60
Toner -- $20

OTHER SERVICES
Perm -- $80
Wax -- $15

① $90　　② $99　　③ $110　　④ $120

Memo

46 소프트웨어 회사에 근무 중인 박지은 씨가 프로그램을 업데이트하는 중에 다음과 같은 메시지가 화면에 나타났다. 메시지 내용에 대해 잘못 이해한 것은?

> DOWNLOAD
>
> After the download, you'll be asked to accept the Software License Terms. **If you do not accept, your prior version will be expired in 30 days.**
>
> You can NOT keep working while the update is downloading. You will listen beep sound each time for next step.
>
> Download size : 1.26 GB

① 업데이트를 위한 다운로드가 끝나면 이전 버전은 바로 삭제되는구나.

② 업데이트를 하려면 프로그램 라이선스 동의를 해야 하는구나.

③ 업데이트를 하는 중에는 작업을 계속할 수가 없구나.

④ 업데이트 중에 매 단계마다 알림음으로 알려주는구나.

Memo

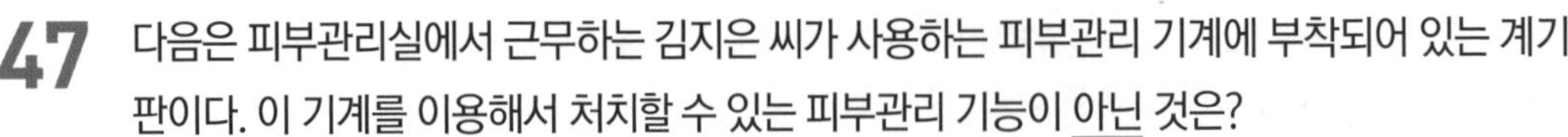

47 다음은 피부관리실에서 근무하는 김지은 씨가 사용하는 피부관리 기계에 부착되어 있는 계기판이다. 이 기계를 이용해서 처치할 수 있는 피부관리 기능이 <u>아닌</u> 것은?

① 세척

② 미백

③ 영양 공급

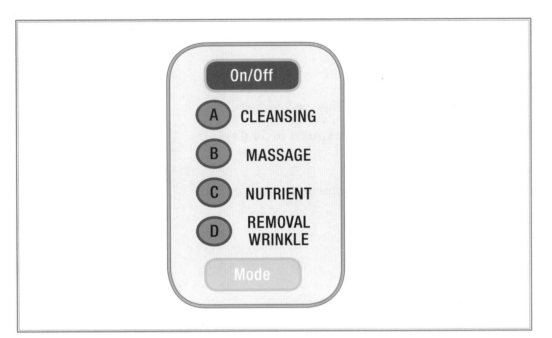

④ 주름 제거

48 다음은 헤어 디자이너로 근무하고 있는 박지은 씨의 헤어 살롱에서 새로 구입한 기계의 설명서이다. 설명서에 대해 바르게 이해하지 못한 것은?

HAIR DRYER

1. Button indicator has a set of 4 effects in one: caring, drying, massage, perm
2. Two operating mode (manual / automatic)
3. Each of 5 plates can work separately
4. Available with wall mount or stand type

① 음성 인식을 이용해서 자동 모드와, 수동 모드로 바꿀 수 있구나.

② 다섯 개의 판이 각자 개별적으로 작동하기도 하는구나.

③ 한 대로 4가지 기능을 할 수 있구나.

④ 벽에 고정시키거나 이동식으로도 사용할 수 있구나.

Memo

49 다음은 의류업체에서 디자이너로 근무하는 김지은 씨가 구입할 업무용 물품의 구입 안내서이다. 이 안내서에 대해 이해한 내용으로 가장 적절한 것은?

Payment : ABC Bank transfer ($50 handling fee)

Shipment :

1. Shipping by Express (door to door)
2. Shipping by Air Express to air port

Guarantee :

1. One year warranty for the main machine
   (NOT including the consumables handpieces)
2. Lifetime maintain

Service :

1. Product use training by user manual or online
2. 24 hours calling service

Contact :

Tel : 86 020 6894 5768 | Mobile : 86 1 9647 6584
Email : market@GeoNeo.com

① 물품 대금은 미화 50불이구나.

② 물품은 공항에 가서 직접 수령해야 하는구나.

③ 소모품을 제외한 물품에 대해서는 1년 보증을 해 주는구나.

④ 24시간 언제든지 전화만 하면 직접 와서 제품 사용법을 알려 주는구나.

Memo

50 다음은 박지은 씨가 근무하게 된 직장의 행사장 영문 표지판의 일부 내용이다. 표지판에서 알리고자 하는 내용이 아닌 것은?

> We are a cooperative association to build an organic oasis at the currently unused corners of Jeju-do. This land will be a heaven for our community members and livestock we are breeding. The best way to help is to make your voice heard, provide feedback and volunteer. The more the community is involved, the more our garden can grow well. Our calendar is available online at www. jejuland/calendar.

① 유기농과 건강한 축산업을 위한 농장을 운영할 것이다.

② 조합원들과 키우는 가축들 모두에게 멋진 공간이 될 것이다.

③ 보다 나은 농장 운영을 위해서는 많은 재정적인 지원이 필요하다.

④ 지역 사회의 관심과 지원이 큰 도움이 된다.

특성화 · 마이스터 고등학교 직업기초능력평가 대비

모의고사 2회

수리활용 영역

Memo

모의고사 수리활용 영역

01 △△상사에서 근무하는 K씨는 바이어와 회의 일정을 잡으려고 한다. K씨가 잡은 회의 일정은?

① 10월 11일

② 10월 12일

③ 10월 13일

④ 10월 14일

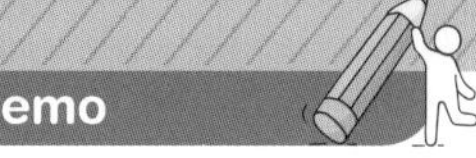

02 □□물류에서 화물차 배차 업무를 담당하고 있는 K씨는 다음과 같은 가격 문의 전화를 받았다. 요금표를 참고하여 K씨가 고객에게 답해야 할 운임은?

〈5톤 트럭 1대당 요금표〉

거리	~20km	~40km	~60km	~80km	~100km	~120km	~140km
가격(원)	61,500	89,080	103,480	115,890	127,050	137,450	149,040

※ 5톤 트럭 1대당 적재 가능한 화물 무게 : 5.5톤 이하

① 103,480 원

② 115,890 원

③ 206,960 원

④ 231,780 원

Memo

03 ○○의류에서 판매 사원으로 근무하고 있는 P씨는 고객으로부터 다음과 같은 요구를 받았다. P씨가 고객에게 돌려주어야 할 금액은?

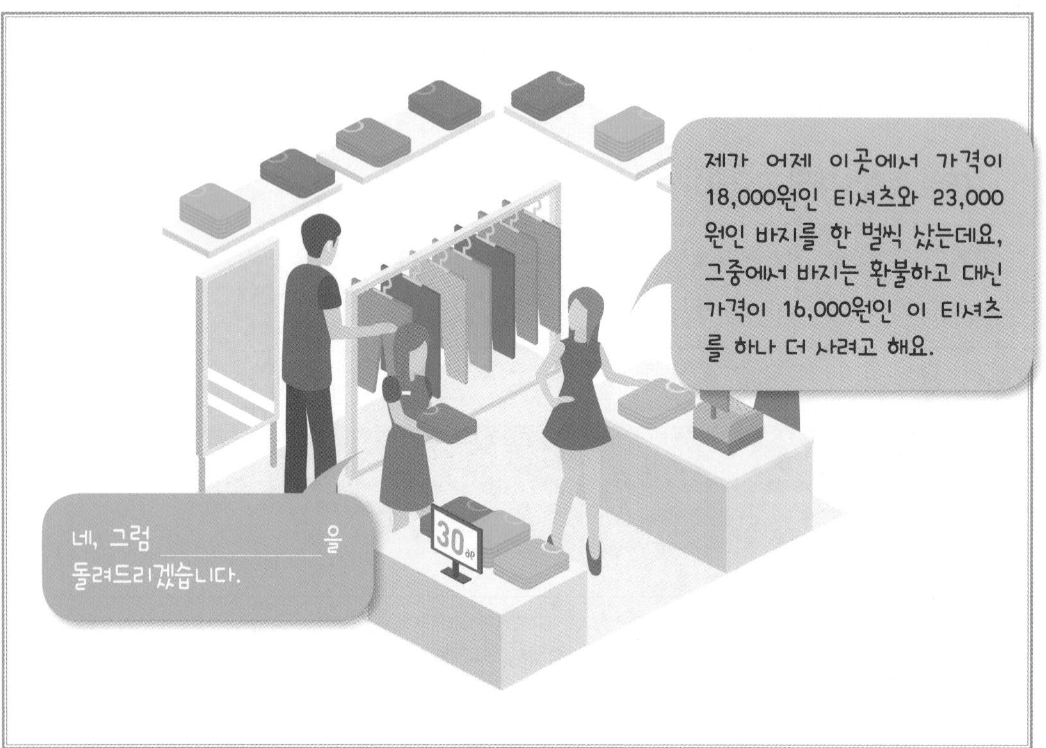

① 4,000원

② 5,000원

③ 6,000원

④ 7,000원

Memo

04 △△기획에서 신문 광고 도안 작성 업무를 담당하고 있는 L씨는 다음과 같이 신규 분양 아파트의 광고 도안을 작성하고 있다. L씨가 광고 도안의 □에 넣어야 할 알맞은 수는?

의뢰하신 광고 도안입니다. 어떠신가요?
좋은데요. 그런데 'm^2' 단위보다는 아직 '평' 단위가 익숙한 고객들이 많으니 '평' 단위도 함께 넣어 주시면 더 좋겠습니다.
네, 그럼 'm^2' 단위와 함께 '평' 단위도 넣겠습니다.

총 1,318 세대 대단지

- 109㎡(구 33평형): 635 세대
  99㎡(구 □평형): 430 세대
  79㎡(구 24평형): 253 세대

분양 문의

☎ 123-4567

대한민국 최고의 고품격 아파트 S1

① 27 ② 28 ③ 30 ④ 31

국어
영어
수리

Memo

05 ○○편의점에서 판매사원으로 근무하는 G씨가 고객으로부터 5,000원짜리 지폐를 받았다면 거스름돈 중 500원짜리 동전은 몇 개인가?

① 3개 ② 4개 ③ 5개 ④ 6개

06 S전자 대리점에서 근무하는 C씨는 정기 세일 기간을 맞이하여 15% 할인 행사를 준비하고 있다. C씨가 다음 TV에 표시해야 하는 할인가는?

① 298,250원

② 324,250원

③ 361,250원

④ 400,250원

Memo

07 ○○문구에서 근무하고 있는 P씨는 고객에게 주문받은 사무 용품의 견적서를 보내려고 한다. P씨가 견적서에 표시해야 할 대금 총액은?

견 적 서

공급자	등록번호	123-45-5678			㈜◎◎귀하 아래와 같이 견적합니다.
	상호	○○문구	성명	△△△	
	사업장 소재지	서울시 중구 □□길			
	업태	유통, 서비스	품목	문구, 사무용품	
합 계 금 액			(부가가치세 10%포함 가격)		

순번	구분 / 내용	수량	단가	합계
1	볼펜(검정)	10상자	14,000원	140,000원
2	수정테이프	30개	1,200원	36,000원
3	복사지(A4)	20상자	15,000원	300,000원
4	클리어파일(20매)	15개	3,000원	45,000원
합계금액				(부가가치세 10%포함 가격)

① 468,900원

② 521,000원

③ 573,100원

④ 591,000원

Memo

08 ○○건설회사에서 근무하는 K씨는 팀장으로부터 건널목에 쓸 LED 안전 유도 블럭을 주문하라는 지시를 받았다. K씨가 주문해야 하는 LED 안전 유도 블럭의 개수는?

> **팀장** 담당 지역에 건널목이 총 4개가 있고, 각 건널목의 양쪽에 LED안전 유도블럭을 설치할 것입니다. 건널목의 한 쪽 마다 10개의 LED안전 유도 블럭을 설치해야 하는데, 불량 및 파손을 대비해 10%를 추가 주문해 주세요.

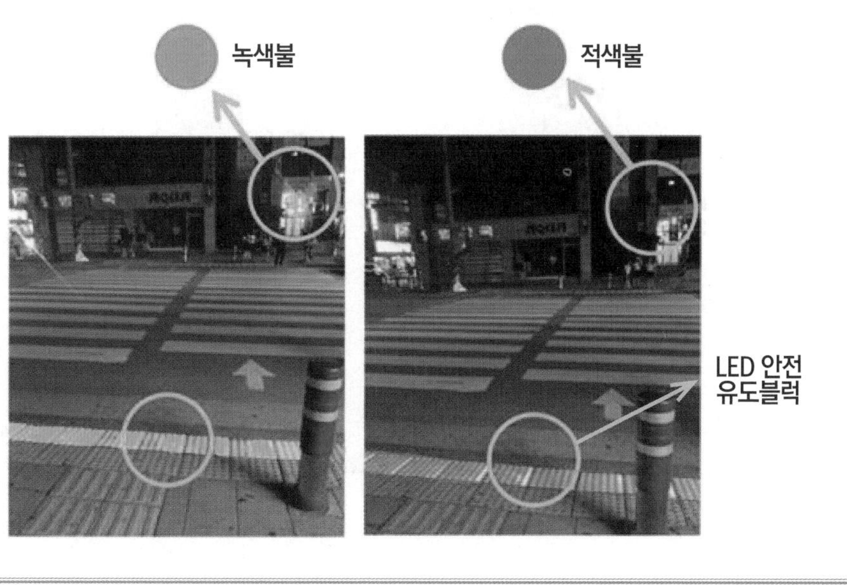

① 88개 ② 80개 ③ 44개 ④ 40개

Memo

09

□□회사 총무부에서 근무하는 R씨는 회사 창립 10주년 기념품으로 사원들에게 나누어 줄 보온병 1,000개를 주문 제작하기 위하여. A, B, C, D 네 업체로부터 받은 가격 조건을 다음과 같이 표로 정리하였다. 가장 저렴한 가격 조건을 제시한 업체와 계약을 한다고 할 때 R씨가 선택해야 할 업체는?

업체	보온병 단가(원)	단체 주문시 혜택
A	5,000	100개 이상 주문 시 10% 할인
B	4,500	주문 수량 100개당 10개 무료 증정
C	6,000	500개 이상 주문시 10% 할인 후, 개당 900원 추가 할인
D	6,000	500개 이상 주문시 20% 할인

① A업체　② B업체　③ C업체　④ D업체

Memo

10 농장을 운영하고 있는 K씨는 가로 550m, 세로가 40m인 직사각형 모양의 땅에 넓이가 1000㎡인 비닐하우스를 지으려고 한다. 비닐하우스의 간격을 무시한다면 최대 몇 개나 만들 수 있는가?

① 20개

② 22개

③ 24개

④ 26개

Memo

11 ○○떡집 직원 J씨는 고객에게 다음과 같은 주문을 받았다. J씨가 주문받은 떡을 배달하고 고객에게 받아야할 대금 액수는?

> 고객 찹쌀떡 20개와 시루떡 10kg, 한과세트 2호 1개를 내일 아침 10시까지 배달해주세요.

〈△△떡집 가격표〉

찹쌀떡	찹쌀떡(개당)	1,100원	10개 이상 주문시 개당 1,000원
떡(kg당)	송편	6,000원	5kg 이상 주문시 10% 할인
	오색경단	5,000원	
	인절미	4,500원	
	시루떡	4,000원	
	절편	5,000원	
	백설기	4,000원	
	호박떡	6,500원	
	떡볶이쌀떡	3,000원	
떡 케이크	케이크 1호	20,000원	초, 폭죽 서비스
	케이크 2호	25,000원	
	케이크 3호	30,000원	
한과 세트	한과세트 1호	18,000원	포장, 배달 무료 서비스
	한과세트 2호	20,000원	
	한과세트 3호	24,000원	

① 74,000원

② 76,000원

③ 80,000원

④ 82,000원

Memo

12 △△수목원에서 수목 관리 일을 하고 있는 P씨는 벚나무와 은행나무를 방제하기 위한 비용을 계산하여 예산을 신청하라는 지시를 받았다. P씨가 신청해야 할 예산으로 가장 적절한 것은?

〈△△수목원 나무 한 그루당 방제 비용〉

종 류	그 루	방제 비용(그루당)
소나무	21	7,000
벚나무	12	5,000
느티나무	7	12,000
버드나무	9	12,000
동백나무	15	4,000
은행나무	24	6,000
배롱나무	30	8,000
단풍나무	13	10,000

① 142,000원

② 186,000원

③ 192,000원

④ 204,000원

Memo

13 ○○ 자동차 서비스센터에서 근무하고 있는 Y씨는 이번 달에 납품받은 자동차 부품의 수량을 파악하여 다음과 같이 표를 만들었다. 세 회사에서 이번 달에 납품받은 자동차 공기 필터의 개수는?

납품업체	납품횟수	1회당 납품 개수		
		엔진오일	공기필터	오일필터
A사	3회	220	45	45
B사	5회	320	80	80
C사	21회	220	60	80

① 760개

② 1,760개

③ 1,795개

④ 2,215개

Memo

14 ○○여행사에서 근무하는 K씨는 새 여행 상품을 기획하고 있다. 여행 상품에 포함될 △△박물관 입장료가 다음과 같을 때, 개인별 구매보다 더 저렴한 가격으로 단체입장권을 구매하기 위해서 K씨는 최소 몇 명 이상이 △△박물관을 동시에 관람하는 것으로 기획해야 하는가?

〈△△박물관 입장 요금〉

구분	개인	단체(30명 이상)
입장료	8,000원	6,000원

① 21명 ② 22명 ③ 23명 ④ 24명

국어
영어
수리

Memo

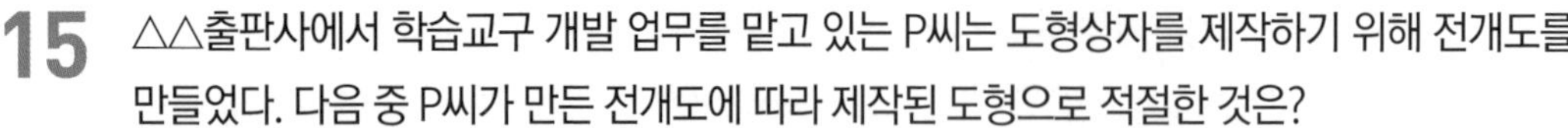

15 △△출판사에서 학습교구 개발 업무를 맡고 있는 P씨는 도형상자를 제작하기 위해 전개도를 만들었다. 다음 중 P씨가 만든 전개도에 따라 제작된 도형으로 적절한 것은?

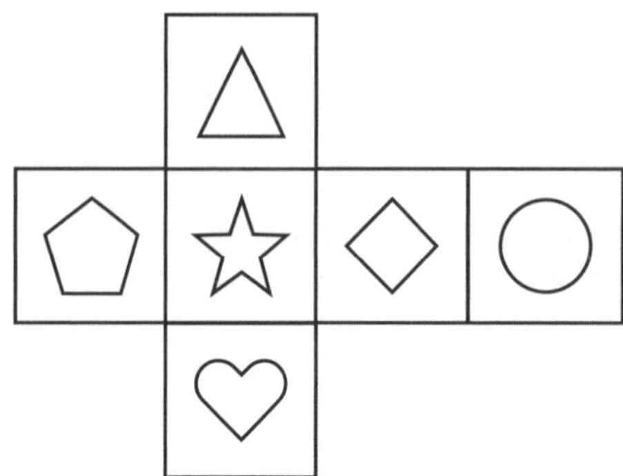

①

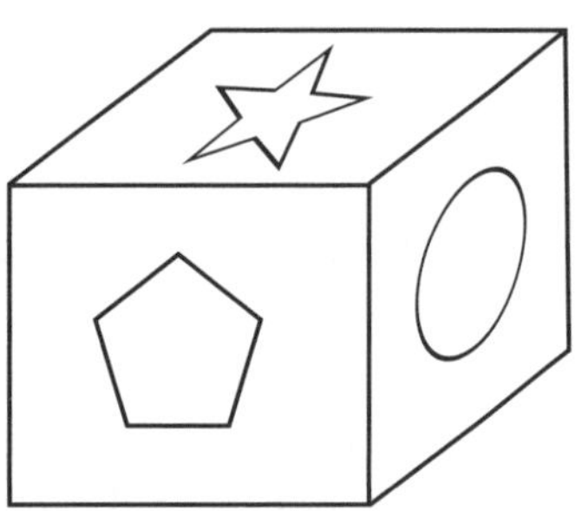

②

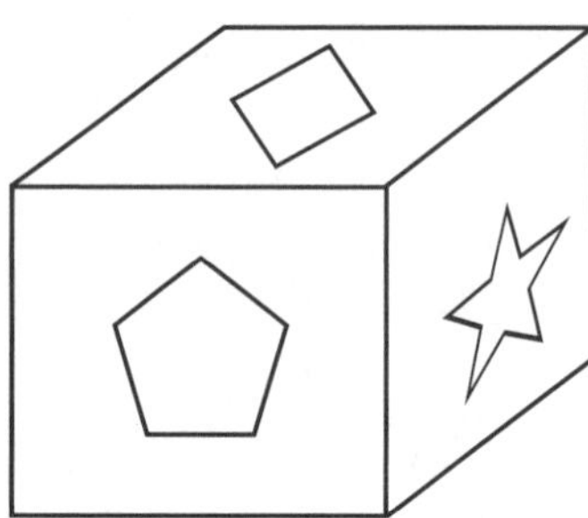

③

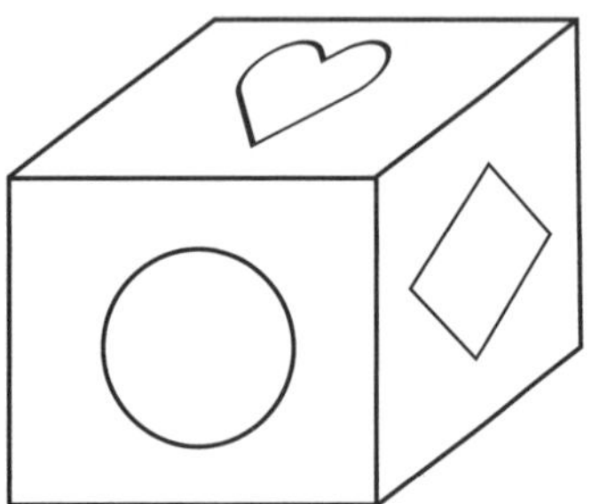

④

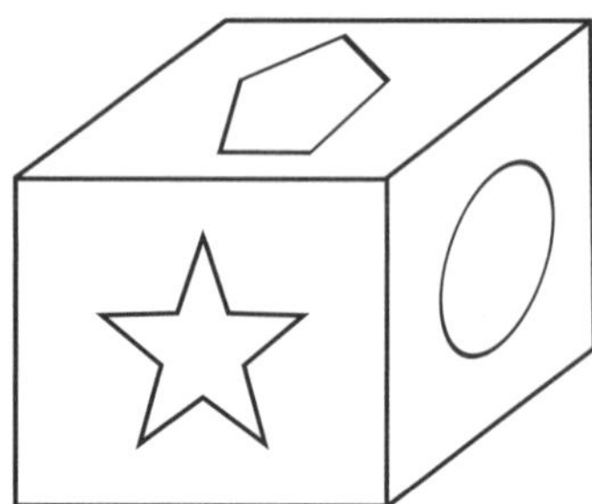

Memo

16 △△연구소에서 근무하는 K씨는 실험을 하기 위해 2L의 묽은 염산 용액을 8개의 비이커에 똑같이 나누어 담아두라는 지시를 받았다. K씨는 비이커 한 개에 묽은 염산 용액을 각각 얼마씩 담아야 하는가?

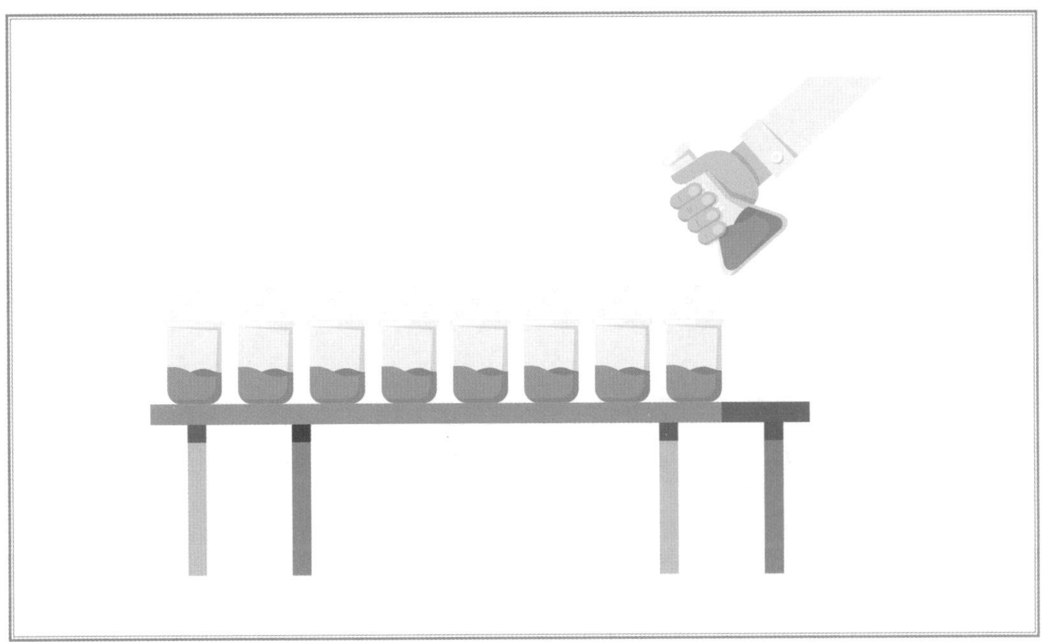

① 150mL ② 180mL ③ 200mL ④ 250mL

Memo

17 □□기획에서 회계업무를 담당하는 Y씨는 고객으로부터 다음과 같이 리플릿 제작 비용에 대한 문의를 받았다. Y씨가 안내할 금액으로 적절한 것은?

고객　A4 크기의 리플릿 가격을 문의드립니다. 코팅 없이 접지로 2000장, 유광 코팅으로 2000장 주문하면 비용이 어떻게 됩니까?

Y씨　리플릿 디자인도 필요합니까?

고객　디자인은 다 되어 있어서 인쇄만 하면 됩니다.

Y씨　네. 그럴 경우 인쇄비용은 배송비를 포함해서 ________ 입니다.

〈□□기획 A4 리플릿 제작 단가〉

수량	코팅 없음		코팅(접지 포함)	
	오시	접지	유광	무광
500	92,000	98,000	120,000	115,000
1000	122,000	127,000	152,000	147,000
2000	162,000	171,000	202,000	195,000
4000	202,000	212,000	252,000	240,000
비고	디자인: 1 페이지 당 50,000원 기본 배송비 5,000원 (5,000장 이상 무료)			

① 362,000원　　② 369,000원　　③ 371,000원　　④ 378,000원

Memo

18 ○○천문과학관에서 근무 중인 K씨는 관장으로부터 별의 일주 운동에 관련된 교육 자료를 제작하라는 지시를 받았다. 다음 중 K씨가 제작해야 할 '다음 날 05시의 관찰 모습'으로 가장 적절한 것은?

관장 별의 일주 운동에 관련한 교육 자료를 만들어 복도에 게시하려고 합니다.

K씨 별의 일주 운동이 무엇인가요?

관장 북반구에서 관찰할 수 있는 별들이 북극성을 중심으로 한 시간에 15°씩 시계 반대 방향으로 회전하는 것을 별의 일주 운동이라고 합니다. 내가 대표적인 별자리인 북두칠성을 예로 들어 '23시의 관찰 모습'을 만들어 놓았으니 이것을 참고해서 '다음날 05시의 관찰 모습'을 만들어 주세요.

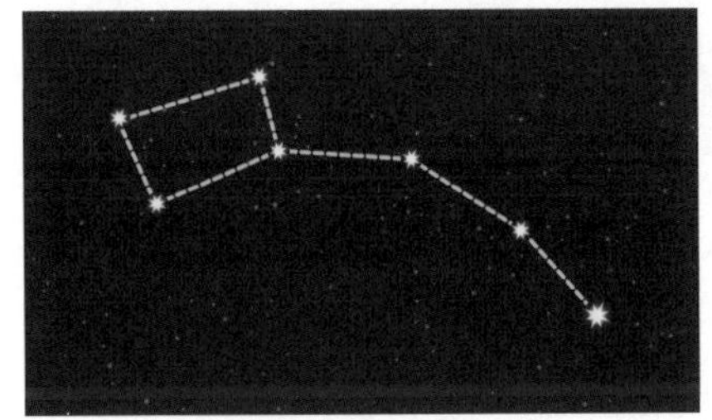

〈 23시 관찰 모습 〉

〈 다음날 05시 관찰 모습 〉

① 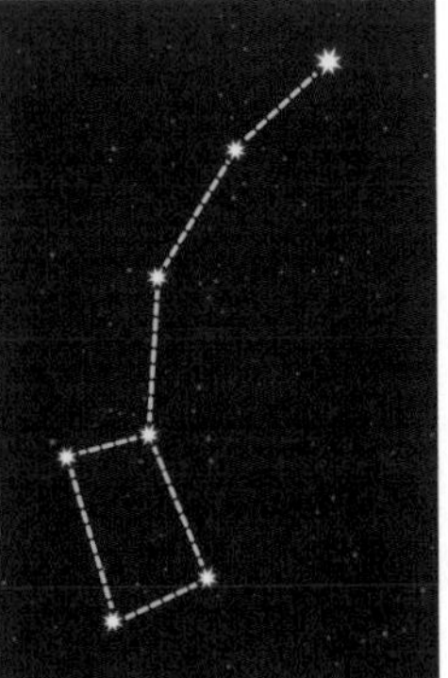

② 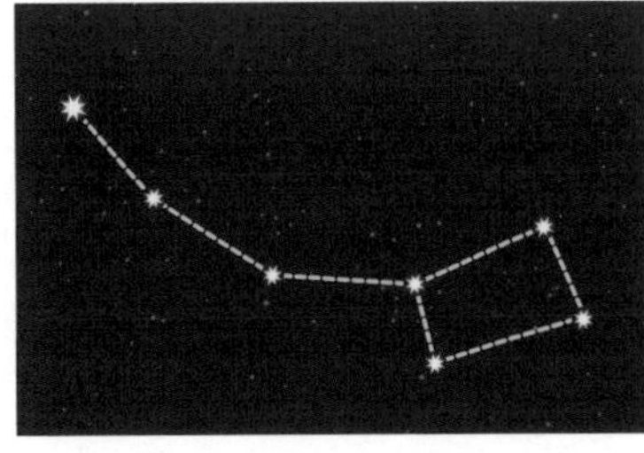

③ 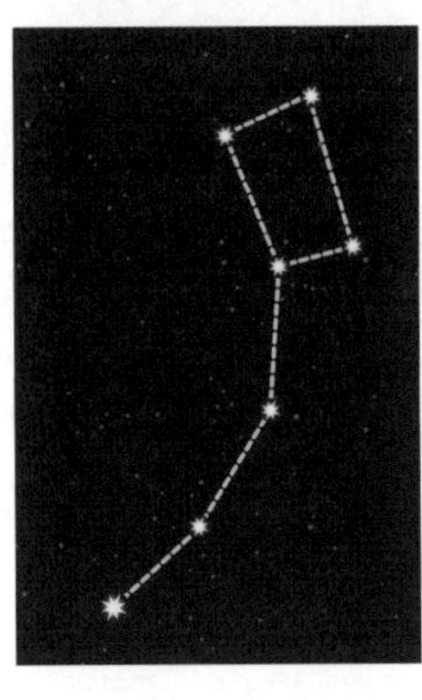

④ 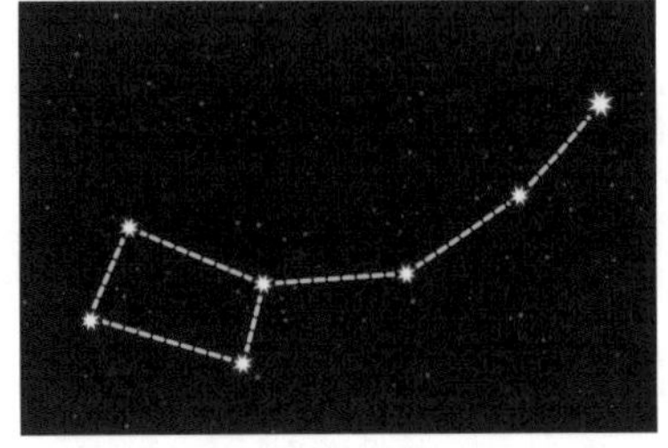

국어 영어 수리

Memo

19 △△물류에서 회계 처리를 담당하고 있는 R씨는 2017년 11월 20일에 발생한 회사 소속 3톤 화물차 운전기사의 주차 위반 과태료를 송금하려고 한다. 오늘이 2017년 12월 2일 이라고 할 때 다음 주정차 위반 과태료 부과 사전 통지서를 참고하여 R씨가 송금해야 하는 과태료 금액은 얼마인가?

과목	주차 위반 과태료	부과 년월일	2017년 11월 20일
부과대상	△△물류		

〈주정차 위반 과태료 납부 기준〉

차종	주차 위반 과태료	15일 이내 자진 납부시	21일 이후 납부시	21일 이후 납부시
승용차 또는 4톤 이하 화물차	40,000원	20% 감경	5% 가산	매월 1% 가산
승합차 또는 4톤 초과 화물차	50,000원			

① 36,000 원

② 40,000 원

③ 32,000 원

④ 34,000 원

Memo

20 ○○소프트에서 주최하는 게임 기획 공모전 업무를 담당하고 있는 K씨는 심사 결과를 평균 평점으로 환산하라는 지시를 받았다. 심사위원들의 심사 결과가 다음과 같을 때, K씨가 환산해야 할 해당 작품의 평균 평점은?

출품 작명 : 언더 워치	(★ : 2점, ☆ : 1점)
평가 요소	심사위원 평점
구성	★★★☆
캐릭터의 다양화	★★★★
개연성	★★☆
대중성	★★★
독창성	★★
평균	

① ★☆ ② ★★ ③ ★★☆ ④ ★★★

Memo

21 △△호텔에서 근무하는 요리사 K씨는 샐러드 요리에 사용될 오리엔탈 소스를 다음 레시피에 따라 만들려고 한다. 간장을 750mL 사용했을 때, K씨가 넣어야 할 올리브오일의 양은?

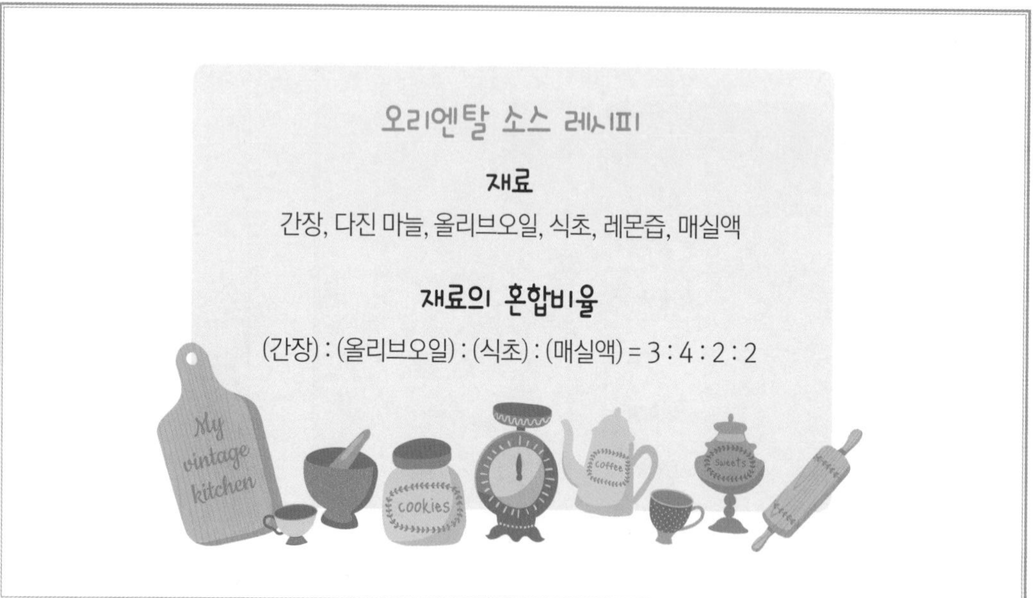

① 500mL ② 1,000mL ③ 1,500mL ④ 2,000mL

22 ○○보험 영업점에서 근무하고 있는 L씨는 지점장으로부터 올해 신입 사원 중 평균 계약 건수가 가장 많은 직원을 선정하여 보고하라는 지시를 받았다. L씨가 지점장에게 보고해야할 직원은?

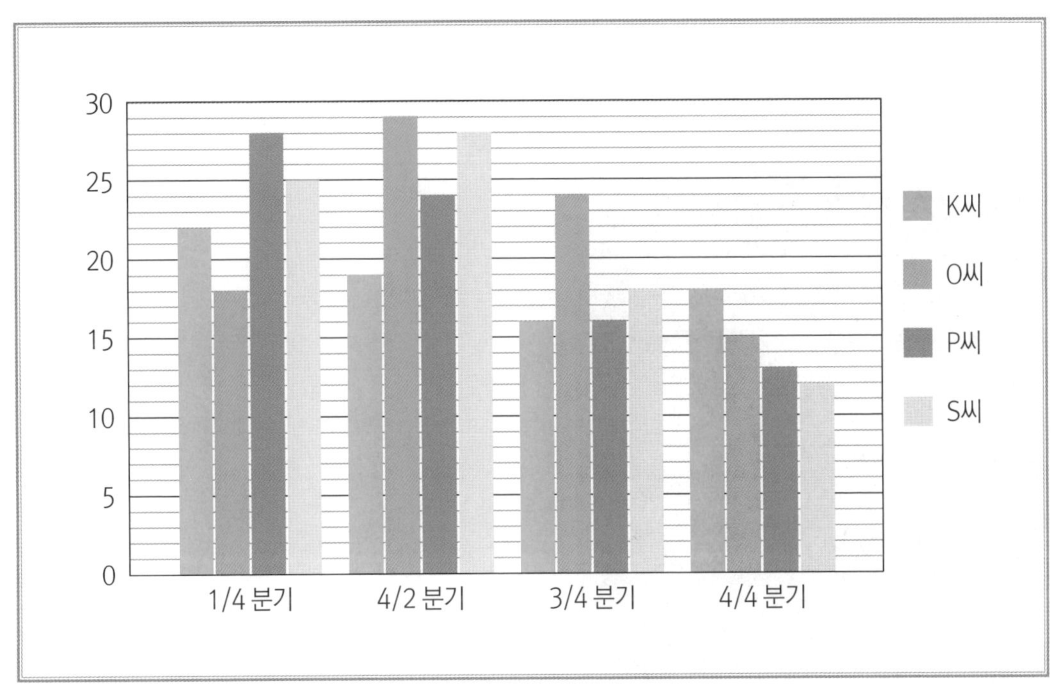

① K씨 ② O씨 ③ P씨 ④ S씨

23 ○○커피전문점에서 일하고 있는 P씨는 고객으로부터 다음과 같이 주문을 받으며 50,000원 짜리 지폐 한 장을 받았다. P씨가 고객에게 내주어야 할 거스름돈은 얼마인가?

고객 오늘의 커피 작은 컵으로 1잔, 아메리카노 큰 컵으로 1잔 주세요. 아메리카노는 개인 컵에 담아 주시고 통신사 제휴 할인바랍니다.

MENU
작은 컵 큰 컵
화이트 초콜릿 모카 5,500원 6,000원
카라멜 마키아토 5,400원 5,900원
코코아 카푸치노 4,900원 5,400원
두유 카페라떼 4,400원 4,900원
아메리카노 3,900원 4,400원
아이스 커피 3,900원 4,400원
오늘의 커피 3,600원 4,100원
※ 개인 컵(텀블러)을 사용하는 경우 모든 음료 가격에서 400원 할인
※ 통신사 할인 : 모든 음료 가격의 5% 할인 (1잔에만 적용)

① 40,800원 ② 42,000원 ③ 42,600원 ④ 43,200원

Memo

24 ○○건축에서 방수 공사 업무를 담당하고 있는 J씨는 다음 그림과 같은 건물 옥상 방수 공사를 진행하고 있다. 공사에 필요한 방수 용액의 양이 1㎡당 0.25L라고 할 때, J씨가 준비해야 할 방수 용액의 양은?

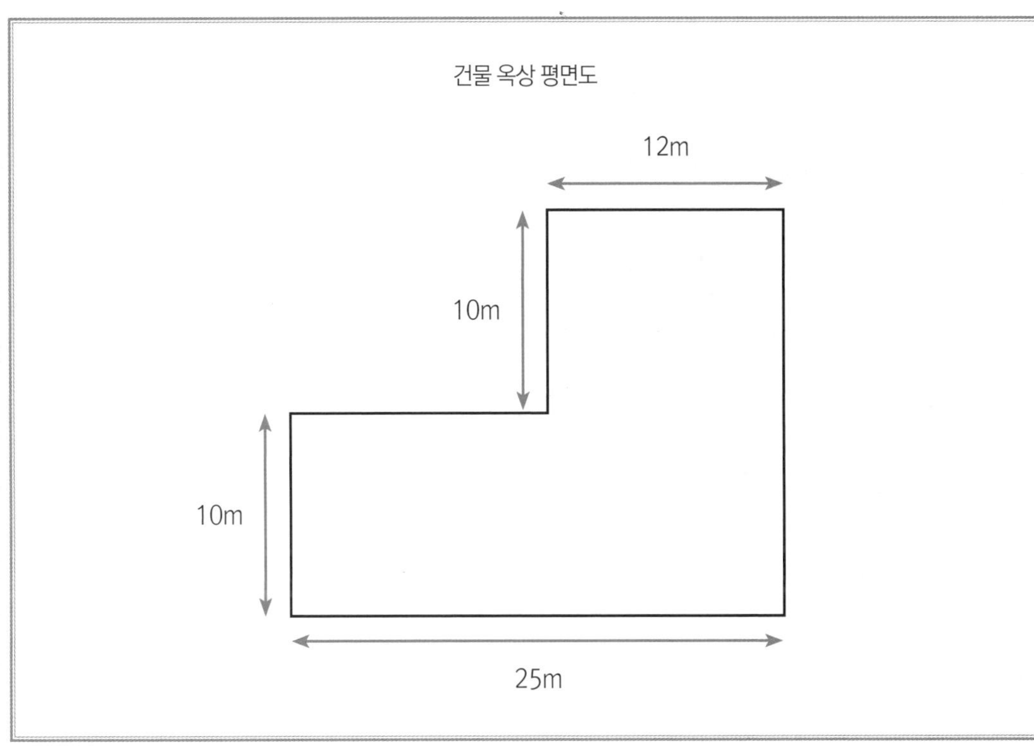

① 52.5L ② 70L ③ 92.5L ④ 370L

국어 영어 수리

Memo

25

○○전자제품 판매점에서는 모든 세탁기의 원가에 25%의 이익을 붙여서 판매하고 있다. 그림과 같이 세일 기간 중 세탁기의 판매가에서 20% 할인해서 80만 원에 팔았다면 세탁기의 원가는?

① 80만 원　② 88만 원　③ 95만 원　④ 100만 원

Memo

26 □□물류센터에서 근무하는 G씨는 물품의 수량을 파악해서 보고하라는 지시를 받았다. 적재되어 있는 박스의 형태가 다음과 같을 때, G씨가 보고해야 할 물품 박스의 개수는?

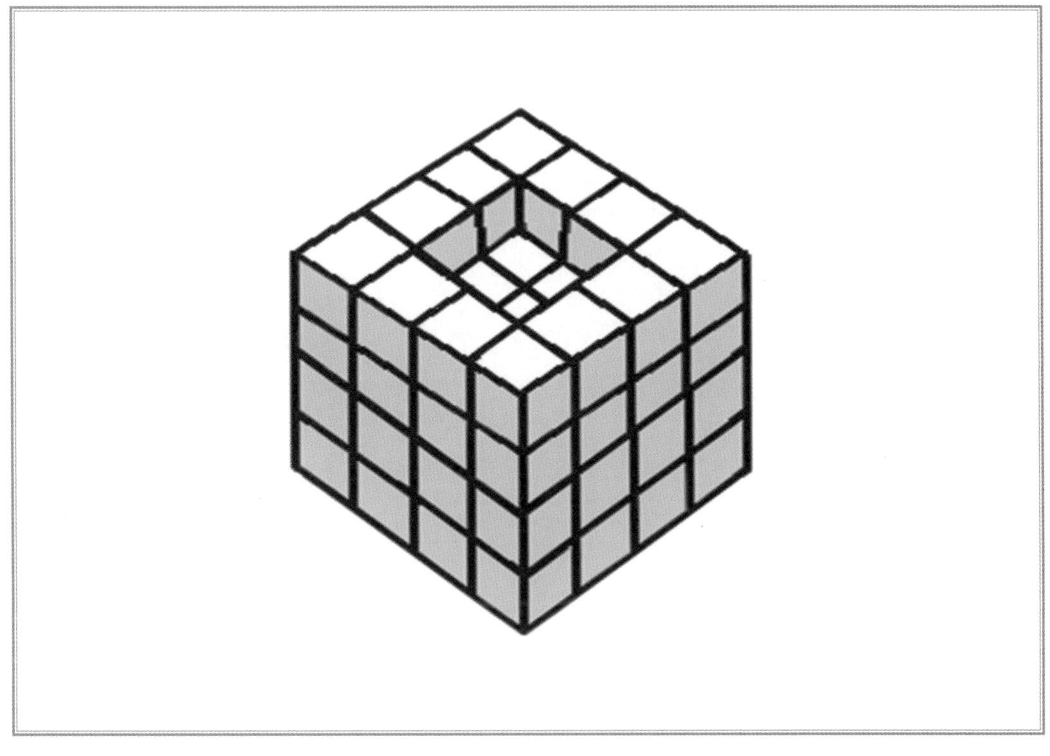

① 52박스 ② 56박스 ③ 60박스 ④ 62박스

Memo

27 ○○정보통신에서 마케팅 업무를 담당하고 있는 J씨는 상사로부터 지난 달 판매 직원의 핸드폰 평균 판매량을 확인해서 보고하라는 지시를 받았다. 다음 표를 참고하여 J씨가 상사에게 보고해야 할 판매 직원의 핸드폰 평균 판매량은 몇 대인가?

〈11월 핸드폰 판매량〉

판매량(대)	직원 수(명)
45이상~55미만	2
55 ~ 65	2
65 ~ 75	4
75 ~ 85	6
85 ~ 95	6
합 계	20

① 약 70대　② 약 72대　③ 약 74대　④ 약 76대

28 ○○문화센터의 고객센터에서 근무하고 있는 K씨는 고객으로부터 다음과 같이 수강료에 대한 문의를 받았다. K씨가 고객에게 안내해야 할 금액은?

고객　지금 우리 아이가 지난달부터 어린이 발레 교실을 수강하고 있는데, 다음 달부터는 어린이 요리교실 강좌를 추가하려고 해요. 그러면 다음 달 납입할 수강료가 얼마인가요?

〈○○문화센터 프로그램〉

프로그램명	수강료(1개월 기준)	수강인원	수업일
어린이 발레교실	60,000원	20명	매주 화, 목
우쿨렐레	50,000원	15명	매주 수
어린이 요리교실	40,000원 (재료비 포함)	15명	매주 금

〈수강료 할인혜택〉

할인 내용	할인 조건	할인율
동반 신청 할인	2인 이상 동시 동록시	10%
	2개 강좌 이상 동시 등록시	10%
장기 수강 할인	동일 강좌 2개월 이상 연속 등록시	10%
	동일 강좌 4개월 이상 연속 등록시	15%

※ 수강료는 강좌별로 계산되며, 동반 신청 할인과 장기 수강 할인을 동시에 받을 경우 할인율을 합산하여 적용한다.

① 84,000원　② 90,000원　③ 96,000원　④ 100,000원

Memo

29 ○○은행에서 예금 상담 업무를 맡고 있는 L씨는 고객으로부터 다음과 같이 예금 상품에 대한 문의를 받았다. 다음 중 (　　) 안에 들어갈 금액으로 가장 적당한 것은?

① 5,200,500원

② 5,212,500원

③ 5,250,500원

④ 5,275,500원

Memo

30 ○○랜드에서 입장권 판매 업무를 담당하고 있는 K씨가 다음 고객으로부터 받아야 하는 최소 이용 요금은?

TICKETS
대인 2명, 초등학생 1명, 만 5세 어린이 1명 주간권으로 주세요. S카드로 결제할게요.

〈○○랜드 이용 요금〉

종류	대인	청소년	소인/경로	비고
주간권(1일권)	54,000원	46,000원	43,000원	※소인은 만 5세 이하 / 경로 우대는 만 60세 이상/ 청소년은 초, 중, 고 학생 ※S카드 결제 시 본인 1인 50% 할인, 동반 1인 30% 할인
야간권	45,000원	39,000원	36,000원	
2일권	84,000원	71,000원	67,000원	

① 143,000원　② 153,800원　③ 156,800원　④ 197,000원

Memo

31 차량용 공기필터를 제조하는 ㈜○○컴퍼니에서 회계업무를 맡고 있는 C씨는 전분기 대비 2017년 4분기 이익 증가액을 조사하여 보고하라는 지시를 받았다. C씨가 보고해야 할 이익 증가액은?

2017년 3분기		
판매량	판매단가(개당)	총 생산비용
325,450개	4,300원	725,435천 원

2017년 4분기		
판매량	판매단가(개당)	총 생산비용
341,500개	4,400	765,600천 원

① 6,000만 원 ② 6,100만 원 ③ 6,200만 원 ④ 6,300만 원

32 □□전자 서비스센터에서 휴대폰 수리 업무를 하고 있는 L씨의 고객에 대한 대답으로 가장 적절한 것은?

〈침수된 핸드폰의 수리 절차 및 소요 시간〉

항목	평균 소요 시간	최소 소요 시간	운영 시간
분해 건조	2시간	1시간 30분	평일 09:00~21:00 토요일 09:00~15:00
메인보드 점검	40분	30분	
메인보드 교체	20분	15분	
그 외 부품 점검	40분	30분	
테스트 및 조립	20분	15분	

① 오전 11시 40분에 찾으러 오시면 됩니다.

② 오후 1시에 찾으러 오시면 됩니다.

③ 오후 4시에 찾으러 오시면 됩니다.

④ 오늘은 어렵고 내일 오전 10시에 오시면 됩니다.

Memo

33 ○○ 패스트푸드점에서 주문 및 계산 업무를 담당하는 P씨가 고객의 다음 문의에 대해 해야 할 답변으로 가장 적당한 것은?

① 세트 1개와 단품 햄버거와 탄산음료로 구매하시는 것이 모두 단품으로 구매하시는 것보다 500원 더 저렴합니다.

② 모두 단품으로 구매하시는 것이 세트 1개와 단품 햄버거와 탄산음료로 구매하시는 것보다 500원 더 저렴합니다.

③ 세트 1개와 단품 햄버거와 탄산음료로 구매하시는 것이 모두 단품으로 구매하시는 것보다 1,000원 더 저렴합니다.

④ 모두 단품으로 구매하시는 것이 세트 1개와 단품 햄버거와 탄산음료로 구매하시는 것보다 1,000원 더 저렴합니다.

34 지역 주민센터에서 공원 체육 시설 관리 업무를 하는 L씨는 공원에 새로 배치한 체육 시설에 대한 주민 만족도 조사를 하고 있다. L씨가 결과 보고를 위해 만족도가 높은데서 낮은 순으로 체육 시설을 정렬하고자 할 때, 순서가 옳게 짝지어진 것은?

〈체육 시설별 주민 만족도 조사 결과〉

(단위 : 명)

	만족	불만족	계
A시설	34	38	72
B시설	41	26	67
C시설	20	42	62
D시설	36	18	54
계	131	124	255

① C시설-A시설-B시설-D시설

② C시설-A시설-D시설-B시설

③ D시설-B시설-C시설-A시설

④ D시설-B시설-A시설-C시설

Memo

35 △△공방에 근무하고 있는 L씨는 회전하는 물레(돌림판)를 사용하여 도자기를 만들고 있다. 다음 중 L씨가 만들 수 없는 도자기의 모양은?

①
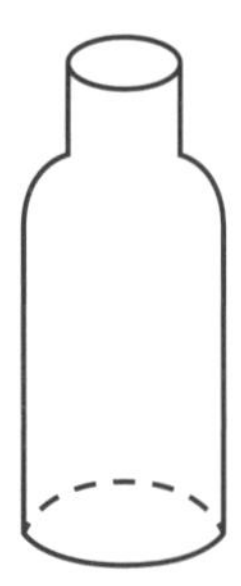

②
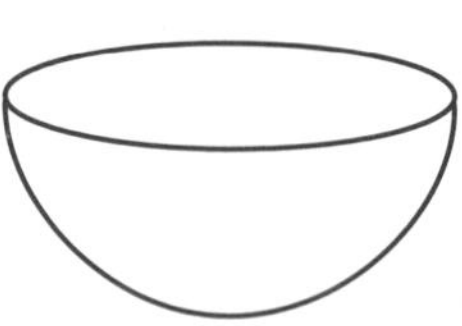

③
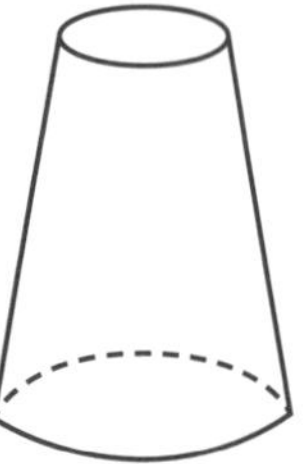

④
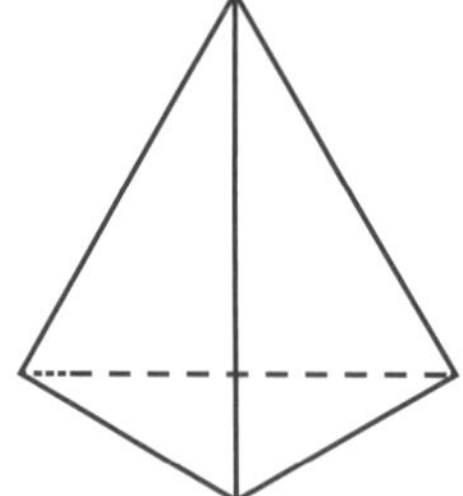

Memo

36 △△청과물에서 근무하는 P씨는 2014년부터 2017년까지의 과일과 채소의 판매량을 참고하여 내년도 판매할 상품의 수급 계획을 세워 보고하려고 한다. 다음 중 P씨의 수급 계획으로 가장 적절한 것은?

〈연도별 청과물 판매량〉

(단위 : 개)

목록	2014년	2015년	2016년	2017년
딸기	850	1160	2120	3300
바나나	1870	1660	1590	1780
오이	840	870	850	860
호박	1390	1340	1280	1250

① 딸기의 판매량은 꾸준히 증가하므로, 내년에는 좀 더 많은 수량이 필요하다.

② 바나나의 판매량은 계속 감소하므로, 올해보다 적은 수량으로 준비해야 한다.

③ 호박의 판매량은 일정하게 유지되므로, 올해와 비슷하게 준비해야 한다.

④ 오이의 판매량은 지속적으로 감소하고 있으므로, 내년에는 더 적은 수량으로 준비해야 한다.

37 도장 전문업체인 ○○인테리어에서 근무하고 있는 Y씨는 사용 예측량과 재고량을 참고해서 공사에 필요한 페인트를 미리 준비하라는 지시를 받았다. Y씨가 페인트를 구매하고 지불해야 할 가격 총액은?

〈○○인테리어 페인트 사용 예측과 재고량 조사표〉

품 목	가격(원)	사용 예측량(통)	현재 재고(통)
A	23,000	32	8
B	19,000	26	12
C	42,000	14	4
D	38,000	22	6

① 1,204,000원

② 1,526,000원

③ 1,724,000원

④ 1,846,000원

38 ○○리조트에서 근무하는 K씨는 고객으로부터 다음과 같은 예약 문의를 받았다. 객실의 예약 현황을 참고하여 K씨가 고객에게 해야할 대답으로 가장 적절한 것은?

객실	수용 인원(7세 이상 기준, 명)		이용 요금(원)	예약 현황
	기준 인원	최대 인원		
201호	2	2	150,000	예약가능
202호	2	4	170,000	예약가능
301호	4	5	200,000	예약가능
302호	4	6	210,000	예약가능

※ 기준 인원 초과 시 1인당 2만 원의 추가요금이 적용됩니다.

어른 5명과 3세와 4세 아동 2명, 이렇게 모두 7명이 묵으려고 합니다. 12월 17일에 예약가능한가요? 최대한 저렴한 비용으로 묵으려면 총 비용은 얼마인가요?

① 예약 가능합니다. 이용 요금은 15만 원입니다.

② 예약 가능합니다. 이용 요금은 20만 원입니다.

③ 예약 가능합니다. 이용 요금은 22만 원입니다.

④ 예약 가능합니다. 이용 요금은 23만 원입니다.

Memo

39 K씨는 2014년부터 2016년까지의 문화재 발굴 조사 현황을 정리하여 보고하였다. 표를 보고 K씨가 한 생각 중 잘못된 것은?

〈문화재 발굴 조사 현황〉

구 분		2014		2015		2016	
		건수	증감	건수	증감	건수	증감
발굴 조사	계	1,676	▲(11%)	1,851	▲(10%)	2,001	▲(8%)
	순수 학술 발굴	111	▲(19%)	114	▲(3%)	141	▲(24%)
	정비 목적 학술 발굴	122	▲(5%)	120	▼(-2%)	148	▲(23%)
	구제 발굴	1,443	▲(11%)	1,617	▲(12%)	1,712	▲(6%)
조사 비용(백만 원)		204,900	▲(7%)	230,200	▲(12%)	252,600	▲(10%)

▲증가, ▼감소

① 구제 발굴 건수가 가장 많다.

② 발굴 건수 합계의 증가량은 감소했다.

③ 매년 순수 학술 발굴 건수가 정비 목적 학술 발굴 건수보다 적다.

④ 조사 비용의 증가폭은 해마다 커지고 있다.

Memo

40 ○○부동산에서 근무하고 있는 K씨는 고객으로부터 수수료에 대한 문의를 받았다. K씨가 고객에게 대답해야할 수수료는?

고객 제가 보증금 2천만 원에 월세 25만 원 정도의 사무실을 구하려고 하는데, 이때 부동산 중개료는 얼마인가요?

K씨 표준 부동산 중개 수수료에 따라서 계산하면 ________ 입니다.

〈표준 부동산 중개 수수료〉

거래내용	거래금액	상한요율	한도액	중개수수료 결정	거래금액 산정
임대차	5천만 원 미만	1천분의 5 (0.5%)	20만 원	(중개수수료)=(거래금액)×(상한요율) (단 이때 계산된 중개수수료는 한도액을 초과할 수 없음)	(보증금)+(월세)×70
	5천만 원 이상 ~1억 원 미만	1천분의 4 (0.4%)	30만 원		
	1억 원 이상 ~3억 원 미만	1천분의 3 (0.3%)	없음		

① 175,000원

② 187,500원

③ 197,500원

④ 200,000원

국어 영어 수리

Memo

41 □□마트에서 상품 구매 업무를 담당하고 있는 K씨는 현재 납품 중인 4곳의 제품을 무작위로 선정하여 불량률을 조사하였다. 불량률이 가장 낮은 업체 한 곳과 다음 달 재계약을 하려고 할 때, K씨가 재계약해야 할 업체는?

〈업체별 불량품 조사 결과〉

	A업체	B업체	C업체	D업체
조사한 상품의 개수	132	152	173	112
불량품 수	11	9	10	5

① A업체

② B업체

③ C업체

④ D업체

42 △△여행사에서 고객상담 업무를 맡고 있는 P씨는 고객으로부터 다음과 같은 문의를 받았다. P씨의 답변으로 가장 적절한 것은?

고객 12월 1일 A항공을 이용하여 중국 ○○으로 출발하는 상품 중 가장 저렴한 상품을 추천바랍니다. 4인 가족 기준으로 총비용이 얼마인가요?

〈△△여행사 여행 상품 안내〉

출발시간	항공편	기간	상품명	상품 가격
12/1(금)09:00	A항공	5일	[홈쇼핑] 중국 ○○/5일 ◆리무진버스+5성급	1,110,000
12/1(금)09:00	A항공	5일	[노쇼핑+리무진] 중국○○/5일 ◆리무진버스+5성급+케이블카	1,190,000
12/1(금)20:50	B항공	5일	[다다익선] 중국○○/5일 ◆준5성급+리무진+케이블카	880,000
12/1(금)20:50	B항공	5일	[신상품] 중국○○/5일 ◆리무진+특식2회	910,000

※ A항공사 중국 ○○ 취항 이벤트: 총 비용의 5% 할인

① 총비용은 3,280,000원입니다.

② 총비용은 4,180,000원입니다.

③ 총비용은 4,400,000원입니다.

④ 총비용은 4,760,000원입니다.

Memo

43 택배운송업체인 □□통운에 근무하고 있는 Y씨는 고객으로부터 다음과 같은 운임 문의를 받았다. Y씨가 고객에게 안내해야할 운임은?

고객 가로, 세로, 높이를 합한 크기가 160cm이고, 무게가 20kg인 상자 5개를 전북 지역에서 서울로 배송하려고 하는데 운임이 얼마인가요?

〈□□통운 운임 계산표〉

중량(크기) 구분	동일지역	타지역	제주 (익일 배달)	제주 (D+2일)
2kg까지 (60cm까지)	4,000원	5,000원	6,500원	5,000원
5kg까지 (80cm까지)	5,000원	6,000원	8,000원	6,000원
10kg까지 (120cm까지)	6,500원	7,500원	9,500원	7,500원
20kg까지 (140cm까지)	8,000원	9,000원	11,000원	9,000원
30kg까지 (160cm까지)	9,500원	10,500원	13,000원	10,500원

① 40,000원
② 45,000원
③ 52,500원
④ 65,000원

Memo

44 □□건축에서 근무하고 있는 L씨는 팀장으로부터 다음과 같은 지시를 받았다. L씨가 준비해야 하는 모래와 자갈의 양은?

① 모래 120㎥, 자갈 160㎥

② 모래 120㎥, 자갈 200㎥

③ 모래 150㎥, 자갈 160㎥

④ 모래 150㎥, 자갈 200㎥

국어 영어 수리

45 봉제 인형을 제조하는 △△컴퍼니에서 생산 관리 업무를 맡고 있는 H씨는 고객으로부터 다음과 같은 문의를 받았다. H씨의 대답 중 (   ) 안에 들어갈 것으로 적당한 것은?

고객 크리스마스 시즌을 맞아 루돌프 사슴 인형을 1,000개 주문하려고 하는데요, 납품까지 시간이 얼마나 걸릴까요?

H씨 우리 회사에는 봉제 기계가 총 8대가 있고 모두 가동할 경우 30시간이 걸리지만, 마침 다른 제품 생산으로 인해 현재 6대만이 작업을 할 수 있습니다. 그래서 (   )정도 시간이 필요합니다.

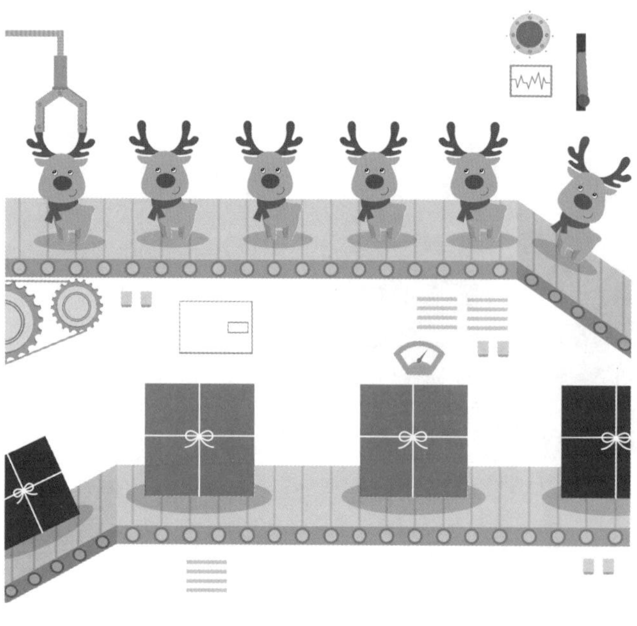

① 38시간 ② 40시간 ③ 44시간 ④ 46시간

Memo

46 ○○랜드에서 연간 회원권을 판매하는 업무를 담당하고 있는 P씨는 고객으로부터 다음과 같은 문의를 받았다. P씨가 고객과 나눈 대화 중 ( ) 안에 들어갈 것으로 가장 적절한 것은?

① 6 ② 7 ③ 8 ④ 10

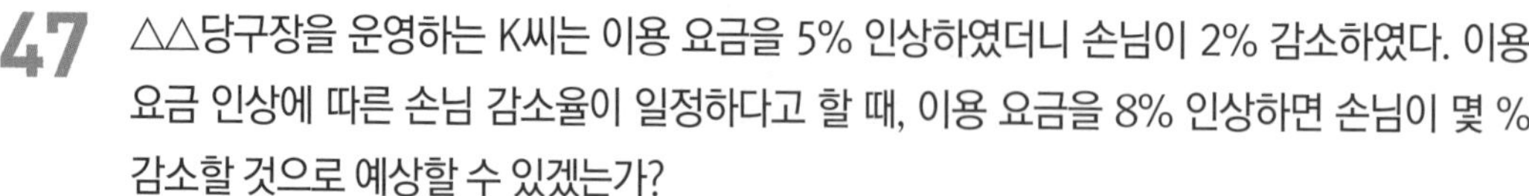

Memo

47 △△당구장을 운영하는 K씨는 이용 요금을 5% 인상하였더니 손님이 2% 감소하였다. 이용 요금 인상에 따른 손님 감소율이 일정하다고 할 때, 이용 요금을 8% 인상하면 손님이 몇 % 감소할 것으로 예상할 수 있겠는가?

① 3 %　② 3.2%　③ 3.5%　④ 3.8%

Memo

48 △△양계장을 운영하는 J씨는 원가에 20% 이익을 붙여서 달걀 3000개를 판매하려고 했으나, 이 중 1000개를 깨뜨려버렸다. J씨가 남은 달걀을 모두 판매하여 처음 기대했던 이익금을 얻기 위해 이익률을 몇 %로 올려야 하는가?

① 24 %　　② 27%　　③ 30%　　④ 33%

Memo

49 기차 기관사인 L씨는 길이가 100m인 기차로 300m 터널을 완전히 통과하는데 10초가 걸린다. L씨가 이 기차로 길이가 500m인 터널을 완전히 통과하는데 걸리는 시간은?

① 12 초 ② 15초 ③ 18초 ④ 20초

Memo

50 △△회사 영업 사원인 L씨는 오늘 회사로 출근하여 바로 거래처를 다녀와야 한다. 집에서 회사까지 가는 경우의 수는 3가지, 회사에서 거래처까지 가는 경우의 수는 5가지이다. 집에서 회사를 거쳐 거래처를 갔다가 다시 회사로 돌아오는 경우의 수는?

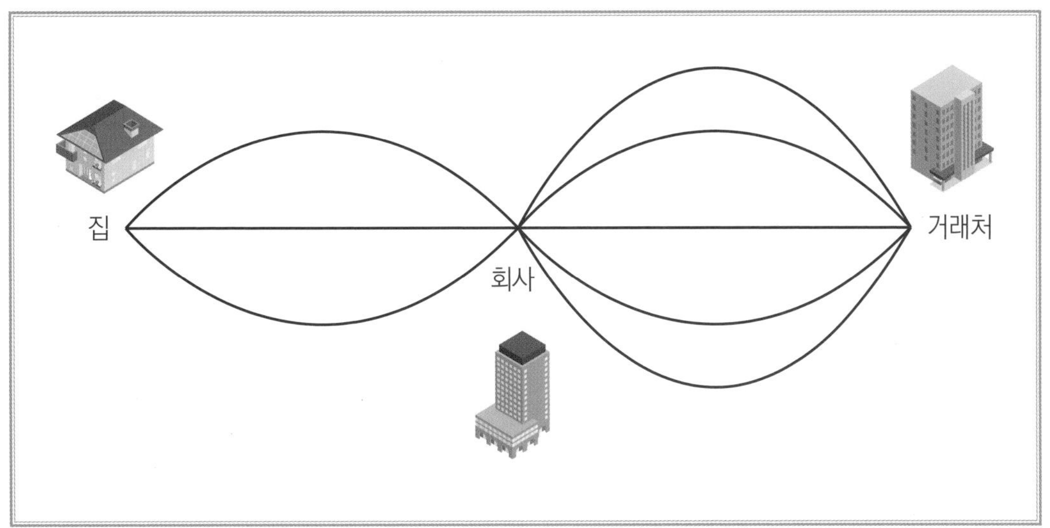

① 15가지　② 25 가지　③ 50가지　④ 75 가지

특성화 · 마이스터 고등학교 직업기초능력평가 대비

모의고사 3회

의사소통 국어 영역

3 의사소통 국어 영역

모의고사 국어 영역

Memo

01 다음은 A회사 개발부에서 근무하는 김지민 씨가 받은 전화이다. 김지민 씨가 처리해야 할 일로 적절하지 않은 것은?

> **노진홍** 안녕하세요? 재무기획부 노진홍입니다.
>
> **김지민** 아, 안녕하세요, 개발부 김지민입니다.
>
> **노진홍** 지난달 회의 이후로 몇 가지 협조 받아야 할 일들이 있어서 전화드렸어요. 이번에 출시될 T 신제품의 포장을 바꾸자는 의견이 나왔는데요, 제품 디자인팀에서 견본을 받으셨나요?
>
> **김지민** 네, 받았습니다.
>
> **노진홍** 받으셨다면 저와 마케팅 부서 쪽으로 그걸 보내 주실 수 있을까요? 소비자 반응을 알아 볼 수 있도록 말이에요.
>
> **김지민** 아, 보내 드릴게요.
>
> **노진홍** 그리고 이번 주말까지 동남아 주요 수출국 3국의 매출액을 받아 볼 수 있으면 좋겠어요. 지난번 회의 때 이 문제를 논의하지 않았거든요.
>
> **김지민** 네, 알겠습니다.
>
> **노진홍** 그리고 마지막으로 여기는 사용 가능한 회의실이 없어서 그러는데요, 그쪽 사무실에서 다음 회의를 진행할 수 있는지 알아봐 주시겠어요?
>
> **김지민** 네, 알아보겠습니다.

① 포장 디자인 견본 보내기

② 동남아 3국 매출액 알아보기

③ 신제품의 소비자 반응 알아보기

④ 개발부서에서 회의 가능한지 알아보기

02 다음은 전시장 기술지원팀에 근무하는 김지민 씨가 받은 전화이다. 김지민 씨가 가장 먼저 해야 할 일로 적절한 것은?

김지민	기술지원팀의 김지민입니다. 무엇을 도와드릴까요?
노진홍	저는 A전시장 3번 통로 27번 부스의 노진홍입니다. 무선 인터넷 연결에 문제가 생겼어요. 계속 연결이 안 되는데, 어쩌다 연결이 돼도 웹페이지가 계속 로딩중입니다.
김지민	죄송합니다만 지금 당장은 보내드릴 기사가 없습니다. 대신 그 동안 케이블을 써서 연결해 보시는 건 어떨까요? 벽에 있는 콘센트에 꽂기만 하면 됩니다. 그러면 연결될 겁니다.
노진홍	아, 그런데 저희는 케이블 선이 없어요.
김지민	그럼 사람을 한 명 보내 주시면 제가 케이블을 하나 드릴게요. 오후에는 기사를 보내드릴 수 있습니다.
노진홍	아, 그리고 또 있습니다. 내일 오후 3시에 노트북으로 프레젠테이션을 할 건데요, 정시에 반드시 시작해야 합니다. 무선 마이크 한 개와 LCD프로젝터 한 대를 주문했는데 확인 좀 해주시겠습니까?
김지민	잠시만요, 컴퓨터로 확인해 보겠습니다. 네, 맞습니다. 그 장비들이 예약돼 있네요. 늦지 않게 장비를 전달해서 설치하실 수 있도록 해 드리겠습니다.

① 유선 케이블 준비해 두기

② 기술지원 기사를 보내기

③ 노트북으로 프레젠테이션 하기

④ 무선 마이크와 프로젝터 준비하기

국어

영어

수리

Memo

03 다음은 상사에 근무하는 김지민 씨가 박 과장과 나눈 대화이다. 박 과장의 조언에 따라 발표 자료를 수정할 때 고려해야 할 요소가 아닌 것은?

박 과장 김 사원, 이번에 사장님께 보고할 신규사업 발표자료는 어떻게 진행되고 있나요?

김지민 예, 여기 있습니다.

박 과장 깔끔하게 정리는 잘 되었는데, 글씨가 너무 작지 않나요? 12포인트면 파워포인트를 띄워도 잘 안 보이겠어. 회의실도 넓은 데다가 우리가 오후 마지막 발표인데 결론이 너무 뒤에 있는 것 같아요. 사장님뿐만 아니라 다른 임원들도 지쳐 있을 텐데.

김지민 예, 제가 그 생각은 미쳐 못한 것 같습니다.

① 발표 장소

② 발표 시간

③ 발표 주제

④ 참석자의 상태

Memo

04 다음은 유통회사에 근무하는 김지민 씨가 받은 전화 내용이다. 김지민 씨가 더 물어봤어야 할 내용으로 적절하지 않은 것은?

노진홍 안녕하세요, K사의 노진홍입니다. 박 과장님 계십니까?

김지민 죄송합니다만, 박 과장님은 지금 회의 중이십니다. 전화왔다고 전해 드릴까요?

노진홍 네, 회의 끝나자마자 바로 연락 기다린다고 전해 주십시오.

김지민 네, 그렇게 전하겠습니다.

① 전화한 용건

② 전화한 시각

③ 연락할 전화번호

④ 전화한 사람의 소속

국어
영어
수리

Memo

05 다음은 전자기기 업체에 근무하는 김지민 씨가 레이저 복합기 비교표에 근거하여 상품에 대한 고객의 문의에 대답한 내용이다. 마지막에 김지민 씨가 추천할 상품으로 적절한 것은?

고 객 레이저 복합기 괜찮은 것 추천 좀 해주세요.

김지민 특별히 원하는 기능이 있으십니까?

고 객 저렴할수록 좋겠어요. 20만원 초반대를 넘지 않는 상품으로요. 휴대폰이랑 연결해서 프린트할 수 있는 기능이 있는 것으로요.

김지민 네, 메모리 용량은 크게 상관없으십니까?

고 객 비슷한 가격이면 용량이 큰 게 당연히 좋겠죠?

김지민 그러면, ( )은 어떨까요?

레이저 복합기 비교

상품명	A	B	C	D
가 격	215,000원	224,000원	209,890원	263,000원
메모리 용량	256MB	128MB	128MB	256MB
모바일 프린팅	○	○	×	○

① A 제품

② B 제품

③ C 제품

④ D 제품

Memo

06 다음은 레스토랑에 근무하는 김지민 씨가 회의에 참석하여 들은 내용이다. 이를 표로 정리한 것으로 적절하지 않은 것은?

고객이 음식점에 만족을 느끼며 다시 찾아오게 되는 요소가 무엇일까요?

일단 사람들은 음식점의 기본 전제 조건으로 위생과 청결을 생각합니다. 그리고 교통도 좋으면 좋을 것이고요, 이러한 전제 하에 가격이 합리적인 것을 생각합니다. 그리고 맛에 대한 기대감, 마지막으로 서비스의 질을 생각한다고 합니다. 이렇게 '당연히 있어야 한다'고 생각하는 내용에서부터 '있으면 좋다'라고 생각하는 요소로 나아갑니다.

음식점에 찾아오는 고객의 만족 구조

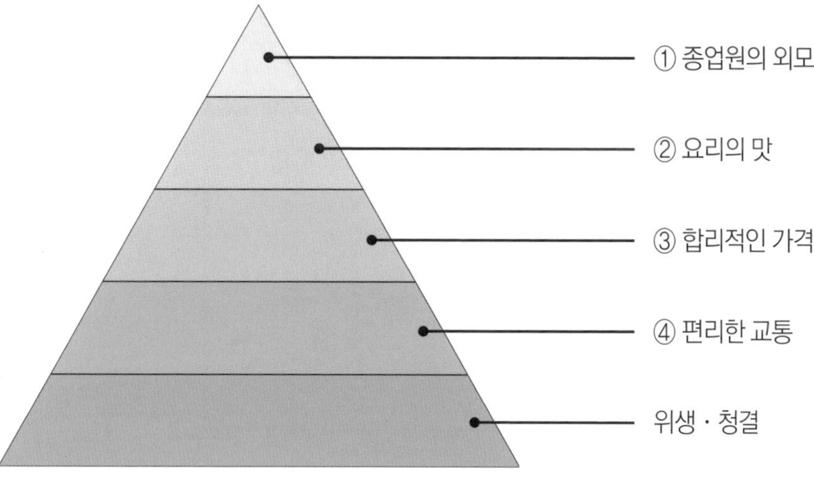

Memo

07 다음은 여행사에 근무하는 김지민 씨가 상사와 나눈 대화이다. 상사가 말하는 핵심 내용으로 적절한 것은?

> **상 사** 김 사원, 고령화 현상 때문에 요즘 노년층을 대상으로 한 산업이 부상하고 있는데, 우리 부서도 전략적으로 접근해야 할 것 같아. 여행업계에서 이쪽으로 할 만한 것이 뭐가 있는지 한번 생각해 보게.
>
> (몇 시간 뒤)
>
> **김지민** 과장님, 여행과 관련된 고령화 사업 아이디어를 찾아봤습니다.
>
> **상 사** 그래? 뭐가 있나?
>
> **김지민** 요즘 고령층 사이에 자유배낭여행이 유행이라고 합니다. 그래서 노년층 자유배낭여행 상품을 개발하는 것이 좋을 것 같습니다.
>
> **상 사** 그래? 근거가 뭔가?
>
> **김지민** 어떤 자료를 보니까 '활동적인 노년층'이라고 해서 효도여행에서 벗어난 자유배낭여행이 유행이라고 하던데요.
>
> **상 사** 그건 알겠는데 그래서 구체적인 근거가 뭐냐는 거지. 노년층들의 배낭여행이 유행이라고 했으면 근거가 있어야 하지 않을까?
>
> **김지민** 저도 언론에 나온 자료를 봐서 …….
>
> **상 사** 결론이 있으면 근거가 있어야 하는 것이 아닌가? 구체적인 근거도 없이 유행 아이템이라고 가져오면 안 되지.

① 빠르게 조사해야 한다.

② 구체적인 근거가 있어야 한다.

③ 아이디어를 풍부하게 해야 한다.

④ 미래를 예견할 줄 알아야 한다.

Memo

08 다음은 회사 영업부의 문제점에 대해 설명한 내용이다. 이를 듣고 영업부원인 김지민 씨가 이해한 것으로 적절하지 않은 것은?

상반기 영업실적이 전체적으로 작년 하반기에 비해 저조합니다. 분석한 결과를 살펴보니 꾸준히 우리 제품을 구매해 주는 고정 고객은 1명도 없더군요. 영업이라는 것은 사람을 상대하는 일입니다. 새롭고 다양한 사람도 중요하지만 믿음과 신뢰를 바탕으로 꾸준히 구매해 줄 수 있는 고정 고객이야말로 안정적인 매출에 기여하는 바가 큽니다.
그리고 지난번 판매전략에 대해 사내에서 개최한 아이디어 공모에 우리 부서에서는 지원한 분이 없다고 알고 있습니다. 판매전략은 영업과 관련되는 일로서 이런 공모에 도전해 보고 새로운 아이디어를 생각해 보는 것은 꼭 필요한 일이라고 생각합니다.

① 고정 고객을 만들어 봐야겠군.

② 도전 정신이 결여되어 있다는 말씀이군.

③ 영업과 관련한 아이디어를 표현할 기회를 잡아야겠군.

④ 사내 공모전에 모두 참가하여 부서의 위상을 높여야겠군.

국어 영어 수리

Memo

09 다음은 T기획사 물품관리부에 근무하는 김지민 씨가 구매한 물품과 관련하여 받은 전화이다. 전화를 마치고 김지민 씨가 가장 먼저 처리해야 할 일로 적절한 것은?

노진홍 K상사 노진홍입니다. T기획사 물품관리부인가요?

김지민 네, 물품관리부 김지민입니다. 어떤 일 때문에 그러시죠?

노진홍 저희가 대개는 지불 기한 초과 문제로 전화를 드리지는 않는데, 이와 관련해서 메일을 두 번이나 보냈는데 회신이 없어서요.

김지민 두 번이나 메일을 보내셨다고요? 아, 아직 확인이 안 되었나 봅니다. 죄송합니다. 그런데 구체적으로 어떤 제품을 말씀하시는 건가요?

노진홍 최근에 구매하신 사무실용 의자 말입니다. 잘 받으셨죠?

김지민 아, 의자요? 잘 받았습니다. 그런데 이미 대금을 치른 걸로 알고 있는데요?

노진홍 아, 그러십니까? 그런데 아직까지 입금이 안 되고 있습니다.

김지민 아뇨, 저희는 입금하지 않고 K상사 홈페이지에서 카드로 결제하였습니다.

노진홍 아, 그렇군요. 시스템상에 뭔가 오류가 있었던 모양입니다. 저희 쪽에는 아직 입금되지 않은 것으로 뜨거든요. 저희도 다시 확인해 보긴 하겠지만 혹시 결제와 관련한 카드 사용 내역이 있으면 캡처해서 보내 주실 수 있을까요?

김지민 네, 그렇게 하죠.

① 배송기사 연락처 찾기

② 이메일이 왔는지 확인하기

③ 카드 사용 내역서 검색하기

④ 물품이 입고되었는지 확인하기

Memo

10 다음은 T기획사에 근무하는 김지민 씨가 관련업체 직원과 전화로 대화한 내용이다. 김지민 씨가 제시할 약속 시간으로 적절한 것은?

김지민 안녕하세요, T기획 김지민입니다. 전에 말씀드린 대로 이번 기획안과 관련해서 직접 만나 뵙고 얘기를 나눠야 할 것 같은데요, 다음 주중에 시간 괜찮으신지요? 다소 바쁠 것 같기는 하지만 일정을 보니 짬을 낼 수 있을 것 같습니다. 혹시 월요일 오후 어떠신지요?

노진홍 음, 죄송하지만 월요일에는 종일 다른 고객을 만나 뵙기로 해서요. 화요일 오전 괜찮으세요?

김지민 아, 어렵겠네요. 화요일에는 일정이 빡빡하거든요. 오전에는 저희 광고대행사와 회의가 있고, 오후에는 신입사원 면접 준비를 도와야 해서요.

노진홍 그럼 어느 요일이 제일 나으신지요?

김지민 음 … 금요일 오전에는 아무 때나 가능합니다. 11시 30분까지는요.

노진홍 아. 저도 그때는 좀 여유가 있습니다. 10시까지는 시간이 됩니다.

김지민 좋아요, 그럼 ＿＿＿＿＿에 뵙죠.

노진홍 네, 좋습니다. 금요일에 뵙죠. 안녕히 계세요.

① 9시 ② 10시 ③ 11시 ④ 12시

국어 영어 수리

Memo

11 놀이공원에서 공연 진행자로 근무하는 김지민 씨는 새로운 공연 시간표를 작성하려고 한다. 다음 대화를 듣고, 김지민 씨가 작성해야 할 동절기 시간표로 가장 적절한 것을 고르시오.

팀 장 곧 11월인데 동절기 시간표로 바꿔야겠죠?
김지민 네, 제가 작성해 보겠습니다.
팀 장 좋아요, 어디 봅시다. 음 … 오후 공연 하나는 기존이랑 똑같이 하고 오전 공연은 어떻게 했더라?
김지민 오전 공연은 한 타임 줄였습니다.
팀 장 맞아, 아무래도 오전에는 이용객들이 많지 않으니까 …. 오전 공연을 하나 줄여야겠네요.
김지민 몇 시 공연을 없앨까요?
팀 장 1차 공연을 없앱시다. 사람이 가장 적을 때니까.
김지민 공연 간격은 그대로 둘까요?
팀 장 그래요. 아, 그런데 오전과 오후 공연 사이 간격은 좀 더 둬야겠어요. 점심시간도 있고 지난번에 조금 빡빡한 느낌이 들었어요.
김지민 네, 그렇겠네요.
팀 장 좀 여유있게 4시간으로 하죠. 점심 먹고, 준비하고.
김지민 네, 알겠습니다. 그렇게 작성해 보겠습니다.

하절기 공연 시간표(4월~10월)

1차 공연 - 10:00
2차 공연 - 12:00
3차 공연 - 15:00
4차 공연 - 17:00

① 1차 공연 - 11 : 00
2차 공연 - 12 : 00
3차 공연 - 15 : 00
4차 공연 - 17 : 00

② 1차 공연 - 11 : 00
2차 공연 - 15 : 00
3차 공연 - 18 : 00

③ 1차 공연 - 12 : 00
2차 공연 - 14 : 00
3차 공연 - 16 : 00

④ 1차 공연 - 10 : 00
2차 공연 - 12 : 00
3차 공연 - 16 : 00

12 출판사 편집사원인 김지민 씨는 거래 업체 담당자와 통화를 하고 있다. 대화를 듣고, 김지민 씨의 말하기에서 고쳐야 할 점으로 가장 적절한 것을 고르시오.

김지민 지구출판사 편집담당 김지민입니다.
노진홍 네, 안녕하세요. 출판을 의뢰했던 노진홍입니다.
김지민 네, 무슨 일이신지요?
노진홍 편집 완료 일정을 조금 당겨 주십사 전화드렸습니다.
김지민 원래 4주 뒤에 마감이었는데, 얼마나 당겨졌나요?
노진홍 2주 안에 마무리해 주셨으면 합니다.
김지민 2주 안에 끝내라고요? 제가 맡은 일이 이거 하나도 아니고, 갑자기 2주나 당겨 달라고 하시면 저는 어떻게 일을 하라는 말입니까?
노진홍 정말 죄송해요. 그런데 출판기념회와 관련해서 급한 사정이 생겨서요. 어떻게 좀 안 될까요?
김지민 아 … 이거 참 곤란하네요. 일단 맞춰는 보겠지만 너무 기대는 마세요.
노진홍 알겠습니다.

① 반말을 섞어 쓰고 있다.
② 자신의 기분을 퉁명스럽게 표현하고 있다.
③ 상대의 부탁 내용을 이해하지 못하고 있다.
④ 업무와 관련이 없는 사적인 이야기를 하고 있다.

국어
영어
수리

Memo

13 레스토랑에서 근무하는 김지민 씨가 매니저와 나눈 대화이다. ㉠에 들어갈 말로 적절하지 않은 것은?

> **매니저** 요즘 매출이 많이 올랐어요. 사장님께서 정말 좋아하시더라고요.
>
> **김지민** 다행이네요. 레스토랑이 잘 되면 저도 좋죠.
>
> **매니저** 특히 김지민 씨가 개발한 스파게티를 출시한 후로 매출 상승폭이 껑충 뛰었다고 하더군요. 정말 요리 쪽으로는 타고난 감각이 있으신가 봐요.
>
> **김지영** ㉠______________________________

① 칭찬해 주셔서 고맙습니다.

② 별말씀을요, 과찬이십니다.

③ 부족하지만 더 열심히 해 보겠습니다.

④ 어릴 때부터 요리를 잘한다는 말을 많이 들었습니다.

Memo

14 다음은 빵집에 근무하는 김지민 씨가 손님과 나눈 대화이다. 보기를 참고하여 김지민 씨가 고객에게 할 말로 가장 적절한 것을 고르시오.

김지민 어서 오세요.
고 객 페스트리 좀 사려고 하는데, 나왔나요?
김지민 지금이 12시니까 2시간 더 있다가 2시가 되어야 나옵니다.
고 객 아, … 그럼 다른 것 좀 둘러볼게요.
김지민 네, 고객님. 다른 종류들도 오늘 막 만든 것들이니 한번 보세요.
고 객 소보로빵은 다 나갔나요? 내일 아침에 먹으려고 했는데.
김지민 소보로빵은 10시에 나오는데요, 아까 어떤 손님께서 모임에 가져가신다고 한꺼번에 구매해 가시는 바람에 남아 있지가 않네요. 죄송합니다.
고 객 그렇군요, … 그럼 뭘 사 가나?

보기

MENU
08:00 식빵, 바게트
10:00 파이, 소보로
12:00 베이글, 크로아상
14:00 페스트리, 모카빵

① 내일 아침에 다시 오시는 게 좋겠습니다.
② 달달한 빵을 원하시면 모카빵은 어떠세요?
③ 소보로빵은 칼로리가 너무 높아서 별로입니다.
④ 식사 대용이라면 방금 나온 베이글도 괜찮은데 어떠세요?

국어 영어 수리

Memo

15 다음은 입사 2년차인 김지민 씨와 신입사원 노진홍 씨의 대화이다. 대화를 듣고, 김지민 씨가 사용한 말하기 방법이 아닌 것을 고르시오.

> **김지민** 노진홍 씨, 여기서 혼자 뭐 하고 있어요?
> **노진홍** 아, 아닙니다.
> **김지민** 얼굴이 안 좋아 보이는데, 무슨 일 있어요?
> **노진홍** 그냥 …. 요즘 좀 힘드네요.
> **김지민** 입사하신 지 얼마 되셨죠?
> **노진홍** 얼마 안 됐어요. 이제 석달 정도?
> **김지민** 아, 아직은 힘드실 거예요. 저는 이제 입사한 지 일 년 좀 넘었는데도 사실 적응이 안 된다고 생각될 때가 많아요. 작년에는 더 심했죠.
> **노진홍** 아, 김지민 씨도 그러셨군요. 제가 일을 빨리 파악해서 잘 처리해야 하는데, 그게 잘 안 되고 같이 일하는 동료에게도 폐를 끼치는 느낌이 들어요.
> **김지민** 열심히 잘해 보려는 마음 때문에 그러신 것 같은데. 처음에는 상황을 파악하는 데 시간과 연습이 좀 필요할 거예요. 그럴 땐 이렇게 밖에 잠시 나와서 바람도 쐬고 동료들과 허심탄회하게 커피도 마시면서 이야기 나눠 보면 어떨까요?
> **노진홍** 네, 고마워요. 이렇게 얘기 나누니 조금 마음이 가벼워지네요.

① 인정하고 격려해 주기

② 상대방의 감정을 공감해 주기

③ 자신의 유사한 경험을 이야기하기

④ 상대방의 말을 요약하여 상황을 인지하도록 돕기

Memo

16 직원회의에서 사내 도서관 설립에 대한 의견 발표를 듣고, 이를 요약한 내용으로 적절하지 않은 것은?

> 솔직히 근무 중에는 이용할 시간이 많지 않으니, 출근 전 아침과 퇴근 후에도 열었으면 합니다. 그리고 경영과 관련한 최신 잡지와 전문지들이 적어도 20종 정도는 항상 비치되어 있으면 좋을 것 같습니다. 그래야 다양한 시각에서 업무에 대한 현장성과 전문성을 제고할 수 있을 것이라 생각합니다. 그리고 인터넷도 언제든지 접속할 수 있도록 하고, 학술논문과 자료 등의 검색에서 유료일 경우 그런 자료도 접속 가능한 시스템이 구비된다면 좋겠습니다.

① 이른 아침과 퇴근 시간 후에도 개방

② 최신 경영 잡지, 전문지 20종 비치

③ 현장성 제고를 위해 관련 서적 저자 초청

④ 인터넷 상시 접속(유로 데이터베이스에도 접속 가능)

국어 영어 수리

Memo

17 다음 대화에서 밑줄 친 부분의 의미로 가장 적절한 것은?

> **팀　장** 김지민 씨, 사무용품 배급은 언제 할 건가요?
> **김지민** 아, 그게 어제까지 도착하기로 했는데 아직 안 오고 있어서요.
> **팀　장** 그래요? 그럼 어서 발주처에 연락해 보세요.
>
> 

① 물건을 주문한 곳

② 배송을 담당하는 곳

③ 물건을 생산하는 곳

④ 물건의 보관을 맡아 주는 곳

Memo

18 휴대폰 제조사에 다니는 김지민 씨가 보기를 읽고 요약한 내용으로 적절하지 않은 것은?

보기

10대 모바일 세대의 성향 분석

모바일 세대 10대들의 성향은 매우 독특하다. 이들은 새로운 문화적 산물인 아이돌 스타에 매우 많은 관심을 가지고 있다. 그리고 타인에게 간섭 받기를 거부하며 자신만의 개성에 따라 선택하고 행동하려고 한다. 또한 새로운 물건으로 교체하는 사용 주기가 길지 않은 편이며, 실용적인 것보다는 디자인이나 색깔 등의 디스플레이를 더 중요시한다.

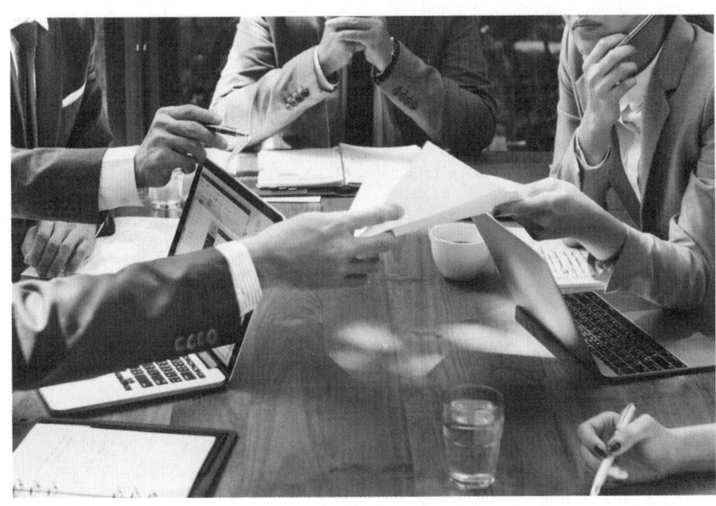

① 디스플레이 선호

② 물건을 오래 사용

③ 자신만의 개성 연출

④ 아이돌 스타에 관심

Memo

19 다음 중 중복된 표현 없이 바르게 표현한 것은?

① 새로운 신제품을 개발했다.

② 신속하고 빠르게 대처해야 한다.

③ 고정 고객을 정착시킬 필요가 있다.

④ 고객의 문의나 요청을 정리하여 보고하였다.

20 홈페이지 제작 회사에 근무하는 김지민 씨는 홈페이지 제작을 의뢰 받은 거래처 직원과 통화하려고 한다. 김지민 씨가 통화 첫머리에 해야 할 말로 가장 적절한 것은?

① 제작 비용은 얼마 정도로 생각하십니까?

② 홈페이지 제작을 맡겨 주셔서 감사합니다.

③ 이번 홈페이지 제작을 맡은 K사 김지민이라고 합니다.

④ 홈페이지 제작 방향에 대해 의견을 여쭈려고 전화했습니다.

Memo

21 다음은 김지민 씨가 거래처 담당자에게 보낸 문자 메시지이다. ㉠~㉣ 중 맞춤법에 맞게 쓴 것은?

물품 구입과 관련하여 오전에 ㉠결재를 올렸습니다. 견적서는 ㉡매일이 아닌 팩스로 보내드릴 테니 ㉢기달려 ㉣주십시요.

① ㉠결재

② ㉡매일

③ ㉢기달려

④ ㉣주십시요

국어 영어 수리

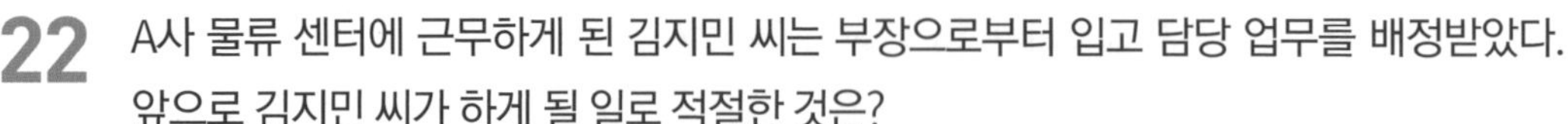

Memo

22 A사 물류 센터에 근무하게 된 김지민 씨는 부장으로부터 입고 담당 업무를 배정받았다. 앞으로 김지민 씨가 하게 될 일로 적절한 것은?

① 물건을 창고에 넣는 일

② 짐이나 상품 따위가 들어옴

③ 창고에서 물품을 꺼내는 일

④ 짐이나 상품을 내어서 보내는 일

Memo

23 다음은 영업부 신입사원 김지민 씨가 신입사원 연수를 듣고 메모한 내용이다. ㉠~㉣ 중 맞춤법에 맞는 것은?

- 매출 부진의 문제점을 스스로 ㉠ 묻기
- 문제 해결을 위해 열정을 쏟아 ㉡ 붇기
- 더 ㉢ 낳은 해결 방안 찾기
- 안 되도 ㉣ 돼게 하기

① ㉠ 묻기

② ㉡ 붇기

③ ㉢ 낳은

④ ㉣ 돼게

Memo

24 다음은 건물 관리를 맡고 있는 김지민 씨가 건물 사용의 주의 사항을 작성해 본 것이다. ㉠~㉣ 중 맞춤법에 맞는 것은?

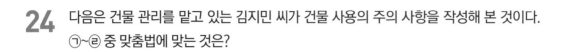

우리 건물 사용자들이 지켜야 할 일

1. 사무기기를 ㉠ 깨끗이 사용합시다.
2. 쓰레기는 ㉡ 반듯이 분리하여 버립니다.
3. 퇴근 시 전원을 ㉢ 분명이 껐는지 다시 한번 확인합니다.

※ ㉣ 일일히 말하지 않아도 위의 약속을 지키며 서로 배려합시다.

① ㉠ 깨끗이

② ㉡ 반듯이

③ ㉢ 분명이

④ ㉣ 일일히

Memo

25 다음은 신입사원 연수에서 김지민 씨가 메모한 내용이다. ㉠~㉣ 중 맞춤법이 바르지 않은 것은?

> * 하루에 1가지 이상의 핵심가치를 숙지하고 ㉠ 실천함.
> * 하루에 10명 이상의 새로운 사람을 내 사람으로 ㉡ 만듬.
> * 하루에 100자 이상의 글을 쓰며 자신을 ㉢ 돌아봄.
> * 하루에 1,000자 이상의 글을 읽으며 학습에 ㉣ 임함.

① ㉠ 실천함　② ㉡ 만듬　③ ㉢ 돌아봄　④ ㉣ 임함

26 다음은 김지민 씨가 작성한 공문이다. ㉠에 들어갈 말로 적절하지 않은 것은?

> **제목　상호 변경 안내**
>
> 1. 귀사의 번창을 기원합니다.
> 2. (주)동그라미는 아래와 같이 회사의 상호와 업무 부서가 변경되오니 참고하시어 업무 협조 부탁드립니다.
>
> \- 아　래 -
>
> 1. 변경 일자　2018년 1월 1일
> 2 변경 상호　(주)세모
> 3. 변경 사업자등록번호　108-61-45792
>
> (㉠) 업무 부서 및 내선번호 안내 1부. 끝.

① 수신　② 붙임　③ 첨부　④ 별첨

국어 영어 수리

Memo

27 다음은 제안서의 긴 문장을 짧은 문장으로 나누어 수정한 예이다. ㉠에 들어갈 말로 적절한 것은?

> **〈수정 전〉**
>
> 지금까지 적극적으로 인터넷 광고를 펼쳐 왔습니다만, 기대 고객의 누적수가 20만 명을 넘어 각 매체에 대한 노출 빈도가 높아졌기 때문에 그 효과가 떨어지고 있어, 그 대책으로 성과 보수형 인터넷 광고를 병행해야 합니다.
>
> **〈수정 후〉**
>
> 지금까지 적극적으로 인터넷 광고를 펼쳐 왔습니다. 기대 고객의 누적수가 20만명을 넘었습니다. (㉠) 각 매체에 대한 노출 빈도가 높아졌기 때문에 그 효과가 떨어지고 있습니다. 그 대책으로 성과 보수형 인터넷 광고를 병행해야 합니다.

① 그리고　　② 그럼에도

③ 그러면　　④ 그러나

28 다음은 A인터넷 쇼핑몰이 B 홈페이지 제작업체와 계약한 계약서의 일부이다. 이를 바탕으로 보기의 문제를 해석한 것으로 적절한 것은?

홈페이지 제작 계약서

제8조 홈페이지 하자

1. 홈페이지 검수 결과 홈페이지가 A가 별첨에서 요구한 세부기능과 차이가 많고 또한 오류가 심각하여 수정보완에 20일 이상의 시일이 걸리는 경우, A는 계약을 해제하고 홈페이지 폐기 및 기지급된 대금의 반환을 청구할 수 있다. 또한 이로 인하여 손해가 발생할 시에는 B에게 손해배상을 청구할 수도 있다.
2. 검수 결과 하자의 보완이 가능한 경우, B는 A가 지정한 기일 이내에 하자를 보완한 완전한 홈페이지를 납품하여야 하며 재검수를 받아야 한다.
3. 제1항과 제2항의 검수에서 불합격된 경우, A는 불완전 홈페이지임에도 불구하고 제3자에게 의뢰하여 보완이 가능하다고 판단될 시에는 잔금 지급 의무 없이 불완전 납품된 상태대로 홈페이지를 사용할 수 있다. 다만 기지급된 대금의 반환요구는 하지 않는다.

보기

A사는 B업체에서 만든 홈페이지의 오류가 심각하여 수정 보완을 요구했으나, B업체에서는 보완할 수 없는 오류였고, C업체에서 보완이 가능하다고 했다.

① A사는 B업체에게 남은 제작 비용을 지급해야 한다.

② A사는 B업체에게 20일 이내에 계약을 해지할 수 있다.

③ A사는 B업체에 이미 지불한 제작 비용을 되돌려 받을 수 없다.

④ A사는 B업체가 제작한 홈페이지를 더 이상 사용해서는 안 된다.

Memo

29 다음은 김지민 씨가 근무하는 점포와 경쟁 점포를 비교한 표이다. 이를 보고 김지민 씨가 분석한 내용으로 적절한 것은?

	입지	서비스	가격	품질
A점	◎	×	저	저
B점	○	◎	고	고
본 점포	○	△	중~고	중~고

(◎매우 좋음 ○좋음 △보통 ×안 좋음)

① 가격과 품질은 서로 반비례하는군.

② 입지가 가장 좋은 곳은 B점이로군.

③ B점포는 가격에 비해 서비스의 질이 떨어지는군.

④ 우리 점포는 서비스의 질을 향상시킬 필요가 있겠어.

Memo

30 물류회사 수송팀에 근무하는 김지민 씨는 최근 정부가 발표한 자동차 보험제도 변경에 관한 기사를 살펴보고 있다. 기사를 읽고 이해한 반응으로 적절한 것은?

> 이번 제도 개선의 핵심은 사고 건수와 함께 과실비율에 따라 보험료 할증폭이 달라진다는 것이다. 기준은 과실비율 50%다. 과실비율이 50% 미만인 피해자는 이전보다 보험료가 10% 이상 덜 오르고 50% 이상은 현행 수준의 할증폭이 부과된다. 기본과실이 적다고 해서 안심할 수는 없다. 운전 중 휴대폰 사용, DMB 시청 등 도로교통법상 금지행위를 하면 과실비율이 가중돼 50% 이상이 될 수 있다. 예를 들어 기본과실이 30%인 저과실자라고 해도 음주운전(20% 가중)과 휴대폰 사용(10% 가중)을 하면 과실비율이 50%를 초과해 제도 개선의 혜택을 받을 수 없게 되는 셈이다.
>
> 과실비율이 보험료에 적용되면 이를 둘러싼 민원과 분쟁이 늘어날 수 있다. 때문에 교통사고 과실비율의 정확한 산정 및 향후 분쟁 예방을 위해 사고 관련 현장 증거 등은 꼼꼼히 챙길 필요가 있다. 교통사고 발생시 보험회사의 '교통사고 신속처리 협의서'를 활용해 사고 내용을 신속히 기록하고, 사고 당시 블랙박스 영상과 현장사진 및 목격자 확보 등 자동차사고 과실비율을 입증할 수 있는 증거는 빠짐없이 확보해야 유리하다.
>
> -○○일보 2017년 ○월 ○일자-

① 사고 건수가 많으면 보험료 할증폭이 줄어들겠군.

② 만약 과실비율이 10%라면 무조건 보험료가 이전보다 10% 덜 오르겠군.

③ 과실률이 50% 미만이더라도 휴대폰 사용으로 사고가 났다면 20% 가중되겠군.

④ 사고가 났을 땐 경황이 없더라도 과실비율을 입증할 수 있는 증거를 잘 챙겨야겠군.

Memo

31 다음은 컴퓨터 부속기기 업체에 근무하는 김지민 씨가 고객에게 받은 이메일이다. 고객이 제기한 문제로 적절하지 않은 것은?

> 오늘 제가 주문한 스캐너 다섯 대와 청구서를 받았습니다. 몇 가지 제기할 문제가 있어 이메일을 보냅니다.
> 보내주신 청구서에 기존 배송료에 추가 금액이 1만 원이 더 붙어 있어 놀랐습니다. 전화 통화 상에서는 그 부분을 언급하지 않으셨는데, 혹시 언급하셨더라면 제가 미리 주문 수량을 고려해 그 비용을 면제해 주시는 가정 하에 구매하겠다고 요청 드렸을 것입니다.
> 그리고 청구서에서 더 중요한 점은, 제게 말씀하셨던 금액에 부가가치세가 추가되어 청구되었다는 점입니다. 저는 최초에 제시하신 금액에 부가가치세가 포함되었을 것으로 믿고 있었습니다. 이 점이 명확해지기 전에는 저희 회사에서도 대금을 지불할 수 없는 입장이니 이 문제를 신속히 알아봐 주시면 감사하겠습니다.
> 유감스럽게도 주문 자체에도 문제가 있었습니다. 통화 상으로는 스캐너에 소프트웨어가 달려 나온다고 말씀하셨죠. 그런데 스캐너만 도착했습니다. 설치를 도와주신 기사님께 여쭤보니 소프트웨어는 별도로 주문해 비용을 지불해야 한다고 하시더군요. 통화시 약속한 대로 추가비용 없이 소프트웨어를 보내 주시면 감사하겠습니다.
>
> 조속한 답장 기다리겠습니다.
> 안녕히 계십시오.

① 배송비 추가

② 부가가치세 추가

③ 설치비 별도 청구

④ 소프트웨어 미포함

Memo

32 도서관에 근무하는 김지민 씨가 〈도서관 이용 안내표〉를 기준으로 질문에 답한 내용으로 적절한 것은?

구분	도서
대상	• 서울 시민 누구나 • 서울시 소재 직장인 및 학생
신청방법	• 도서관 홈페이지 상단에서 회원가입 후 방문 신청
구비서류	• 회원가입 신청서 (회원증 발급처에 비치) • 사진(없는 경우 현장 촬영)
가입비	• 1,000원

① 질문 : 학생도 가입할 수 있나요?
대답 : 안 됩니다.

② 질문 : 신청은 바로 가서 하면 되나요?
대답 : 네, 다른 절차 없이 바로 도서관으로 오시면 됩니다.

③ 질문 : 도서관 회원가입 신청서를 컴퓨터에서 다운 받을 수 있나요?
대답 : 아닙니다. 도서관 회원증 발급처에 신청서가 있으니 와서 작성해 주셔야 합니다.

④ 질문 : 가입비는 없나요?
대답 : 네, 별도로 있지는 않습니다.

국어 영어 수리

Memo

33 공항 탑승관리를 담당하는 김지민 씨는 보기를 바탕으로 여행객들의 질문에 대답하고 있다. 다음 중 김지민 씨가 "예"라고 대답할 수 있는 질문은?

보기

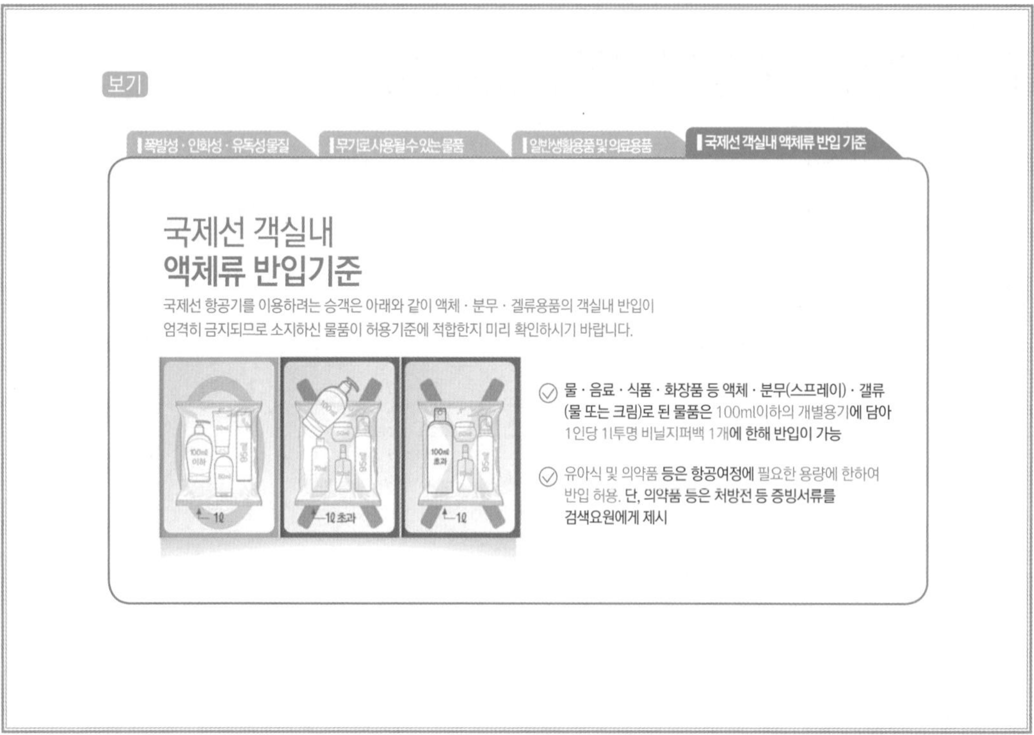

① 스킨 로션 120㎖ 정도는 가지고 타도 되나요?

② 투명한 비닐 지퍼백에 생수 1ℓ 한 통은 담아 갈 수 있죠?

③ 아기가 어려서 기내식을 먹을 수 없는데 이유식 100㎖는 가지고 탈 수 있죠?

④ 제가 정기적으로 먹는 약이 있는데 식사 후에 꼭 먹어야 해서 그냥 갖고 타도 되겠죠?

Memo

34 다음은 공사 현장 작업 안전수칙이다. 안전수칙에 맞는 행동으로 적절한 것은?

현장 작업 안전수칙

1. 단정한 복장에 안전모를 반드시 착용한다.
2. 감독자 지시에 따라 올바른 순서로 작업한다.
3. 불안전한 곳 발견시는 책임자에게 즉시 연락한다.
4. 기계, 공구는 반드시 점검 후 사용한다.
5. 고소 작업시는 안전벨트를 꼭 착용한다.
6. 전기 및 위험물 취급시는 관계자의 지시에 따른다.
7. 장비운전자는 작업 전에 항상 안전점검을 실시한다.
8. 위험구역 및 장비의 작업반경 내에 접근하지 않는다.
9. 작업장 내 음주행위는 일체 금하며 작업 중 흡연도 금한다.
10. 현장 내에서는 절대로 뛰어다니지 않는다.
11. 사전승인 없는 화기의 취급은 절대 엄금한다.
12. 작업이 끝나면 반드시 정리정돈을 실시한다.

① 작업장에서 힘들어서 잠깐 쉬면서 담배를 한 대 피웠다.

② 높은 곳에서 작업할 때 답답해서 안전벨트를 잠시 풀어 두었다.

③ 날씨가 너무 추워서 작업 감독에게 허락을 받고 모닥불을 피웠다.

④ 뒤늦게 도착한 자재를 현장에 급히 조달하기 위해 짐을 들고 뛰어갔다.

Memo

35 다음은 사무기기 회사 홍보과에 근무하는 김지민 씨가 고객의 항의에 대해 답변한 이메일이다. 이메일에 드러난 내용이 <u>아닌</u> 것은?

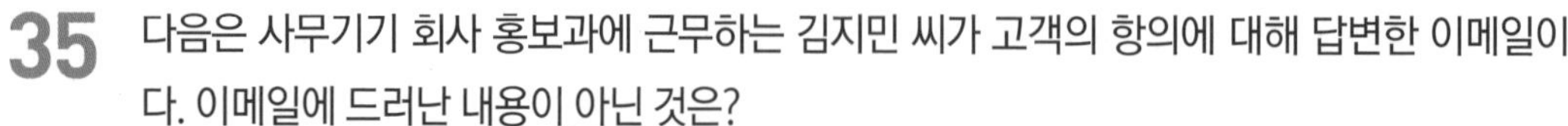

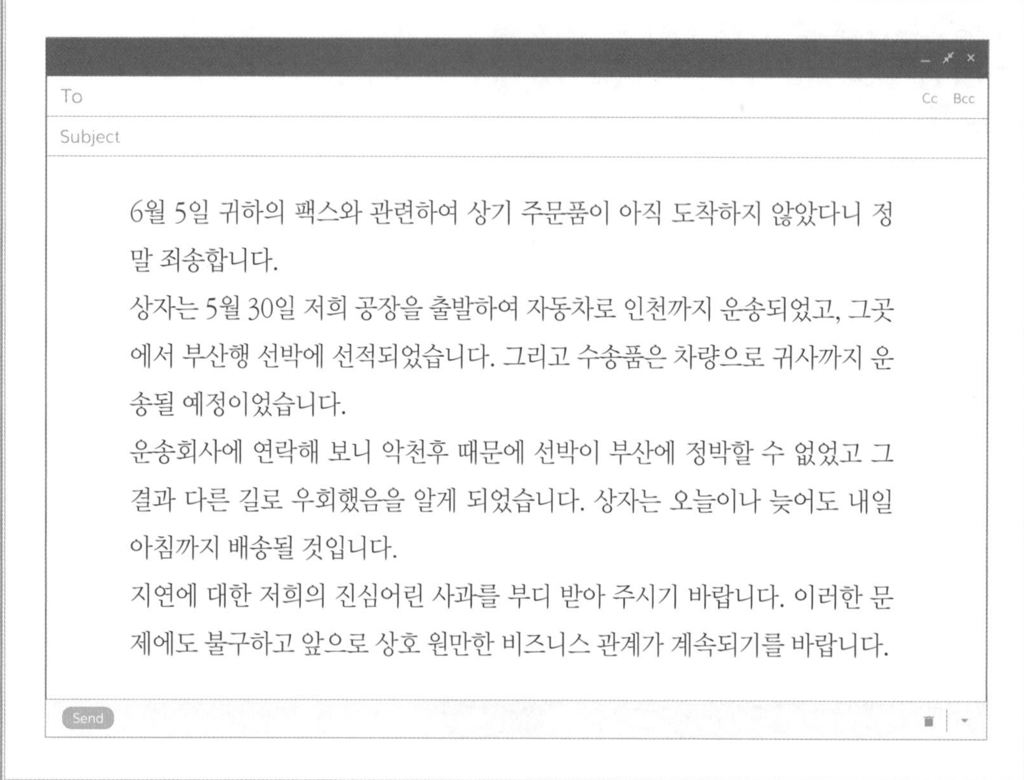

To
Cc Bcc
Subject

6월 5일 귀하의 팩스와 관련하여 상기 주문품이 아직 도착하지 않았다니 정말 죄송합니다.
상자는 5월 30일 저희 공장을 출발하여 자동차로 인천까지 운송되었고, 그곳에서 부산행 선박에 선적되었습니다. 그리고 수송품은 차량으로 귀사까지 운송될 예정이었습니다.
운송회사에 연락해 보니 악천후 때문에 선박이 부산에 정박할 수 없었고 그 결과 다른 길로 우회했음을 알게 되었습니다. 상자는 오늘이나 늦어도 내일 아침까지 배송될 것입니다.
지연에 대한 저희의 진심어린 사과를 부디 받아 주시기 바랍니다. 이러한 문제에도 불구하고 앞으로 상호 원만한 비즈니스 관계가 계속되기를 바랍니다.

Send

① 사과의 말

② 배송 과정

③ 배송 지연 이유

④ 배송 지연에 따르는 보상

Memo

36 조선소에 근무하는 김지민 씨는 신규채용과 관련하여 전화상담을 하고 있다. 아래 자료를 참고로 하여 질문에 답한 것으로 적절한 것은?

제출서류 및 입사 진행

1) 이력서(사진 부착)/주민등록등본 2통

2) 가족관계증명서 2통/3*4 사이즈 사진 4매

3) 조선소 배치전 건강검진(검진비 지원)

→ 지원방법 전화상담(병원 안내)-조선소 배치전 건강검진-서류접수-심사-안전교육-근무
(전화문의 주시면 지원절차 안내 및 지정병원 안내해 드립니다.)

조선소 취업시 배치전 건강진단서 발급 요령

신규채용 건강검진 받기 전 3~4일간은 술, 고기 종류 절대 금지

당일 아침 공복-물 외에 어떠한 음식도 금지

이유는 혈당수치 증가, 콜레스테롤 증가, 술로 인해 간수치 증가, 혈압 증가→검진 결과 탈락

진단 받은 후-진단 결과가 1~3일 정도 소요

해당 병원에 가기 전 꼭! 진료비, 증명사진 2매 및 신분증 지참

① **지원자** 건강검진은 어디서 받나요?
김지민 네, 가까운 주변 병원 어디서나 가능합니다.

② **지원자** 건강 검사 얼마 전부터 금식인가요?
김지민 검사받기 3~4일 전부터 금식하셔야 됩니다.

③ **지원자** 건강 검진 병원에 갈 때 신분증이 필요한가요?
김지민 아니요, 필요 없으십니다.

④ **지원자** 건강 검진비는 제가 다 부담하나요?
김지민 아니요, 지원받으실 수 있습니다.

국어
영어
수리

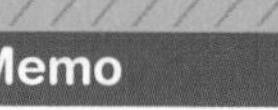

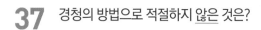

37 경청의 방법으로 적절하지 않은 것은?

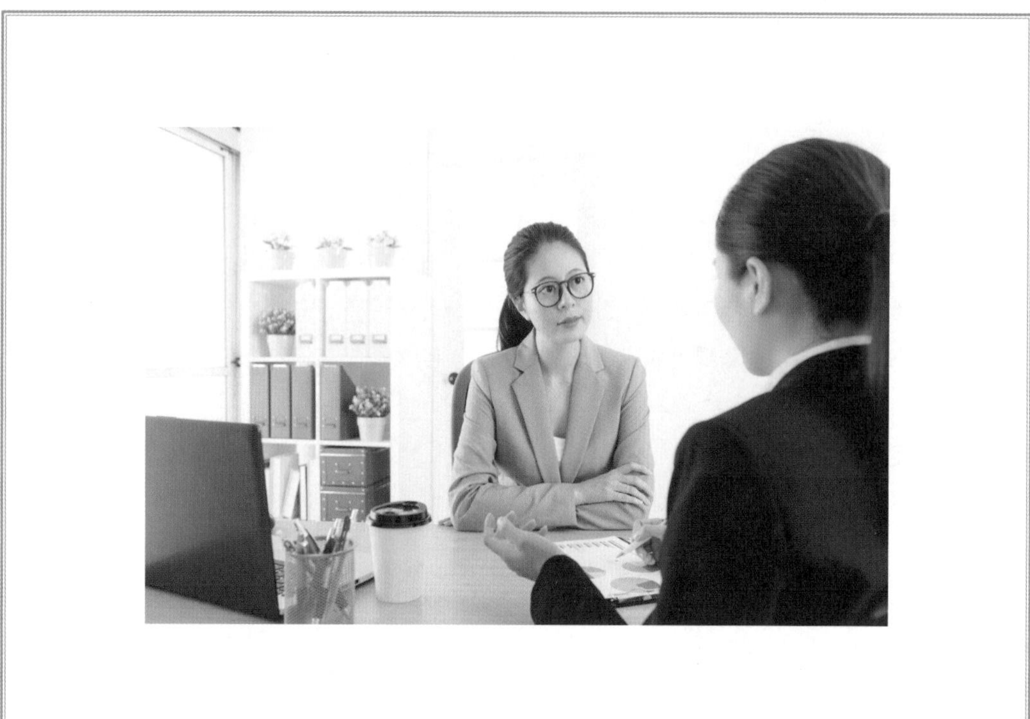

① 시선을 맞춘다.

② 말하는 순서를 지킨다.

③ 이야기를 가로막지 않는다.

④ 의견이 다를 경우 일단 반박한다.

Memo

38 다음은 회사 연수팀에 근무하는 김지민 씨가 과장의 지시에 따라 작성한 공문이다. ㉠에 들어갈 말로 가장 적절한 것은?

> 기본적인 강연 안내를 넣고, 기타 사항으로 시작하기 15분 전까지는 와야 한다고 적어 주세요. 특히 연수시간대 사내 주차장이 만원이어서 멀리 떨어진 유료 주차장에 대야 하니 웬만하면 대중교통으로 오시는 게 좋을 거라는 말도 넣어 주세요.

1월 강연 일정 안내
안녕하십니까?
연수팀 김지민입니다.

바쁘신 일정 중에도 이번 강연을 수락해 주셔서 정말로 감사드리며 자세한 강의 일정을 안내해 드립니다.

1. 강연일시　　2017. 1. 22 (목) 09:00~11:00
2. 대　　상　　사내 신규 직원 100명
3. 강의주제　　협업능력 향상의 방법
4. 기　　타 :
- 강의 시작 15분 전까지 안내 데스크로 와 주시기 바랍니다.
- (　　　　　㉠　　　　　)

궁금한 사항은 담당자 김지민(010-1234-7890)에게 연락 바랍니다.

강의 당일에 뵙겠습니다.
감사합니다.

① 유료 주차이며 주차비는 지원되지 않습니다.
② 사내 주차장이 협소한 관계로 유료 주차장을 이용해 주세요.
③ 회사에서 먼 곳에 주차하셔야 하므로 내려서 한참 걸어오셔야 합니다.
④ 주차는 지원되지 않으므로 가급적 대중교통을 이용해 주시기 바랍니다.

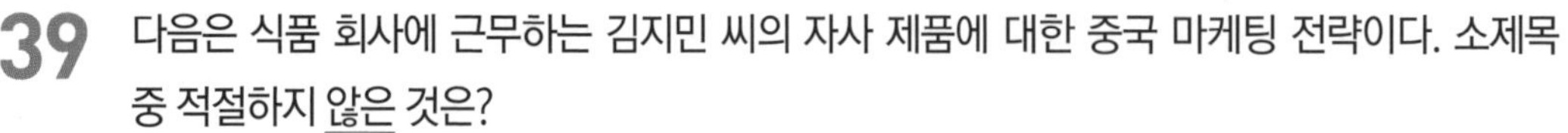

Memo

39 다음은 식품 회사에 근무하는 김지민 씨의 자사 제품에 대한 중국 마케팅 전략이다. 소제목 중 적절하지 않은 것은?

'B라면'의 중국 시장 마케팅 전략

- **제품 전략**
  - 한국 라면 특유의 매운 맛을 강조
  - 중국인에게 익숙한 컵라면이 아닌 끓여 먹는 라면으로 차별화
- **가격 전략**
  - 6천 만 명에 달하는 중국 상류층을 목표로 한 고가 전략
- **생산 전략**
  - 직영 매장을 중국 주요 도시에 건설
  - 대형 유통업체 위주로 시장 공략
- **촉진 전략**
  - 중국 내에서 유명한 한국 스타들을 이용한 스타 마케팅
  - 중국인이 가장 많이 이용하는 버스를 통한 광고 전략

① 제품 전략

② 가격 전략

③ 생산 전략

④ 촉진 전략

40 다음은 A사에 근무하는 김지민 씨가 제작한 기획서이다. 빈칸에 들어갈 소제목으로 가장 적절한 것은?

회사 소개 팸플릿 개정에 관한 제안

1. ______________

- 사장의 인사말 등이 딱딱한 이미지를 준다.
- 변경된 부서명은 스티커를 붙여 고치고 있으나 지저분해 보인다.
- 이미지가 주를 이루어 구체적인 사업 내용이 전달되지 않는다.

2. 개선 방향

- 사업 내용을 구체적으로 설명한다.
- 사원 소개나 고객의 목소리 등 활기찬 사내 풍토를 보여 준다.
- 앞으로 내용이 불가피하게 바뀔 것을 예상하여 '겉장+독립된 낱장' 파일로 만든다.

3. 구체적인 내용

- 회사의 주요 정보(소재지, 대표자, 자본금, 연락처 등)
- 4가지 주요 사업에 대한 개요
- 관련 기업 네트워크
- 사회 공헌 활동

4. 프로젝트 체제

- 사내 : 경영기획실
- 외주 : 크리에이트 플래닝사

5. 제작 비용

2,000만원

6. 일정

2018년 1월 1일부터 이용할 수 있게 한다.

7. 첨부자료

페이지 구성, 자세한 견적서

① 팸플릿 개정의 의도

② 팸플릿 개정의 목표

③ 현재 팸플릿의 문제점

④ 현재 팸플릿의 장단점

Memo

41 다음은 은행에 근무하는 김지민 씨가 계좌이동 서비스 신청에 대한 주의 사항을 작성한 것이다. 각 항목의 핵심 내용으로 적절하지 않은 것은?

계좌이동 서비스

이것만은 꼭 알고 신청하세요!

① **변경 전 은행의 대출과 예 · 적금 상품의 조건을 확인하세요.**
변경 전 계좌의 자동이체 연결이 대출상품의 금리 인하 또는 예 · 적금 상품의 금리우대 적용 조건이었다면, 고객이 출금계좌 변경시 금리우대 혜택 소멸 등 의도치 않은 불이익이 발생할 수 있습니다.

② **변경하려는 자동이체 날짜를 미리 확인 후 신청하세요.**
계좌이동을 신청한 날이 자동이체 출금일에 인접(통상 출금일 3~7일전)하여 요금청구기관이 이미 변경 전 은행에 자동이체 출금을 요청하였다면, 그 기간 동안에는 변경신청이 승인되지 않습니다.

③ **변경신청 처리 결과를 확인하세요.**
고객이 신청한 계좌이동이 정상적으로 처리되었는지 휴대폰 문자로 통지되고 있으므로, 처리 결과를 확인하시기 바랍니다.

④ **처리 결과 확인 전에는 기존 계좌를 해지하지 마세요.**
계좌이동 처리 중 기존계좌를 해지할 경우 미납 · 연체 등 피해 발생 가능성이 있으므로, 처리 결과를 확인한 이후에 구계좌를 해지하는 것이 안전합니다.

Memo

42 레스토랑에 근무하는 김지민 씨는 고객 증가를 위한 회의에서 나온 아이디어를 정리하고 있다. 항목과 세부 내용의 분류가 적절하지 않은 것은?

레스토랑 고객 증가를 위한 아이디어			
㉠ 건물 · 시설	㉡ 식사 · 메뉴	㉢ 광고 · 선전	㉣ 기타
주차장을 넓힌다	시골 엄마의 손맛 재현	역 앞에서 할인권 배부	다른 가게 조사
천정으로 밤하늘이 보이게	뷔페 스타일	인테리어 변경	메뉴별 매출 분석
휠체어도 편히 앉을 수 있게	다양한 메뉴	화려한 식탁과 의자	통행인 수 조사

① ㉠ 건물 · 시설

② ㉡ 식사 · 메뉴

③ ㉢ 광고 · 선전

④ ㉣ 기타

43 상사의 다음 지시에 따라 김지민 씨가 작성한 표로 가장 적절한 것은?

상 사　신제품이 발매되기까지의 과정을 영업 차원과 공장 차원 그리고 개발 차원에서 하는 일들로 나누어 한 눈에 그 연관 과정이 드러나도록 시각화해 보면 좋겠어요.

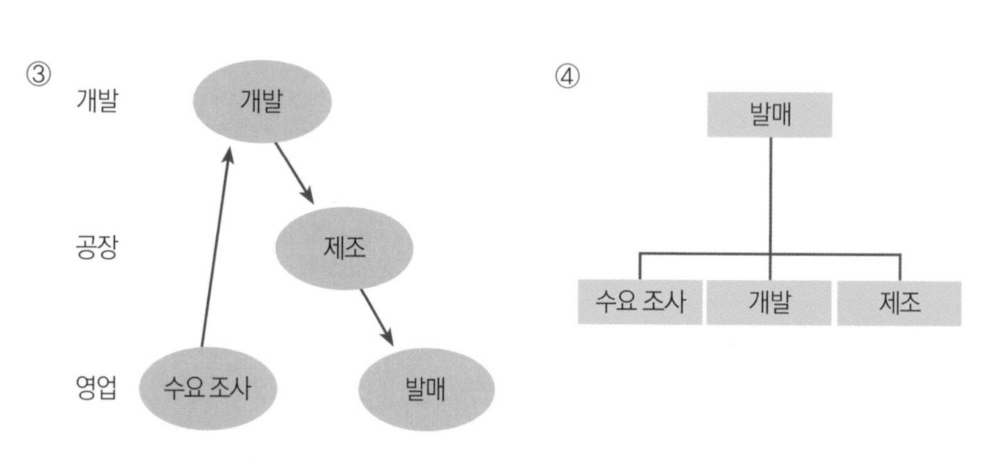

Memo

44 마트에 근무하는 김지민 씨는 고객 설문을 통해 다음과 같은 질문을 선별하였다. ㉠에 들어갈 말로 가장 적절한 것은?

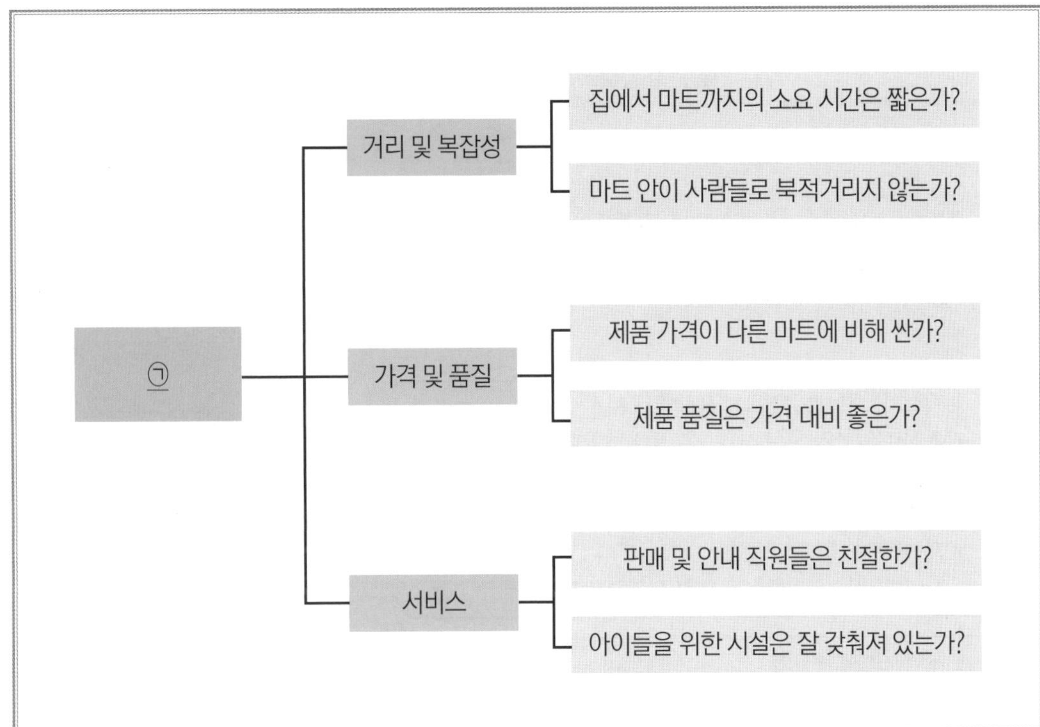

① 마트의 필요성

② 마트 선정 요소

③ 마트 운영 요소

④ 마트 이용의 단점

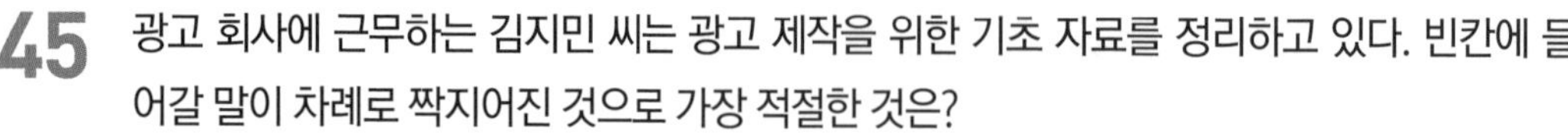

Memo

45 광고 회사에 근무하는 김지민 씨는 광고 제작을 위한 기초 자료를 정리하고 있다. 빈칸에 들어갈 말이 차례로 짝지어진 것으로 가장 적절한 것은?

> 친환경 생활공간 조성사업 제안서
>
> 기대효과
>
> 물과 바람과 새와 사람이 만나는 소통의 길
> 「바람새 길」
>
> ㉠
> - 지속가능한 개발을 통한 생태환경 보전
> - 초화류 및 수생식물 식재 · 관리를 통한 자연회생력 증진
> - 농촌 어메니티 보존 및 보전
>
> ㉡
> - 지역주민의 일자리 창출
> - 지역주민의 수익 증진을 통한 지역경제 활성화
>
> ㉢
> - 지역공동체 활성화
> - 저탄소 녹색성장의 가치 및 올바른 녹색길 이용문화 확산
>
> 18

	㉠	㉡	㉢
①	환경적 효과	경제적 효과	사회 · 문화적 효과
②	경제적 효과	환경적 효과	사회 · 문화적 효과
③	사회 · 문화적 효과	환경적 효과	경제적 효과
④	사회 · 문화적 효과	경제적 효과	환경적 효과

Memo

46 다음은 자동차 회사에 근무하는 김지민 씨가 차종별 판매대수를 그래프로 만든 것이다. 수정한 원리로 가장 적절한 것은?

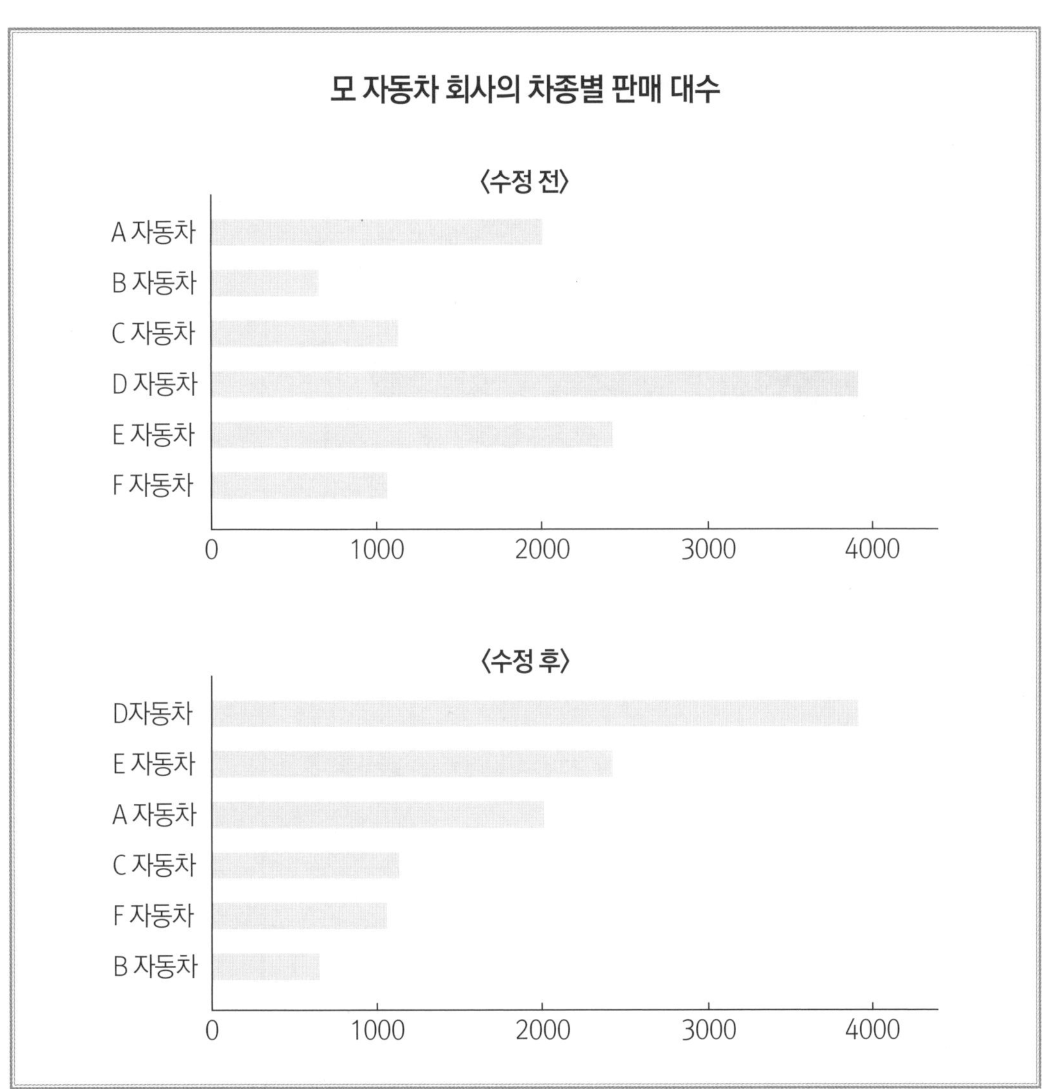

① ABC순으로 배열한다.

② 차량 기종별로 배열한다.

③ 발매 연도순으로 배열한다.

④ 판매 대수순으로 배열한다.

Memo

47 다음은 김지민 씨가 작성한 경쟁사 분석표이다. 표를 수정한 주요 기준으로 적절한 것은?

〈수정 전〉

기업명	연간 매출액	매출 신장률	주요 제공 서비스	소재지
금성상사	10억 3,000만원	23%	웹 제작	서울
갑을산업	10억 1,000만원	19%	판매점 방문 촉진	일산
동구산업	9억 9,000만원	-5%	모바일 관련	대전

〈수정 후〉

기업명	연간매출액	매출 신장률	주요 제공 서비스
금성상사	10억 3,000만원	23%	웹 제작
갑을산업	10억 1,000만원	19%	판매점 방문 촉진
동구산업	9억 9,000만원	-5%	모바일 관련

① 수치와 그래프로 비교하자.

② 매출액 기준으로 정렬하자.

③ 기호를 사용하여 신장률을 부각하자.

④ 중요한 항목만 엄선해서 정보 전달력을 높이자.

48 다음은 홍보부에 근무하는 김지민 씨가 프레젠테이션을 수정한 예이다. 수정 과정에서 사용한 핵심 전략으로 적절하지 않은 것은?

① 색깔을 통일한다.

② 간단하게 표현한다.

③ 공손한 어투를 사용한다.

④ 구체적인 투자 동기를 갖게 한다.

49 김지민 씨가 다음과 같이 프레젠테이션을 수정하는 과정에서 고려한 내용으로 적절하지 않은 것은?

실행예산에서 주목할 점

- 2012년 구매비용은 100만 원
- 2013년 구매비용은 124만 원
- 2012년 손실비용은 100만 원
- 2013년 손실비용은 90만 원
- 광고 물품 증가로 광고비 4,300만 원 추가 발생
- 위기관리 강화
- 제품 생산 프로세스 최적화 진행

현재 잔여액은 1,034,917,240원이다.
- 마케팅 예산 증가로 500,000,000원 소진 예정
- 크리스마스 이벤트를 통해 534,971,240원 소진 예정

실행예산 주요 키워드

1 구매비용 전년 대비 24% 증가
광고 물품의 증가로 인해 약 4,300만 원 추가 비용 발생

2 손실비용이 전년 대비 10% 감소
위기 관리 강화 및 제품 생산 프로세스 최적화의 성과가 나타나기 시작

3 전체 잔여액은 1,034,917,240원
마케팅 예산 증가 및 크리스마스 이벤트를 통해 소진 예정

① 최대한 상세하게 표현해야겠어.

② 한눈에 들어오도록 시각화해 보자.

③ 기억하기 좋도록 3가지로 요약하자.

④ 이어지는 부분은 함께 묶는 게 좋겠어.

Memo

50 문서이해 능력이란 작업현장에서 자신의 업무와 관련된 인쇄물이나 기호화된 정보 등 필요한 문서를 읽고 (㉠)하고 (㉡)하는 능력이다. 그리고 이를 바탕으로 자신에게 필요한 행동을 추론할 수 있어야 하며 도표, 수, 기호 등도 이해하고 해석할 수 있어야 한다.

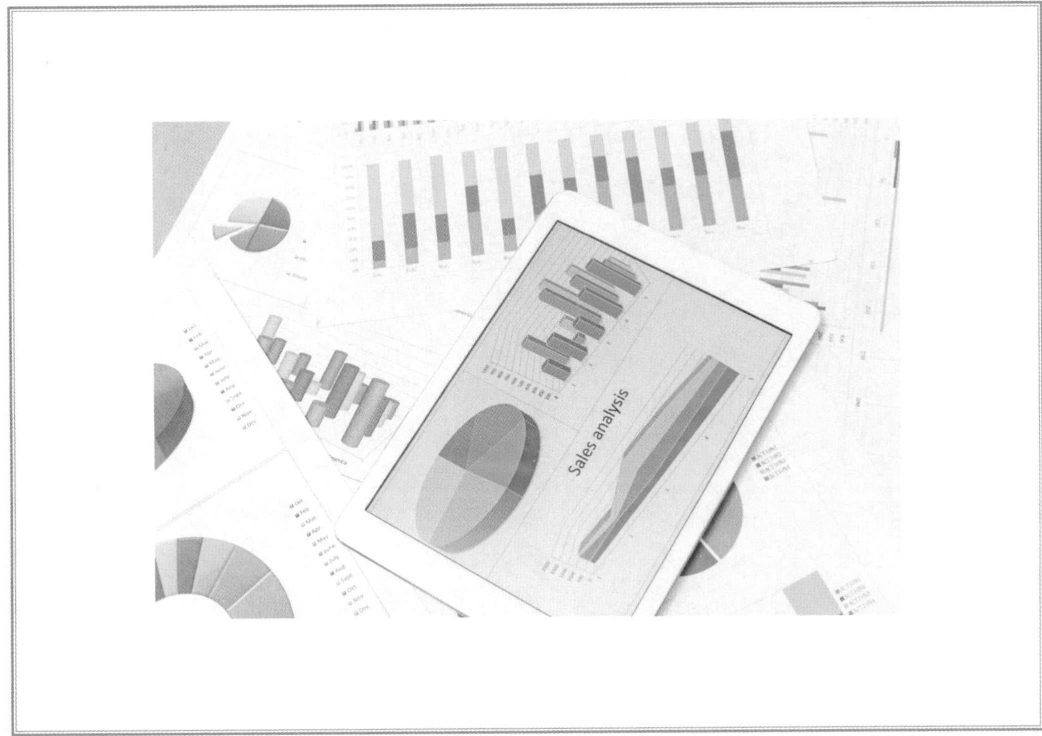

① ㉠ 내용을 이해, ㉡ 요점을 파악

② ㉠ 내용을 요약, ㉡ 내용을 시각화

③ ㉠ 내용을 시각화, ㉡ 정보를 체계화

④ ㉠ 내용을 기억, ㉡ 창의적으로 변용

특성화 · 마이스터 고등학교 직업기초능력평가 대비

모의고사 3회

의사소통 영어 영역

모의고사 영어 영역

Memo

01 다음은 문구점에 근무하는 박지은 씨와 한 손님과의 대화이다. 손님이 구입할 물건이 <u>아닌</u> 것은?

①

②

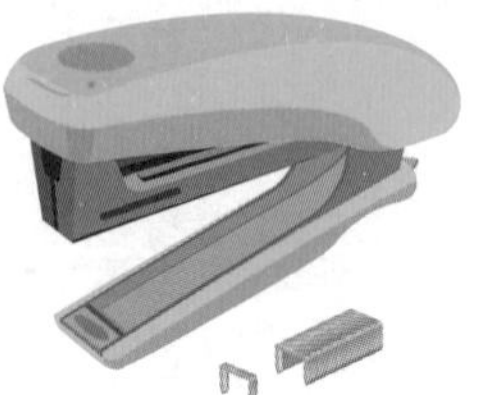

③

④

Memo

02 다음은 웨딩업체에 근무하는 김지은 씨와 남자 손님의 대화이다. 결혼식에서 남자가 입을 의상으로 고른 것은?

①

②

③

④

Memo

03 다음은 의류회사에서 인턴 디자이너로 근무하는 박지은 씨와 수석 디자이너의 대화 내용이다. 이번 디자인에서 박지은 씨가 사용한 옷감의 무늬로 선택한 것은?

①

②

③

④

Memo

04 다음은 호텔 접수대에서 김지은 씨와 투숙객인 외국인 손님이 체크인하면서 나눈 대화이다. 대화에서 외국인 손님의 마지막 말에 김지은 씨가 할 질문으로 적절한 것은?

① Oh, wonderful name.

② Is this really your full name?

③ What are you talking about?

④ Can you say that again, please?

국어
영어
수리

Memo

05 다음은 회사의 회계부서에 근무하는 박지은 씨와 다른 회사 남자 직원인 Alex와의 통화 내용이다. Alex가 전화를 한 이유는?

① 물품대금 송장이 아직 제대로 지불되지 않아서

② 물품대금 송장이 아직 준비되지 않아서

③ 물품대금 송장이 아직 도착하지 않아서

④ 물품대금 송장에 적힌 결제대금이 틀려서

Memo

06 다음은 온라인 쇼핑 회사 판매부서에 근무하는 김지은 씨와 소비자와의 대화 내용이다. 김지은 씨가 소비자에게 권장하고 있는 대금 지불 방법으로 적절한 것은?

① 신용카드 지불

② 계좌 이체

③ 체크카드 지불

④ 현금 지불

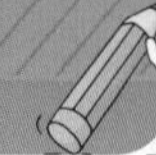

Memo

07 다음은 호텔 접수대에서 근무하는 김지은 씨와 남자 손님의 통화 내용이다. 호텔 투숙을 위해 남자 손님이 특별히 원하는 것은?

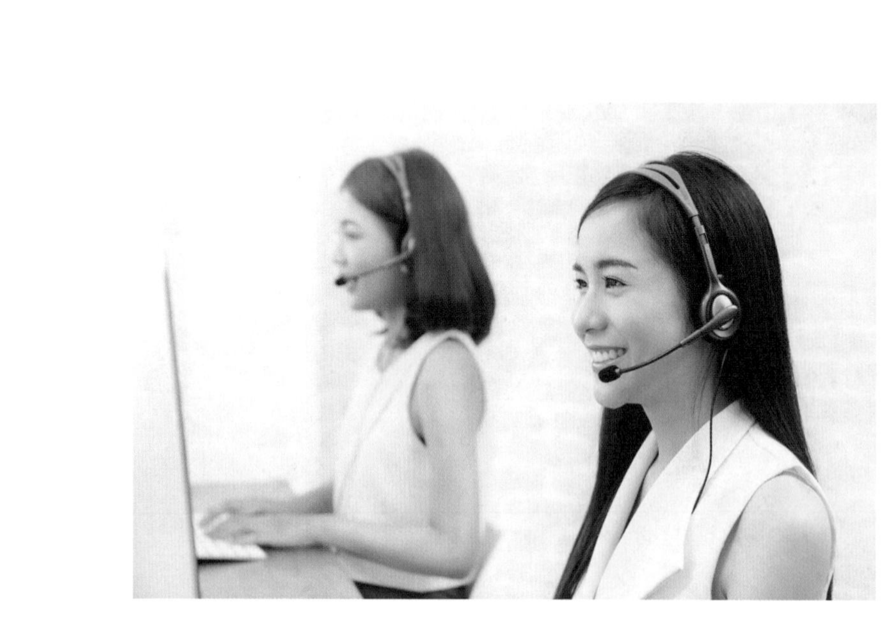

① 시각장애인을 위한 특별 할인
② 지체장애인을 위한 특별 할인
③ 시각장애인을 위한 특별 시설
④ 지체장애인을 위한 특별 시설

Memo

08 다음은 병원에서 간호사로 근무하는 박지은 씨와 내원환자의 대화 내용이다. 환자는 어디가 불편해서 병원에 온 것일까?

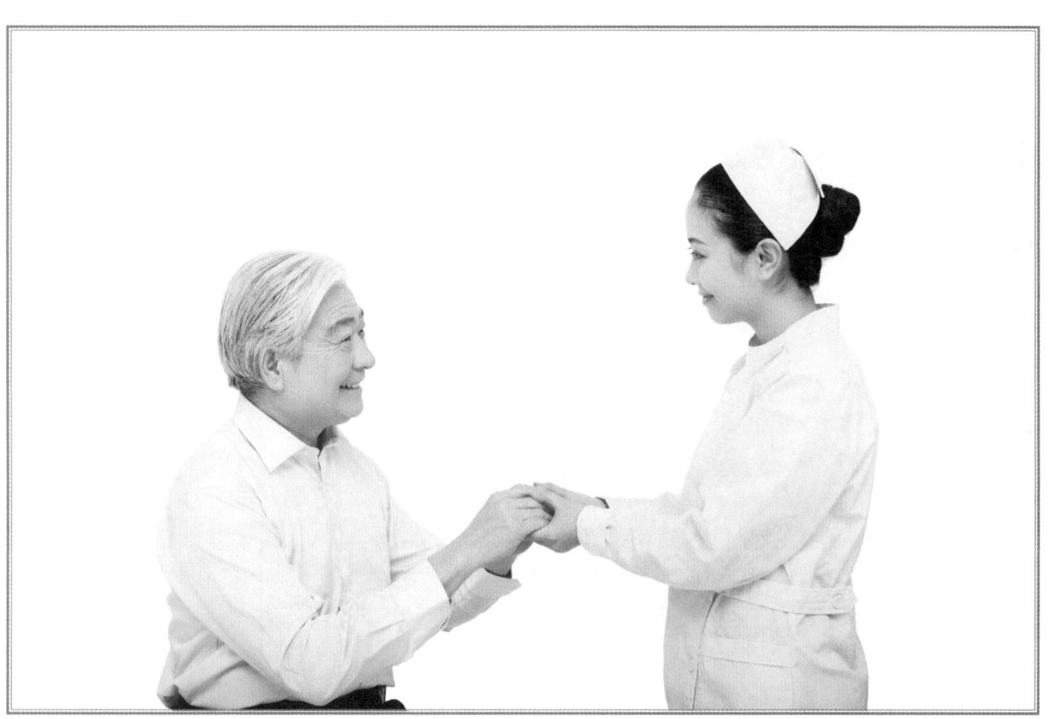

① 심한 위통으로

② 심한 소화불량으로

③ 심한 치통으로

④ 심한 불면증으로

Memo

09 다음은 스포츠 센터에서 헬스 트레이너로 근무하는 박지은 씨와 헬스 회원 남자와의 대화 내용이다. 건강과 체중조절을 위해 박지은 씨가 추천하는 건강 유지법이 아닌 것은?

① 균형잡힌 식단

② 적절한 양의 음식 섭취

③ 적절한 운동

④ 적정한 수면

Memo

10 다음은 치과병원에 근무하는 김지은 씨와 환자의 예약 전화 내용이다. 환자가 예약한 치과 진료 시간은?

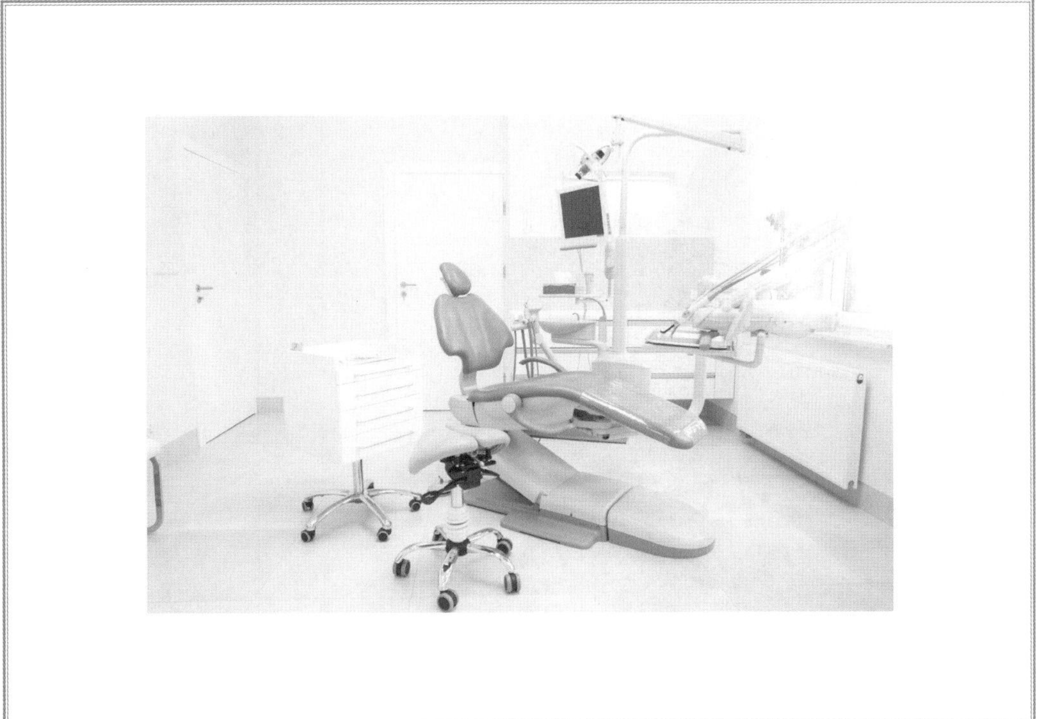

① 2 p.m.
② 3 p.m.
③ 4 p.m.
④ 5 p.m.

Memo

11 다음은 헤어 디자이너로 근무하는 김지은 씨와 한 고객과의 대화 내용이다. 고객이 원하는 서비스로 알맞은 것은?

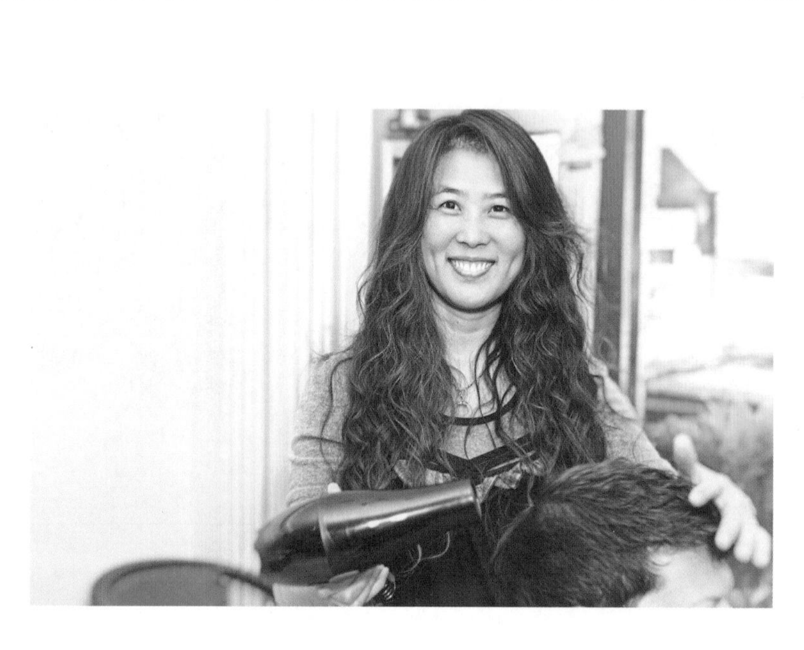

① 옆 머리카락을 자른 후 샴푸

② 머리끝 정리 후 세팅 드라이

③ 염색 후 샴푸

④ 파마 후 세팅 드라이

Memo

12 다음은 호텔 프런트에서 근무하는 박지은 씨와 한 투숙객의 대화 내용이다. 투숙객이 원하는 것은?

① 체크아웃 시간을 알고 싶어 한다.

② 체크아웃 시간을 미루고 싶어 한다.

③ 체크아웃 때까지의 객실료를 미리 지불하고 싶어 한다.

④ 체크아웃에 대한 호텔 규정을 알고 싶어 한다.

Memo

13 다음은 호텔 사우나에서 계산원으로 근무하는 김지은 씨와 손님의 대화이다. 원하는 서비스를 받기 위해 손님이 먼저 해야 할 일은?

① 데스크에 귀중품을 맡겨야 한다.

② 일정 금액을 상자에 넣어야 한다.

③ 상자에 물건을 가득 채워야 한다.

④ 양식을 작성하고 서명해야 한다.

Memo

14 다음은 레스토랑에서 주방 보조로 근무하는 박지은 씨와 요리사와의 대화이다. 요리사의 요청에 따라 박지은 씨가 하게 될 행동들을 바르게 나열한 것은?

① 재료 준비 → 재료 씻기 → 재료 자르기 → 재료 튀기기 → 재료 식히기

② 재료 준비 → 재료 자르기 → 재료 섞기 → 재료 데치기 → 재료 튀기기

③ 재료 준비 → 재료 씻기 → 소스 만들기 → 수프 만들기 → 음식 냉장 보관하기

④ 재료 준비 → 재료 자르기 → 수프 만들기 → 소스 만들기 → 음식 냉장 보관하기

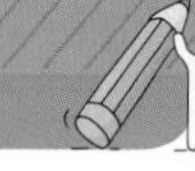
Memo

15 고객 서비스 센터 가전 파트에 근무하는 Ms. Kang이 외국인 고객과 전화 통화를 하고 있다. 통화 후 고객이 해야 할 일로 가장 적절한 것은?

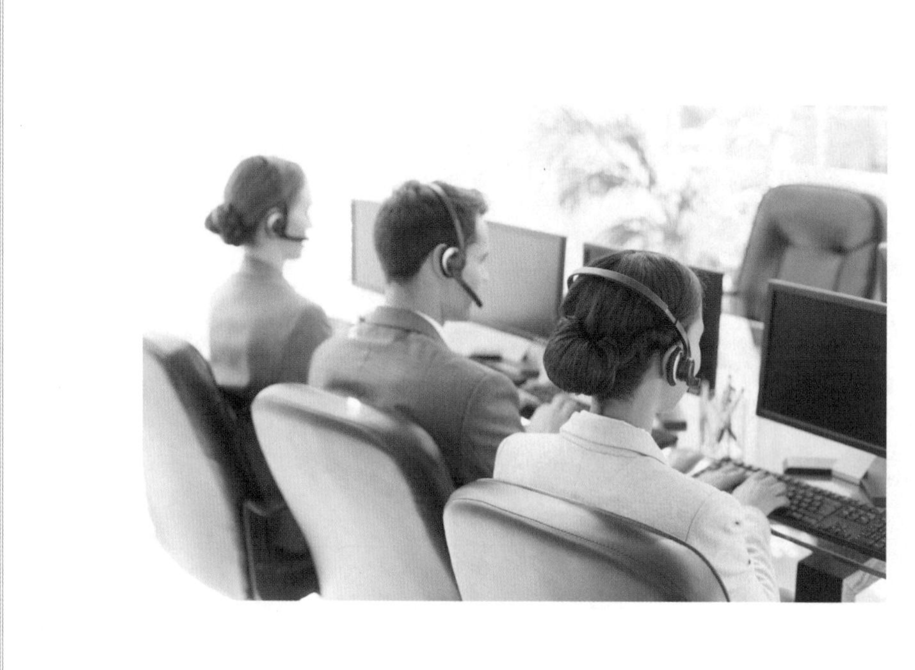

① 서비스 센터에 전화한다.

② 휴대폰을 택배로 보낸다.

③ 서비스 센터로 간다.

④ 휴대폰의 전원을 끈다.

Memo

16 다음은 광고회사에 근무하는 김지은 씨가 광고를 만들기 위해 바탕글로 작성한 내용이다. 아래 내용에 대한 제목을 붙일 때 가장 적절한 것은?

[Title] ______________________________

- 98% of text messages are read, compared to 22% of emails.
- SMS has remained flexible, and is still a primary method of mobile communication.
- 97% of mobile users will read an SMS message within 15 minutes of receiving it.
- SMS is the easiest, most economical, simplest way of landing up in users' mobile phone inbox.
- Unlike email, SMS is unfiltered and straight to the user.

① Marketing target
② N generation; They love SMS
③ Mobile phone; Better communication
④ Why SMS is a better marketing method

Memo

17 다음은 패션업체 입사를 위해 인터뷰를 하고 있는 박지은 씨와 면접관의 대화이다. 아래 대화에서 박지은 씨가 말하는 자신의 장점이 아닌 것은?

Man What are your strengths in this field?

Jieun I am a kind of fast learner and early adapter. I can learn new things quickly, trying new ideas without hesitation. I am also a fast sewer and good at computer programs such as Microsoft excel, powerpoint and so on. I really eager to work here.

Man How are your English communication skills?

Jieun I have studied English for around ten years from elementary school and interacted with some English speaking people. They say my English has improved a lot in a short period of time, and I am very happy to talk in English now.

① 조직 이해 능력

② 컴퓨터 활용 능력

③ 봉제 실력

④ 외국어 소통 능력

Memo

18 다음은 온라인 쇼핑몰을 운영하고 있는 김지은 씨가 우량 손님인 William에게 판촉 메시지를 보내는 SMS 메시지 화면이다. 화면에서 코드를 입력한 William에게 보낼 만한 응답 메시지 Ⓐ로 가장 적절한 것은 무엇인가?

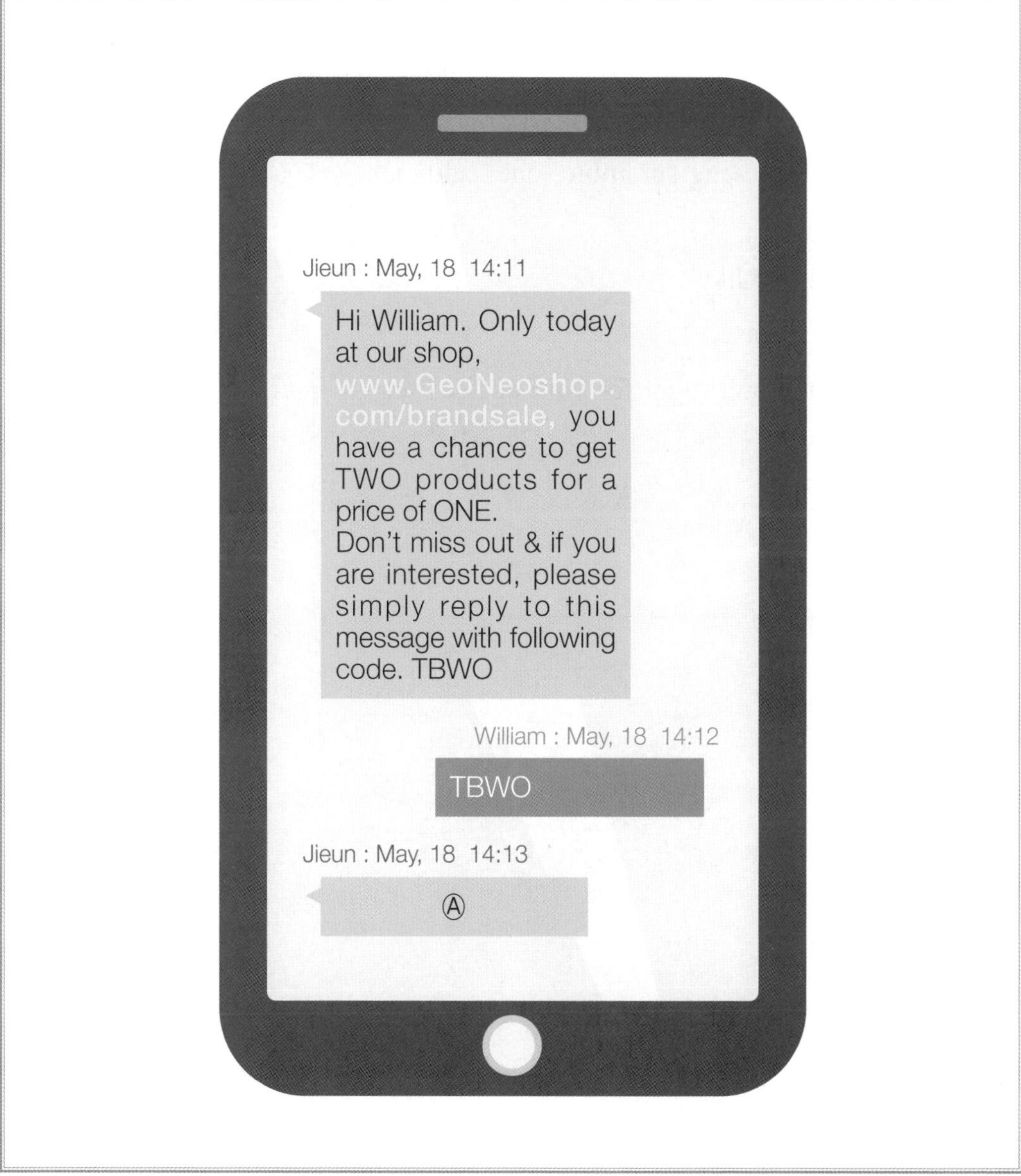

① Thank you for your cooperation, William.

② Thank you, William. Your code is activated.

③ William, congratulations for your success.

④ Sorry, William. You got a wrong number.

Memo

19 다음은 패스트푸드점에서 근무하는 박지은 씨와 한 외국인 손님과의 대화이다. 외국인 손님이 주문한 음식이 아닌 것은?

Jieun Hello. Good morning. What would you like to order?
Man Yes. I'd like to order a meal.
Jieun What kind of meal do you want? You can choose on the screen.
Man Well, I'd like to have a meal of one egg scramble, one sandwich, and two sausages.
Jieun Yes. What kind of drinks would you like?
Man I want a Sprite and a hot coffee, please.
Jieun Would you care for some creamer and sugar for your coffee?
Man A lump of sugar please.
Jieun What about the size for Sprite?
Man Just medium. please.

① 

② 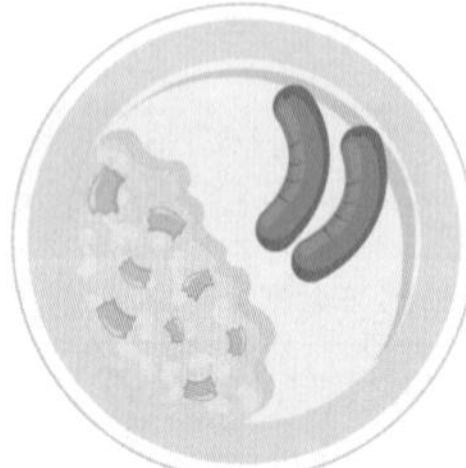

③ 

④ 

Memo

20 다음은 민속촌 기념품점에서 근무하는 지은 씨와 한 외국인 손님의 대화이다. 외국인의 마지막 말에 대해 할 수 있는 말로 가장 적절한 것은?

> **Jieun** Welcome. May I help you?
>
> **Man** Yes. I am looking for some souvenirs for my wife.
>
> **Jieun** We have many kinds of souvenirs. Do you have anything in your mind?
>
> **Man** Well, I like something unique. She already has a lot of Korean souvenirs. Anyway, can I look around the shop first?
>
> **Jieun** ____________________.

① The total comes to 30,000 won and tax free.

② Certainly. Please take your time.

③ Thank you for your information.

④ It looks remarkable.

Memo

21 미국에 출장을 간 Mr. Kim이 직장 동료들에게 줄 선물을 사기 위해 기념품 가게를 찾고 있다. 빈칸에 들어갈 말로 적절한 것은?

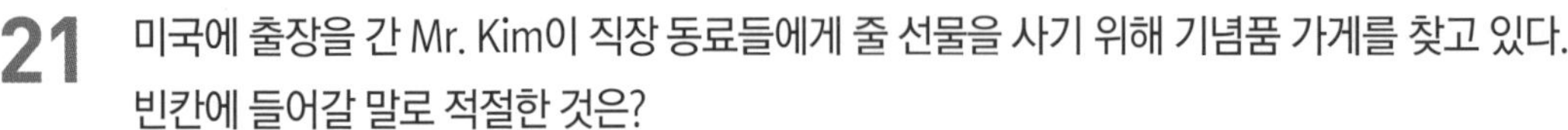

Mr. Kim Where is the ______________?

Foreigner Go straight ahead.

① entrance

② souvenir shop

③ mobile shop

④ exit

Memo

22 가전제품 코너에 근무하는 Mr. Kim이 외국인 고객과 상담을 하고 있다. 상담하고 있는 제품의 장점은?

Mr. Kim	How can I help you?
Foreigner	I'm looking around new Laundromat. Will you recommend me a good one?
Mr. Kim	Of course. This product is in a great demand due to having an excellent washing power.
Foreigner	Sounds good! Are there any extra features?

① 효율적인 에너지

② 튼튼한 내구성

③ 할인 기간

④ 우수한 세탁력

23 레스토랑에 근무하는 김지은 씨가 스테이크를 주문한 외국인 고객에게 할 질문으로 가장 적절한 것은?

① How would you like it cooked?

② May I take your order?

③ Are you looking for something special today?

④ Do you have anything in mind?

Memo

24 보석 가공업체에서 디자이너로 근무하는 김지은 씨가 1년 간의 한국 생활을 끝내고 미국으로 돌아간 외국인 동료에게 전한 메시지의 내용으로 가장 적절한 것은?

> **To: Mr. Gilbert Samson**
> EASTPACK Management, INC.
> 24 Main Street
> New York, NY 100245
> Dear Gilbert
> My heartiest congratulations on your promotion.
> Your advancement reflects the quality and creativity that have characterized your work in your company.
> Best wishes for your success.
> Best regards.
>
> July 1st, 2017
>
> *Jieun Kim*
>
> Jieun Kim
> Manager, Department of human resources
> **From: Jieun Kim**
> GEONEO Management, INC.
> 21, Yahyun 1 gil, Dongdaemun,
> Seoul, Korea

① We apologize for your inconvenience.

② How long have you been here?

③ Thank you for your hard work.

④ Let's give it our best shot!

국어 영어 수리

25 다음은 외국인 회사에 컴퓨터를 설치해 주고 있는 Mr. Kim과 외국인 직원과의 대화이다. 대화의 주된 내용으로 적절한 것은?

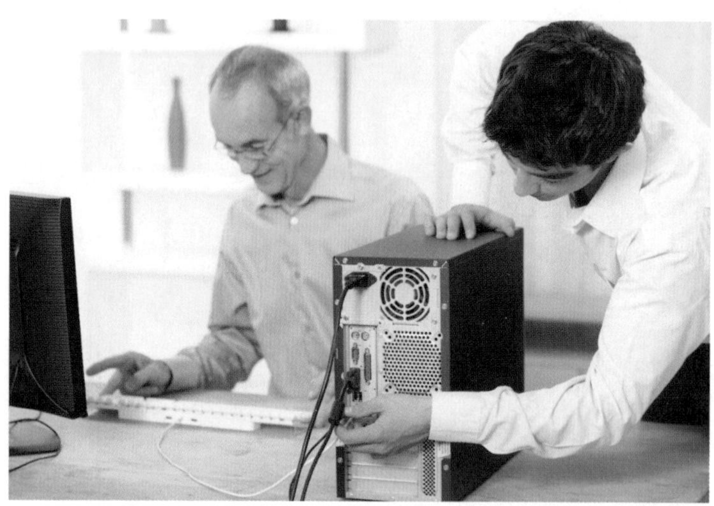

Mr. Kim	Where are you going to install this computer?
Foreigner	Please place it on top of this desk. And then, I want to check the warranty period on this product.
Mr. Kim	This computer carries a one-year warranty.

① 보증 기간

② 판매 기간

③ 할인 기간

④ 배송 기간

Memo

26 가전제품 매장에서 판매를 담당하고 있는 Mr. Kim이 외국인 고객과 대화하고 있다. 고객이 궁금해 하는 것으로 가장 알맞은 것은?

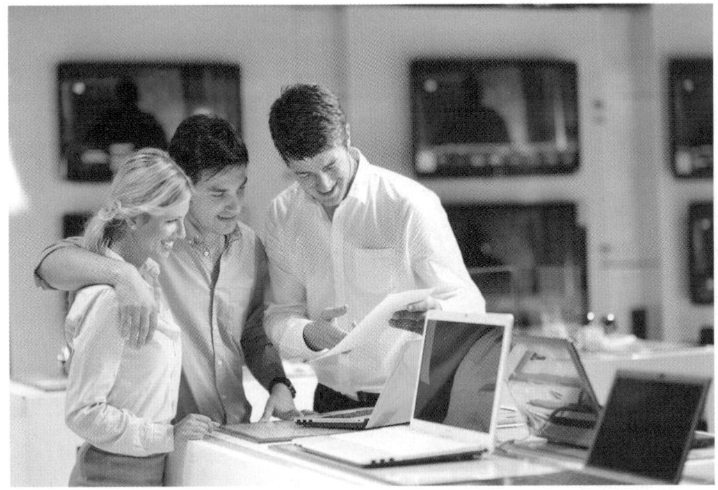

Mr. Kim　What can I do for you?

Foreigner　I'd like to know the pros and cons of this product.

① 제품 가격

② 제품의 성능

③ 제품 제조일

④ 제품의 장단점

Memo

27 에너지 관련 다국적 기업에 근무하는 박지은 씨는 에너지 사용에 관한 발표를 하고 있다. 발표 중 일부인 아래 도표를 바르게 이해한 반응으로 알맞은 것은?

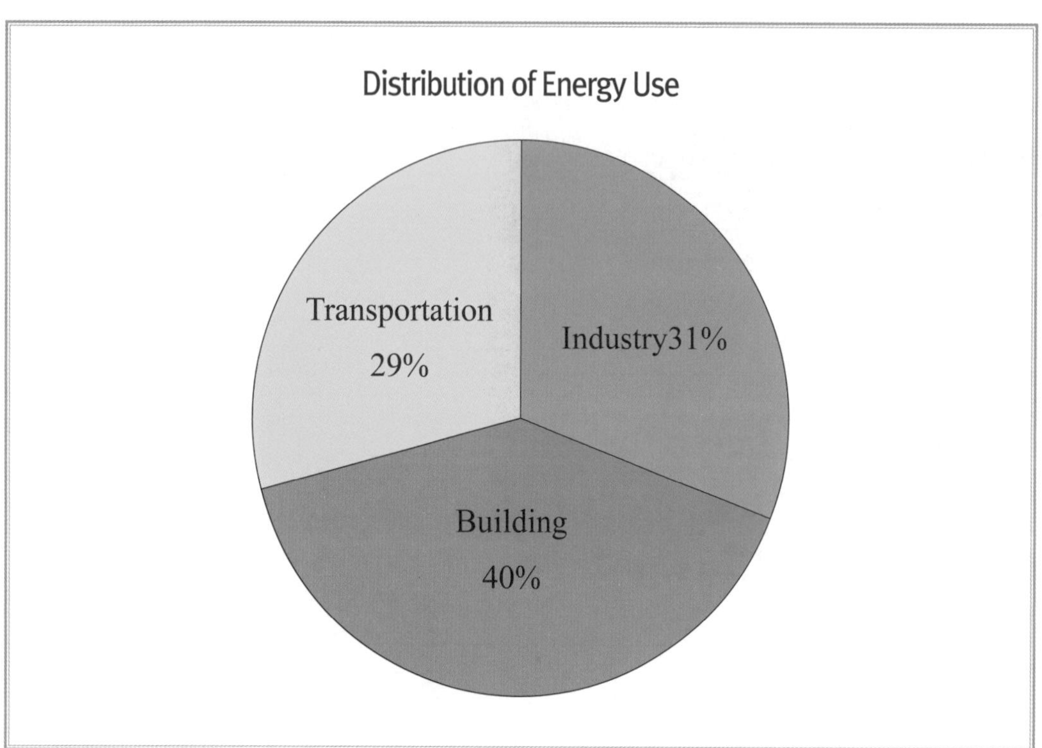

① 산업 분야에 가장 많은 에너지를 사용하고 있군.

② 건물 분야에 두 번째로 많은 에너지를 사용하고 있군.

③ 모든 분야가 똑같은 비율로 에너지를 사용하고 있군.

④ 운송 분야에 가장 적은 에너지를 사용하고 있는 것이 의외군.

Memo

28 한국에 출장 온 Mr. David가 공항에 도착해 자신을 마중 나온 한국인 직원 Mr. Kim과 전화로 대화를 나누고 있다. Mr. Kim이 이해한 것으로 가장 적절한 것은?

Mr. David Hello? This is David. I've just finished all entry process, I walked out of the building.

Mr. Kim Outside? Where are you now?

Mr. David I don't know exactly, but I'm standing in front of 'Domestics' and 'International' sign.

① 국내선과 국제선을 안내해 주는 간판 앞에 서 있군.

② 대중교통을 안내해 주는 간판 앞에 서 있군.

③ 외국인과 내국인을 안내해 주는 간판 앞에 서 있군.

④ 비자가 꼭 필요한 사람들을 안내해 주는 간판 앞에 서 있군.

Memo

29 다국적 기업에서 수출입을 담당하고 있는 Mr. Kim이 미국 회사 담당자와 통화하려 했으나 부재중이어서 메모를 남기려 할 때 할 말로 알맞은 것은?

① Can I take your message?

② I'll call again later.

③ May I take an order?

④ Can I leave a message?

Memo

30 외국계 패션 회사에 다니는 김지은 씨가 외국인 동료와 대화를 나누고 있다. 빈칸에 들어갈 표현으로 적절한 것은?

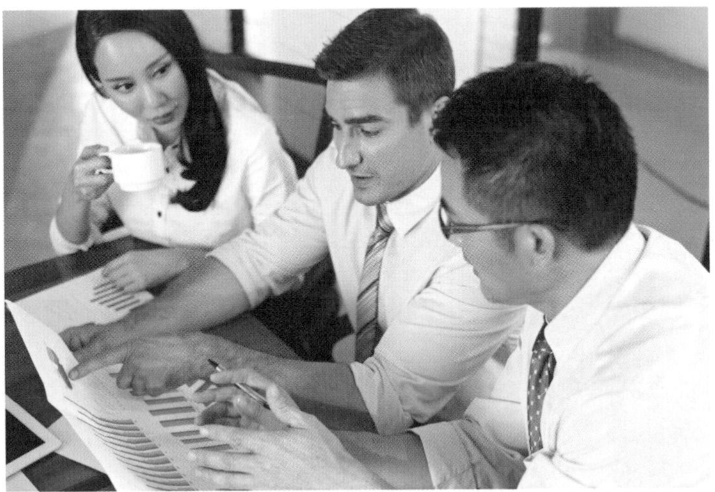

Foreigner	_______________ presentation about fashion trend?
Jieun	Not yet. I'm still working on it.
Foreigner	Is your presentation scheduled for tomorrow?
Jieun	Yes, actually I'm very nervous.

① Can I have something

② Are you done with

③ How much is the

④ Are you trying to say

31 회사에 출근하던 김지은 씨가 막 문이 닫히려는 엘리베이터로 뛰어가서 올라탄 후 엘리베이터 안에 있는 사람에게 할 말로 적절한 것은?

① Sorry to call you so late.

② Sorry I can't help you.

③ Sorry to bother you.

④ Sorry to bring you down.

Memo

32 외국 바이어들 앞에서 자사 제품의 우수한 점을 설명하던 박지은 씨가 발표를 마무리하려고 할 때 시작하는 말로 가장 적절한 것은?

① Please take a look at ...

② According to the newspaper ...

③ The purpose of this presentation is ...

④ In conclusion ...

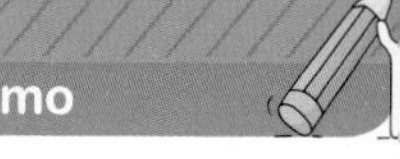
Memo

33 다국적 화학기업에서 향수 원료를 연구 중인 박지은 씨가 재료 배합에 필요한 초정밀 저울을 구매하려고 보낸 메일의 일부이다. 빈칸에 들어갈 표현으로 알맞은 것은?

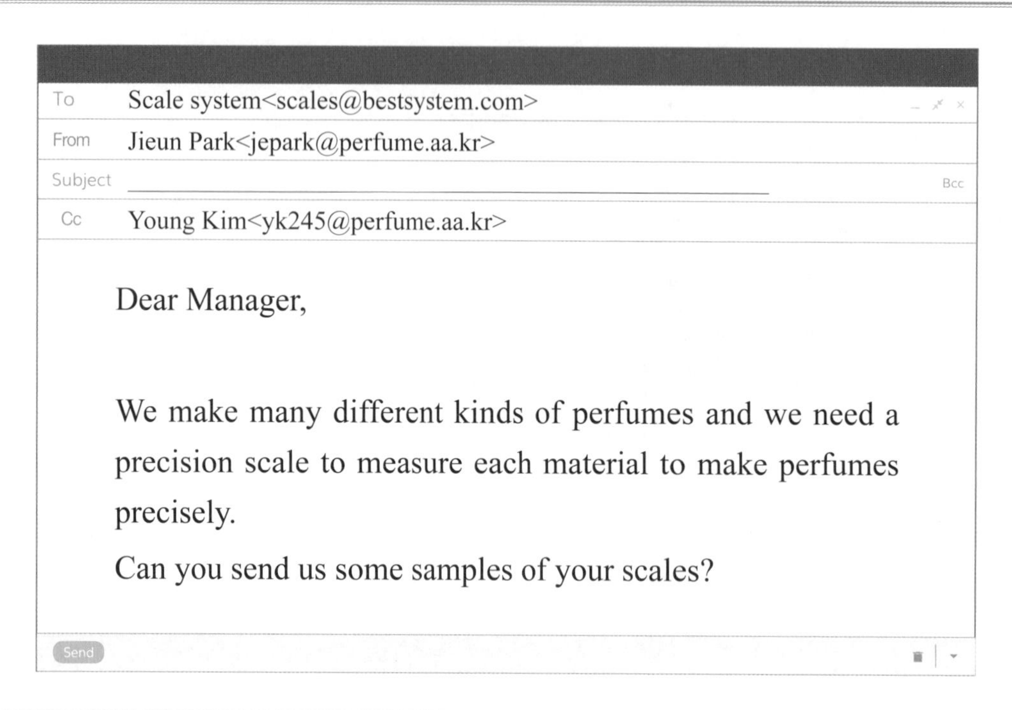

To Scale system<scales@bestsystem.com>
From Jieun Park<jepark@perfume.aa.kr>
Subject ______________________ Bcc
Cc Young Kim<yk245@perfume.aa.kr>

Dear Manager,

We make many different kinds of perfumes and we need a precision scale to measure each material to make perfumes precisely.
Can you send us some samples of your scales?

Send

① Request for samples

② Request for invoice

③ Apology for the delay

④ Employment notice

Memo

34 지하철 역무원으로 근무하는 김아람 씨가 티켓 발매기 앞에서 사용법을 몰라 망설이고 있는 외국인 승객에게 다가가 건넬 말로 가장 적절한 것은?

① Shall I order you a taxi?

② Where do you live?

③ Would you like any help?

④ Would you like a porter to carry your luggage?

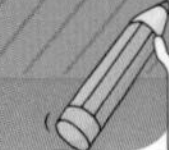

Memo

35 원자력발전소에 근무하는 박지은 씨는 기술 발전 협의차 회사를 방문한 외국인 전문가에게 회사를 소개하려고 한다. 빈칸에 들어갈 말로 가장 적절한 것은?

Jieun	Welcome to our company! I'm happy to introduce our company.
Foreigner	I've been looking forward to visiting your nuclear power plant.
Jieun	Thank you for coming here, so ______________?
Foreigner	I'd like to see the reactor and the steam generator.

① why don't you wrap up this tour

② which parts of company do you want to see first

③ when are you leaving

④ what kind of works do you like

Memo

36 중공업 회사 선박 제조 분야에 근무하는 김지은 씨가 외국인 동료에게 현재 건조 중인 선박의 갑판 길이를 물어보려 할 때 적절한 표현은?

① How long is the deck of the ship?

② What is the maximum quantity?

③ What is the interest for this deposit?

④ How tall is the statue?

Memo

37 조립기계 박람회 참석차 독일로 출장가려던 Mr. Park이 회사 일정 변경으로 인해 출장이 취소되었다. 이미 예약해 놓은 호텔에 전화를 걸어 할 말로 적절한 것은?

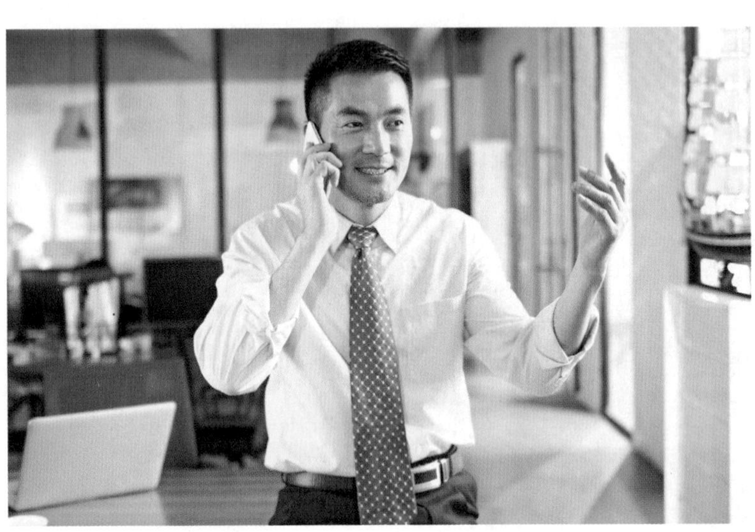

① It wasn't my fault.

② I want to have it reissued.

③ I lost my wallet.

④ I want to cancel my room reservation.

Memo

38 다음은 자동차 정비업소에 근무하는 Mr. Park과 차량의 타이어 교환을 위해 방문한 외국인 고객과의 대화이다. 빈칸에 적절한 말은?

Mr. Park Hello, how may I help you?
Foreigner I want to replace worn tires by new ones.
Mr. Park How many tires do you want to change?
Foreigner 4 tires, please. How long will it take to change them?
Mr. Park ________________________.

① The total comes to four hundred thousand won.
② It takes approximately one hour.
③ I hope you understand it.
④ I'm sure you will be satisfied.

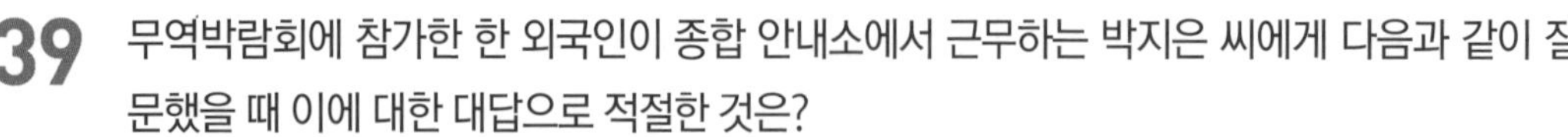

39 무역박람회에 참가한 한 외국인이 종합 안내소에서 근무하는 박지은 씨에게 다음과 같이 질문했을 때 이에 대한 대답으로 적절한 것은?

Foreigner Where can I use the Internet?

Ms. Park ______________________.

① I have no idea.

② We're open until six.

③ Go straight ahead, please.

④ You'd better hurry.

Memo

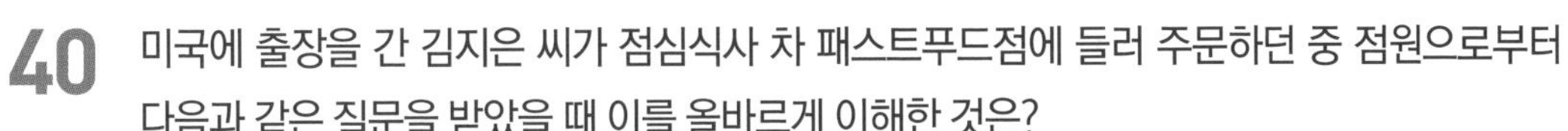

40 미국에 출장을 간 김지은 씨가 점심식사 차 패스트푸드점에 들러 주문하던 중 점원으로부터 다음과 같은 질문을 받았을 때 이를 올바르게 이해한 것은?

Clerk For here or to go?

① 포장해 가야지.

② 여기서 계산을 해야 되는구나.

③ 좀 기다려야겠구나.

④ 다시 주문해야지.

Memo

41 디자인 회사에 근무하는 김아람 씨가 사내 디자인 대회에서 수상한 기념으로 동료들에게 저녁식사를 사려 할 때, 동료들에게 할 말로 적절한 것은?

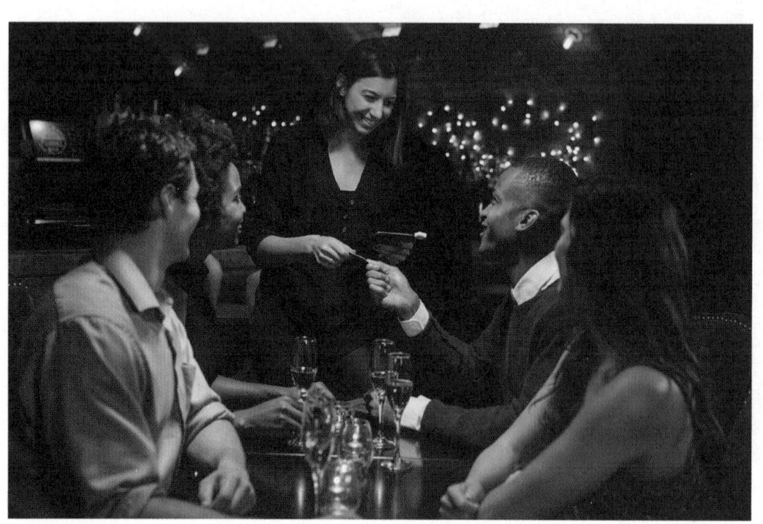

① Pardon me?

② It's on me.

③ Bill, please.

④ What is today's special?

Memo

42 건축사무소에 근무하는 Mr. Kim은 업무 협의차 방한한 미국인 Mr. Roy와 협의를 하고 있다. 협의 내용과 관련 없는 것은?

Mr. Roy Let's talk about work schedule. Some of parts seem to be proceeding slowly.

Mr. Kim Sorry, it is some 2 weeks behind schedule. In order to advance work schedule, we need more hands.

Mr. Roy How about adding extra help from tomorrow?

Mr. Kim OK, thanks.

Mr. Roy When will the job be finished?

Mr. Kim If extra help works together with us, we are able to meet the deadline.

① 작업의 일부분이 늦어지고 있다.

② 작업 일정을 맞추기 위해 추가 인원을 배치할 예정이다.

③ 추가 인원이 배치될 경우, 예상치 못한 비용 지출로 어려움이 생길 수 있다.

④ 추가 인원이 배치될 경우, 마감 시한 안에 작업을 끝낼 수 있다.

Memo

43 외국으로 출장을 떠난 김지은 씨가 공항에서 탑승 수속을 밟고 있다. 빈칸에 적절한 말은?

Airline Counter	Do you have any baggage to check in?
Jieun	Yes. Just one bag.
Airline Counter	Here's your boarding pass.
Jieun	____________________.

① Please do.

② You, too.

③ No, just a few minutes.

④ Thank you.

Memo

44 중공업 회사에 근무하는 김 대리가 첫 출근한 외국인 동료에게 직장 상사를 소개하는 말로 적절한 것은?

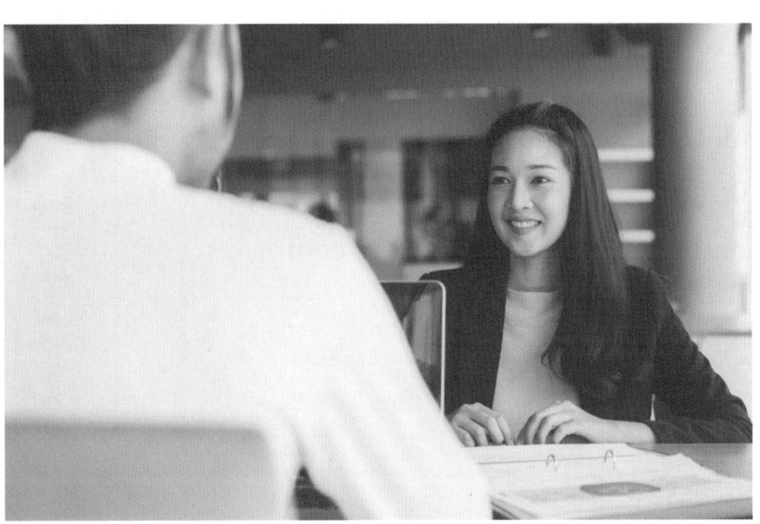

① Welcome back!

② How do you do?

③ I'm glad to meet you.

④ This is Mr. Yu, our president.

Memo

45 미국 자동차 생산공장에 취업한 김지은씨가 작업장에 붙어 있는 한 안내문을 읽고 있다. 빈칸에 들어갈 안내문의 제목으로 적절한 것은?

> ______________________________
>
> * Ensuring a safe pathway to work
> * Labeling warning signs to harmful chemical substance
> * During welding flammable, isolation for explosive substances
> * Measurment of oxygen concentration before working in confined spaces

① The company's benefit's plan

② Basic rules to protect the health and safety

③ A deadline for a project

④ Planning a meeting

Memo

46 다국적 해양수산 업체에 근무하는 김지은 씨가 동료들과 대화를 나누고 있다. 대화 후에 김지은 씨가 해야 할 일은?

Mr. Roy Ms. Kim, how was your business trip to Vancouver?

Ms. Kim Fantastic, so it was pretty exciting.

Mr. Roy Sounds great! Don't forget to report directly to the president.

Ms. Kim I know. Thanks.

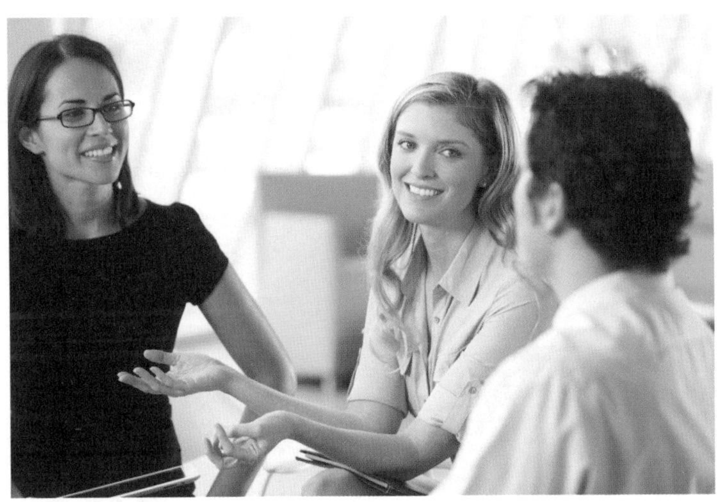

① 밴쿠버 출장 준비하기

② 밴쿠버로 여행하기

③ 사장에게 보고하기

④ 제안서 제출하기

Memo

47 제품 디자인 회사에서 CAD 업무를 담당하고 있는 박지은 씨가 외국인 동료와 대화하고 있다. 이 대화의 목적으로 알맞은 것은?

Jieun	Have you finished CAD-work?
Foreigner	No, not yet. I'm almost done, though.
Jieun	Do you have time to go over our presentation this afternoon after finishing your work?
Foreigner	On finishing this work, I'll check it out.

① CAD 작업 확인하기

② 발표 자료 검토 요청

③ 발표 연습하기

④ CAD 작업 도와주기

Memo

48 기계부품 생산업체에 근무하는 Mr. Kim이 외국인 동료와 대화하고 있다. 무엇에 관하여 대화하고 있는가?

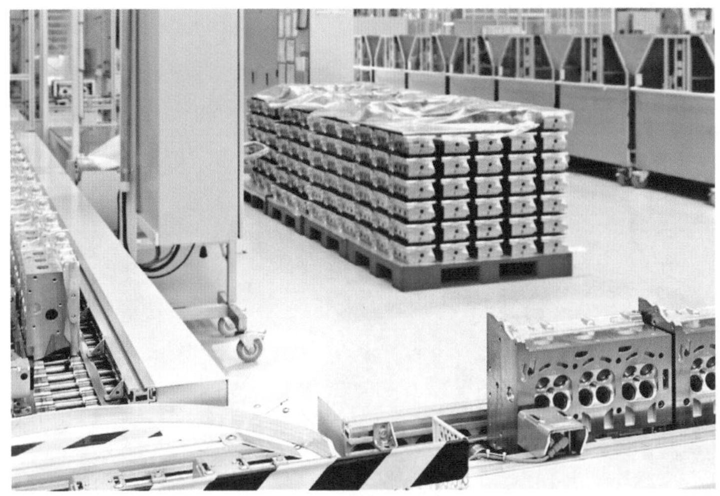

Mr. Kim We should try to reduce the proportion of defective output.

Foreigner Sure. I'm doing my best to do so.

① 전염병 예방

② 불량품 줄이기

③ 안전 사고 예방

④ 생산량 증가

Memo

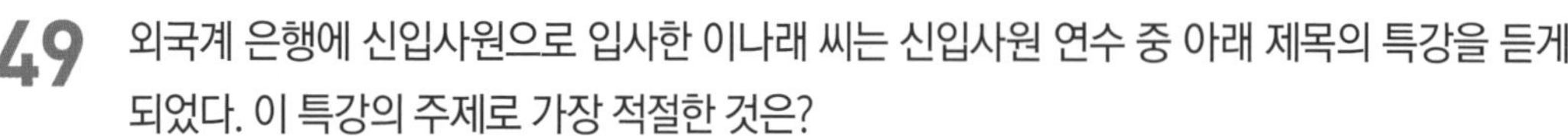

49 외국계 은행에 신입사원으로 입사한 이나래 씨는 신입사원 연수 중 아래 제목의 특강을 듣게 되었다. 이 특강의 주제로 가장 적절한 것은?

Successful people always try to handle their time effectively.

① 업무 시간 단축의 방법

② 미루는 습관 개선하기

③ 시간 약속의 중요성

④ 업무 시간의 효율적 활용

Memo

50 미국 출장 중인 김지은 씨는 주말을 맞아 공연을 관람하려고 인터넷에서 공연 정보를 검색하고 있다. 김지은 씨가 제대로 이해하고 있는 것은?

Title	Singing in the Rain, the Musical
Time	March 13, 2017 – Open Run
Weekly Schedule	8:00 p.m. on Monday through Friday 5:00 p.m. and 8:00 p.m. on Saturday (Closed on Sundays)
Place	Hollywood Theater
Running Time	120mins

① 매주 금요일에는 한 차례 공연이 있군.

② 일요일을 포함해 주말에도 공연을 하는군.

③ 공연 시간은 3시간이군.

④ 4월 13일에 개막 공연을 하는군.

특성화 · 마이스터 고등학교 직업기초능력평가 대비

모의고사 3회

수리활용 영역

모의고사 수리활용 영역

01 □□호텔에서 예약 업무를 담당하고 있는 H씨는 고객에게 예약 문의 전화를 받았다. 예약을 희망하는 고객 문의에 대한 H씨의 답변으로 적절한 것은?

H씨 □□호텔 예약 데스크입니다. 무엇을 도와드릴까요?
고객 예약 좀 하려고 합니다. 10월 20일~22일 2박 3일 이용할 것이고 인원은 3명입니다.
H씨 문의하신 내용은 10월 20일 금요일, 10월 21일 토요일 2박이고 3명 예약이 맞으신가요?
고객 네. 맞습니다.
H씨 저희 호텔 회원이신가요?
고객 네. ○○○ 이름으로 회원 등록 되어 있습니다.
H씨 회원님께서 문의하신 날짜의 이용 요금은 (   )

〈 객실 이용 요금 안내 〉

구분	주중(월~금)	토요일	성수기	비고
정상가	160,000	200,000	280,000	4인기준 1박 요금 / 추가 1인당 2만원 성수기: 7.18~8.26
비회원 할인가 (비수기)	130,000	160,000	220,000	
회원가 (비, 성수기 동일)	90,000	120,000	150,000	

① 총 360,000 원입니다.
② 총 290,000 원입니다.
③ 총 270,000 원입니다.
④ 총 210,000 원입니다.

Memo

02 다음은 △△화장품 매장에서 근무하는 K씨와 고객의 대화 내용이다. 마지막에 K씨가 답변할 내용으로 적절한 것은?

> K씨 이번에 A사의 핸드크림 50개를 주문해 주셔서 감사합니다. A사의 제품도 좋은 제품이지만, B사에서 핸드크림 1+1 할인 행사를 진행하고 있어서 안내해 드리려고 합니다.
>
> 고객 필요한 개수는 50개입니다. 두 제품의 가격은 어떻게 되나요? 품질의 차이는 없나요?
>
> K씨 A사의 제품은 개당 3,000원씩이고, B사의 제품은 개당 5,000원으로 조금 더 비싸고 고객분들의 평이 더 좋은 것으로 알려져 있습니다.
>
> 고객 그럼 B사의 제품을 구입하면 A사보다 얼마나 싸게 구입할 수 있는 건가요?

① 10,000원 더 저렴하게 구매할 수 있습니다.
② 12,500원 더 저렴하게 구매할 수 있습니다.
③ 25,000원 더 저렴하게 구매할 수 있습니다.
④ 35,000원 더 저렴하게 구매할 수 있습니다.

03 ○○휴대폰 케이스 제조, 판매 회사를 창업한 A 씨는 오픈 기념으로 할인 행사를 하려고 한다. 각 제품의 할인 가격이 다음과 같을 때, A씨가 광고지에 기재해야 할 할인율은 얼마인가?

〈오픈 기념 할인 행사〉
메탈 케이스 20,000원 → 12,000원
실리콘 케이스 14,000원 → 8,400원
(　　) % 할인 !!

① 60%　　② 40 %　　③ 45%　　④ 55%

04 ○○헤어샵에 근무하는 헤어디자이너 K씨가 고객에게 답변할 내용으로 적절한 것은?

〈○○헤어샵 가격표〉

분류	시술	가격(원)	비고
커트	남성커트	20,000	학생 10% 할인
	여성커트	25,000	
	디자인커트	50,000	
염색	일반염색	90,000	커트 추가 10,000원 기장 어깨선 이상 10% 추가
	뿌리염색	55,000	
	천연염색	130,000	
펌	일반펌	80,000	
	루트펌	100,000	
열펌	디지털 셋팅	120,000	
	일반매직	130,000	
	볼륨매직	150,000	
	아이롱펌	240,000	
클리닉	일반 클리닉	60,000	할인 제외
	고급 클리닉	100,000	
드라이	일반 드라이	20,000	샴푸 5,000원 추가
	아이롱매직	30,000	

▶ 오전 10시 이전 20% 할인

내일 오전 9시에 예약을 하려고 하는데요, 아이롱펌과 천연염색을 하려고 합니다. 커트 추가해서 비용이 어떻게 되지요?

① 총 이용 금액은 260,000원입니다.

② 총 이용 금액은 296,000원입니다.

③ 총 이용 금액은 304,000원입니다.

④ 총 이용 금액은 370,000원입니다.

05 □□호텔 주방에서 일하고 있는 J씨는 주방장으로부터 재고를 확인하여 내일 사용될 요리 재료를 주문하라는 지시를 받았다. J씨가 주문해야 할 애호박의 양은?

현재 냉장고 안의 재고 사항(재고 확인 시간- 오전 10:20)

육류	생선류	균류	야채류	김치류
쇠고기 5근 돼지고기 10근	갈치 40마리 옥돔 30마리	표고버섯 2kg 느타리버섯 7kg	애호박 5kg 가지 6kg	배추김치 10kg

※ 육류 1근=0.6kg

주재료	1인분 사용량	1일 사용량	주문 단위
애호박	100g	150인분	2kg/박스
쇠고기	40g	300인분	1kg
느타리버섯	100g	120인분	1.5kg/박스

① 2박스

② 3박스

③ 4박스

④ 5박스

Memo

06 □□페인트 업체에 근무하고 있는 P 씨는 다음과 같은 건물 옥상에 칠할 방수 페인트를 주문 받았다. 옥상 방수에 필요한 방수페인트 양이 1㎡ 당 0.5L일 때, P씨가 옥상 전체를 칠하기 위해 준비해야 할 방수페인트 양은 얼마인가?

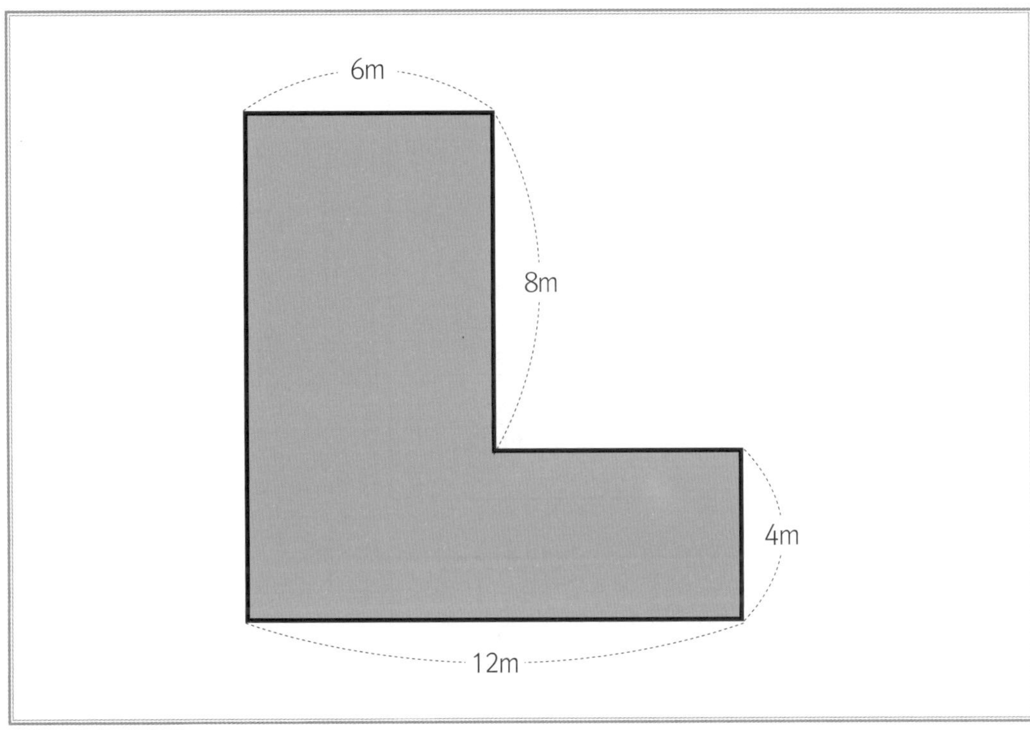

① 96L ② 82L ③ 56L ④ 48L

07 △△전자에서 공장의 생산관리팀 사원으로 근무하는 S 씨는 영업관리팀으로부터 다음과 같은 생산 요청서를 전달받았다. 요청받은 수량을 생산하기 위해 S 씨가 추가 구매해야 하는 부품은?

생 산 요 청 서

고 객 명 : ○○정보통신
처리일자 : 2017.12.12

품명	규격	수량(EA)	납품기한
○○제품	KS × 6833	12	2017.12.21
□□제품	KS × 6831	10	2017.12.22

〈제품별 필요 부품 수량〉

품명	부품A	부품B	부품C	부품D
○○제품	5	2	8	3
□□제품	7	5	5	4

〈각 부품별 재고 수량〉

구분	재고
부품A	136
부품B	70
부품C	152
부품D	78

① 부품A　② 부품B　③ 부품C　④ 부품D

Memo

08 총무과에서 근무하는 P씨는 전 직원 하계 워크숍을 준비하고 있다. 사원 235명을 7개 조로 최대한 인원을 균등하게 편성하려고 하였더니 33명인 조와 34명인 조로 편성되었다. 이때 34명으로 편성된 조는 몇 개인가?

① 2 ② 3 ③ 4 ④ 5

09 ○○물류센터에서 근무하는 B씨가 다음 상황에서 고객에게 안내해야 할 내용으로 가장 적절한 것은?

고객 안녕하세요. 오리육을 2주간 보관하려고 합니다. 온도는 영하이어야 하고 부피는 500㎤입니다.

〈물류창고 이용 현황〉

구역	용량(㎤)	현재 이용량(㎤)	온도
냉-1	1500	700	0℃ ~ 5℃
냉-2	1200	600	0℃ ~ 5℃
냉-3	1500	1100	-5℃ ~ 0℃
냉-4	1200	1200	-5℃ ~ 0℃
냉-5	1500	900	-10℃ ~ -5℃
냉-6	1200	750	-10℃ ~ -5℃
일-1	1500	700	상온
일-2	1200	900	상온

① 냉-4 창고로 오시면 됩니다.

② 냉-5 창고로 오시면 됩니다.

③ 냉-6 창고로 오시면 됩니다.

④ 죄송합니다. 여유 공간이 없습니다.

Memo

10 ○○호텔에서 국제 컨벤션 업무를 담당하고 있는 C씨는 다음과 같은 행사를 준비하고 있다. C씨가 행사를 위해 행사장에 준비해야 할 테이블의 개수는?

행사 개요

1. 일 시 : 2017.12.20. 14:00 ~ 18:00
2. 참석 인원 : 100명
3. 테이블 당 착석 인원 : 6명
4. 기타 : 테이블은 스쿨식 배열, 앞쪽 2열의 테이블에는 마이크 설치

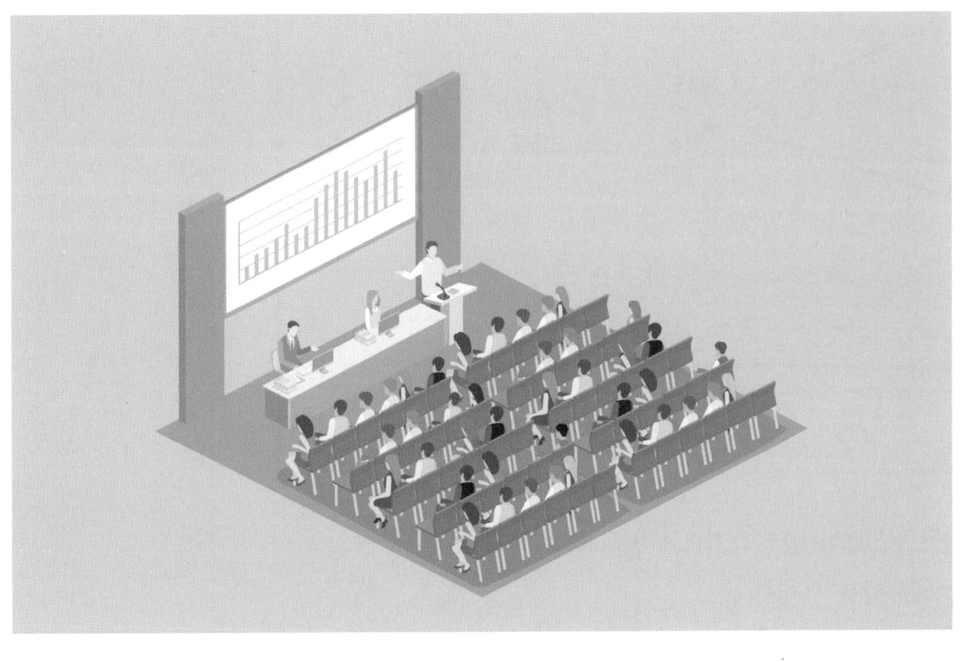

① 16개 ② 17개 ③ 18개 ④ 19개

국어 영어 수리

11 ○○편의점 사업본부에서 마케팅 업무를 담당하고 있는 J씨는 음료 부분 마케팅 전략 회의 자료를 준비하라는 팀장의 지시를 받았다. 다음 자료를 참고하여 J씨가 팀장에게 보고할 내용으로 가장 적절한 것은?

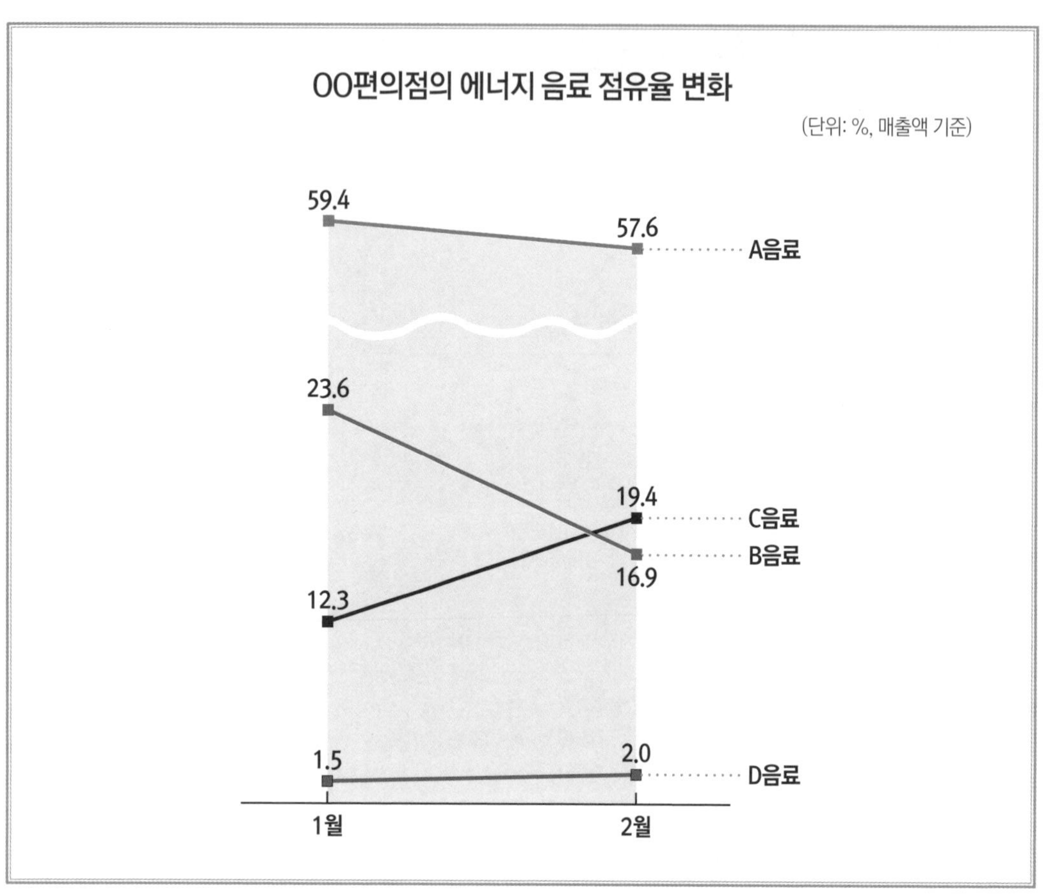

① 지난 한 달간 A음료의 점유율이 가장 높았으며 꾸준히 증가하고 있습니다.

② 지난 한 달간 B음료의 점유율은 꾸준히 증가하고 있습니다.

③ 지난 한 달간 C음료의 점유율이 B음료의 점유율을 앞질렀습니다.

④ 지난 한 달간 D음료의 점유율은 지속적으로 감소하고 있습니다.

Memo

12 △△회사 사무직으로 취업한 K 씨는 50만 원의 예산으로 인쇄 용지 10박스, 스테이플러 20개를 구입하고 남는 금액은 모두 볼펜을 사야 한다. 아래 가격표를 보고 K 씨가 사야 되는 볼펜의 개수는?

가격표	
인쇄 용지	1박스 30,000원 3박스 구입 시 1박스 무료 증정
스테이플러	1개 10,000원 5개 구입 시 1개 무료 증정
볼　펜	1개 1,000원

① 60개　② 80개　③ 90개　④ 100개

13 A항공사의 공항 라운지에서 근무하는 L씨는 고객으로부터 다음과 같은 문의를 받았다. 항공편의 출발 일정을 확인한 L 씨가 고객에게 답변할 내용으로 가장 적절한 것은?

고객 오후 7시 50분 출발 예정인 베이징행 비행기 표를 예매했는데, 출발하려면 얼마나 더 기다려야 하나요?

DEPARTURES 18:58

항공편	예정시간	목적지	변경시각	탑승구	현황
D항공	19:20	방콕		20	마감예정
B항공	19:40	마닐라		22	탑승중
B항공	19:40	방콕		22	탑승마감
C항공	19:50	홍콩		32	
A항공	19:50	베이징	21:00	35	지연
E항공	20:00	샌프란시스코	21:00	35	지연
D항공	20:20	시애틀		12	
C항공	20:40	뉴욕	21:30	12	지연

① 약 1시간 정도 기다리셔야 합니다.

② 약 2시간 정도 기다리셔야 합니다.

③ 약 3시간 정도 기다리셔야 합니다.

④ 약 4시간 정도 기다리셔야 합니다.

Memo

14 ○○농장 운영을 준비 중인 H씨는 닭과 토끼를 합쳐 10마리를 구입하였다. 다리 수를 세어보니 총 32개라고 할 때, 닭은 몇 마리인가?

① 3 마리 ② 4 마리 ③ 5 마리 ④ 6 마리

Memo

15 ○○전기에서 근무하는 K씨는 직선으로 된 도로 양쪽 각각에 50m 간격으로 가로등을 설치해 달라는 주문을 받았다. 도로의 길이가 1.6km일 때, K씨가 설치해야 할 가로등은 모두 몇 개인가?(단, 도로의 처음과 끝에는 반드시 가로등을 설치한다.)

① 54개

② 60개

③ 66개

④ 72개

16 주유소를 개업 준비 중인 L씨는 기름 탱크에 기름을 가득 채우려고 한다. 기름 탱크와 탱크로리의 기름통 크기가 다음과 같을 때, L씨는 탱크로리 몇 대 분량의 기름을 주문해야 하는가?

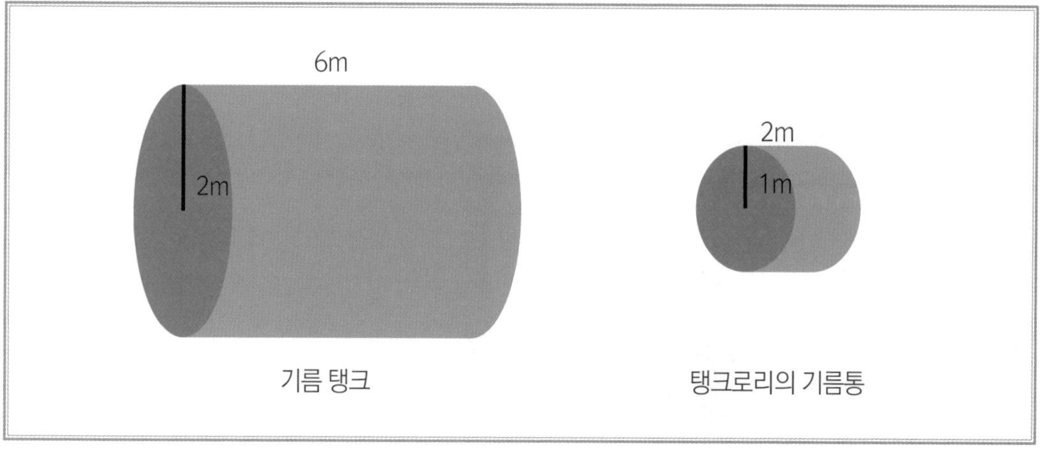

① 6 대　　② 8 대　　③ 10 대　　④ 12 대

Memo 

17 ○○텔레콤에서 마케팅 업무를 담당하고 있는 L씨는 고객 300명을 표집 조사하여 하루 동안 사용한 문자 메시지 건수를 보고하였다. 다음 상사의 질문에 대한 K씨의 대답으로 가장 적절한 것은?

보고한 그래프에서 하루에 문자 메시지를 50건 이하로 사용한 고객의 비율은 얼마인가요?

50건 이하로 사용한 고객의 비율은 전체의 ___ 입니다.

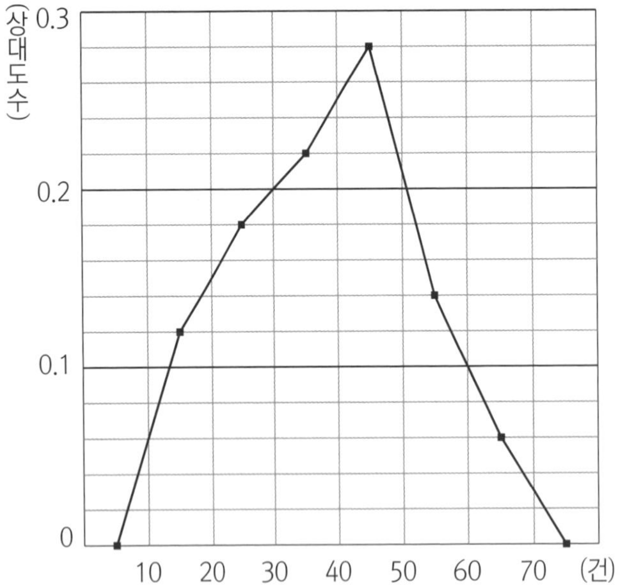

(상대도수)
0.3
0.2
0.1
0
10 20 30 40 50 60 70 (건)

① 40% ② 55% ③ 65% ④ 80%

18 △△체험 농장에서 일하는 K씨는 지난 주말 매출을 계산하려고 한다. 다음 표는 지난 주말 매출 현황표이다. K씨의 지난 주말 매출 합계는?

연번	구분	단가	수량	합계
1	모종 판매	2,000	60	120,000
2	어린이 이용객	3,000	60	180,000
3	성인 이용객	5,000	40	
4	음료 판매	2,000	30	
5	방문객용 차량 임대료	200,000	1	-200,000
	총 액			?

① 360,000원　② 420,000원　③ 460,000원　④ 560,000원

19 □□모바일 게임 개발자로 근무하고 있는 R씨는 업데이트 공지 사항을 작성 중에 있다. 다음 공지 사항의 밑줄에 R씨가 기재해야 할 숫자는?

> **UPDATE** 2017.11.3 Ver.2.4
>
> □□게임 2주년 기념 대규모 스킬 추가!
> 총 10가지 스킬이 추가되고 각 플레이어는 이 중 서로 다른 2가지의 스킬을 선택해서 사용가능합니다. 플레이어마다 선택하는 스킬에 따라 총 ____가지 스킬 조합이 가능합니다.
> 뜨끈뜨끈한 2주년 기념 업데이트를 지금 확인해보세요!
>
> 

① 100　② 90　③ 45　④ 20

Memo

20 ○○리조트에 근무하는 Y씨는 고객으로부터 다음과 같은 문의를 받았다. 고객의 문의에 대한 Y씨의 답변으로 다음 중 가장 적절한 것은?

고객 금요일에 우리 회사 개발팀 16명이 1박 2일로 워크숍을 가려고 합니다. 모든 객실을 A타입으로 할 때와 B타입으로 예약할 때 가격은 어떤 차이가 있나요?

〈○○리조트 객실 이용 요금〉

객실 타입	인원	이용 요금	
A	최대 3명	주중(일~목)	70,000원
		주말(금~토)	90,000원
B	최대 5명	주중(일~목)	120,000원
		주말(금~토)	140,000원
C	최대 8명	주중(일~목)	160,000원
		주말(금~토)	180,000원

① A타입으로 할 때가 B타입으로 예약할 때보다 2만원이 더 저렴합니다.

② B타입으로 할 때가 A타입으로 예약할 때보다 2만원이 더 저렴합니다.

③ A타입으로 할 때가 B타입으로 예약할 때보다 4만원이 더 저렴합니다.

④ B타입으로 할 때가 A타입으로 예약할 때보다 4만원이 더 저렴합니다.

국어 영어 수리

Memo

21 □□휴대폰 케이스 제조회사에서 근무하는 A씨는 새로 출시된 휴대폰 케이스의 리플릿을 작성하려고 한다. A씨가 아래의 빈칸에 기입할 숫자는?

① 6　　② 9　　③ 18　　④ 27

22 ○○마트에서 판매 직원으로 근무하고 있는 J씨가 2,000원짜리와 1,500원짜리 아이스크림을 각각 한 개씩 구매하려는 손님에게 받아야 하는 금액은? (단, ○○마트에서는 모든 아이스크림을 40% 세일하여 판매하고 있다.)

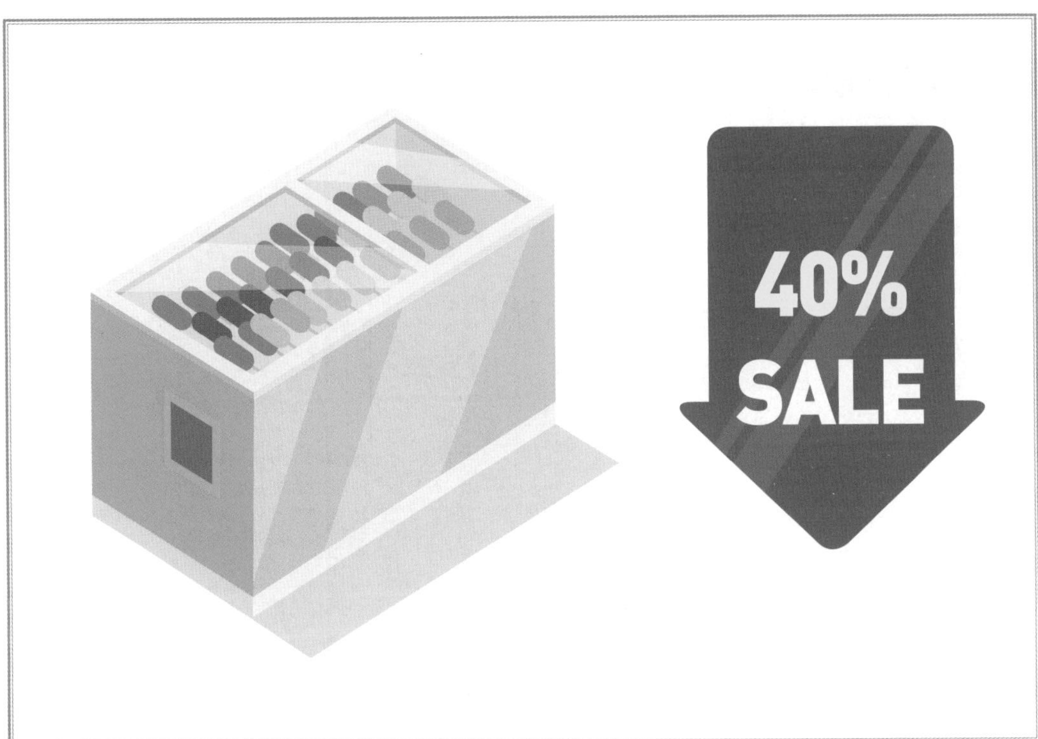

① 1,800원

② 2,000원

③ 2,100원

④ 2,500원

23 ○○전자 서비스센터에 근무하는 Y씨는 고객으로부터 무상 보증 기간에 대한 문의를 이메일로 받았다. 무상 보증 기간을 확인한 후 Y씨가 고객에게 작성할 이메일 답변 내용으로 가장 적절한 것은?

무상 보증 기간 문의

작성자	정○○	작성일	2017. 11. 3.	조회수	4

안녕하세요.
제가 시스템에어컨을 올해 6월 1일에 구매했는데 무상 보증 기간이 언제까지인가요?
모델명은 LPC2108입니다.

Send

〈○○전자 무상 보증 기간〉

제품 분류	비고	보증기간
일반 제품	계절성 제품을 제외한 전 제품	구입한 날로부터 1년
계절성 제품	에어컨, 선풍기, 가습기, 난방기 등	구입한 날로부터 2년 (단, 시스템 에어컨의 경우 2015년 2월 이전 구매 고객까지만 적용. 그 이후부터는 1년 적용)

① 고객님께서 구입하신 제품은 시스템에어컨이므로 2017년 12월 31일까지 무상 보증을 받으실 수 있습니다.

② 고객님께서 구입하신 제품은 시스템에어컨이므로 2018년 5월 31일까지 무상 보증을 받으실 수 있습니다.

③ 고객님께서 구입하신 제품은 시스템에어컨이므로 2018년 12월 31일까지 무상 보증을 받으실 수 있습니다.

④ 고객님께서 구입하신 제품은 시스템에어컨이므로 2019년 5월 31일까지 무상 보증을 받으실 수 있습니다.

Memo

24 ○○단팥빵 전문점을 운영하는 K씨는 매일 새벽 단팥빵 1,000개를 만들어서 판매한다. 만든 단팥빵은 하루 평균 90%가 팔리며, 남은 단팥빵은 전량 폐기한다고 할 때, K씨의 한 달 평균 이윤은 얼마인가? (한 달은 30일로 계산)

판매 가격	생산 원가	폐기 비용
1,000 원	600 원	500 원

(개당 가격)

① 9,500,000원

② 10,500,000원

③ 7,500,000원

④ 15,000,000원

25 ○○자동차 판매 대리점에서 매장 관리 업무를 하고 있는 P씨는 지난달 자동차 판매 현황을 다음 그림과 같이 정리하여 지점장에게 보고하였다. 지점장에게 보고하여야 하는 직원 평균 판매량으로 가장 적절한 것은?

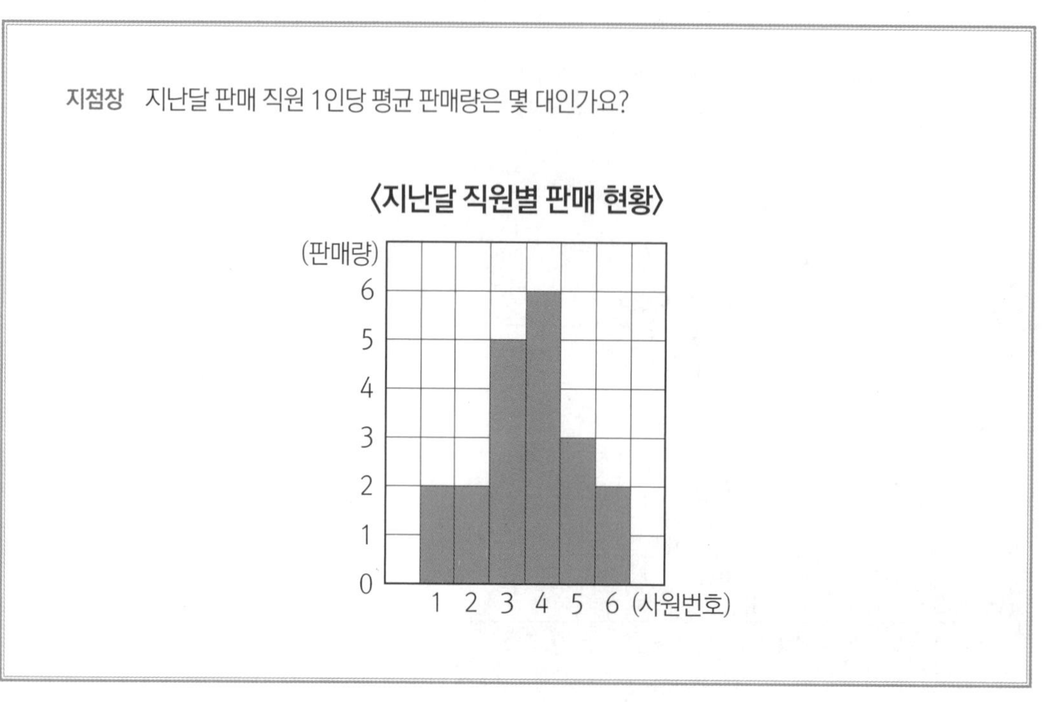

① 약 2.8대 ② 약 3.3대 ③ 약 3.8대 ④ 약 4.2대

26 □□회사 총무팀에서 근무하는 M씨는 컴퓨터 모니터 4대를 구매하려고 한다. 아래 제품 판매 내용 중 할인 혜택을 보고 가장 혜택이 큰 것을 고르면?

27인치 LED 모니터

판매가 : 150,000원
모든 카드 3개월 무이자 할부 가능
2개 이상 구매시 무료 배송

〈특별할인 행사 안내〉

기간 : 2017.12.1. ~ 2017.12.31.
대상 : 모니터를 구매하는 모든 고객
혜택 : 다음 네 가지 중 택 1

구매 가격의 5% 할인	일시불 구매 시 40,000원 할인	50만 원 이상 구매시 50,000원 할인	3대 이상 구매 시 1대 당 1만원 할인

① 구매 가격의 5% 할인

② 일시불 구매 시 40,000원 할인

③ 50만 원 이상 구매시 50,000원 할인

④ 3대 이상 구매 시 1대 당 1만 원 할인

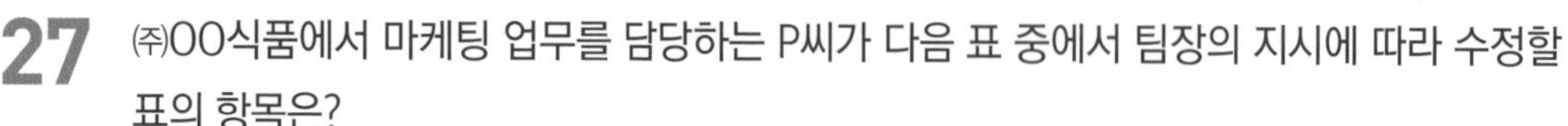

27 ㈜OO식품에서 마케팅 업무를 담당하는 P씨가 다음 표 중에서 팀장의 지시에 따라 수정할 표의 항목은?

팀장 요즘 1인 가구가 많이 늘어나는 추세이니 이들을 타깃으로 한 즉석 식품 판매 비중을 늘려보려고 합니다. 그러기 위해서 우선 1인 가구주들이 어느 연령대에 많은지를 알아야 할 것 같아요. 여기 '서울의 1인 가구 연령 및 성별 구조' 자료가 있긴 한데, 이건 연령대별로 자료의 숫자가 너무 커서 보기가 불편하네요. P씨가 연령대별로 표를 이용하여 정리해주세요. 정리할 때 숫자보다는 비율로 나타내주면 분석하기가 더 좋을 것 같아요.

P씨 네. 알겠습니다.

(잠시 후에)

P씨 팀장님. 자료 정리 완료했습니다.

팀장 어디 봅시다. 어, 여기 숫자가 좀 안 맞는 것 같네요. 원 자료를 찾아서 다시 확인해보세요.

〈2010년 성별, 연령별 1인 가구〉

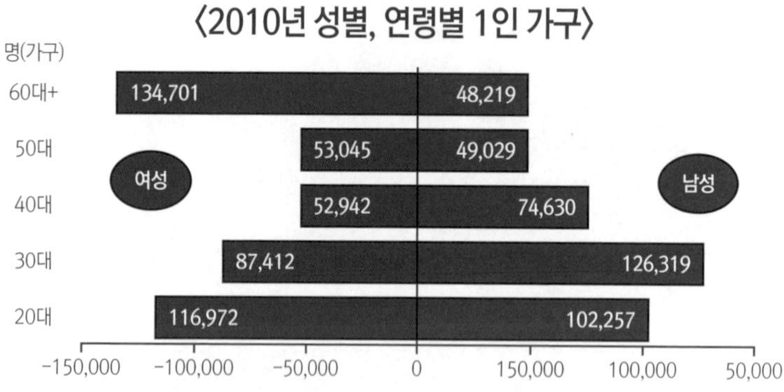

연령대	서울 1인 가구 가구주의 연령 분포율(%)	
	남	여
20대	12.09%	13.83%
30대	14.94%	10.34%
40대	8.83%	6.16%
50대	5.80%	6.27%
60대 이상	5.70%	15.93%

(※ 소수 셋째 자리에서 반올림함.)

전체 여성 1인 가구수 : 445,072명

전체 남성 1인 가구수 : 400,454명

① 20대 남성의 비율
② 30대 남성의 비율
③ 40대 여성의 비율
④ 60대 이상 여성의 비율

28 △△시네마에서 근무하는 S씨가 다음 상황에서 고객에게 제안할 좌석 위치로 가장 적절한 것은?

고객 영화 예매를 하려고 하는데요. 세 명이 붙어 앉을 수 있어야 하고 통로가 아닌 쪽으로 부탁드릴게요. 그리고, 최대한 뒤쪽으로요.

SCREEN

통로							통로					통로
	A	1	2	3	4	5	6		7	8	9	10
	B	1	2	3	4	5	6		7	8	9	10
	C	1	2	3	4	5	6		7	8	9	10
	D	1	2	3	4	5	6		7	8	9	10
	E	1	2	3	4	5	6		7	8	9	10
	F	1	2	3	4	5	6		7	8	9	10
	G	1	2	3	4	5	6		7	8	9	10
	H	1	2	3	4	5	6		7	8	9	10
	I	1	2	3	4	5	6		7	8	9	10

① C3, C4, C5 로 예매해 드리겠습니다.

② G2, G3, G4 로 예매해 드리겠습니다.

③ G7, G8, G9 로 예매해 드리겠습니다.

④ E8, E9, E10 으로 예매해 드리겠습니다.

29 (사)한국지체장애인협회 ○○시 지부에서 근무하는 C씨는 최근 5년간 ○○시와 관할구청의 장애인 채용 정원 및 현황을 분석하여 그래프로 나타내려고 한다. C씨가 다음 자료를 그래프로 그리기 전에 파악한 내용으로 가장 적절한 것은?

〈○○시 장애인 채용 정원 및 현황〉

(2017.09.30. 기준, 단위 : 명)

연 도		공무원 총수 (대상 정원)	장애인 채용 정원 (공무원 총수의 3%)	장애인 채용 인원 [경증/중증×2]
2012년 (12.31.)	○○시청 소속 공무원	9,812	294	320 [254/33]
	관할구청 소속 공무원	30,454	913	1,376 [920/228]
2013년 (12.31.)	○○시청 소속 공무원	9,812	294	362 [294/34]
	관할구청 소속 공무원	30,467	914	1,366 [918/224]
2014년 (12.31.)	○○시청 소속 공무원	9,776	293	312 [240/36]
	관할구청 소속 공무원	30,545	916	1,349 [943/208]
2015년 (12.31.)	○○시청 소속 공무원	9,827	294	310 [234/38]
	관할구청 소속 공무원	30,876	926	1,445 [963/241]
2016년 (12.31.)	○○시청 소속 공무원	9,959	298	310 [232/39]
	관할구청 소속 공무원	30,991	927	1,477 [987/245]

※ 중증장애인은 그 인원의 2배로 계산

① 최근 5년간 ○○시청의 장애인 채용 현황을 살펴보면 장애인 채용 인원은 지속적으로 감소하고 있다.

② 최근 5년간 ○○시 관할구청의 장애인 채용 현황을 살펴보면 장애인 채용 인원은 꾸준히 증가하고 있다.

③ 최근 5년간 ○○시청의 장애인 채용 정원을 살펴보면 장애인 채용 정원은 꾸준히 늘고 있다.

④ 최근 5년간 ○○시 관할구청의 장애인 채용 정원을 살펴보면 장애인 채용 정원은 꾸준히 늘고 있다.

Memo

30 ○○통신사에서 근무하는 K씨는 고객으로부터 휴대폰 요금제에 대한 문의를 받았다. 아래 요금제 표를 보고 K씨가 고객에게 추천할 요금제로 가장 적절한 것은?

〈기본 요금제〉

요금제	기본료	음성통화	데이터	문자
34요금제	34,000원	160분	300Mb	무제한
42요금제	42,000원	200분	500Mb	
50요금제	50,000원	320분	1,024Mb	
58요금제	58,000원	450분	2,048Mb	
무제한요금제	69,000원	무제한	무제한	

▶ 기본 제공 음성통화 시간 초과시 1분 당 100원 과금
▶ 기본 제공 데이터 초과 시 1Mb 당 100원 과금

(문의 고객의 직전 3개월 간 평균 이용량)

음성통화	408 분	데이터	1,033Mb

① 42요금제

② 50요금제

③ 58요금제

④ 무제한요금제

국어 영어 수리

Memo

31 ○○화장품 판매 직원인 L씨는 개업 기념 이벤트 행사 관련 예산을 뽑아보라는 지시를 받았다. 다음과 같이 이벤트를 진행한다면 L씨가 보고해야 할 예산 금액은?

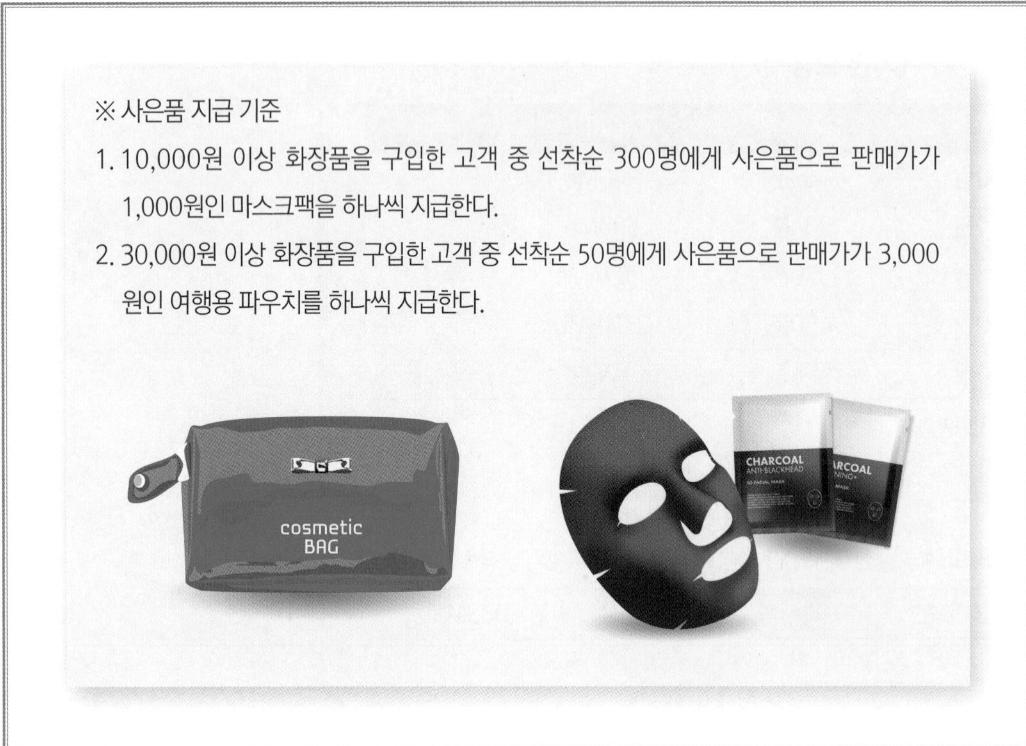
※ 사은품 지급 기준

1. 10,000원 이상 화장품을 구입한 고객 중 선착순 300명에게 사은품으로 판매가가 1,000원인 마스크팩을 하나씩 지급한다.
2. 30,000원 이상 화장품을 구입한 고객 중 선착순 50명에게 사은품으로 판매가가 3,000원인 여행용 파우치를 하나씩 지급한다.

① 150,000원　　② 300,000원　　③ 450,000원　　④ 600,000원

Memo 

32 □□회사에서는 달력을 제작, 판매하고 얻은 수익의 80%를 기부하려고 계획하여 총 600,000원을 기부할 수 있었다. □□회사에서 판매한 달력은 모두 몇 부 인가?

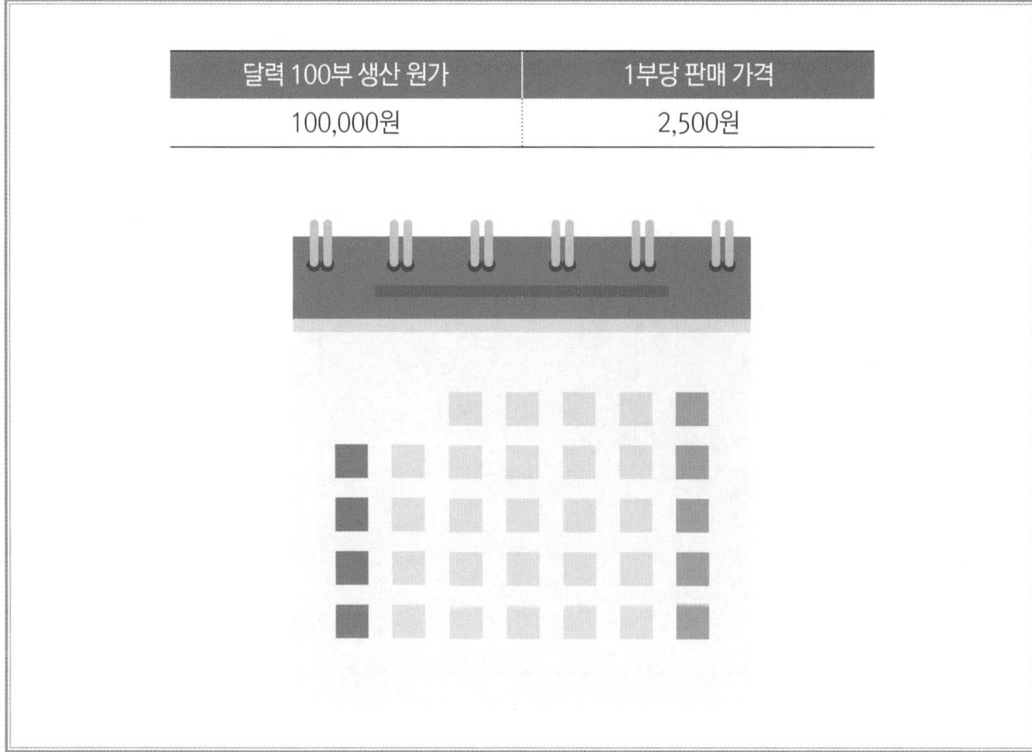

달력 100부 생산 원가	1부당 판매 가격
100,000원	2,500원

① 300 부 ② 400 부 ③ 460 부 ④ 500 부

Memo

33 ○○수영장에서 시설 관리 직원으로 일하고 있는 P씨는 수영장 청소를 끝내고 내일 강습이 시작되는 오전 6시 이전에 160t의 물을 모두 채워 넣으라는 지시를 받았다. 시간당 12t의 물을 채워 나간다고 할 때 P씨가 물을 받는 작업을 위해 필요한 시간은?

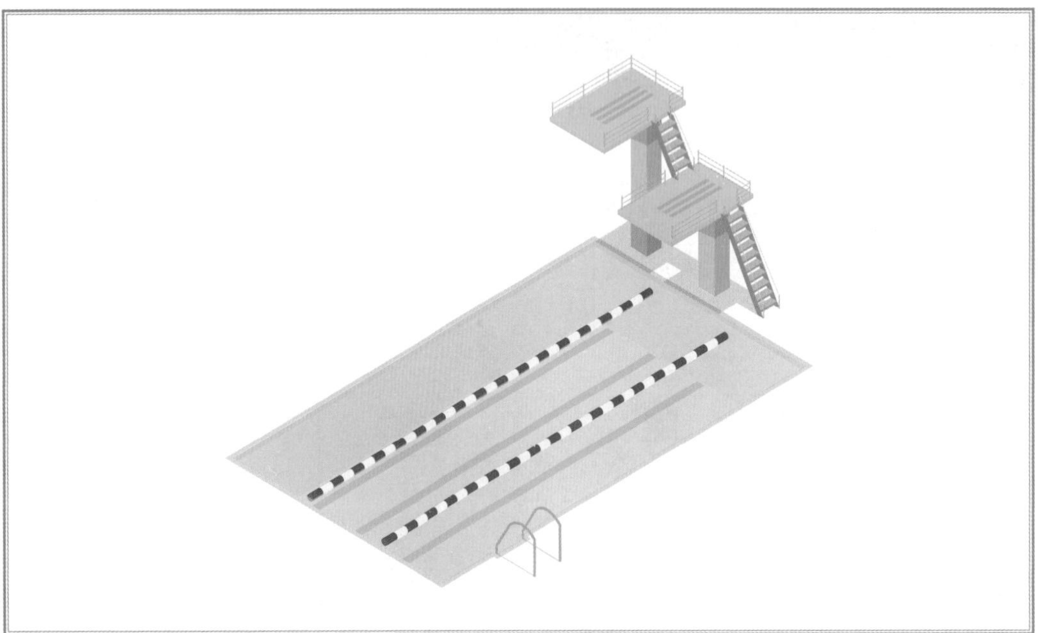

① 4시간 20분

② 9시간 40분

③ 13시간 20분

④ 14시간 40분

34 △△가구 제작 업체에서 근무하는 P씨는 진열대 주문 제작 의뢰를 받았다. 다음 조건에 맞게 진열대를 제작하려면 최소 몇 개의 진열대를 제작하여야 하는가?

> 총 74개의 제품을 진열해야 하고 진열대 한 개에 제품 6개씩 진열하려고 합니다. 현재 매장에는 7개의 진열대를 보유하고 있어서 같은 모양의 진열대로 추가하려고 합니다.

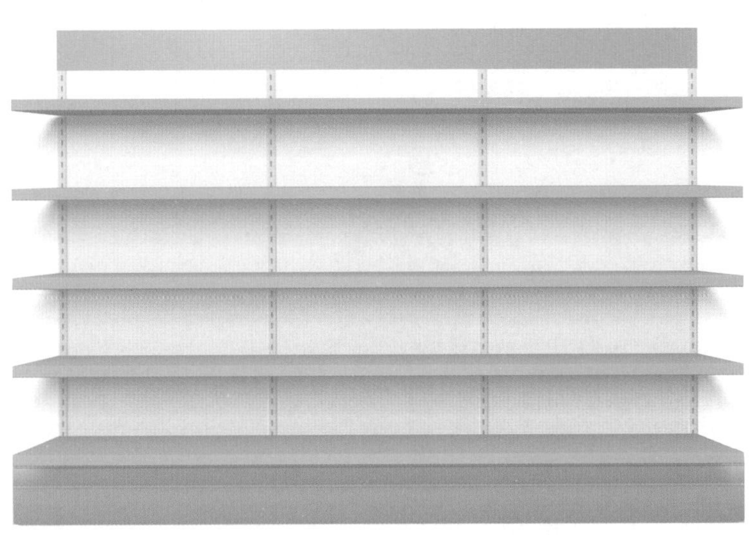

① 6개 ② 9개 ③ 12개 ④ 13개

35 ○○의료기기에서 노인용 전동휠체어 마케팅 업무를 담당하고 있는 L씨는 팀장으로부터 다음 통계청 자료를 바탕으로 내년도 마케팅 전략 회의 자료를 준비하라는 지시를 받았다. L씨가 회의 자료에 포함할 내용으로 적절하지 않은 것은?

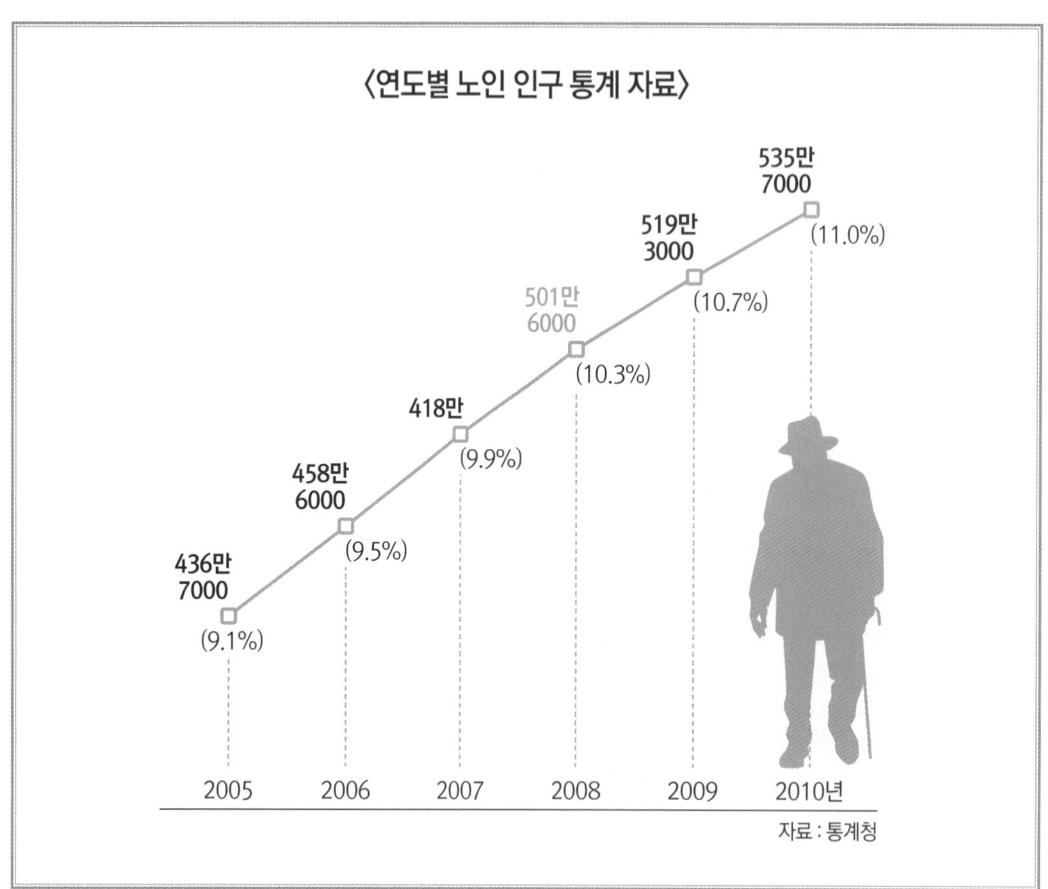

① 노인 인구 비율은 앞으로도 계속적으로 증가할 것으로 예측된다.

② 그림에서 노인 인구 비율이 가장 높을 때와 낮을 때의 차이는 1.9%이다.

③ 그림에서 노인 인구 비율의 변화 차가 가장 작을 때는 2005년과 2006년 사이이다.

④ 그림에서 노인 인구 비율의 변화는 비교적 일정한 편이다.

Memo

36 ○○참치전문점에서 일하는 J씨는 참치 경매를 통해 참치를 구매하고 있다. 길이 150cm 이상이면서 무게가 80kg 이상인 참다랑어를 구매하고자 하는 J 씨가 입찰해야 하는 참치 매물 번호로 가장 적합한 것은?

〈참치 경매 목록〉

매물 번호	종류	길이(cm)	무게(kg)	원산지
4065	참다랑어	152.3	81.3	남태평양
4066	참다랑어	156.1	79.1	인도양
4068	황다랑어	153.7	81.9	대서양
4069	눈다랑어	150.9	79.3	남태평양

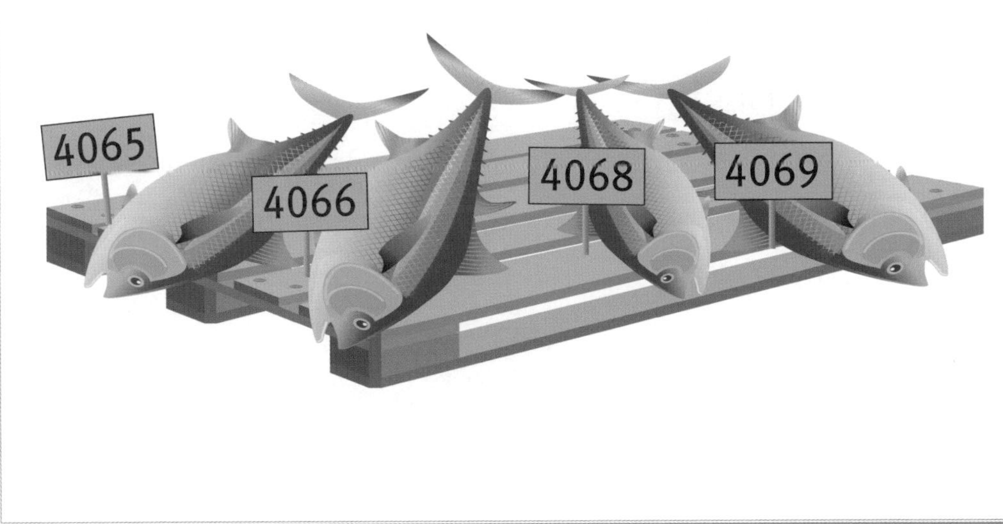

① 4065 ② 4066 ③ 4068 ④ 4069

37 □□놀이방에서 근무하는 L씨는 다음과 같은 이용 안내 포스터에 할인율을 표시하라는 사장의 지시를 받았다. L씨가 놀이방 4시간 이용 요금 옆 ( )안에 표시해야 할 할인율로 가장 적당한 것은?

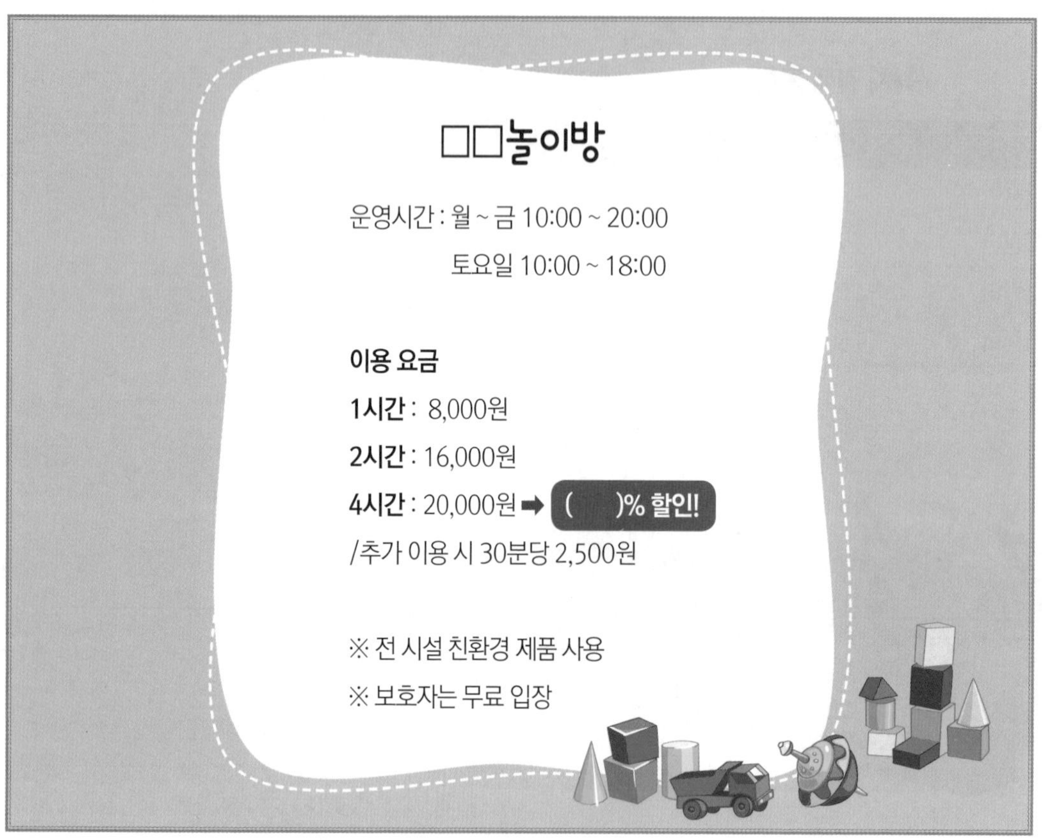

□□놀이방
운영시간 : 월 ~ 금 10:00 ~ 20:00
토요일 10:00 ~ 18:00
이용 요금
1시간 : 8,000원
2시간 : 16,000원
4시간 : 20,000원 ➡ ( )% 할인!
/추가 이용 시 30분당 2,500원
※ 전 시설 친환경 제품 사용
※ 보호자는 무료 입장

① 20 ② 27.5 ③ 30 ④ 37.5

38 □□여행사에서 근무하는 N씨는 단체 여행을 위해 4일간 버스를 렌트하려고 한다. 버스 렌트 요금이 다음과 같을 때, 최소 렌트 요금은 얼마인가?

〈버스 렌트 요금표〉

버스	렌트 요금(1일, 기사 포함)	비고
15인승 봉고	80,000	2일 이상 이용 시 10% 할인
17인승 콤비 버스	100,000	
25인승 중형 버스	150,000	
45인승 대형 버스	200,000	

여행 인원: 고객 15명, 가이드 1명

① 270,000원 ② 360,000원 ③ 405,000원 ④ 540,000원

국어 영어 수리

Memo

39 프랜차이즈 외식업체인 △△푸드에서 마케팅 업무를 담당하고 있는 L씨는 신제품 A, B, C 각각에 대한 연령별 선호도를 조사하여 다음과 같이 팀장에게 보고하였다. 팀장의 질문에 대한 L씨의 답으로 가장 적절한 것은?

〈 신제품 A, B, C에 대한 연령별 선호도 〉

구 분	10세~19세	20세~29세	30세~39세	40세~49세	50세 이상	조사 대상(명)
A	8%	22%	23%	24%	23%	120
B	2%	14%	21%	40%	23%	75
C	19%	50%	20%	10%	1%	200

C음식을 선호한 30대 미만인 고객의 수는 B음식을 선호한 30대 미만 고객 수의 몇 배인가요?

① C음식을 선호한 30대 미만 고객의 수가 B음식을 선호한 30대 미만 고객 수보다 8배 큽니다.

② C음식을 선호한 30대 미만 고객의 수가 B음식을 선호한 30대 미만 고객 수보다 10.5배 큽니다.

③ C음식을 선호한 30대 미만 고객의 수가 B음식을 선호한 30대 미만 고객 수보다 11.5배 큽니다.

④ C음식을 선호한 30대 미만 고객의 수가 B음식을 선호한 30대 미만 고객 수보다 13배 큽니다.

Memo

40 K씨는 병아리 감별사로 취업을 준비 중에 있다. 일반적으로 병아리 200 마리를 18분 이내에 97% 이상 정확하게 감별하여야 갑종 감별사 자격을 취득할 수 있다고 한다. 한 마리 감별하는데 평균 몇 초 이내에 감별해야 하는가?

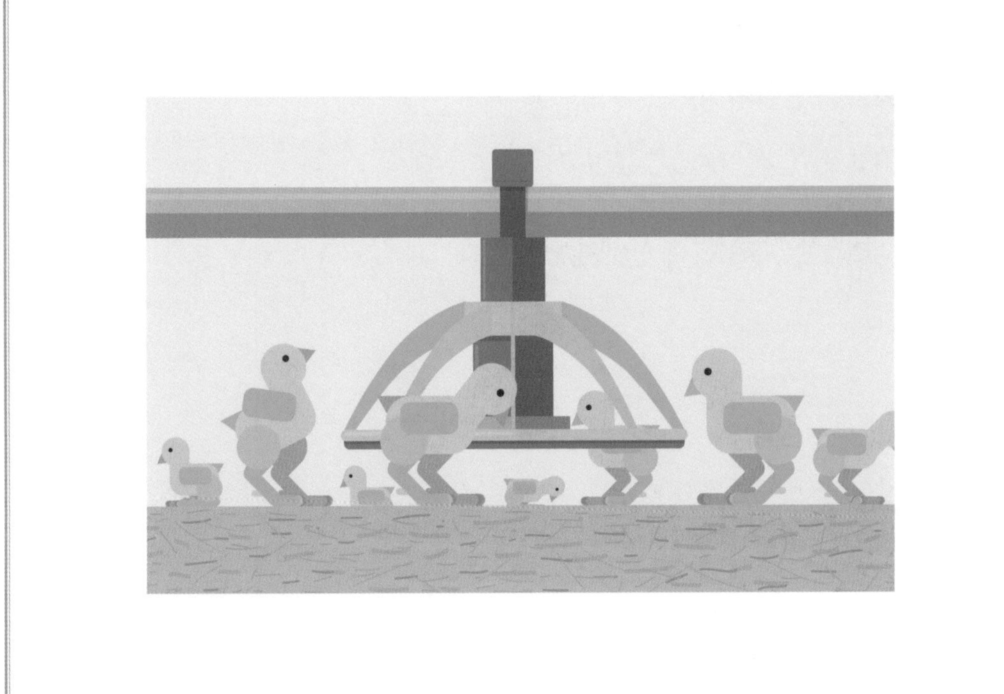

① 4.2 초 ② 4.8 초 ③ 5 초 ④ 5.4 초

Memo

41 ○○패션 총무과에서 경리 사원으로 근무하고 있는 Y씨는 사원들의 지난 달 초과 근무 수당을 계산하고 있다. 다음과 같은 방법을 이용하여 Y씨가 계산한 디자인 팀 A씨의 초과 근무 수당으로 옳은 것은?

〈초과 근무 수당 관련 규정〉

1. 1일 최대 초과 근무 확인 시간은 4시간임
2. 한 달 최대 초과 근무 확인 시간은 60시간임
3. 1일 초과 근무 시간 중 1시간은 제하여 초과 근무 확인 시간을 정함(단, 휴일 근무의 경우 전체 시간을 인정함)
4. 초과 근무 확인 시간을 월 단위로 합산하여 계산함
5. 한 달 초과 근무 확인 시간 중 분은 절사함(예를 들어 한 달 초과 근무 확인 시간이 6시간 40분일 경우 6시간에 대해서만 수당을 지급함)
6. (한 달 초과 근무 확인 시간)×15,000(원)을 수당으로 지급함

〈디자인 팀 A사원의 초과 근무 내역〉

순번	초과 근무 일자(요일)	초과 근무 시간	초과 근무 확인 시간
1	11.06(월)	18:00 ~ 20:30	1:30
2	11.11(토)	10:00 ~ 13:00	3:00
3	11.17(금)	18:00 ~ 23:10	
4	11.23(목)	18:00 ~ 21:40	2:40
5	11.27(월)	18:00 ~ 20:00	

① 165,000원 ② 180,000원 ③ 200,000원 ④ 225,000원

Memo

42 ○○여행사에서 가이드 일을 하고 있는 K씨는 해외 여행 가이드 하는 중 면세점에서 고객에게 Y사의 선크림과 S사의 아이크림 구매 가격에 대한 문의를 받았다. K씨가 고객에게 답변해 드려야 할 가격으로 적절한 것은?

〈가격표〉

	에센스	아이크림	틴트	선크림	핸드크림
S사	$62	$46	$27	$42	$35
Y사	$58	$50	$25	$54	$35

(환율: $1 당 1,100원)

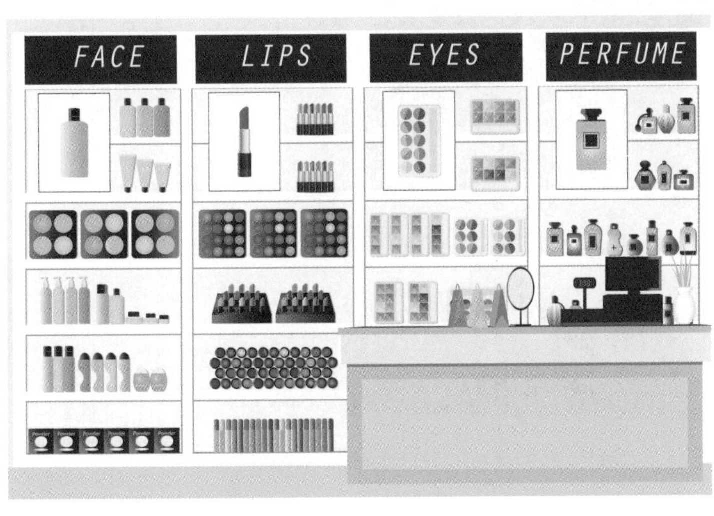

① 110,000원 ② 101,200원 ③ 103,400원 ④ 96,800원

국어
영어
수리

43 △△전자 대리점에서 판매 사원으로 근무하고 있는 P씨에게 고객이 다음과 같은 문의를 했다. 고객의 문의에 대한 P씨의 대답 중 ( )안에 들어갈 것으로 가장 적절한 것은?

고객 60인치 TV를 사려고 하는데 TV테이블은 그대로 사용하고 싶어서요, 전시된 50인치 TV만 보고서는 가로의 길이를 알 수가 없는데, 60인치 TV의 가로 길이는 얼마나 되죠?

P씨 TV의 인치는 대각선 길이를 나타냅니다. 인치수가 달라도 시판되는 TV의 가로와 세로 길이의 비는 16:9로 같아요. 가만있자(50인치 TV의 가로의 길이를 재며) 50인치 TV의 가로의 길이가 대략 1,095mm이므로 60인치 TV의 가로 길이는 대략 ( )입니다.

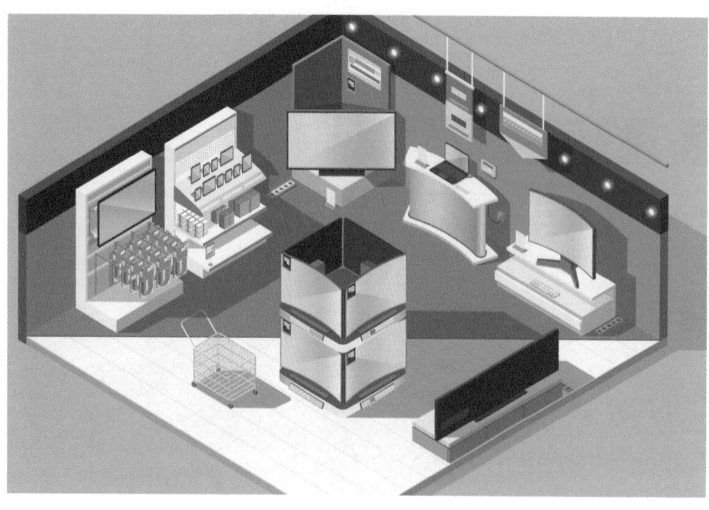

① 1,214mm ② 1,272mm ③ 1,314mm ④ 1,416mm

44 □□식당에서 근무하는 조리사 N씨는 식료품을 주문하려고 한다. N씨가 주문하는 상품의 총 금액은 얼마인가?

〈상품 주문서〉

물품명	규격	단가(원)	구매수량	금액	비고
밀가루	1kg	1,500	20kg		10만원 이상 구매시 5% 할인
식용류	1kg	3,000	10kg		
식초	1kg	4,000	5kg		
계					

① 72,000 원　② 80,000 원　③ 100,000 원　④ 90,000 원

국어 영어 수리

45 인천국제공항 OO은행 지점에서 환전 업무를 담당하고 있는 K씨가 다음 상황에서 고객에게 내어준 금액 중 20달러와 1달러 화폐는 각각 몇 장인가?

고객 미국으로 여행가려고 하는데요, 달러로 환전해 주세요.

K씨 네, 고객님. 바꿀 원화가 얼마인가요?

고객 160만 원입니다.

K씨 네, 160만 원 확인했습니다. 1달러, 20달러, 50달러, 100달러 화폐로 환전하실 수 있는데 어떻게 드리면 좋을까요?

고객 100달러 지폐로 12장, 50달러 지폐 5장... 그리고 나머지는 가능한 20달러 지폐로 주세요.

K씨 네, 알겠습니다. 1달러 미만은 절사하고, 여기 있습니다.

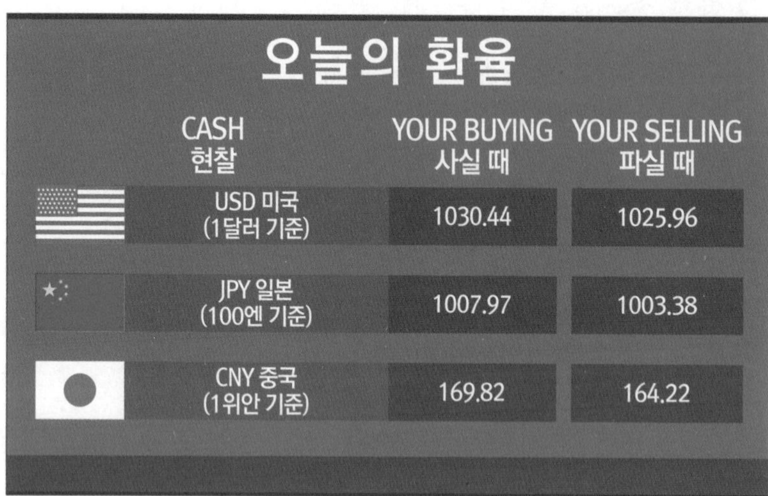

오늘의 환율

CASH 현찰	YOUR BUYING 사실 때	YOUR SELLING 파실 때
USD 미국 (1달러 기준)	1030.44	1025.96
JPY 일본 (100엔 기준)	1007.97	1003.38
CNY 중국 (1위안 기준)	169.82	164.22

① 20달러 3장, 1달러 2장

② 20달러 3장, 1달러 6장

③ 20달러 5장, 1달러 2장

④ 20달러 5장, 1달러 6장

Memo

46 △△회사 재무 부서에서 근무하는 Y씨는 올해 전체 복지 예산의 1/2을 자녀 장학금에 배정하고 3,000만 원을 시설 유지 보수 예산으로 배정하였더니 1,000만 원이 남았다. 올해 전체 복지 예산은 얼마인가?

① 4,000만 원 ② 6,000만 원 ③ 8,000만 원 ④ 9,000만 원

Memo

47 (사)한국프로농구협회에 근무하는 Y씨는 경기에 사용하게 될 농구공을 구매하라는 지시를 받았다. 농구공의 공식 규격과 제조사별 농구공의 규격이 다음과 같을 때, Y씨가 농구공 구매 의향서를 보내야할 제조사는?

〈농구공 공식 규격〉

평가 요소	합격 기준
둘레	75cm이상 78cm이하
무게	600g이상 650g이하
탄성력 (1.8m 높이에서 떨어뜨렸을 때 튀어 올라 오는 높이)	1.2m이상 1.4m이하

〈제조사별 농구공 측정 결과〉

제조사	둘레(cm)	무게(g)	탄성력
A제조사	78	620	1.2
B제조사	76	660	1.2
C제조사	74	620	1.4
D제조사	74	660	1.4

① A제조사 ② B제조사 ③ C제조사 ④ D제조사

Memo

48 □□마트 화장품 판매 업무를 하고 있는 K씨는 다음과 같은 고객의 문의를 받았다. 고객의 문의에 대한 K씨의 답변으로 가장 적절한 것은?

고객 수분크림을 사고 싶은데, 용량이 50mL인 제품과 125mL인 제품 중 어느 쪽을 사는 것이 더 저렴한가요? 1mL당 가격으로 비교해 주시겠어요?

125ml
69,000원

50ml
39,000원

① 용량이 50mL인 제품이 용량이 125mL인 제품보다 1mL당 142원 더 저렴합니다.

② 용량이 50mL인 제품이 용량이 125mL인 제품보다 1mL당 228원 더 저렴합니다.

③ 용량이 125mL인 제품이 용량이 50mL인 제품보다 1mL당 142원 더 저렴합니다.

④ 용량이 125mL인 제품이 용량이 50mL인 제품보다 1mL당 228원 더 저렴합니다.

49 ○○기업 총무부에서 근무하는 H씨는 사내 봉사 활동 참여 사원 수를 조사하였다. 이를 바탕으로 연도별 봉사 활동 참여 사원 수의 전년 대비 증가율을 바르게 나타낸 것은?

〈○○기업 봉사활동 참여 사원 수〉

연도	2011년	2012년	2013년	2014년	2015년	2016년
참여 사원 수	50 명	60 명	66 명	79 명	87 명	104 명

①
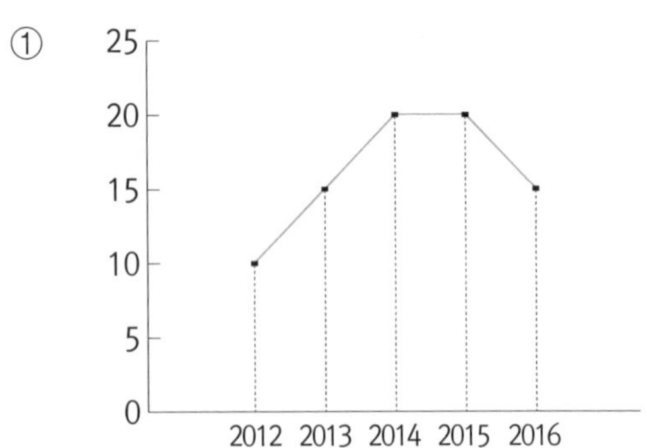

②
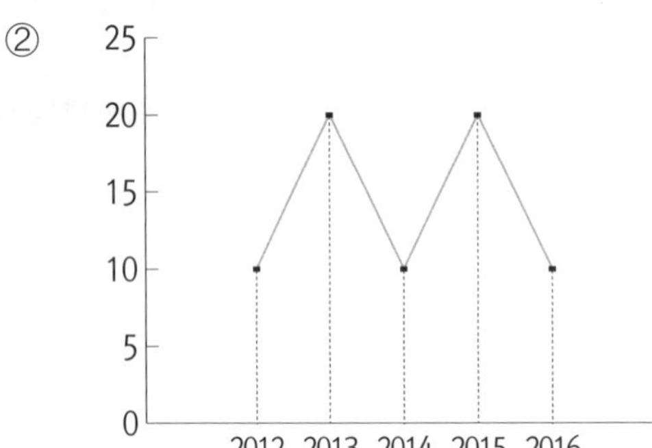

③
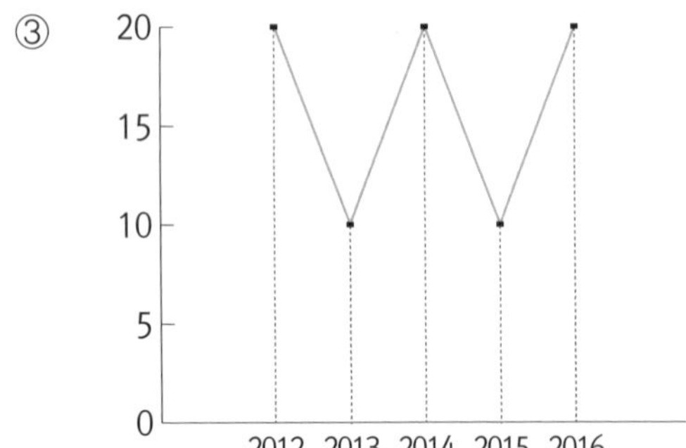

④
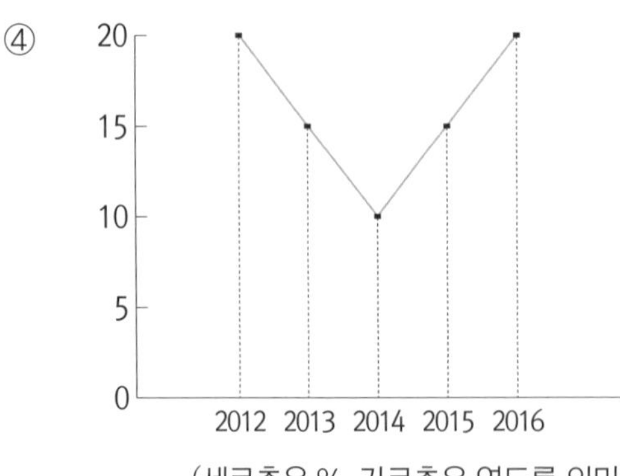

(세로축은 %, 가로축은 연도를 의미)

50 ○○ 고등학교에서 영양사로 근무하고 있는 P씨는 다음 주에 급식으로 제공될 음식의 빈도를 열량별로 나타낸 그래프를 작성하여 급식실 게시판에 게시하라는 지시를 받았다. 다음 주에 급식으로 제공될 음식과 칼로리가 다음과 같을 때, P씨가 작성한 그래프로 옳은 것은?

〈다음 주 급식 메뉴별 칼로리〉

음식 이름	칼로리(kcal)	음식 이름	칼로리(kcal)
떡볶이	270	무나물	30
갈비전골	937	미트볼	153
갈치조림	142	연어샐러드	323
수제비	494	생태찌개	267
감자전	125	샤부샤부	405
낙지전골	296	쇠고기무국	266
비빔밥	489	수박화채	140
닭칼국수	254	순대볶음	463
돈가스	574	순두부국	151
동태찜	170	오징어튀김	378
매운탕	356	연포탕	428

①
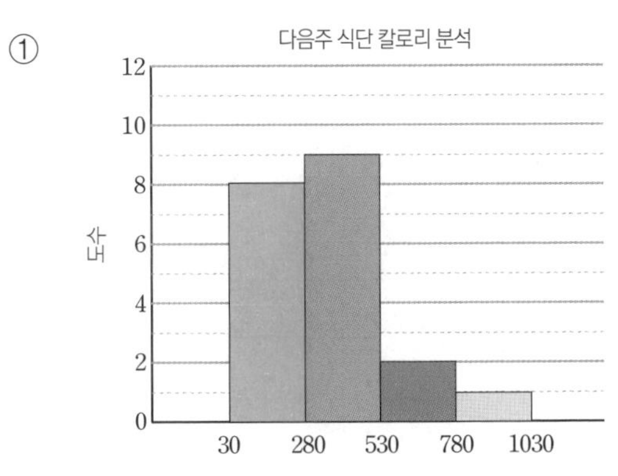

②
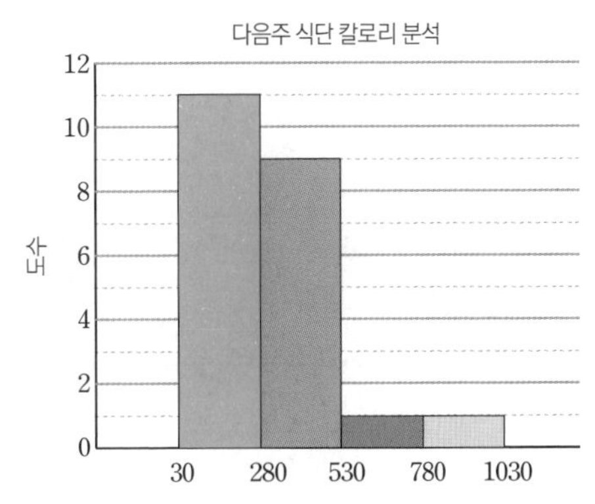

③
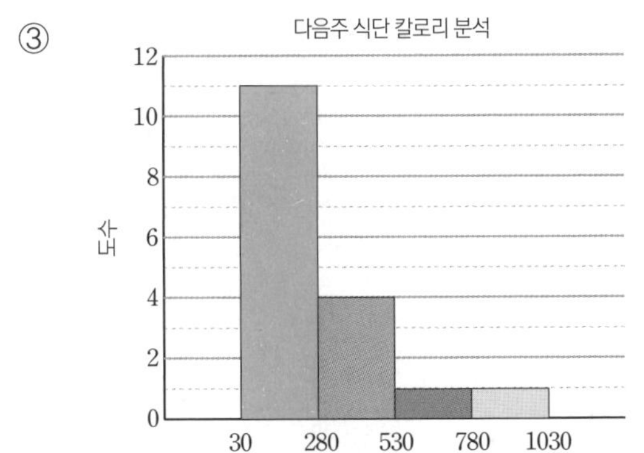

④
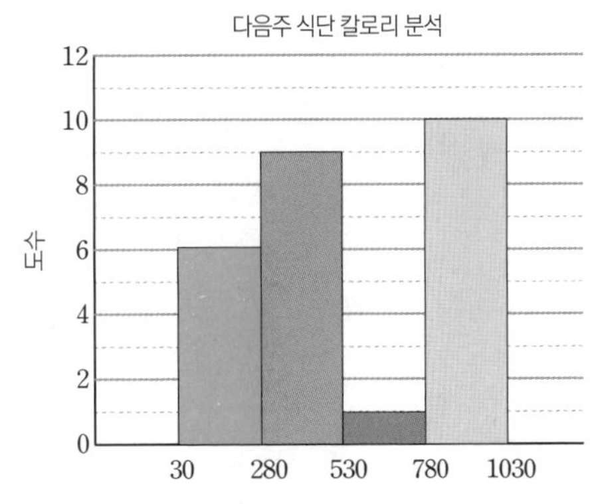

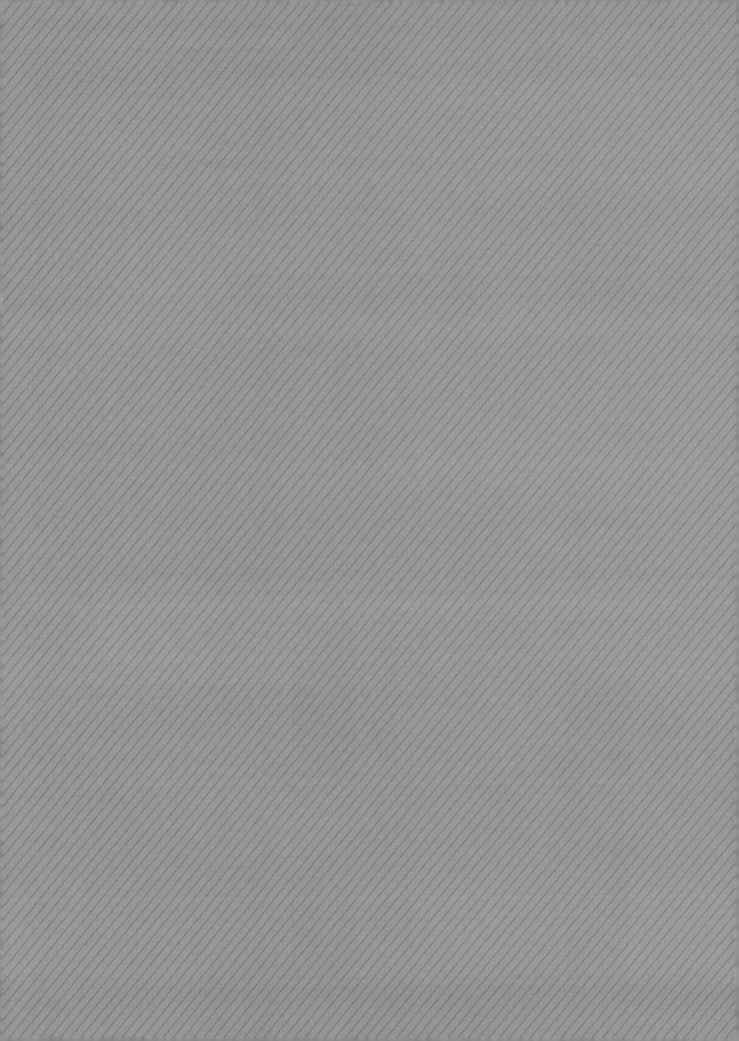

특성화 · 마이스터 고등학교 직업기초능력평가 대비

모의고사
국어 · 영어 · 수리 영역

정답 및 해설

P A R T 3

의사소통 국어 영역

본문 p.11

01 ③	02 ④	03 ④	04 ④	05 ③
06 ③	07 ②	08 ③	09 ②	10 ③
11 ①	12 ③	13 ③	14 ②	15 ③
16 ①	17 ③	18 ②	19 ①	20 ①
21 ③	22 ③	23 ②	24 ①	25 ③
26 ②	27 ④	28 ③	29 ②	30 ④
31 ④	32 ①	33 ③	34 ④	35 ③
36 ④	37 ④	38 ④	39 ②	40 ①
41 ④	42 ①	43 ③	44 ④	45 ④
46 ④	47 ③	48 ①	49 ④	50 ②

01 일요일 5시 30분에 4인석은 남은 자리가 0이라고 되어 있다.

02 안내 지침에 따르면 ①, ②, ③이 안될 경우 ④를 확인하라고 되어 있다.

04 고객의 의견을 존중하여 다시 한번 알아본다.

05 먼저 하드 드라이브의 용량을 확인해야 한다고 언급되어 있다.

07 화요일은 최영민, 박정택 두 명의 의사가 오전 진료가 있으므로, 오전 진료가 가장 많은 날이다.

08 ① 여성, 직장인, 중장년층들이 주로 많다. ② 할애할 시간과 집중력이 많지 않다. ④ 집중력이 많지 않기 때문에 간단한 것들을 선호한다.

10 상품 정보가 소비자와 판매자에게 고르게 나뉘어 있지 못하고 한쪽에 치우쳐 있는 상태를 말한다.

11 마술쇼의 소비자는 관객이며 쇼에 대한 정보는 마술 비법이 된다.

13 강요하거나 재촉하지 않고 다양한 의견을 낼 수 있도록 격려한다.

14 지시한 의도나 목적, 필요성을 고려하지 못한 채, 지시한 내용 그대로만 실행한 것이 문제이다.

15 도매점이나 소매점이 취하는 몫이 유통 수수료이다.

16 Q2는 '배송'이라는 단어가 들어가 있어 '배송/상품'으로 분류해야 할 것 같지만, 질문의 핵심은 '취소'에 있으므로 '취소/반품/교환'으로 분류하는 것이 더 적절하다.

17 철회: 이미 제출하였던 것이나 주장하였던 것 따위를 도로 거두어들이거나 취소함.

18 플래카드

19 ② 초콜릿 ③ 비스킷 ④ 소시지

20 내가 모르는 것이기 때문에 말을 높일 필요가 없다.

21 ① 2005년부터 감소 ② 2004년부터 증가
③ 매출액이 가장 적은 시기는 2003년이다.

22 ① 웬만하면, 안 ② 어떡하지, 되도록 ③ 꿋꿋이, 낳은 ④ 배도록, 끊임없이

25 상품 개발 아이디어에 관한 자료 보고라는 목적에 맞는 것으로 ③이 가장 적절하다.

26 '교육비'란의 설명을 보면, 출석률 80%인 경우 5만원을 환급한다고 되어 있으므로 100% 출석하지 않아도 환급 받을 수 있다.

27 아직 경찰에서 유출된 개인 정보 데이터를 받지 못했다고 했고, 곧 확인 가능하도록 신속히 조치할 것이라고 예고한 것이므로 지금 조회할 수는 없다.

28 기존 모델을 추가 구매하는 것이 아니므로 ③은 필요없는 일이다.

29 모닝콜이 울리지 않아 아침을 늦게 먹거나 못 먹었을 것을 추리해 볼 수는 있지만, 아침식사가 제공되지 않은 것은 아니며 이에 대한 불만은 얘기하지 않았다.

30 ④ 고객의 요구를 파악하여, 고객이 이에 만족하는 제품을 구매할 수 있도록 한다.
① 이 회사의 물품이 마음에 든다고 했다.
② 가격 차원이 아니라, 만족스러운 제품을 사고 싶다고 했다.
③ 비슷한 상품이 있으므로 따로 디자인을 제작할 필요까지는 없다.

31 ① ㉠ 제작 ② ㉡ 게재 ③ ㉢ 매거진

32 ㉠ 채택은 의견이나 안건을 선택할 때 사용하는 말이고, 계약은 서로 간의 약속으로서 "체결"했다고 말한다.

33 수정 후 메시지는 핵심 내용을 본문 제일 앞에 언급하여 강조하고 있다.

35 30대와 40대를 합하면 67%로 가장 많으며, 생활 수준도 중 또

는 중상위층이 전체의 81%로 비교적 부유한 소득층이 많았다.

36 이곳이 금연 구역이라는 가장 중요한 정보가 맨 앞에 제시되어 있다.

37 한 변의 길이는 100cm 이내여야 한다고 했다. 160cm 이내는 세 변의 합 기준이다.

38 ④ 타지역이고, 세 변의 합이 150cm이므로 배송료는 10,500원이 된다.

39 상황을 제대로 설명하지 않고 고객에게 이해해 달라고 하는 것은 적절한 응대가 아니다.

40 이 표는 매출 규모를 나타낸 것으로 세안 부분에서 '자연애'가 독보적인 매출을 올리고 있다.

43 '여행 준비'라기보다는 '여행 내용'에 가깝다.

44 하위의 내용을 모두 아우르며 결론적으로 제공할 아이디어를 고른다.

45 역량 평가의 필요성에 대한 핵심적인 내용을 포함하면서 중복되지 않고 매끄럽게 표현한 것이 ④이다.

46 지난 세 달간 체결된 모든 계약서들이 필요하다고 하였으므로 ④가 가장 정확하고 시급한 문제이다.

47 ③은 '고객 만족 최우선 작전' 정도가 적절하다. ③의 주요 내용은 고객 만족을 최우선으로 하자는 것으로, 이를 위한 한 가지 방법으로 전문 부서 설치가 있는 것일 뿐이다.

48 '구체적인 대책'에서 문장으로 풀어썼던 것을 수정 후에 주요 음료명만 나열하였다.

49 ④ 서해인쇄는 주된 수주(주문을 받는) 경로가 디자이너를 통해서라고 했다. ② 명심인쇄는 대량으로 인쇄하는 곳이다. 특수 가공을 하는 하늘인쇄나 두꺼운 종이를 인쇄할 수 있는 서해인쇄가 오히려 특별한 기술을 적용한 것이라고 할 수 있다.

50 ② 구절의 길이에 따라 수정한 것이 아니다.

의사소통 영어 영역

본문 p.61

01 ①	02 ②	03 ③	04 ②	05 ④
06 ③	07 ②	08 ④	09 ②	10 ④
11 ②	12 ③	13 ②	14 ④	15 ②
16 ③	17 ④	18 ④	19 ②	20 ③
21 ②	22 ④	23 ③	24 ②	25 ①
26 ④	27 ②	28 ③	29 ①	30 ③
31 ④	32 ②	33 ①	34 ③	35 ④
36 ①	37 ④	38 ③	39 ②	40 ②
41 ②	42 ③	43 ①	44 ②	45 ④
46 ②	47 ③	48 ④	49 ②	50 ③

01 | Script |

Jieun Good evening. What can I serve for you?

Man I'd like to have one draft beer and one iced water, please.

Jieun A draft beer and a glass of iced water. Anything else?

Man No, thanks.

Jieun Wait a moment, sir.

지은 좋은 저녁입니다. 무엇을 드릴까요?

남자 생맥주 한 잔이랑 얼음물 한 컵을 주세요.

지은 생맥주 한 잔과 얼음물 한 컵. 다른 건 필요 없으세요?

남자 아니요, 됐습니다.

지은 잠시만 기다리세요, 손님.

손님이 시킨 음료는 생맥주(draft beer) 한 잔과 얼음물(iced water) 한 잔이다.

- beer 맥주
- green tea 녹차
- champagne 샴페인
- wine 과실주

02 | Script |

Jieun	Hello, Geoneo Restaurant. May I help you?
Man	I'd like to make a reservation for tomorrow.
Jieun	Tomorrow? Could you give me the exact time?
Man	At 12:30 in the afternoon.
Jieun	We have smoking and non-smoking sections. Which section do you want?
Man	Non-smoking section, please. And keep the seat away from windows. It will be probably too hot next to windows.
Jieun	No problem. How many people?
Man	There will be four of us.

지은	안녕하세요. 지오네오 레스토랑입니다. 무엇을 도와드릴까요?
남자	내일 예약을 하고 싶습니다.
지은	정확한 시간을 알려 주시겠어요?
남자	오후 12시 30분이요.
지은	흡연 구역과 금연 구역이 있습니다. 어떤 구역을 원하세요?
남자	금연 구역으로 부탁합니다. 그리고 창가에서 좀 떨어진 곳으로 잡아 주세요. 창가는 너무 더울 거 같아요.
지은	알겠습니다. 손님은 몇 분이신가요?
남자	모두 합쳐서 4명입니다.

손님은 내일(tomorrow) 오후 12시 30분에 금연 구역(non-smoking section)에서 4명이 식사를 하기 위해 예약(reservation)을 하고자 한다. 이 손님은 낮시간이라 더울 거 같으므로 창가에서 떨어진 자리를 원하고 있다.

- make a reservation 예약하다
- smoking section 흡연 구역
- non-smoking section 금연 구역

03 | Script |

Paul	Did you check the ingredients for special guests today?
Mr. K	Yes, they are all ready. Is there anything I should know for the guests?
Paul	I heard they don't like spicy food and are vegetarians.

Paul	오늘 오실 특별 손님을 위한 재료 확인했나요?
Mr. K	네, 모두 준비되어 있습니다. 제가 손님을 위해 알고 있어야 할 것들이 있습니까?
Paul	그들은 매운 음식을 좋아하지 않고 채식주의자라고 들었어요.

- ingredient 재료
- spicy food 매운 음식
- vegetarian 채식주의자

04 | Script |

Ms. Kim	Can I speak to you for a moment?
David	Sure. What is it?
Ms. Kim	______________.

Ms. Kim	잠시 이야기 좀 할 수 있나요?
David	네. 무엇인데요?
Ms. Kim	______________.

- I don't think we've met before. 전에 우리 만난 적이 없어요.
- I wonder if ~ ~인지 아닌지 궁금하다
- advertisement 광고
- work 효과 있다

05 | Script |

Mr. David	I've made a reservation three days before.
Jieun	Oh, yes. May I see your ID card, please?
Mr. David	Yes, here it is.
Jieun	Yes, your reservation is confirmed.
Mr. David	Is it correct the room I've reserved is a suite room which is bright and has an ocean view?

Mr. David	저는 3일 전에 예약했는데요.
Jieun	네, 신분증을 보여 주시겠습니까?
Mr. David	네, 여기 있습니다.
Jieun	네, 예약이 확인되었습니다.
Mr. David	제가 예약한 방이 바다가 보이는 밝은 조명의 스위트 룸이 맞지요?

- ID card 신분증
- confirm 확인하다
- an ocean view 바다가 보이는 전망

06 | Script |

Foreigner	Good morning. Where are cup noodles?
Ms. Lee	They're over there.

Foreigner	안녕하세요 컵라면이 어디 있죠?
Ms. Lee	저쪽에 있어요.

07 | Script |

Mr. Kim	We are going to place a new milling machine on the left corner in this room.
Tom	I see, so, we must move the filing cabinet next to the desk.

Mr. Kim	새 밀링 머신을 이 방의 왼쪽 구석에 놓을 것입니다.
Tom	네, 그렇게 하려면 파일 보관함을 책상 옆으로 옮겨야만 합니다.

- next to ~옆에

08 | Script |

Foreigner	What is the price of the cosmetics?
Ms. Lee	It's 50 dollars.
Foreigner	I'll get one, please.
Ms. Lee	If you buy two more, you'll get 10% off.
Foreigner	Is that so? Then I want to buy three.
Ms. Lee	I see. I'll wrap them for you

Foreigner	이 화장품 얼마예요?
Ms. Lee	50 달러입니다.
Foreigner	한 개 살게요.
Ms. Lee	두 개 더 살 경우, 총 금액의 10% 할인됩니다.
Foreigner	정말이에요? 그렇다면 3개 살게요.
Ms. Lee	알겠습니다. 포장해 드릴게요.

- cosmetics 화장품
- I'll get 살 것이다
- wrap 포장하다

09 | Script |

Mr. Kim	How can I help you?
Foreigner	Where's the nearest pharmacy?

Mr. Kim	무얼 도와드릴까요?
Foreigner	가장 가까운 약국이 어디 있나요?

- the nearest pharmacy 가장 가까운 약국

10 | Script |

Man	Good morning. This is Mr. Kang speaking. How can I help you?
Jieun	Hello, this is Jieun Kim.
Man	Oh, hi, Ms. Park. Is there something wrong? You sound bad.

Jieun	Sorry but my senior designer asked me to check some differences between the drawing and the specification. How did it happen?
Man	Wait for a moment. I need to ask my ship building team first, then I will call you tomorrow.
Jieun	OK, then. Call me back tomorrow.

남자	좋은 아침입니다. 저는 미스터 강입니다. 무엇을 도와드릴까요?
지은	안녕하세요. 저는 김지은입니다.
남자	네. 안녕하세요 지은 씨. 뭐가 잘못되었나요? 목소리가 불편하신 것 같네요.
지은	죄송합니다만 저의 상급 디자이너가 제게 초기 디자인과 상세도면에서 차이점을 확인해 보라고 했어요. 어떻게 된 거죠?
남자	잠시만 기다려 주세요. 선박건조팀에게 먼저 물어볼 필요가 있을 것 같아요. 그러고 나서 내일 전화를 드릴게요.
지은	알았어요. 그럼 내일 전화 주세요.

선박의 초기 설계(drawing)와 세부내역(specification)의 차이를 발견하여 이것의 일치 여부를 확인해 달라고 요청하는 통화이다.

- Is there something wrong? 뭐가 잘못되었나요?
- You sound bad. 당신이 언짢은 것 같군요.

11 | Script |

Jieun	Please come in. What's wrong with you?
Man	I feel like vomitting. Is there anything for this?
Jieun	Here's a sea sickness bag. Please use this bag if you need to. And we have Bonine Oral for your symptom. Would you like to take this medicine?
Man	Yes, please. Thank you.
Jieun	Do you have any allergies to any medicine?
Man	No, I don't.
Jieun	Here you are. I hope you feel better soon.

지은	어서 오세요. 어디가 불편하신가요?
남자	토할 것 같아요. 이런 증상을 위한 처치가 있나요?
지은	여기 배멀미 봉투가 있어요. 필요하시면 이 봉투를 사용하세요. 그리고 이런 증상에는 보닌 구강제도 괜찮아요. 이 약을 드시겠어요?
남자	네, 주세요. 감사합니다.
지은	약물에 대한 어떤 알레르기 같은 건 없으신가요?
남자	아니요, 없어요.
지은	여기 있어요. 빨리 괜찮아지시길 바래요.

- 배멀미(sea sickness)를 하는 환자에게 구토용 봉지(sea sickness bag)와 멀미 진정제를 처방하고 있다.
- feel like vomitting 토할 것 같다.
- symptom 증세
- Would you like to take this medicine? 이 약을 드시겠어요?
- allergy 거부 반응
- I hope you feel better soon. 곧 좋아지길 바래요.

12 | Script |

Jieun	Hi, is that GEO delivery company?
Man	Yes. How can I help you?
Jieun	I have a package for delivery. Can you visit me at 10 a.m.?
Man	Sorry, lady. I will be on another service until 10:15. Can I drop by at 10:30?
Jieun	Unfortunately, I can't. I have a meeting with a customer at 10:30 and 11:00. How about a quarter after 10:30?
Man	OK. I'll visit then. See you later.
Jieun	Yes. See you soon.

지은	안녕하세요. 거기가 지오 택배사인가요?
남자	네. 무엇을 도와드릴까요?
지은	배송할 물품이 있어요. 오전 10시에 방문해 주시겠어요?
남자	죄송합니다. 10시 15분까지 다른 배달을 해야 해요. 10시 30분에 방문해도 될까요?

지은	어쩌죠. 안 되겠는데요. 저는 10시 30분과 11시에 고객과 만나야 해요. 10시 45분은 어때요?
남자	그럼 그 때 갈게요. 이따 봐요.
지은	네. 곧 봬요.

택배 기사는 10시 15분까지 다른 배달 서비스가 있고, 김지은 씨는 10시 30분과 11시에 각각 고객과의 미팅이 있어서 10시 30분에서 4분의 1(a quarter)이 지난 10시 45분에 택배 기사가 물건을 받으러 올 것이다.

- delivery company 택배회사
- be on another service 다른 서비스를 하고 있다
- drop by 잠시 들리다
- quarter 1/4, 15분

13 | Script |

Manager	Have you filed the invoices and sent the memos to the Marketing Department?
Jieun	I'm afraid the memos aren't ready yet, but I've done the filing.
Manager	Please send them off as soon as possible. Were there any phone calls while I was out?
Jieun	Yes, Mr. Park from GeoNeoSoft made a call to cancel his appointment. He'll call us back to arrange another meeting.
Manager	OK. Ask him if he can come on Tuesday at 3 p.m..
Jieun	Right.

매니저	제품 송장을 철해 두고 영업부에 메모는 보냈나요?
지은	죄송한데 메모는 아직 보내지 못했어요. 하지만 파일철을 끝냈어요.
매니저	가능한 한 빨리 메모를 보내도록 해요. 내가 나가 있는 동안 전화온 것은 없었나요?
지은	있었어요. 지오네오소프트사의 박선생님이 약속을 취소한다고 전화했어요. 다른 미팅을 조정하기 위해 다시 전화할 겁니다.
매니저	알았어요. 화요일 오후 3시에 가능한지 물어보세요.
지은	알겠습니다.

- 박선생이 매니저와 만나기로 한 약속을 취소한 후 매니저는 화요일 오후 3시에 다시 약속을 잡으라고 지시하고 있다.
- file the invoice 제품 송장을 철해 두다
- marketing department 영업부
- as soon as possible 가능한 한 빨리
- cancel the appointment 약속을 취소하다
- arrange another meeting 다른 약속 시간을 잡다

14 | Script |

Jieun	Nice to meet you, Mr. Brown.
Man	Nice to meet you.
Jieun	According to your request, I would like to explain today's painting work.
Man	Yes, please.
Jieun	As you wish, we are going to paint living room and a kitchen with bright colors like yellow and yellowish green. Pale blue will be coated three rooms.
Man	That's great. How long will it take to finish your painting?
Jieun	It will take about 7 hours for drying and layered painting.
Man	I got it. Please take good care of your working.
Jieun	No worries.

지은	만나서 반갑습니다. Brown씨.
남자	만나서 반가워요.
지은	선생님의 요구에 맞추어, 오늘의 페인트 작업을 설명해 드릴게요.
남자	네. 그래 주세요.
지은	선생님의 바램대로, 거실과 식당은 노랑과 연두같은 밝은 색깔을 칠할 거에요. 연한 파란색으로는 방 세 개를 칠할 겁니다.
남자	좋네요. 페인트 작업을 마치는 데 얼마의 시간이 걸리죠?
지은	말리고 겹칠까지 하려면 대략 7시간 정도 걸릴 거에요.
남자	알겠어요. 꼼꼼하게 잘해 주세요.
지은	걱정 마세요.

현장 관리자가 집주인에게 페인트 작업은 주방, 거실, 방 3개에 대해 이루어질 것이라고 설명하고 있다.

- request 요청, 요구
- as you wish 당신이 원하는 대로
- take good care of~ ~을 꼼꼼하게 처리하다

15

Foreigner	죄송합니다. 편의점이 어디에 있죠?
Ms. Lee	두 블록 직진하세요. 왼쪽에 보일 겁니다. 서점 옆에 있습니다.

16

Mr. Roy	작업 일정에 대해 이야기해 봅시다. 일정 가운데 일부가 진행이 더딘 것 같네요.
Mr. Kim	일정보다 2주가 늦어져 미안합니다. 작업 일정을 앞당기기 위해 더 많은 도움이 필요합니다.
Mr. Roy	내일부터 추가 인력을 배치하는 것이 어떨까요?
Mr. Kim	좋아요, 고맙습니다.
Mr. Roy	작업이 언제 끝날 수 있을까요?
Mr. Kim	추가 인력이 우리와 함께 일한다면, 마감 시한까지 마칠 수 있습니다.

작업이 늦어지는 것에 우려를 나타내는 대화로 추가 인력을 배치하여 마감 시한까지 일을 끝내려는 의지가 엿보인다. 비용에 관한 내용은 언급되고 있지 않다.

- behind schedule 계획[예정]보다 늦게
- advance work schedule 작업 일정을 앞당기다
- add extra help 추가 인력을 배치하다
- meet the deadline 마감 시한에 맞추다

17

작업하기 전에 반드시 모든 창문을 열어 놓아야 한다. 환기는 공기를 신선하게 유지할 것이다. 그리고 작업은 천장, 벽, 바닥 순으로 위에서 아래로 하는 것이 좋다.

- leave ~ open ~을 열어 두다
- ventilation 환기
- from the top down 위에서 아래로

18

사람을 소개할 때는 This is ~의 표현을 사용한다.

19 |Script|

Jieun	What's your e-mail address?
Man	Jace_Min@geo-mail.net.
Jieun	Can you spell it for me, please?
Man	J-A-C-E-underscore-M-I-N-at-G-E-O-dash-M-A-I-L-dot-N-E-T.
Jieun	Thank you, I will send you the information in a PDF file.
Man	Sorry, I don't understand. What is a PDF file?
Jieun	It's a portable document format. ________.

지은	당신의 이메일 주소는 무엇입니까?
남자	Jace_Min@geo-mail.net.
지은	한 철자씩 불러 주시겠어요?
남자	J-A-C-E-underscore-M-I-N-at-G-E-O-dash-M-A-I-L-dot-N-E-T입니다.
지은	감사합니다. 제가 PDF 파일로 당신에게 보낼게요.
남자	죄송한데, 무슨 말인지 모르겠어요. PDF 파일이 뭐죠?
지은	그것은 간단한 문서 형식인데요, 보통 아크로벳리더 프로그램으로 열 수 있어요.

아크로벳리더(Acrobat Reader)는 확장자가 PDF로 끝나는 파일을 열 수 있는 가장 대표적인 프로그램이다.

- '@' at이라고 읽는다.
- '_' underscore라고 읽는다.
- '-' dash 혹은 hyphen이라고 읽는다.
- portable 휴대용의, 간편한
- document format 문서 형식

20

Foreigner	세면도구를 살 만한 가장 가까운 가게가 어디 있습니까?
Ms. Lee	2층 빵 집 맞은편에 있어요.

- toiletries 세면도구

21

Mr. Kim	이제 복사기 설치를 했습니다. 작동이 잘 되고 있습니다.
Staff	고맙습니다. 한 달 임대료가 얼마입니까?
Mr. Kim	한 달에 100달러입니다.
Staff	알겠어요. 보증 기간은 얼마입니까?
Mr. Kim	일 년입니다. 보증 기간에는 모든 서비스가 무료입니다.

- install 설치하다
- copy machine 복사기
- monthly 한 달의
- rental fee 임대료
- carry 이행하다
- no charge 무료의
- warranty period 보증 기간

22

Foreigner	이 셔츠들은 내 스타일이 아니에요. 새 디자인으로 된 다른 것 없나요?
Ms. Lee	이건 어때요? 새로운 디자인인데요.
Foreigner	저는 파란색은 좋아하지 않아요.
Ms. Lee	파란색 옆의 핑크색은 어떠세요?
Foreigner	오, 매우 멋진데요. 얼마예요?
Ms. Lee	50달러입니다.
Foreigner	오, 너무 비싸군요. 더 싼 것은 없나요?

- cheaper 더 싼

23

Ms. Kang	여보세요, Bred씨, 오늘 출근 못할 것 같아 전화 드립니다.
Mr. Bred	무슨 일이에요? 아프세요?
Ms. Kang	네, 밤새도록 아팠고 여전히 많이 아픕니다.
Mr. Bred	유감이군요. 의사에게 가 보세요.

- day off 휴일
- sick leave 병가

24

뚜껑을 살짝 들어올리시오.
원고를 복사면이 아래로 가게 해서 유리 위에 단정히 놓으시오.
뚜껑을 부드럽게 닫으시오.
버튼을 누르시오.

- gently 살짝, 부드럽게
- neatly 단정하게
- lid 뚜껑
- photocopier 복사기
- laptop computer 노트북 컴퓨터

25

맞춤 가구 개업 기념 세일
침대, 장롱, 화장대, 책상 등 모든 가구 30%까지 할인
매장에 있는 모든 제품은 최상의 원목으로 만들었으며 원하는 맞춤 가구를 제공합니다!
* 함께 일할 가구 제작자를 찾고 있습니다.

- custom furniture 맞춤 가구
- wardrobe 옷장
- dressing table 화장대

26

Ms. Kang	저를 도와주실 수 있나요, Bred 씨?
Mr. Bred	물론이죠, 무슨 일인가요?
Ms. Kang	베스트 은행 입출금 내역서인데요, 뭔가 맞지 않아요.
Mr. Bred	무엇이 문제인가요?
Ms. Kang	이 계좌의 잔고가 맞지 않아요.
Mr. Bred	그렇군요, 지금 이 사실에 대해 부사장에게 말해야겠네요.

- give ~ a hand ~를 도와주다
- bank statement 입출금 내역서
- account 계좌
- balance 수입과 지출이 맞아떨어지다

27

Ms. Kang	안녕하세요, 저는 강입니다. 서울에 오신 걸 환영합니다. 여기 제 명함입니다.
Mr. Bred	만나서 반갑습니다, Ms. Kang
Ms. Kang	당신은 뉴욕 사무소에서 오셨나요?
Mr. Bred	네, 저는 뉴욕에서 일하고 있는데요, 작년에는 런던과 도쿄에서 일했어요.

- business card 명함

28

Manager	우리 회사에 대해 무엇을 알고 있나요?
Ms. Kang	많이 몰라서 걱정이 됩니다.
Manager	괜찮아요, 그렇지만 알고 있는 게 좋을 것 같아요.
Ms. Kang	조언에 감사드려요, 그런데 당신은 어떤 일을 하고 계신가요?
Manager	광고를 내고, 방문객을 맞이하고, 그리고 부사장님을 돕고 있어요.
Ms. Kang	오, 매우 힘든 일이군요.

29

우리 회사 사장인 Henry David가 올해 재료기술 박람회에 참석할 예정입니다. David씨는 10월 18일 금요일 10시에서 11시 30분까지 우리 회사 스탠드 세미나실에서 열리는 아침 회의에 당신을 초대하고 싶어 하십니다. 회의에 참석이 가능하시다면 다음 주 월요일까지 저에게 알려 주시겠습니까?

- let me know 알려 주다, 알게 하다
- attend 참석하다

30

저는 한국에 있는 월드로봇전기사를 대표하여 이 글을 쓰고 있습니다. 우리 회사의 직원 몇 명이 2017년 5월 27일부터 30일까지 캘리포니아로 연구 견학을 준비 중에 있습니다. 이것은 우리가 캘리포니아를 방문하는 첫 번째 견학이 될 것입니다. 또한 우리는 선진 기술을 배우기 위해 귀사를 방문하고 싶습니다. 만약 우리에게 귀사 방문을 허락하신다면, 우리에게 훌륭한 기회가 될 것입니다.
방문에 관한 사항들은 귀사의 편의에 따라 정하시면 됩니다. 가장 좋은 방문 날짜는 5월 29일 (오전)이며, 이번 여행의 일행은 10명 안팎입니다.

- on behalf of ~를 대표하여
- organize 조직하다, 구성하다
- research tour 연구 견학
- advanced technology 선진 기술
- opportunity 기회
- according to ~에 따라
- convenience 편의

31

Foreigner	안녕하세요, 저는 외국의 전자 회사에 근무하는 Tom입니다. 긴급하게 복사기를 주문하고 싶습니다.
Mr. Kim	저는 당신의 회사가 한 달 전에 최신 복사기를 구입한 것으로 기억하는데요.
Foreigner	맞습니다만 업무량 증가로 복사기 한 대를 더 구입하지 않을 수 없게 되었어요.

Mr. Kim	똑같은 걸 원하세요?
Foreigner	네, 그 제품이 전에 사용했던 것보다 훨씬 좋아요.
Mr. Kim	네, 알겠습니다. 내일 제품을 보내 드릴게요.

- urgent 긴급한
- purchase 구매하다
- up-to-date 최신의
- have no choice but to ~하지 않을 수 없다
- due to ~ 때문에

32

- move on to~ ~으로 옮기다, ~으로 넘어가다
- customer satisfaction 고객 만족

33

> 우리는 그 손상이 운송 중 취급 부주의로 생긴 것을 확인했습니다.

- bad handling 취급 부주의
- in transit 운송 중에

34

Mr. Kim	몇 시에 만나기 원하십니까?
Jennifer	오후 2시 어때요?
Mr. Kim	그러면 어디서 만날까요?
Jennifer	______________?

- Where should we meet? 어디서 만날까요?
- Why don't you ~? ~하는 건 어때요?

35

- arrival card / landing card 도착 신고서
- departure card 출국 신고서
- customs declaration form 세관 신고서

36

> 우리가 서 있는 이 장소는 맨 꼭대기 층에 있는 스카이 라운지인데, 여기서 우리는 서울 전경을 즐길 수 있습니다. 그리고 그 맞은편에는 강당과 체육관이 있습니다. 이제 저희 회사에 대해 듣기 위해 홍보부를 방문하겠습니다.

- lecture hall and gym 강당과 체육관
- Publicity Department 홍보부

37

> 고객 서비스는 1번; 가전제품 부서는 2번; 휴대폰 부서는 3번; 반도체 부서는 4번을 눌러 주세요.

38

- fill out (서식 등을) 작성하다

39

Clerk	Best 호텔입니다. 무엇을 도와드릴까요?
Mr. Kim	______________.
Clerk	도착 날짜가 언제입니까?
Mr. Kim	12월 18일입니다.

- the rate for the room 객실 요금
- cancel 취소하다
- What day will you be arriving? 언제 도착하실 예정입니까?

40

②는 승객이 사용할 수 있는 표현이다.

① 우등고속인가요 일반 버스인가요?

② 장애인 할인을 받을 수 있을까요?

③ 몇 명이 이용하시나요?

④ 편도인가요, 왕복인가요?

- discount 할인
- disabled people 장애인

41

지오의 스윗랜드
2371 중앙로
02-8679-5489

포장	**2구역 테이블**
테이블 번호 ——	**영수증 번호** 4002
접대자 : 니나	접대자
14:27 오후	**날짜** 2017/07/14
1 치킨 샐러드 스테이크소스 감자튀김	$ 9.30
1 칠리치즈 가정식 양배추샐러드 (빵은 필요없음)	$ 7.99
1 커피	$ 1.99
1 아이스 티	$ 2.15
세전가격	$ 21.43
세금	$ 2.14
총 가격	**$ 23.57**

영수증에 적힌 Take Out은 포장 판매를 의미하므로 레스토랑 안에서 음식을 서빙한 사람은 없다. 식당 안에서 음식을 먹을 때는 dine in이라고 표현한다.

- rib sauce 스테이크 소스
- coleslaw 양배추 샐러드
- sub total (세금, 팁 등을 제외한) 세금전 가격
- check total (세금, 팁 등을 포함한) 총 가격
- Qty 수량(Quantity) / Rate 단가
  Amount 금액 / Pay mode 지불 방법
  GST 봉사료(Goods and Service Tax)

42

100% 면
세탁기로 세착
찬물로
저온 회전식 건조
건조 종료 후 바로 꺼낼 것
표백제 사용 금지
프리 사이즈

회전식 건조(tumble dry) 기능이 있는 세탁기에서 저온(low)으로 말리는 것은 자연 상태에서 펴서 말리는 것과는 다르다.

- laundry 세탁 / washing machine 세탁기
  hamper 세탁 바구니
- detergent 세탁 세제 / cleanser 주방 세제
  fabric softener 섬유 유연제 / bleach 표백제
- dry-clean 드라이 클리닝 / hand-wash 손세탁

43

말들이 물거나
혹은 찰 수 있으니
조심하세요.
아이들은 반드시 어른들께서
잘 지켜보세요.

관광지에서 쉽게 볼 수 있는 경고문이다. 말이나 자유롭게 풀어놓은 동물들의 갑작스러운 행동에 조심하라는 내용이다.

44

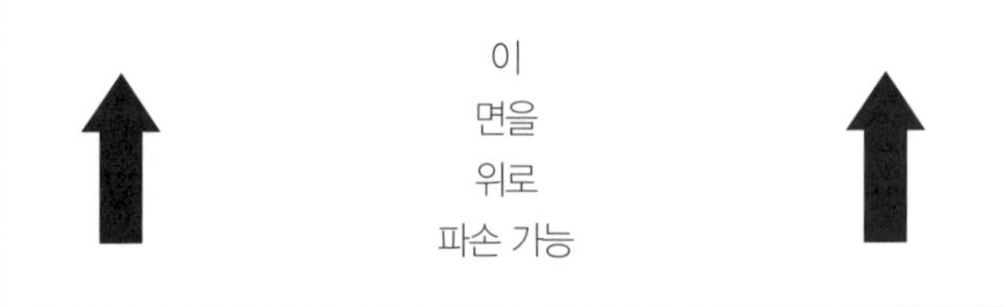

화살표를 통해 포장물품의 위아래 구분과 내용물의 파손 가능성(fragile)을 경고하고 있다.

- fragile 깨질 수 있는

45

사내 메신저
받는 사람: 김지은
[공지] 주간 편집 회의
– 화요일 오전 10시
– 801호에서
– 새 프로젝트 기한 : 7월 14일
– 늦어도 11시 전에는 해산할 것임.

사내 메신저를 통한 회의 일정 공지문이다. 메시지의 마지막에서 회의가 마치는 시간에 대해 미리 언질을 주고 있다.

- at the latest 늦어도
- deadline 최종기한

46

프레젠테이션에 기본적으로 활용되는 프로그램의 기본 활용법을 익혀 두고 관련된 영어 명령어를 알아둘 필요가 있다.

① A : 조회 - 선택한 텍스트에 대해 온라인 소스나 정보를 알아볼 수 있는 키

② B : 유의어 사전 - 선택한 텍스트에 대한 유의어를 알 수 있는 키

③ C : 번역 - 선택한 문장에 대해 번역을 해 주는 키

④ D : 언어 - 맞춤법, 번역 등에서 사용할 기본 언어를 설정할 수 있는 키

- spelling 맞춤법 검사
- insert 삽입
- transition 전환

47

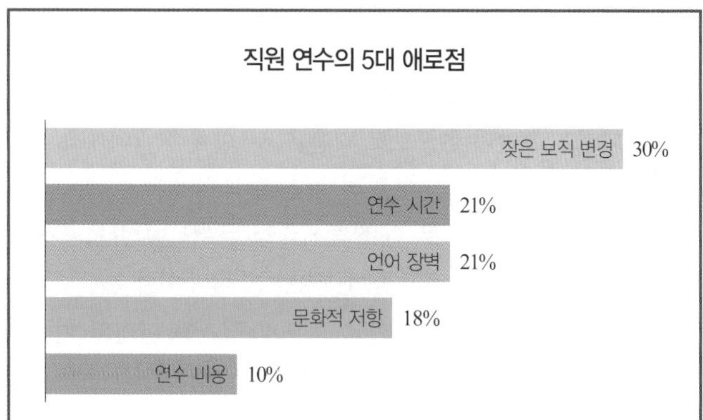

인사부서에서 직원 연수를 할 때 가장 어려움을 겪는 5가지 요소들에 대한 그래프이다. 그래프에서 가장 큰 어려움은 직원들의 보직이 너무 자주 변경된다는 점인데 반해 연수에 필요한 비용은 가장 작은 어려움이다.

48

취업 희망자가 자신의 경력에 대해 소개하고 있다. 보통 회사에서 취업에 대한 서류는 인사과(human resources department)에서 취급한다.

> ⋮
>
> 담당자에게
> 저는 호주에서 공부하게 되면서 비상근 근무직에 도전하기에 충분할 만큼 동기 부여가 되어 있는 지원자입니다.
> 이력서에서 보여 드렸듯이, 저는 이미 많은 근무 경력들을 가지고 있습니다. 과거에 제 경험은 판매 쪽에 초점이 맞추어져 있었습니다. 이러한 일들에서, 저는 소비자의 요구에 부응하는 법과 폭넓은 다양한 사람들을 대하는 법을 배웠습니다.
>
> ⋮

① 감사과

② 회계경리부

③ 영업부

④ 인사과

- motivate ~에게 동기를 주다
- candidate 지원자, 후보자
- willing to ~ 기꺼이 ~하는
- fulfil 완수하다, 완료하다, 적합하다, 충족시키다
- CV(=curriculum vitae) 이력서
- gain 획득하다, 벌다, 늘리다
- focus on ~ ~에 초점을 맞추다, ~을 중시하다
- how to adapt 적응하는 방법, 어떻게 적응할지
- customer expectation 소비자 욕구
- deal with ~ ~을 다루다, 대처하다
- a variety of 다양한

49

에어컨의 작동 시작 시간을 설정할 때는 '조정(adjust)' 버튼을 눌러야 한다. '타이머' 버튼은 에어컨을 끄는 시간을 예약할 때 사용하는 버튼이다.

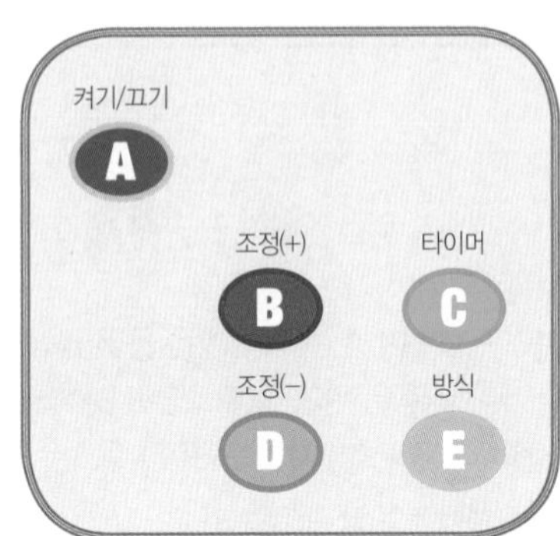

◀ **리모컨 사용법**

켜기/끄기 : 기기를 키거나 끌 때 누르세요.

조정(+/–) :

[짧게 누르기] 켜는 시간을 정할 때, '조정' 버튼을 짧게 누르세요.

[길게 누르기] 방의 온도를 설정할 때는 '조정' 버튼을 3초 동안 길게 누르세요.

타이머 : 끄는 시간을 정할 때는 '타이머' 버튼을 누르세요.

방식 : 냉각 방식을 선택할 때 누르세요.

50

횟수 무제한
여행 중 타고 내리기
4시간 동안

이 안내문은 4시간 동안은 언제든지 원하는 여행지에서 셔틀버스를 타고 내릴 수 있다는 것을 안내하고 있다.

- hop 깡충 뛰다
- limited 제한된 / unlimited 무제한의, 제한하지 않은

수리활용 영역

본문 p.109

01 ④	02 ②	03 ②	04 ①	05 ②
06 ③	07 ③	08 ①	09 ③	10 ③
11 ③	12 ③	13 ①	14 ③	15 ④
16 ④	17 ④	18 ③	19 ②	20 ②
21 ①	22 ②	23 ②	24 ③	25 ②
26 ②	27 ④	28 ①	29 ①	30 ④
31 ④	32 ④	33 ④	34 ③	35 ②
36 ③	37 ①	38 ④	39 ①	40 ①
41 ③	42 ④	43 ②	44 ③	45 ④
46 ③	47 ①	48 ①	49 ②	50 ③

01 직무자 P씨는 사용 인원 756명에게 필요한 버스의 수를 구한 후, 임대료를 계산하여 고객에게 안내하여야 한다.

$\frac{756}{45}=16.8$대, 즉 17대의 버스를 임대하여야 하므로

임대료는 17대×500,000원=8,500,000원이다.

따라서 정답은 "④ 8,500,000원"이다

02 고객은 현재 △△톨게이트에 있고 P씨는 ◎◎초등학교에서 우회전으로 안내 했으므로 다음은 두 번째 삼거리에서 우리 중학교 방향으로 좌회전을 안내해 드려야 한다.

따라서 정답은 '② 두 번째 삼거리에서 우리 중학교 쪽으로 좌회전 하시면 ○○웨딩홀이 보이실 겁니다'이다.

03 이 문항에서 직무자 K씨는 의류의 정가를 할인된 가격으로 표시해야 한다. 의류의 정가가 172,600원이고 할인율이 25%이므로 할인된 가격은 다음과 같이 계산할 수 있다.

(할인가)$=172,600\times(1-0.25)=129,450$

따라서 정답은 '② 129,450'이다.

04 정상가 30,000원에서 1차 할인가가 27,000원이므로 할인율은 $\frac{30,000-27,000}{30,000}\times 100\%=10\%$이다. 2차 할인에도 같은 할인율인 10%를 적용한

$27,000\times\frac{10}{100}$원을 할인해 주면 되므로,

직무자 K씨가 가격 택에 기입해야 하는 금액은

$27,000-2,700=24,300$(원)이다.

정답은 '① 24,300원'이다.

05 '할인율$=\frac{\text{기존가격}-\text{할인가}}{\text{기존 가격}}\times 100$'으로 구할 수 있으므로 세일 품목의 할인율은 각각 다음과 같다.

식탁: $\frac{450,000-360,000}{450,000}\times 100=20\%$

식탁의자: $\frac{60,000-54,000}{60,000}\times 100=10\%$

책상: $\frac{400,000-340,000}{400,000}\times 100=15\%$

책상의자: $\frac{150,000-127,500}{150,000}\times 100=15\%$

따라서 정답은 '② 식탁의자'이다.

06 직무자 K씨는 고객이 원하는 미용 시술의 이용 요금과 할인 금액을 확인하여 합산하여야 한다.

제시된 이용 요금에 따르면 두피스케일링과 볼륨매직 시술은 각각 25,000원과 50,000원이고 전날 예약시 10%의 할인을 받으므로

'(25,000원+50,000원)×(1−0.1)=67,500원'이다.

따라서 정답은 '③ 총 시술 비용은 67,500원입니다.'이다.

07 작년 기준으로 코뿔소 예방 접종 비용은

4×15,000+1×10,000=70,000(원)이었으며,

올해 50% 정부지원을 받으므로,

올해 예방접종에 필요한 비용은

70,000×0.5=35,000(원)이다.

정답은 '③ 35,000원'이다.

08 사이클용 헬멧 구입 가격은 20×150,000=3,000,000원

MTB용 헬멧 구입 가격은 15×200,000=3,000,000원

그러므로 직무자 S씨가 준비할 헬멧 총 구매 가격은 6,000,000원 이다.

정답은 '① 6,000,000원'이다.

09 P씨가 얻은 이익은 '이익=총매출액−총비용(구입비)'을 통하여 구할 수 있다. 또 총매출액은 '총매출액=가격×판매개수'을 통하여 구할 수 있으므로

총매출액은 '1,200원×980개=1,176,000원'이고,

총비용(구입비)는 750,000원이므로

이익은 '1,176,000원−750,000원=426,000원'이다.

따라서 정답은 '③ 426,000원'이다.

10 직무자 C씨가 한지 한 통으로 만들 수 있는 꽃의 개수는 5÷0.5=10(송이)이고,

벌어들이는 총 판매금은 10×3,000=30,000(원)이다.

수익은 판매금에서 테이프 가격을 제외하면 되므로,

30,000 − 5,000(원) = 25,000(원)이다.

따라서 정답은 '③ 25,000원'이다.

11 45%의 이윤을 남기기 위해선 제조 원가인 2,200원이 판매가의 55%이어야 한다. 신메뉴의 소비자가를

a라 하면, $a\times\frac{55}{100}=2,200$, $a=4,000$이다.

따라서 '정답 ③ 4,000원'이다.

12 4인분 기준으로 100g의 국수가 필요하므로

다음과 같은 비례식으로 필요한 국수의 양을 구할 수 있다.

4인분 : 100g=540인분 : x

$4x=54000$

$x=13,500$g

따라서 정답은 '③ 13,500g'이다.

13 직무자 K씨는 재고가 남지 않도록 묶음을 만들어야 하므로 두 상품의 재고 수량인 120과 80의 최대공약수가 묶음 상품의 개수와 같다.

즉 120과 80의 최대 공약수는 40이므로 묶음 상품의 개수는 40개이다. 따라서 정답은 '① 40개'이다.

14 프로젝트 1개당 600매가 사용되고 4개의 프로젝트가 예정되어 있으므로, 필요한 A4 용지의 양은 600×4=2400매이다. 1박스 당 500매가 들어 있으므로, 직무자 K씨가 주문해야 하는 A4용지의 최소 수량은 5박스이다.

따라서 '정답 ③ 5박스'이다.

15 직무자 K씨는 고객의 질문에 응대하기 위해 '할인가=가격×(1−할인율)' 로부터 통신사별 할인된 가격을 확인해야 한다.

A통신사 제품: 925,000원×(1−0.1)=832,500원

B통신사 제품: 1,025,000원×(1−0.2)=820,000원

C통신사 제품: 1,025,000원−200,000원=825,000원

D통신사 제품: 950,000원×(1−0.15)=807,500원

따라서 정답은 '④ D통신사 제품을 구매하는 것이 가장 저렴합니다.'이다.

16 오차의 한계는 최소 눈금 단위의 $\frac{1}{2}$이므로,

최소 눈금 단위인 100g의 $\frac{1}{2}$인 50g

즉 0.05kg이 오차의 한계이다.

따라서 직무자 H씨가 기록해야 하는 생선의 무게는 '④ 2.3±0.05kg'이다.

17 지난 달 A제품의 생산량을 a, B제품의 생산량을 b라 하면,

$$\begin{cases} a+b=300 \cdots\cdots ㉠ \\ 1.2a+b=300\times 1.05 \cdots\cdots ㉡ \end{cases}$$

ⓒ－㉠을 하면 $0.2a=15$

즉, $a=75$, $b=225$이므로,

이번 달 B제품의 생산량은 지난 달과 같으므로 225개이다.

따라서 정답은 '④ 225개'이다.

18 불량률을 $x(\%)$라 하면 불량이 발생하지 않을 확률은 $100-x$ $(\%)$이다.

$500\times\frac{100-x}{100}\geq 2000\times\frac{x}{100}$

$5(100-x)\geq 20x$

$25x\leq 500 \quad \therefore x\leq 20(\%)$

즉, 손실을 입지 않기 위한 최대의 불량 허용 비율은 20%이다. 따라서 정답은 '③ 20%'이다.

19 직무자 K씨는 '농도$=\frac{\text{농축된 과일가루의 질량}}{\text{음료의 질량}}\times 100$'으로부터

농도를 계산하여야 한다.

농도가 10%인 음료 500g에 포함된 농축 과일 가루의 양은

'농축된 가루의 질량$=\frac{\text{음료의 질량}\times\text{농도}}{100}$

$=\frac{500\times 10}{100}=50(\text{g})$이고

증발후 음료의 질량이 400(g)이므로,

농도는 $\frac{50}{400}\times 100=12.5(\%)$

따라서 정답은 '② 12.5%'이다.

20 요구르트의 종류는 4가지고 이중 2개를 묶음 상품으로 구성해야 하므로, 묶음 상품의 종류는 '$\frac{4\times 3}{2\times 1}=6$가지'이다.

따라서 정답은 '② 6가지'이다.

《참고》 (플레인, 딸기 맛), (플레인, 복숭아 맛)

(플레인, 포도 맛), (딸기 맛, 복숭아 맛)

(딸기 맛, 포도 맛), (복숭아 맛, 포도 맛)의 6가지

21 비밀번호 네 자리 중 첫 번째 올 수 있는 알파벳은 5가지, 두 번째 올 수 있는 알파벳은 4가지, 세 번째 올 수 있는 알파벳은 3가지, 네 번째 올 수 있는 알파벳은 2가지이므로, 직무자 R씨가 등록 가능한 최대 사원수는 $5\times 4\times 3\times 2=120$(명)이다.

따라서 정답은 '① 120명'이다.

《참고》 5개 중 4개를 선택하는 순열이므로,

$_5P_4=5\times 4\times 3\times 2=120$

22 각 참가자별 점수를 합산하면,

김○○: $82+24\times 0.5=94$

박○○: $79+31\times 0.5=94.5$

이○○: $92+27\times 0.5=105.5$

최○○: $80+20\times 0.5=90$

그러므로, 결선에 진출하는 두 명의 참가자는 박○○, 이○○이다. 따라서 정답은 '② 박○○, 이○○'이다.

23 직무자 A씨는 하루에 제품의 $\frac{1}{3}$을 만들고,

직무자 B씨는하루에 제품의 $\frac{1}{6}$을 만든다.

두 명이 함께 하루에 만드는 양은 $\frac{1}{3}+\frac{1}{6}=\frac{3}{6}=\frac{1}{2}$이므로,

제품 한 개를 완성하는데 소요되는 일 수는 2일이다.

따라서 정답은 '② 2일'이다.

24 부서의 수를 x라 하면

$x(x-2)=120$, $x^2-2x-120=0$

$(x+10)(x-12)=0$

$\therefore\ x=12(x>0)$

따라서 직무자 L씨가 팀장에게 대답할 회사의 부서의 수는 '12개'이다. 정답은 '③ 12개'이다.

25 깨뜨린 조각 하나의 무게를 x라 하면, 처음 다이아몬드의 무게는 $2x$이므로 깨진 조각 하나의 가격은 $\frac{x^2}{(2x)^2}\times 400$만 $=100$만(원)이다.(x^2 : □$=(2x)^2$: 400만)

직무자 K씨의 손해액은

400만원$-$100만원$\times$2(조각)$=$200만원

따라서 정답은 '② 200만원'이다.

26 직무자 K씨는 탁자의 윗면과 옆면의 넓이를 각각 구해서 합을 구해야 한다.

윗면의 넓이는 $1.2\times 0.5=0.6\text{m}^2$

옆면은 넓이가 $0.5\times 0.15=0.075\text{m}^2$인 면과

$1.2\times 0.15=0.18\text{m}^2$인 면이 각각 두 개씩이므로 옆면의 넓이는 $(0.075+0.18)\times 2=0.51\text{m}^2$이고,

총 넓이는 $0.6+0.51=1.11\text{m}^2$이다.

따라서 정답은 "② 1.11m^2"이다.

27 비닐하우스 옆면의 폭은 $3+3+2+2=10(\text{m})$ 이고 길이는 30m 이므로, 직무자 S씨가 구입해야 하는 비닐의 규격은 폭은 최소 1000cm 이상이어야 하고, 길이는 3000cm 이상이어야 한다.

따라서 정답은 '④ $1100\times 3500\times 1$'이다.

28 직무자 L씨가 표시해야 할 피자 1조각의 열량은 피자 한 판의 열량을 조각 수로 나누어 나온 값과 같으므로 '2600kcal

÷8=325kcal'이다.

따라서 정답은 '① 325kcal'이다

29 직무자 C씨가 공원의 가로에 심어야하는 나무는 144÷12=12(그루)이며, 세로에 심어야하는 나무의 수는 60÷12=5(그루)이므로, (12+5)×2=34(그루)이다.

따라서 정답은 '① 34그루'이다.

30 직무자 L씨는 사과나무가 16 그루 일 때, 한 면에 측백나무 9 그루를 심어야 한다.

그러므로, 사과나무 둘레에 심어야 하는 측백나무의 수는 9+9+7+7=32그루이다.

따라서 정답은 '④ 32그루'이다.

31 360°를 12시간으로 나누면 시간 사이의 각도는 30°이다. 10시 10분의 시침은 눈금 10에 가까이(10을 약간 지나서), 분침은 눈금 2에 위치하므로 시침과 분침 사이의 각도는 30°×4=120°보다 약간 작다.

따라서 정답은 '④ 110°~120°' 이다.

《참고》 정확한 각도를 계산해보면, 10시 10분의 시침은 10에서 $30° \times \frac{10(분)}{60(분)}=5°$만큼 더 움직였고, 분침은 숫자 2에 위치하므로 시침과 분침 사이의 각도는 $(30° \times 4)-5°=115°$이다.

32 직무자 L씨는 곰인형의 크기에 대한 정보를 이용하여 상자를 선택하여야 한다.

문제에서 곰 인형의 가로, 높이, 두께는 각각 28㎝, 48㎝, 26㎝이므로 들어갈 수 있는 상자를 선택하여야 한다. 따라서 정답은 '④'이다.

33 비닐하우스 1동의 바닥 넓이는 9×45=405(㎡)이고, 3㎡당 6주의 참외모종을 심을 수 있으므로 비닐하우스 1동에 심을 수 있는 참외 모종의 개수 x를 알기 위해 다음과 같은 식을 세울 수 있다. 3 : 6=405 : x

따라서 심을 수 있는 참외 모종의 개수는

(6×405)÷3=810(주)

따라서 비닐하우스 3동에 심을 수 있는 참외 모종의 최대 개수는 810×3=2430(주)이다.

따라서 정답은 ④ 2,430(주)이다.

34 도로의 위치를 한쪽으로 옮겨 보면 그림과 같다.

그러므로, 도로의 넓이는

2×22+4×50=244㎡

따라서 정답은 '③ 244m^2'이다.

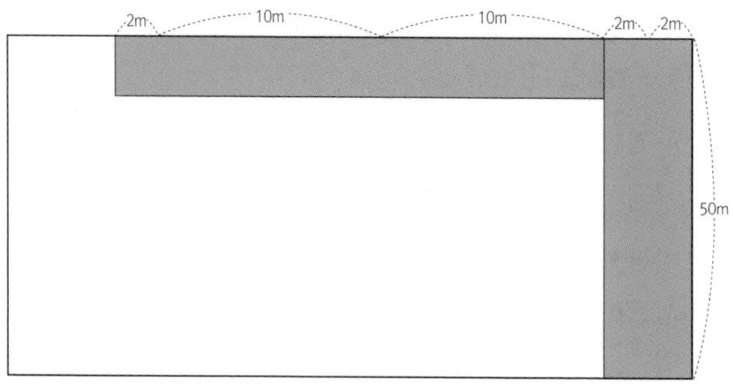

35 직무자 K씨는 발코니 바닥을 가로 2m 75cm, 세로 2m인 사각형과 가로 1m, 세로 1m 25cm인 사각형 모양으로 나누고 각각의 사각형 모양에 필요한 타일의 개수를 구해야 한다.

타일이 한 변 길이 25cm 정사각형이므로 첫 번째 사각형에는 88개의 타일을 두 번째 사각형에는 20개의 타일을 깔아야 한다. 즉 총 88+20=108개의 타일을 깔아야 한다.

따라서 정답은 '② 108개'이다.

36 이 문항에서 직무자 J씨는 지출결의서에 적힌 각 항목별 지출 총액이 (단가)×(수량)과 같은지 비교해보아야 한다.

① 주유 비용은 53,000×1=53,000원

② 식대 비용은 7,500×3=22,500원

③ 인쇄 및 제본 비용은 12,350×33=407,550원

④ 음료 비용은 1,250×36=45,000원

이를 제시된 지출품의서와 비교해보면, '③ 인쇄 및 제본' 항목이 잘못되었음을 알 수 있다.

37 필요한 의자의 개수를 구하기 위해서 직무자 K씨는 각 장소에서 필요한 의자의 개수에 방 수를 곱하여 모두 더해야 한다.

대회의실 : 240개×3실=720개

소회의실 : 90개×4실=360개

세미나실 : 24개×15실=360개

따라서 필요한 의자의 개수는 720+360+360 = 1440(개)

따라서 정답은 '① 1,440개'이다.

38 파란색 티셔츠를 주문한 영업팀과 생산팀의 L 사이즈 합계는 3+7=10 장이다.

따라서 정답은 '④ 파란색 L사이즈'이다.

39 2016년 타올 1개의 단가는 1,000,000÷200=5,000원이고, 2017년 타올 1개의 단가는 1,800,000÷300=6,000원이므로, 인상률은 $\frac{6,000-5,000}{5,000} \times 100=20\%$이다.

따라서 정답은 '① 20%'이다.

40 누적이용금액 30만원 이상인 고객 5명→김성희, 황민영, 이현경, 장예주, 정혜선

누적이용금액 20만원 이상 30만원 미만이면서 5회 이상 이용고객→신재희, 임서연

따라서 정답은 '① 7명'이다.

41 고객의 질문으로부터 직무자 S씨는 제시된 표에서 일시납 1억, 20년 보증형, 남성 3가지 조건에 맞는 상품을 찾아내어 답변하여야 한다. 따라서 정답은 '③ 매월 수령액은 410,000원입니다.'이다.

42 직무자 P씨는 분기별로 제시되어 있는 정보를 직원별로 재분류하여 평균 판매 대수를 구해야한다.
직원별 평균 판매 대수는 다음과 같다.

K씨 : $\frac{41+69+35+41}{4}=46.5$,

L씨 : $\frac{61+47+55+48}{4}=52.75$,

O씨 : $\frac{55+51+49+53}{4}=52$,

S씨 : $\frac{39+70+66+55}{4}=57.5$

따라서 정답은 '④ S씨'이다.

43 직무자가 확인해야 하는 것은 제품별 만족도이므로 '$\frac{\text{만족에 응답한 고객의 수}}{\text{응답한 고객의 수}}$'을 이용하여 제품별 만족도를 계산하여야 한다.

A제품의 만족도 $= \frac{72}{127}\times100=56.7(\%)$

B제품의 만족도 $= \frac{53}{92}\times100=57.6(\%)$

C제품의 만족도 $= \frac{24}{42}\times100=57.1(\%)$

D제품의 만족도 $= \frac{69}{140}\times100=49.3(\%)$

따라서 만족도가 높은 것부터 낮은 것 순서로 정리하면 'B제품－C제품－A제품－D제품'이므로 정답은 '② B제품－C제품－A제품－D제품'이다.

44 ① 91명, 39명, 44명, 52명, 즉 총 226명으로 첫구매, 재구매 회사가 같은 소비자가 가장 많다.
② L 사의 재구매 소비자 91명으로 네 회사 중 가장 많다.
③ M사에 대한 재구매 비율이 가장 낮지도 않고 해당표로는 만족도를 알 수 없다.
④ 첫 구매에서 L사의 스마트폰을 구매한 소비자가 재구매시 P사의 제품을 선택한 소비자는 21명이고 그 반대의 경우는 3명이다.
따라서 정답은 '③ M 사 스마트폰에 대한 소비자의 만족도가 제일 낮다.'이다.

45 직무자 K씨는 먼저 중형차를 구입한 고객의 숫자를 확인해야 한다.
중형차를 구입한 고객은 '전체인원×27(%)'로부터 '2100명×0.27＝567명'이다.
자동차를 구입한 지 6년 이상 경과한 고객의 비율은 '15%＋7%＝22%'이므로
필요한 카탈로그의 수는 '567×0.22＝124.74'
따라서 정답은 '④ 약 125부'이다.

46 직무자는 먼저 구매가 필요한 제품의 수량을 예측해야 하는데, 이는 '(전년도 동월 판매량)－(현재 재고)'로부터 구할 수 있다. 직무자가 구매해야 할 물품의 총액은 품목별 구매 액수의 총합과 같다. 따라서
32인치($UN32K4110BF$) :
(11－2)×234,000 ＝ 2,106,000원
43인치($UN43K5110AF$) :
(26－12)×340,000 ＝ 4,760,000원
43인치($UN43K5110BF$) :
(20－9)×410,000 ＝ 4,510,000원
50인치($UN50K6300AU$) :
(8－4)×810,000 ＝ 3,240,000원
의 총합을 구하면
2,106,000＋4,760,000＋4,510,000＋3,240,000 ＝ 14,616,000(원)이다.
따라서 정답은 '③ 14,616,000원'

47 제시된 견적서 하단에 전체 공급 금액의 40%를 선금으로 지급해야 한다고 명시되어 있으므로 합계 890,000원의 40%에 해당하는 '890,000원×0.4＝356,000원'을 선금으로 지급해야 한다.
따라서 정답은 '① 356,000원'이다.

48 남자 12명이 방을 빌리는 경우와 그 때의 비용은 각각 다음과 같다.
4인실 3개 : 220,000원×3개×2일 ＝ 1,320,000원
3인실 4개 : 150,000원×4개×2일×(1－0.1) ＝ 1,080,000원
2인실 6개 : 120,000원×6개×2일 ＝ 1,440,000원

또 여자 20명이 방을 빌리는 경우와 그 때의 비용은 각각 다음과 같다.

4인실 5개 : 220,000원×5개×2일 = 2,200,000원

3인실 7개 : 150,000원×7개×2일×(1−0.1) = 1,890,000원

3인실 6개와 2인실 1개 :

150,000원×6개×2일×(1−0.1)+120,000원×1개×2일 = 1,860,000원

2인실 10개 : 120,000원×10개×2일 = 2,400,000원

그러므로 남자는 3인실 4개, 여자는 3인실 6개와 2인실 1개에 묶을 때가 가장 저렴하며, 워크숍을 위한 회의실 사용 요금 '400,000원×2일 = 800,000원' 을 추가해야 한다.

그러므로 총 비용은 '1,080,000원+1,860,000원+800,000원 = 3,740,000원'이다.

따라서 정답은 '① 3,740,000원'이다.

49 2016년 12월과 2017년 12월의 이익은 각각 '(판매단가−구입단가)×판매량'으로 구할 수 있다.

표로 주어진 정보를 이용하여 수익을 각각 계산하면

2016년 12월은 '(10,900−10,100)×1,630=1,304,000'

2017년 12월은 '(11,800−10,700)×1,720=1,892,000'

따라서 이익 증가액은 '1,892,000−1,304,000=588,000'

따라서 정답은 '② 588,000원'이다.

50 직무자 C씨가 안내해야 할 가격은 '상품 가격+운임'이다.

상품 가격은 '구매 개수×상자당 가격'이므로

'6×54,000=324,000'이다.

운임은 경북에 있는 농장에서 강원 지역의 고객에게 상품을 보내야하므로, 거리별 운임표로부터 기본 운임의 110%에 해당하는 '3,000(원)×6×1.1=19,800(원)'의 운임을 받아야 한다.

따라서 가격은 '32,400+19,800=343,800'이다.

따라서 정답은 '③ 343,800원'이다.

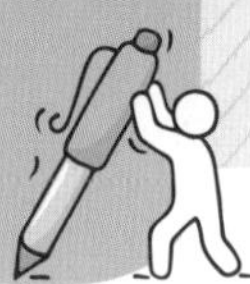

의사소통 국어 영역

본문 p.161

01 ①	02 ④	03 ②	04 ③	05 ③
06 ③	07 ①	08 ④	09 ③	10 ③
11 ②	12 ④	13 ① 단가 ② 50,000원	14 ④	
15 ②	16 ③	17 ①	18 ④	19 ①
20 ①	21 ④	22 ④	23 ②	24 ③
25 ④	26 ③	27 ①	28 ④	29 ④
30 ①	31 ③	32 ③	33 ②	34 ③
35 ④	36 ①	37 ④	38 ③	39 ①
나 ② 다 ③ 라 ④ 가		40 ②	41 ②	42 ③
43 ③	44 ③	45 ③	46 걸러내기	
47 ④	48 ②	49 ①	50 ①	

01 이익을 실현하기 위한 매물이 증가하고 있고, 셰일 가스의 생산이 늘고 있으며, 금리와 환율의 급변으로 시중의 돈이 금융시장과 외환시장으로 몰리고 있으나, 추가 감산 합의가 나오지 않아 실망 매물이 늘었다.

02 직접 사진을 찍는 것은 저작권이 자신에게 있고, 구글에서 라이선스 필터를 사용하면 저작권이 없는 이미지를 검색할 수 있으며, 직접 원작자에게 이미지 사용을 허락받는 방법도 있다. 무료 이미지 사이트 내의 무료 이미지는 사용하는 것이 무료일 뿐 저작권이 설정되어 있는 경우도 있으니 조심해서 사용하여야 한다.

03 회의나 토론에서 상대방과 의견이 다를 경우 먼저 상대방이 주장하는 바를 파악하고 상대방 입장에서 보면 그럴 수 있다는 것을 인정하며 시작해야 상대방을 설득하기 쉬워진다.

04 증조할아버지, 할아버지, 아버지, 사장까지 4대째 가업을 잇고 있으며, 파버카스텔, 파일로트는 경쟁하고 따라잡아야 할 상대라고 말하고 있다. 이들 회사를 마케팅으로 한번에 따라잡을 수 없기에 제품의 품질을 관리해야 한다고 말하고 있다.

05 고객은 같은 보조금이라면 통신사 변경을 하고 싶어하지 않으므로 올레 통신사에서 기기 변경을 하는 것이 가장 싸게 사면서 고객이 원하는 방법이다.

06 정액제 게임으로 만들 수 없다고 했고, 가격을 싸게 책정해야 한다는 이야기는 나오지 않았다.

07 고객의 요구를 이해한 뒤 요구를 시안에 적용해야 하지만 고객의 사전 행동에 대한 원인을 요구하는 것은 고객에게 불필요한 월권 행위로 비추어질 수 있다.

08 김부장은 향후 매출과 영업이익을 높일 수 있을 것으로 예상되는 전기자전거가 그동안 1.2%로 점유율이 낮았던 이유를 명확히 파악해야 전기자전거에 관한 다음 논의를 진행할 수 있다고 보고 이에 관련된 보고서를 작성하도록 명령했다.

09 자전거 시장은 포화상태이지만 저가 자전거 판매는 여전히 증가세에 있다.

10 스마일 프렌드는 근무 장소에 따라 해야 할 일이 다르고, 상영관 안내와 입퇴장 관리는 플로어가 관리하며, 무료 영화는 상영 10분 전부터만 예매할 수 있다.

11 전체 구조를 파악하기 위해서 모든 장소를 돌아가며 근무한다고 했고, 복지 혜택은 이미 한 질문이다.

12 상사의 업무 스타일을 말하며 책망받은 동료를 위로하는 것이 더 설득력이 있다.

14 ①, ② 호주와의 관계는 자기 자신을 뜻하는 것이므로 子 또는 아들이라고 적어야 한다. ③ 졸업 예정 내용은 이력서에 넣을 수 있다. ④ 학력 및 경력 사항을 적을 때는 최신 이력이 먼저 오도록 적는 것이 좋다.

15 외부 차량은 오후 6시까지 시간당 3천원, 그 이후 시간당 2천원이다.

16 타사의 신상품에 대응하기 위해 맛과 모양이 비슷한 미투제품을 만들려고 하고 있다.

17 1개월 과정은 월 20회, 2개월 과정은 월 10회로 강의 시간은 동일하다.

18 상사가 지시한 것은 일본에 김치를 수출하고자 할 때 준비해야 하는 것이다. 판매를 위해서는 먼저 상대방의 조건을 분석하는 것이 필요하다.

19 출고: 재고의 감소를 일으키게 되는 고객 주문에 대한 피킹 작업
피킹(Picking): 주문서에 맞게 물건을 분류하고 담는 작업
출하: 피킹이 완료된 제품이 센터에서 나가기 전에 하는 검품 작업
①은 출고 작업, ②, ③, ④는 출하 작업이다.

20 손님을 쉽게 가라고 해서는 안 된다.

21 이상이 있을 수 있는 물건은 판매하지 않는 것이 최악의 경우를 예방할 수 있다.

22 이윤을 남기면 영리 활동이고, 50인 이상이 급식을 먹어야 집단급식소로 인정받을 수 있다.

23 현재 교육급여, 교육청 학비 지원을 받고 있지 않고, 중위소득 80% 미만인 학생이다.

24 광고처럼 보이지 않게 하는 전략이다.

25 ①, ②, ③은 운전자의 역할에 나와 있는 내용이다.

26 밤에는 고객이 거의 없고 등하교, 특히 등교 시간의 고객이 많기 때문에 근처 초중고 학교의 등하교 시간을 알아두어 개점 시간과 폐점 시간에 참고해야 한다.

28 ①은 반말이고, ②, ③은 인사 이동이 아니라, 승진에 대한 인사말이다.

29 ①, ③은 상황에 맞지 않는 말이며, ②는 상대방의 말에 경청과 공감을 한 이후에 하면 좋은 말이다. 먼저 상대방의 감정에 공감을 나타내는 말이 필요하다.

30 ②, ③, ④처럼 무작정 요구하면 안 되고, 연구원은 시제품이 밖으로 나간 후 돌아오지 않은 것을 우려하고 있으므로 그 부분을 중점적으로 얘기해야 한다.

31 ①, ②는 본인의 의사와 맞지 않고, ④는 결론만 이야기하고 있다. 정중하게 자신의 의사를 밝히는 것이 최선이다.

32 ①처럼 고객의 말을 다짜고짜 부정하거나, ②처럼 비아냥거리면 안 되고, ④는 근거 없는 주장이다. ③처럼 반대급부의 장점을 제시하는 것이 가장 좋다.

34 이런 상황에 대비하여 보험을 드는 것이므로 먼저 보험사에 연락하여 관련 내용을 전달하고 문의해 보아야 한다.

35 계약기간이 364일, 1년 미만이기에 퇴직금을 받을 수 없으며, 수습기간이라도 근로계약기간이 1년 미만인 근로자는 최저임금액이 100% 적용된다.

36 수처작주(隨處作主) : 머무르는 곳마다 주인이 되라.

37 늑장, 어떡해, 톺아보니(샅샅이 더듬어 가며 살펴보니)는 모두 올바른 표현이며, '뵈요'는 '뵈어요(= 봬요)'라고 써야 한다.

38 수족구병은 백신이 없어 개인위생 수칙 준수 등 예방관리가 가장 중요하다.

39 ①=나, ②=다, ③=라, ④=가

40 경품에 관한 이야기를 하고 있다.

42 나 전달법은 문장의 주어를 나로 해서 자신의 감정을 표현하는 기술이다.

43 9월분 지역의료보험료를 냈으므로 9월분 직장의료보험료를 환급해주면 된다.

44 ③은 금연 의지를 나타내는 말이다.

47 ①은 주의 기울이기에 해당되고, ②는 상대방의 경험을 인정하고 더 많은 정보 요청하기에 해당하며, ③은 정확성을 위해 요약하기에 해당하지만 ④는 폐쇄적인 질문하기이다. 폐쇄적인 질문은 '예', '아니요'나 한 단어 응답을 요구하는 질문이다. 올바른 경청의 상황에서는 ④대신 너는 어떻게 하고 싶은가를 물어보는 개방적 질문을 해야 한다.

48 김부장 – 어떻해× 어떻게○
간여(干與) – 남에 일에 끼어들어 참견함
관여(關與) – 어떤 일에 관계를 가지고 참여함
박대리 – 이 참에× 이참에○
김지민 – 바래요× 바라요○

49 올바른 전화예절
① 통화 전에 자신이 해야 할 말을 메모해 두고 자료를 준비한 후
② 전화를 걸어 본인의 소속과 이름을 밝히고
③ 전화 당사자가 맞는지, 통화가 가능한지 확인한 후
④ 전화를 건 이유와 용건을 정확하게 정리하여 전달한다.
⑤ 용건이 끝나면 상황에 맞는 인사말로 마무리한다.

50 ① 미성년자도 법인기업의 대표가 될 수 있음.
② 예비창업팀 신청 시 1인을 대표자로 신청해야 함.
③ 예비창업팀은 예비창업자 2~4인으로 구성 가능
④ 창업 후 3년 이하 기업의 대표자

의사소통 영어 영역

본문 p.213

01 ①	02 ③	03 ④	04 ④	05 ②
06 ②	07 ④	08 ②	09 ①	10 ③
11 ①	12 ④	13 ④	14 ③	15 ④
16 ④	17 ③	18 ②	19 ③	20 ②
21 ③	22 ①	23 ④	24 ③	25 ③
26 ④	27 ④	28 ①	29 ②	30 ①
31 ④	32 ②	33 ③	34 ②	35 ②
36 ②	37 ①	38 ④	39 ③	40 ③
41 ②	42 ③	43 ③	44 ④	45 ①
46 ①	47 ②	48 ①	49 ③	50 ③

01 | Script |

Jieun Hello.

Man I'm looking for a present for my daughter who has her first job this year. Could you recommend a present for her?

Jieun Congratulations. Why don't you give her a makeup package? It is easy for beginners to make up. It has many different colors and the colors are so mild.

Man It's good. I'll take it.

지은 안녕하세요.

남자 올해 첫 직장에 입사한 딸을 위한 선물을 찾고 있어요. 제 딸을 위한 선물로 뭐가 좋을까요?

지은 축하드립니다. 화장품 패키지 상품이 어떨까요? 이건 초보자들이 화장하기에 수월해요. 색깔도 다양하고 모든 색깔들이 부드러워요.

남자 맘에 드네요. 그걸로 주세요.

남자 손님은 첫 직장 생활을 시작하는 딸을 위해 화장품 패키지 상품(makeup pakage)을 구입할 것이다.

- present 선물
- recommend 추천하다
- easy for beginners to make up 초보자가 화장하기 쉬운

02 | Script |

Jieun Hello, welcome to our skin care shop. What kind of service do you want?

Woman Can you give me a special service for my skin?

Jieun Certainly. We have face, back, legs and full body treatments.

Woman I am interested in the face treatment.

Jieun We can give you special face treatment including cleansing, massage and pack. What is the most serious problem about your skin?

Woman Most of all, I have rough skin because of heavy make up every day.

지은 안녕하세요. 저희 피부관리샵에 오신 걸 환영합니다. 어떤 서비스를 원하시나요?

여자 피부를 위한 특별한 서비스를 해 주실 수 있나요?

지은 당연하죠. 저희는 얼굴, 등, 다리 그리고 전신 관리를 해요.

여자 저는 얼굴 관리를 받고 싶어요.

지은 저희는 세척, 마사지 그리고 팩을 포함하는 특별 얼굴 관리를 해 드리고 있어요. 피부에서 뭐가 제일 문제인가요?

여자 무엇보다, 매일 짙은 화장을 해서 피부가 많이 거칠어졌어요.

손님은 매일 하는 짙은 화장(heavy make up)으로 인해 거칠어진 피부(rough skin)를 관리받고자 한다.

- skin care shop 피부관리샵
- face 얼굴 / back 등 / leg 다리
- make up 화장

03 | Script |

Jieun	Thanks for calling Geo's hair salon.
Man	Hello. This is Mr. Kang. I want to go there. Can you tell me how to get there?
Jieun	We are located near Sinchon Station. Take number 2 line and get off at Sinchon Station and then you must take exit number 6. You can't miss it. Take exit number 6 not 3.
Man	Oh, I see. Thank you for your help.
지은	지오 헤어살롱에 전화해 주셔서 감사합니다.
남자	안녕하세요. 저는 미스터 강입니다. 거기 가려고 하는데. 어떻게 그곳으로 가죠?
지은	저희는 신촌역 근처에 있어요. 2호선을 타시고 신촌역에서 내리셔서 6번 출구로 나오셔야 해요. 그러면 바로 거기에요. 출구 3번이 아니라 6번으로 나오세요.
남자	네. 알았어요. 도와주셔서 고맙습니다.

헤어살롱은 신촌역 근처에 있어서, 지하철 2호선(number 2 line)을 타고 신촌역에서 내려서(get off at Sinchon station) 6번 출구(exit number 6)를 나오면 발견할 수 있다.

- Can you tell me how to get there? 거기에 어떻게 갈 수 있는지 알려주시겠어요?
- be located near ~ 근처에 위치해 있다
- You can't miss it. 바로 거기에 있어요.

04 | Script |

Ms. Park	Good morning, Mr. Smith. Welcome to our company. I'd like to show you around our office today. Let's start!
Customer	It sounds good.
Ms. Park	The place where we are now is the conference room on the fourth floor. We are going up one more floor to meet our CEO, Mr. Goodman.
Customer	I see.
Ms. Park	안녕하세요, 스미스 씨, 회사에 오신 걸 환영합니다. 제가 사무실 안내를 해 드리겠습니다. 출발하시죠!
Customer	좋습니다.
Ms. Park	지금 우리가 있는 곳은 4층에 있는 회의실입니다. 사장님인 Mr. Goodman을 만나기 위해 한 층 더 올라갈 예정입니다..
Customer	알겠습니다.

현재 있는 곳이 4층이고 Mr. Goodman을 만나기 위해 한 층 더 올라갈 예정이다.

05 | Script |

Interviewer	What is your work style?
Mr. Na	I think I am an organized person.
Interviewer	Do you have any licenses?
Mr. Na	I have a license in welding.
Interviewer	당신의 작업 스타일은 어떤가요?
Mr. Na	체계적으로 일하는 스타일입니다.
Interviewer	어떤 자격증을 가지고 있습니까?
Mr. Na	용접자격증을 가지고 있습니다.

- license in welding 용접자격증

06 | Script |

Jieun	Good morning, sir. What's the problem?
Man	I've cut my arm.
Jieun	Do you feel sharp pain?
Man	Not that much. But I just want to take a medical check.
Jieun	OK. Then let me take a look before doctor? Could you roll up your sleeve, please?
지은	안녕하세요, 선생님. 어디가 편찮으신가요?
남자	팔을 베었어요.

지은	통증이 심하신가요?
남자	그렇게 심하진 않아요. 하지만 진료를 받아보고 싶어서요.
지은	네. 의사선생님을 뵙기 전에 제가 한 번 봐도 될까요? 소매를 좀 걷어주시겠어요?

팔을 베인 환자의 상처를 확인하기 위해서 소매(sleeve)를 걷어 보라고 요구하고 있다.

- cut 베다
- medical check 진료
- roll up 말아올리다

07 | Script |

Foreigner	I want to set up new account, please.
Mr.K	Okay, can I have your ID first?
Foreigner	Here you are.
Mr.K	Can you fill this form out ?
Foreigner	Sure. How do I set my password?
Mr.K	You should set your password to 6-digits.
Foreigner	I see, thank you.
Foreigner	새 은행계좌를 만들고 싶습니다.
K씨	좋습니다. 먼저 신분증을 보여주시겠습니까?
Foreigner	여기 있습니다.
K씨	이 양식을 작성해 주시겠어요?
Foreigner	네, 비밀번호는 어떻게 설정합니까?
K씨	6자리 숫자로 만들어야 합니다.
Foreigner	알겠습니다. 고맙습니다.

- 6-digits 6자리 연속 숫자

08 | Script |

Foreigner	I have a reservation. My name is Al Black.
Mr.K	I just need to see your credit card, please.
Foreigner	Here you are. Where is the dining room?
Mr.K	It's on the 2nd floor and is open until 9 p.m.
Foreigner	What about room service?
Mr.K	You can order it until 11 p.m.
Foreigner	What time is it now?
Mr.K	It's 8:30.p.m.
Foreigner	Thanks, I'd better use the dining room now.
Foreigner	Al Black이라는 이름으로 예약을 했습니다..
K씨	당신의 신용카드를 볼 수 있을까요?
Foreigner	여기 있습니다. 식당은 어디 있나요?
K씨	2층에 있고 밤 9시까지 영업합니다.
Foreigner	룸 서비스는 어떤가요?
K씨	오후 11시까지 주문하실 수 있습니다.
Foreigner	실례합니다만, 지금 몇 시죠?
K씨	오후 8시 30분입니다.
Foreigner	고마워요. 지금은 식당을 이용하는 편이 낫겠네요.

- I'd better ~하는 편이 낫겠네요
- dining room 식당

09 | Script |

Phone rings.

Jieun	Hello, Mr. Hwang's office. How can I help you?
Man	Hello, this is Kenny Lin. Can I speak to Mr. Hwang?
Jieun	I'm sorry, but Mr. Hwang is out for a moment. Can you leave your number?
Man	I haven't got a mobile phone and I'm staying at my nephew's house. He can call me by 02-3891-2246.

Jieun 02-3891-2246, OK. I got it, Good bye, Mr Kenny.

Man Thank you, good bye.

전화 벨이 울린다.

지은 여보세요. 황선생님의 사무실입니다. 무엇을 도와드릴까요?

남자 여보세요. 저는 캐니 린입니다. 황선생님과 통화할 수 있을까요?

지은 죄송합니다만 황선생님은 지금 출타중이십니다. 번호를 남기시겠어요?

남자 제가 휴대폰이 없고 지금 조카의 집에 머물고 있어요. 02-3891-2246번호으로 전화하시면 되요.

지은 02-3891-2246. 알겠습니다. 안녕히 계세요, 캐니씨.

남자 감사합니다. 안녕히 계세요.

사무실로 전화한 사람이 황선생님과 전화통화가 불가능해서 자신이 머물고 있는 조카의 집 전화번호를 알려주고 있다.

- Can I speak to ~? ~와 통화할 수 있을까요?
- be out for a moment 지금 부재중입니다.
- leave your number. 당신의 연락번호를 남기세요.
- mobile phone=cell phone 휴대폰

10 | Script |

Woman Dear passengers, welcome on board. Now, Important events of our voyage will be announced to you. You are going to enjoy beautiful sceneries in 10 minutes with our departure on 7 pm. After passing many wonderful stops, Poryong, Mokpo, and Yosu, We are planning to arrive in our final destination, Busan, at 11 a.m. tomorrow. One more important caution is all passengers must follow the basic rules while your boarding on the ship. Passengers can visit any place of the ship except for the crew quarters. Meals are served regularly. Dinner will be ready from 8 p.m. to 10 p.m. Breakfast from 7 to 9 tomorrow morning. We wish you a safe and happy cruise with us.

여자 승객 여러분, 승선하신 것을 환영합니다. 이제, 저희 배에서의 중요 행사에 대해 여러분께 안내하겠습니다. 배는 7시에 출발할 것이며 지금으로부터 10분 후에 여러분은 멋진 풍경들을 즐기시게 될 것입니다. 보령, 목포, 여수와 같은 많은 훌륭한 경유지들을 통과한 후에 우리는 최종 종착지인 부산에 내일 오전 11시에 도착할 것입니다. 한 가지 더 중요한 사항은 모든 승객들은 승선하신 동안에 기본적인 규칙을 따라주셔야 한다는 것입니다. 승객분들은 승무원 숙소를 제외하고는 배의 어떤 곳에도 맘껏 둘러보실 수 있습니다. 식사는 정해진 시간에 제공됩니다. 저녁식사는 밤 8시부터 10시까지 준비될 것입니다. 아침식사는 오전 7시부터 9시까지입니다. 여러분이 우리와 함께 안전하고 즐거운 여행이 되시길 바랍니다.

승객은 승무원 숙소(crew quarters)는 방문할 수 없다.

- welcome on board 승선을 환영합니다
- voyage 항해
- passenger 승객
- departure time / arrival time 출발 시간 / 도착 시간
- destination 목적지, 도착지
- meal 식사

11 | Script |

Mr. Na How was your flight?

Mr. Kevin It wasn't bad. It was a very long flight, but I was able to sleep well.

Mr. Na ____________________.

Mr. Na 비행은 어떠했습니까?

Mr. Kevin 나쁘지 않았습니다. 아주 긴 여행이었지만 잠을 잘 잘 수 있었습니다.

Mr. Na ____________________.

긴 비행이었지만 편히 올 수 있었다는 말에 대한 반응을 찾는 문제이다.

- flight 비행(여행)

12 | Script |

Airline Counter	Do you have any baggage to check in?
Mr. Na	Yes. Just one bag.
Airline Counter	Here's your boarding pass.
Mr. Na	____________________.
Airline Counter	부칠 짐이 있으신가요?
Mr. Na	네, 가방 하나뿐입니다.
Airline Counter	여기 탑승권 받으세요.
Mr. Na	____________________.

- Airline Counter 항공사 카운터
- baggage 짐
- boarding pass 탑승권

13 | Script |

Man	Hurry to make appetizer first. Many customers are waiting.
Jieun	OK. What can I help you?
Man	Firstly, take out bread from the fridge and cut it.
Jieun	Yes. and I am going to slice some vegetables too.
Man	Great.
Jieun	Vegetables are so fresh but herbs are not very good.
Man	Don't use herbs this time. Anyway, the knife is dull.
Jieun	It has been sharpened yesterday.
Man	Well. it doesn't work well. You have to do it again now. It can be late. Hurry up.
남자	먼저 전채요리를 서둘러 만드세요. 많은 손님들이 기다리고 있어요.
지은	네. 제가 무얼 도울까요?
남자	먼저, 냉장고에서 빵을 꺼내서 좀 자르세요.
지은	네. 그리고 채소도 좀 썰어 둘게요.
남자	좋아요.
지은	채소는 정말 신선한데 허브는 별로 좋지 않네요.
남자	그럼 이번에 허브는 쓰지 말아요. 그건 그렇고, 칼이 무디네요.
지은	어제 갈아두었는데요.
남자	음, 칼이 잘 들지 않아요. 지금 다시 갈아야 해요. 늦었어요. 서두르세요.

- sharpen 날카롭게 갈다
- colander 여과기 / sieve 거름체 / kettle 주전자 / grater 강판 / scale 눈금저울 / chef's knife 식칼 / cutting board 도마 / pot (손잡이가 달린) 냄비 / whisk 거품기 / soup ladle 국자 / spatula 주걱 / apron 앞치마

14 | Script |

Mr. Kim	Hello?
Mr. Roy	Hello? This is Roy. You need to return to the office right now.
Mr. Kim	How come? We still have work to do in some of our secondary systems.
Mr. Roy	I know, but you'd better come back here, because main server went bad right before.
Mr. Kim	I see. I'll just take a taxi.
Mr. Roy	Why don't you get on the subway because of rush hour traffic jam?
Mr. Kim	You got it. I'll do it right away.
Mr. Kim	여보세요?
Mr. Roy	여보세요? 저는 Roy인데요. 지금 빨리 사무실로 돌아오셔야 합니다.
Mr. Kim	왜요? 우리는 보조 시스템 중 일부 업무가 아직 끝나지 않았어요.
Mr. Roy	저도 알고 있지만, 메인 서버가 조금 전 고장이 나서 여기로 오셔야 할 것 같습니다.
Mr. Kim	알겠습니다. 지금 바로 택시를 탈게요.
Mr. Roy	차가 밀리는 시간이라 지하철을 타시는 것이 어때요?

Mr. Kim 알았습니다. 곧 그렇게 할게요.

긴급 상황이 발생하여 작업현장에서 회사로 즉시 들어가야 하는 Mr. Kim이 제일 먼저 해야 할 일은 교통체증을 피해 빠르게 사무실로 복귀하기 위하여 지하철을 타는 일이다.

- secondary systems 보조 시스템
- go bad 나빠지다, 썩다
- You got it 알겠습니다.

15 | Script |

Jieun Good afternoon, sir.

Man Good afternoon. I've just come back from a trip to Spain and I've got some Spanish currency that I'd like to change into Korean currency, won. Is it possible?

Jieun We can take the bank notes, but we can't change the coins.

Man OK, then could you change these notes for me, please?

Jieun Certainly, sir. I'll just check today's exchange rate.

지은 좋은 오후네요, 선생님.

남자 좋은 오후예요. 저는 막 스페인 여행에서 돌아와서 한국 원화로 바꾸고 싶은 스페인 돈이 좀 있어요. 바꿔 주실 수 있나요?

지은 저희는 지폐는 바꿔드리지만 동전은 바꿔드리지 않습니다.

남자 네, 그럼 이 지폐들을 바꿔주시겠어요?

지은 물론이죠 선생님, 오늘 환율을 좀 확인해 볼게요.

스페인통화(Spanish currency)를 한국통화(Korean currency)로 환전을 하는데, 지폐(note)는 환전(exchange)이 가능하지만 동전(coin)은 환전이 불가능하다고 말하고 있다.

- exchange rate 환율
- wire, transfer (은행을 통해) 돈을 보내다
- receive remittance 돈을 송금받다

16

① 제가 이 파일철을 어디로 옮겨 드릴까요?
② 이 파일철 옮기는 것을 제가 어떻게 도와드릴까요?
③ 저 대신 이 파일철을 좀 옮겨 주실래요?
④ 제가 이 파일철 옮기는 것을 좀 도와주실래요?

①, ②는 도움을 제안할 때 쓰는 표현이고, ③은 도움을 요청하는 사람은 정작 그 일을 하지 않겠다는 의미이며, 함께 어떤 일을 하는 것을 요청할 때는 ④의 표현을 주로 쓴다.

17

표지판에는 ①앞치마(apron), ②고무장갑(rubber gloves), ④보안경(splash goggles)과 얼굴전면가리개(face shield)의 착용을 요구하고 있다. 그림③은 nose mask라고 부른다.

- notice 통지하다, 예고하다
- wear 착용하다
- area 구역

18

① 임대료가 얼마인가요?
② 테두리를 갈고 왁스칠을 하면 정말 도움이 됩니다.
③ 포장을 해서 냉장고에 보관하세요.
④ 캐디비를 포함해서 15만원입니다.

②번이 스키장에서 흔히 사용하는 표현이다.

19

[존 : 5월 18일 14:11] 주문을 위한 제 이메일을 확인하셨나요?
[지은 : 5월, 14:12] 네. 확인했습니다. 감사합니다.
[존 : 5월 18일 14:13] 협조에 감사합니다.
[지은 : 5월, 14:14] 천만에요.
[존 : 5월 18일 14:15] GT-142번에 대한 선적일정을 이메일로 보내주세요.

존은 마지막 말에서 선적일정(shipping schedule)을 보내달라고 요청하고 있다.

20

Man	Excuse me. Where is conference room B?
Jieun	____________________.
남자	실례합니다. B 회의실이 어디죠?
지은	____________________.

평면도에서 회의실(conference room) B의 출입구는 1층(first floor) 엘리베이터(elevator)의 우측(right)에 위치해 있다.

① 계단을 따라 2층으로 올라가세요. 계단 앞에 B회의실이 있어요.
② 2층으로 올라가는 엘리베이터를 타세요 그리고 엘리베이터에서 내리셔서 오른쪽으로 도시면 B회의실을 발견하실 거예요.
③ 계단을 따라 2층으로 올라가세요. 비즈니스센터 옆에 B회의실이 있어요.
④ 1층으로 내려가는 엘리베이터를 타세요 그리고 엘리베이터에서 내리시면 계단 옆에 안내 데스크가 있을 거예요.

| 참고 |

영어 문화권에 층을 세는 방식은 우리나라와 약간 차이가 날 때가 있다. 흔히 우리가 생각하는 1층은 Lobby 혹은 Ground floor라고 부르고 엘리베이터 안에는 'G', 'L', 숫자 '0'이라고 적혀 있을 때가 있고, 우리가 생각하는 2층을 그들은 first floor라고 부르며, 엘리베이터 안에는 숫자 '1'로 적혀 있을 때가 자주 있다.

- '타다'의 다양한 표현
  - (탈것에) ride, take
  - (올라타다) get on, get in(to), board
- '내리다'의 다양한 표현
  - (타고 있던 것에서) get off, leave, (formal) alight from
  - (배 · 비행기에서) (formal) disembark
  - (말 · 자전거에서) dismount

21

(복사기 수리공이 오늘 음성인식작동 기능을 설치하였습니다.)
이 복사기는 이제 음성으로 작동됩니다.
기기에 접근해서
분명한 목소리로 말하세요
"복사", "팩스" 또는 "스캔"

복사기에 음성인식작동(voice activation) 기능이 설치(install)되었다는 안내문을 붙어 두었다.

- repairman 수리공
- install 설치하다
- voice 음성, 목소리
- approach 접근하다
- in a clear voice 또렷한 목소리로

22

이 기계는 당신의 돈을 가져갑니다
그리고
아무것도 당신에게 되돌려주지 않습니다

자판기(vending machine)를 사용하는 데 있어서 자판기가 정상적으로 작동하지 않는다는 것을 알려주는 안내문이다.

- TAKES YOUR MONEY 당신의 돈을 가져가다
- GIVES IN RETURN 되돌려 주다
- English on Vending machine
  - insert money 돈을 넣으세요
  - amount inserted 넣은 돈 (계기판에 표시됨)
  - press section buttons 선택 버튼을 누르세요
  - selection made 선택확인 (선택을 결정하는 버튼)
  - make another selection 선택 더하기 (또 더해서 다른 선택을 할 때 누르는 버튼)
  - reset 초기화 (선택을 처음부터 다시 할 때)
  - change returned below 거스름돈은 아래로 나옴
  - insert dollar bill 지폐를 넣으세요
  - insert bill face up 지폐의 윗면(보통 인물이 새겨진 면)을 위로 해서 넣으세요.
  - if bill is not accepted use coins 지폐가 안 들어갈 때는 동전을 넣으세요.

23

건물의 외부에 침입자에 대해 출입을 금지하고, 건물 보안을 위해 영상 촬영이 이루어지는 점을 경고하고 있다.

- WARNING 경고
- THESE BUILDINGS ARE PROTECTED
  이 건물은 보호됩니다
- BY VIDEO SURVEILLANCE 영상 감시에 의해
- NO TRESPASSING 출입금지
- TRESPASSERS WILL BE PROSECUTED 침입자는 고소 당할 것입니다

24

A	**받는 사람: 길버트 샘슨 씨** 이스팩 매니지먼트, 주식회사 중앙로 24번지 뉴욕시, 뉴욕주, 우편번호 100245
B	친애하는 길버트에게 당신의 승진을 진심으로 축하드립니다. 당신의 승진은 당신 회사에서 당신이 보여준 능력과 창의성이 충분히 반영된 것입니다. 당신의 성공을 기원합니다. 올림.
C	2017년 7월 1일
D	Jieun Kim
E	김 지은 매니저, 인사과
F	**보내는 사람: 김지은** 지오네오 매니지먼트 주식회사 동대문구, 야현1길, 21번지 서울, 대한민국

일반적인 영어업무서신의 작성 순서는 'Ⓕ보내는 사람 Ⓒ보낸 날짜 Ⓐ받는 사람 Ⓑ편지 본문 Ⓓ서명 Ⓔ보내는 사람의 직급'의 순서로 작성한다.

- heartiest congratulations 진심어린 축하
- promotion, advancement 승진
- reflect 반영하다, 나타내다, 초래하다
- characterize 특징지우다, 특성을 기술하다
- regard 존경, 존중; 호의, 호감

25

share the road는 도로를 왕복 차량이 나누어 쓴다는 뜻으로, 어떠한 이유로 인해 왕복 차선 중에 한 쪽을 폐쇄하였음을 안내하고 있다.

- drive slow 천천히 운전하세요
- share the road 도로를 왕복 차량이 나누어 써야 합니다
- 알아두면 좋은 도로안내표현
  - under construction 공사중
  - end of the road 돌아가시오
  - fallen rock zone 바위낙하 지역
  - park at own risk 주차 중 차량 파손될 수 있음

26

keep areas clear는 어떤 공간에 통행에 방해되는 물건을 두지 말라는 의미이다.

- notice 알림
- keep this area clear
  이 지역을 자유로이 통행할 수 있게 유지하세요
- keep this area clean 이 지역을 청결하게 유지하세요
- slippery floor when wet 바닥이 젖으면 미끄럽습니다

27

Very truly yours, Yours very faithfully, Respectfully yours, Best regards등은 영문편지 끝에 사용하는 정형화된 문구로 우리말로 굳이 옮긴다면 '올림' 정도가 되겠다.

- Be my guest (상대방의 부탁을 들어주며 하는 말로) 그러세요 [그래라]

28

Ⓐ에는 총액이 입력되어야 하고, Ⓑ에는 수송 방법이 기입되어야 한다.

- Commodity Descriptions 물품상세
- Unit Price 단가
- Quantity 수량
- Amount 총액
- Terms of payment 지불조건
- Packing 포장방법

- Shipment 수송 방법
- Inspection 검열
- Validity 효력 기간
- FOB 가격에 선적운임이 포함됨 (Free On Board) / CIF 운임 보험료 포함 가격(Cost, insurance, and freight)
- receipt 영수증
- L/C : Letter of Credit 신용장
- Standard export packing 수출규격포장 (수출물품 종류에 따라 국제적으로 포장방법이 정해져 있음)
- irrevocable 변경하거나 취소할 수 없는

29

번호 입력이 틀리면 재다이얼(redial)을 눌러야 하고, 보내던 팩스를 잠시멈춤(pause)을 해야 할 때 사용하는 버튼은 redial/pause 버튼이다.

- ADDRESS BOOK 주소록
- CLEAR 지우기
- COPY 복사하기
- HOOK (팩스를 보내려고 할 때 받는 사람 팩스번호를 입력하기 전에 누르는) 초기 버튼
- PAUSE 잠시 멈추다
- REDIAL 다시 다이얼을 돌리다
- SCAN (빛을 이용해서) 내용물을 탐지하다

30

삽(shovel), 인사장(greeting card), 풀(glue), 탐사전등(search light)는 프레젠테이션에 쓰이는 물품이 아니다.

- digital projector 디지털 프로젝터
- flipchart (강의에서 한 장씩 넘기는) 카드
- laptop 노트북
- maker pens (백칠판에 쓰는) 마카펜
- microphone 마이크
- overhead projector 필름화상기
- presenter, pointer (프레젠테이션에 사용하는) 지시기
- whiteboard 백칠판
- glue 풀
- greeting cards 인사장, 연하장
- search lights 탐사전등
- shovel 삽

31

잘 알지 못하는 사람들과의 대화에서 피해야 할 주제들
• 건강 혹은 식습관 • 물건의 가격 • 사적인 질문 • 비열한 험담 • 성적인 농담 • 논쟁을 불러일으킬 수 있는 쟁점들

off-color joke는 '성적인 농담'을 의미한다.

〈검색해 보세요 : etiquette in office〉

32

① 당신은 현재 어떤 종류의 치료를 받고 있나요?
② 저녁식사를 위한 나의 예약을 확인할 필요가 있나요?
③ 최근 언제 진료를 받으셨나요?
④ 목구멍에 통증을 느끼시나요?

②번은 레스토랑 예약을 하는 손님이 사용하는 표현이다.

33

① 책의 복사본 만들기
② 복사 비용 묻기
③ 주문하기
④ 이메일을 통해 복사본 요구하기

아래 제목의 책 2권을 항공우편으로 보내주세요(Please airmail us two copies of the following:)

제레미 러프킨: 공감의 시대 (Jeremy Rifkin: THE EMPATHIC CIVILIZATION)

만약 먼저 대금을 지불해야 한다면 가격을 최대한 빨리 알려주세요.(Indicate the amount ASAP if payment is required in advance.)

- ASAP 최대한 빨리(As Soon As Possible)

- copy 복사본, (책을 세는 단위) 권, 원고, 초고

34

체크인 서비스를 위한 안내

1. 고객에게 인사하기
2. Ⓐ 고객의 이름 묻기
3. 예약 사항 확인하기: 날짜, 방 형태, 등
4. 방 상태 확인하기
5. Ⓑ 고객의 신용카드로 가결재하기
6. 고객에게 등록카드 작성 요구하기
7. 고객의 가방 운반을 위해 운반담당자 부르기
8. Ⓒ 고객에게 방열쇠 전달하기

일반적으로 호텔 체크인은 위의 순서대로 이루어진다.

35

지은	여보세요. 접수대의 지은입니다.
남자	여보세요. 1021호에 묵고 있는 스미스입니다. 저희 방에 에어컨이 제대로 작동하지 않아요. 켜면, 난방기능은 작동을 하는데 냉방기능이 작동하지 않아요.
지은	방의 온도계를 확인해 보셨나요?
남자	네. 온도계는 정상 온도를 가리키고 있어요.
지은	네, 스미스씨. 유지관리 담당자가 올라가서 고쳐드릴 겁니다.

객실의 에어컨에 냉방장치가 문제가 있다고 투숙객이 불만을 얘기하고 있다.

36

	병원 안내판			
6	정맥 치료	행동건강	소아과	
5	내과	노인진료		산부인과
4	폐질환	알러지	이비인후과	신경과
3	물리치료	피부과	직원 건강	당뇨치료
2	회의실	청각 치료	엑스레이	연구실
1	상처 치료	치과	종양치료	방사선과

직원 건강을 담당하는 부서는 employee health로 3층에 위치해 있다.

37

도장밥(stamp pad)과 콤파스(compass)는 학용품에 해당되므로 두 물품의 가격을 합치면 4달러 30센트가 된다.

- tail comb 가르마 빗
- iron 헤어세팅기
- razor 면도기

38

박지은 씨는 성인(adult) 운임을, 동료 직원은 장애인(person with disability) 운임을 선택하면 된다.

- BUS & SUBWAY TICKETS 버스와 지하철 티켓
- Please Select Your Fare 당신의 운임을 고르세요.
- ADULT 성인 / STUDENT 학생 / SENIOR 경로 PERSONS with DISABILITIES 장애인

39

지은씨가 탑승하기로 한 CD4521편은 취소(canceled)되었으므로 다음 비행기를 알아보아야 한다.

- BOARDING 탑승 중
- CANCELED 취소됨
- DEPARTURE 출발 / ARRIVAL 도착
- DESTINATION 도착지
- FLIGHT 항공, 항공편
- STATUS 상태

40

사무실 주방 사용 예절

1. 사용 후에 깨끗이 뒷정리하기
2. 전자레인지는 사용 후에 매번 닦아두기
3. 과학실험도구는 냉장고에 보관하지 말기
4. 음식물 찌꺼기는 말끔히 청소하기
5. 커피를 마신 후에 주전자 깨끗이 해 두기
6. 쓰레기 통이 꽉 차면 묶어두고 새 봉지로 갈아두기

감사합니다.

과학실험도구(science experiments)를 냉장고에 보관하지 말라는 안내문구가 적혀져 있다.

- Wipe (something) down (젖은 걸레 · 행주로) ~을 말끔히 [구석구석] 닦다
- Refrigerator, fridge 냉장고
- surface 표면
- debris 부스러기, 파편
- trash 쓰레기
- tie up 단단히 묶다
- replace 바꾸어 놓다

41

새 프로젝트를 위한 '개시 회의'는 처음으로 프로젝트팀과 고객 사이의 공동의 목표를 설정하는 가장 좋은 기회이다. 훌륭한 개시는 프로젝트를 위한 좋은 계획에서 온다. 당신의 프로젝트작업을 준비한 후에, 당신은 효과적인 회의를 위한 계획을 짜는 것이 더 낫다.

'개시 회의(kickoff meeting)'는 프로젝트팀과 고객이 만나서 새 프로젝트에 대한 기본적인 것들을 결정하는 매우 중요한 회의이다.

42

남자 회의에서 당신의 기록은 훌륭했어요.
지은 천만에요. 제가 회의록을 끝내고 직원들에게 보내기 전에 한 번 확인해 주시겠어요?
남자 회의록은 내일 아침까지 끝내면 되고 내가 굳이 확인할 필요는 없을 것 같군요. 회의록을 끝마치고 나면 늘 했던 것처럼 내 확인서명을 붙여서 모든 부서 직원들에게 보내세요.
지은 네, 알겠습니다. 지금 제가 당장 처리해야 할 일이 있나요?
남자 이 서류 3장을 영국 사무실로 팩스해 주세요.
지은 알겠습니다.
남자 고마워요.

남자의 마지막 말에서 영국 사무실(UK office)에 팩스 3장을 보내 달라는 말이 있다.

- do a good job 잘 해내다, 훌륭히 임무를 완수하다
- minutes 회의록 *cf.* take minutes 회의록을 작성하다
- finalize 끝손질[마무리]하다, 결말을 짓다
- division 분과, 분할, 분배
- approval 승인, 찬성, 인가, 면허
- as usual 늘 그렇듯이, 평상시처럼

43

친애하는 지은 씨에게
당신의 회사에서 제게 판매부서 책임자 자리를 제안해 주신 것에 감사드리고 싶습니다. 그 직책을 제안하는 어제의 당신과의 전화로 당신과 다시 얘기할 수 있어서 즐거웠습니다.
당신 회사의 제안을 받아들일 수 없음을 안타깝게 생각합니다. 전화에서 언급한 것처럼, 바로 그저께 저는 다른 회사의 제안을 받아들였습니다.
어쨌든, 제 취업 지원서에 대해 심사숙고 해 주신 당신 회사에 진심으로 감사드립니다.

재닛 존스

'회사의 제안을 받아들일 수 없음을 안타깝게 생각한다(I regret that I will be unable to accept your offer.)'라는 표현을 통해

재닛 존스는 제안을 거절하고 있다.

44

① A : 그림 삽입(Picture) 화면에 그림을 삽입한다.

② B : 도형 삽입(Shapes) 화면에 도형을 삽입한다.

③ C : 시각화(SmartArt) 화면에 입력된 정보를 시각적으로 도식화 할 때 사용하는 버튼

④ D : Screenshot

바탕 화면에 열려 있는 모든 화면 중에서 하나를 선택해서 빠르게 캡처하여 문서에 추가할 때는 스크린숏(screenshot) 버튼을 이용한다.

45

특별 할인!
처음 방문 고객에겐 10%할인
두 번째 방문 고객에겐 20%할인
세 번째 방문 고객에겐 30%할인
할인가에서 10%의 세금은 포함되지 않음
[쿠폰 번호 TRS 2154]

이발 및 스타일
전체컷 - - $30
부분컷 - - $25
남자컷 - - $20
앞머리 정리 - - $5

염색
염색 - - $60
부분 염색 - - $20

다른 서비스
퍼머 - - $80
왁싱 - - $15

46

다운로드를 한 후에, 소프트웨어 사용 조건 승인 여부를 묻을 것입니다. 만약 승인하지 않으시면, 이전 버전은 30일 후에 파기될 것입니다. 업데이트가 다운로드되는 중에는 작업을 계속할 수 없습니다. 매 단계마다 다음 단계를 위한 알림음이 들릴 것입니다.
다운로드 크기 : 1.26기가

다운로드를 한 후에는 소프트웨어 사용 조건 승인 여부를 묻게 되고, 승인을 거부하면 이전 버전은 30일 후에 파기된다고 적혀 있다.

- ask to accept 승인을 요구하다
- License Terms 사용 조건
- prior version 이전 버전
- be expired in 30 days 30일 후에 파기되다
- each time 매번
- next step 다음 단계

47

계기판에 미백(whitening)을 위한 버튼은 없다.

- CLEANSING 세척
- MASSAGE 마사지
- NUTRIENT 영양소
- REMOVAL WRINKLE 주름 제거

48

1. 버튼 지시기는 한 개에 네 가지 효과의 조합이 있습니다 : 케어, 말리기, 마사지, 파마
2. 두 가지 작동 방식(수동 / 자동)
3. 5개의 열판은 따로 움직일 수 있습니다.
4. 벽에 부착하거나 스탠드로 이동할 수 있습니다.

작동 모드는 자동, 수동으로 되어 있지만 작동 방식에 음성 기능(voice activation)이 있다는 말은 없다.

헤어 드라이어

- indicator 지시기
- operating mode 작동 방식
- manual 수동의
- automatic 자동의
- plate 접시(모양의 것), 판(모양의 것)
- separately 따로, 개별적으로
- available 이용할 수 있는
- mount 장치하다, 준비하다

49

> **지불 방식 :** ABC 은행 계좌이체 (수수료 50달러)
> **배송 방식 :**
> 1. 특급 배송 (집까지 배송됨)
> 2. 공항까지 항공특급 배송
> **보증 :**
> 1. 주요 부품에 대해 1년 보증 (소모품 미포함)
> 2. 평생 유지관리함
> **서비스 :**
> 1. 사용설명서와 온라인 지원을 통한 제품 사용 설명
> 2. 24시간 콜 서비스
> **연락처 :**
> **전화 :** 86 020 6894 5768 | 휴대폰 : 86 1 9647 6584
> **이메일 :** market@GeoNeo.com

소모품(sonsumables handpieces)은 1년 보증(one year warranty)에 포함되지 않는다는 말이 적혀 있다.

50

> 우리는 현재 개척되지 않은 제주도의 땅에 유기농 오아시스를 건설하고자 하는 협동조합입니다. 이 땅은 우리 조합원들과 우리가 기르는 가축들에게 천국이 될 것입니다. 도와주시는 가장 좋은 방법은 여러분의 목소리를 들려주고, 의견을 주시며 자원해 주시는 것입니다. 지역 사회가 더 관심을 가질수록 우리의 농장은 더 잘 자랍니다. www.jejuland/calendar에 접속하시면 우리 달력도 얻으실 수 있어요.

농축산조합의 성공적 운영을 위해서 재정적인 지원이 필요하다는 말은 없다.

- cooperative association 협동조합
- organic oasis 유기농 오아시스
- currently unused corners 현재 개척되지 않은 땅
- livestock 가축
- breed (가축이나 동물을) 기르다
- The more ~, the more ... 더 ~할수록, 더 .... 하다

수리활용 영역

본문 p.265

01 ③	02 ④	03 ④	04 ③	05 ③
06 ③	07 ③	08 ①	09 ②	10 ②
11 ②	12 ④	13 ③	14 ③	15 ③
16 ④	17 ④	18 ①	19 ③	20 ④
21 ②	22 ②	23 ③	24 ③	25 ①
26 ③	27 ④	28 ①	29 ②	30 ②
31 ④	32 ②	33 ①	34 ④	35 ④
36 ①	37 ④	38 ③	39 ④	40 ②
41 ④	42 ②	43 ③	44 ④	45 ②
46 ②	47 ②	48 ③	49 ②	50 ④

01 9월 20일이 수요일이고 9월은 30일까지 있으므로 10월 1일은 일요일부터 시작이다.
둘째 주 수요일은 10월 11일이고 직무자 K씨의 바이어와 회의 일정은 그 주 금요일인 10월 13일이다.
따라서 정답은 '③ 10월 13일'이다.

02 직무자 K씨는 운송할 화물의 무게와 운임표를 확인하여 운송비용을 계산하여야 한다.
1박스 당 무게가 10kg인 상자 1,000개를 운반해야 하므로 화물의 무게는 총 10톤이고, 5톤 트럭 2대를 이용해야 한다.
운임표로부터 이동거리가 80km이내이므로 1대당 운임은 115,890원이다.
그러므로 전체 운임은 '$115,890\times2=231,780$'원이다.
따라서 정답은 '④ 231,780원'이다.

03 직무자 P씨는 환불 요청받은 바지 가격에서 새로 구매를 원하는 티셔츠 가격을 뺀 차액 만큼을 고객에게 돌려주어야 한다. 즉 '$23,000-16,000=7,000$'(원)이므로 7,000원을 돌려주어야 한다.
따라서 정답은 '④ 7,000원'이다.

04 109㎡이 33평형, 79㎡가 24평형임을 이용하면 $109\div33=3.30\cdots$, $79\div24=3.29\cdots$ 1평이 약 3.3㎡이므로, 직무자 L씨가 광고 도안에 기재해야 할 숫자는 $99\div3.3=30$이다.
따라서 정답은 '③ 30'이다.

05 음료 3개의 값은 2,400원이므로,

거스름돈은 5,000원 －2,400원＝2,600원이다.

그러므로 거스름돈 중에서 500원짜리 동전은 최대 5개까지 받을 수 있다.

따라서 정답은 '③ 5개'이다.

06 직무자 C씨는 할인율을 반영하여 TV 정가를 할인된 가격으로 표시해야 한다.

TV의 정가가 425,000원이고 할인율이 15%이므로 할인된 가격은 다음과 같이 계산할 수 있다.

425,000원×(1－0.15)＝361,250원

따라서 정답은 '③ 361,250'원이다.

07 제시된 물품의 총액은

'140,000원＋36,000원＋300,000원＋45,000원＝521,000원'이다.

직무자 P씨가 견적서에 표시해야 할 금액은 부가가치세 10%가 포함된 가격이므로

'521,000원×(1＋0.1)＝573,100원'이다.

따라서 정답은 '③ 573,100원'이다.

08 직무자 K씨가 주문해야 하는 LED안전 유도 블럭의 개수는 (건널목 개수)×(양쪽)×10개×110% 이다.

즉, $4\times2\times10\times\frac{110}{100}$＝88(개) 이다.

따라서 정답은 '① 88개'이다.

09 직무자 R씨는 다음과 같이 각 업체별 구매 비용을 계산하여 가장 저렴한 업체를 선택해야 한다.

– A업체의 할인혜택을 적용하면 개당 구매 비용이
  $5,000\times\frac{90}{100}$＝4,500원이므로
  총 구매 비용은 4,500×1,000＝4,500,000원이다.

– B업체는 할인혜택을 적용하면 910개만 구매하면 되므로, 총 구매비용은 4,500×910＝4,095,000원이다.

– C업체는 할인혜택을 적용하면 개당 구매 비용이
  $6,000\times\frac{90}{1000}-900$＝4,500원이므로,
  총 구매 비용은 4,500×1,000＝4,500,000원이다.

– D업체는 할인혜택을 적용하면 개당 구매 비용이
  $6,000\times\frac{80}{1000}$＝4,800원
  총 구매 비용은 4,800×1,000＝4,800,000원이다.

따라서 정답은 '② B업체'이다.

10 땅의 넓이가 '550×40＝22000(㎡)'이므로 $\frac{22000}{1000}$＝22로부터 넓이가 1000㎡인 비닐하우스를 22개 만들 수 있다. 따라서 정답은 '② 22개'이다.

11 찹쌀떡 20개의 가격: 1,000×20＝20,000, 시루떡 10kg의 가격: 4,000×10×0.9＝36,000,

한과 세트 2호의 가격: 20,000이므로, 직무자 J씨가 고객에게 받아야 할 총 합계 금액은 20,000＋36,000＋20,000＝76,000(원)이다.

따라서 정답은 '② 76,000원'이다.

12 직무자 P씨는 나무별 방제비용을 계산하여 합해야 한다.

벚나무 방제 비용은 12×5,000＝60,000원이고,

은행나무의 방제 비용은 24×6,000＝144,000원이므로

총 방제 비용은 60,000＋144,000＝204,000원이다.

따라서 정답은 '④ 204,000원'이다.

13 납품받은 공기 필터의 개수를 구하기 위해서 직무자 Y씨는 납품 횟수와 납품 업체별 공기 필터의 납품 개수를 곱하여 모두 더해야 한다.

A사 : 3회×45개＝135개

B사 : 5회×80개＝400개

C사 : 21회×60개＝1,260개

따라서 납품받은 공기 필터의 개수는 135＋400＋1260＝1,795(개)

따라서 정답은 '③ 1,795개'이다.

14 30명을 단체 입장권을 구매하는 금액은 30 명×6,000원＝180,000원 이고

23명 입장권을 개인별 구매할 경우 금액은 23명×8,000원＝184,000원 이다.

즉, 23명은 개인 구매보다 30명 단체 입장권 구입이 저렴한 최소 인원이다.

따라서 정답은 '③ 23명'이다.

15 이웃하는 두 면과 마주보는 두 면을 비교하면 된다. 오각형과 마름모, 별과 원, 삼각형과 하트는 서로 이웃할 수 없다.

따라서 정답은 '③'이다.

16 직무자 K씨는 L와 mL의 관계로부터 비이커 한 개에 담아야 할 묽은 염산의 양을 구해야 한다.

$2L$＝2000mL이므로 2000(mL)÷8＝250(mL)

따라서 정답은 '④ 250mL'이다.

17 직무자 Y씨는 리플릿 단가표에 따라 각각의 인쇄비용을 합산하여 고객에게 안내해야 한다.

코팅 없이 접지 2,000장의 가격은 171,000원, 유광코팅 2,000장의 가격은 202,000원이고, 배송비는 5,000원이므로, 171,000＋202,000＋5,000＝378,000(원)이다.

따라서 정답은 '④ 378,000원'이다.

18 23시부터 다음 날 05시까지는 6시간이다. 별이 회전한 각도는 $15° \times 6 = 90°$이므로

직무자 K씨가 그려 넣어야할 이미지는 23시 북두칠성 관찰 모습을 시계 반대 방향으로 90도 회전하면 된다.

따라서 정답은 '①'이다.

19 직무자 R씨는 과태료 납부 기준에 따라 과태료를 송금해야 한다.

3톤 화물차이므로 기본 과태료는 4만원이고,

주차 위반 후 기일이 12일 지난 상태라, 자진 납부하여 20% 감경이 가능하다.

그러므로, $40,000 \times \frac{80}{100} = 32,000$원을 납부하면 된다.

따라서 정답은 '③ 32,000원'이다.

20 ★을 2점, ☆을 1점으로 환산하여 계산하면 평균은

$\frac{7+8+5+6+4}{5} = \frac{30}{5} = 6$(점)이다.

6점을 다시 별점으로 환산하면 정답은 '④ ★★★'이다.

21 제시된 레시피에서 '간장 : 올리브오일'의 혼합 비율이 '3 : 4'이므로 올리브오일의 양 x는

$750 : x = 3 : 4$

$3x = 3000$

$x = 1000(\text{mL})$

따라서 정답은 '② 1,000mL'이다.

22 직무자 L씨는 분기별로 제시되어 있는 정보를 직원별로 재분류하여 평균 계약 건수를 구해야한다.

직원별 평균 계약 건수는 다음과 같다.

K씨 : $\frac{22+19+16+18}{4} = 18.75$,

O씨 : $\frac{18+29+24+15}{4} = 21.5$,

P씨 : $\frac{28+24+16+13}{4} = 20.25$,

S씨 : $\frac{25+28+18+12}{4} = 20.75$

따라서 정답은 '② O씨'이다.

23 직무자 P씨는 각각의 음료의 가격을 합산하여 구한 후, 고객으로부터 받은 돈의 차액을 거스름돈으로 돌려주어야 한다.

아메리카노의 가격 : {4,400(큰컵)−400(개인 컵 할인)} × {1−0.05(통신사할인)}=3,800(원)

오늘의 커피 가격 : 3,600(작은컵)

이므로 구매 가격 총액은 '3,800+3,600=7,400'이고,

거스름 돈의 액수는 '50,000−7,400=42,600'(원)이다.

따라서 정답은 '③ 42,600원'이다.

24 건물을 2개의 직사각형으로 생각하면 옥상의 넓이는 $(10\times25)+(10\times12)=370(\text{m}^2)$이다.

1m²당 0.25L의 방수 용액이 필요하므로 직무자 J씨가 필요한 방수 용액의 양을 구하기 위해 다음과 같은 식을 세울 수 있다.

$1 : 0.25 = 370 : x$

따라서 $370 \times 0.25 = 92.5$(L)를 준비해야 한다.

정답은 '③ 92.5L'이다.

25 세탁기의 원가를 x원이라고 할 때, 25%의 이익을 붙이면

$x + x\frac{25}{100} = \frac{125}{100}x = \frac{5}{4}x$원에 판매를 시작하였다.

이때 20%의 세일을 한 가격이 80만 원이므로

$\frac{5}{4}x \times (1 - \frac{20}{100}) = \frac{5}{4}x \times \frac{80}{100} = 800,000$이다.

$x = 800,000$이므로 원가는 80만 원이다.

따라서 정답은 '① 80만 원'이다.

26 직무자 G씨는 물품의 수량을 세기 위하여 쌓여 있는 박스를 큰 정육면체에서 작은 직육면체를 뺀 것으로 생각할 수 있다.

$(4\times4\times4)-(2\times2\times1)=64-4=60$

정답은 '③ 60박스'이다.

27 직무자 J씨는 다음과 같이 도수분포표를 이용해서 전체 평균을 구해야 한다.

계급(점)	도수(명)	계급값	(계급값)×(도수)
45이상~55미만	2	50	100
55이상~65미만	2	60	120
65이상~75미만	4	70	280
75이상~85미만	6	80	480
85이상~95미만	6	90	540
합계	20		1,520

그러므로 (평균 판매량)$=\frac{1520}{20}=76$(대)이다.

따라서 정답은 '④ 약 76대'이다.

28 직무자 K는 할인 혜택을 참고하여 두 강좌의 수강료를 계산한 후 합산하여 고객에게 답해야 한다.

'어린이 발레교실'의 경우 동반 신청 할인과 장기 수강 할인을 중복해서 적용받으므로 수강료는 '60,000(원)×0.8(할인율)=48,000(원)'이다.

'어린이 요리교실'의 경우 동반 신청 할인만 적용받으므로 수강료는

'40,000(원)×0.9(할인율)=36,000(원)'이다.

따라서 수강료 총액은 '48,000+36,000=84,000(원)'이므로 정답은 '① 84,000원'이다.

29 직무자 L씨는 이자를 먼저 계산한 후, 이자에서 세금을 제한 금액을 원금과 합산하여 고객에게 답해야 한다.

5백만원의 5%의 이자를 구하면 $5,000,000\times\frac{5}{100}=250,000$

이때 이자 25만원의 15%를 세금으로 내야 하므로 실제 받는 이자는 $250,000\times(1-\frac{15}{100})=212,500$이고 고객이 받을 수 있는

금액은 5,000,000+212,500=5,212,500이다.

따라서 정답은 '② 5,212,500원'이다.

30 직무자 K씨는 이용 요금표에 따라 할인 금액을 반영하여 이용요금을 계산하여 합산하여야 한다.

제시된 이용요금에 따르면 어른 1명은 S카드 50% 할인을 받으므로 '54,000×0.5=27,000원'이고, 또 다른 어른 1명은 30% 할인을 받아 '54,000원×(1−0.3)=37,800원'이다. 초등학생 1명은 46,000원, 만 5세 어린이 1명은 43,000원이므로 이용요금의 총액은 '27,000+37,800+46,000+43,000=153,800(원)'이다.

따라서 정답은 '② 153,800원'이다.

31 직무자 C씨는 '(매출총액)=(판매량)×(판매단가)'이므로 '(이익)=(매출총액)−(총생산비용)=(판매량)×(판매단가)−(총생산비용)'으로부터 이익을 계산하여 보고해야 한다.

따라서 3분기와 4분기의 이익은 각각

'(325,450×4,300)−725,435,000=674,000,000'

'(341,500×4,400)−765,600,000=737,000,000'이고

이익 증가액은 '737,000,000−674,000,000=63,000,000'이다.

따라서 정답은 '④ 6,300만원'이다.

32 직무자 L씨는 최소 소요 시간을 계산해서 고객에게 답변해야 한다.

최대한 빨리 수리되길 원하는 고객이므로, 총 최소 소요 시간은 1시간30분+30분+15분+30분+15분=3시간 이므로, 오전 9시에서 최소 3시간 소요되고, 평균 소요 시간의 합계는 4시간이므로, 12시에서 1시 사이에 수리가 완료될 수 있다. 따라서 직무자 L씨는 고객에게 1시에 찾으러 오시라고 답변하면 된다.

따라서 정답은 '② 오후 1시에 찾으러 오시면 됩니다'이다.

33 직무자 P씨는 고객에게 응대하기 위해서 먼저 다음 각각의 경우의 가격을 확인해야 한다.

1. 모두 단품으로 구매하는 경우 :

{6,400(햄버거)×2+1,000(탄산음료)×2}+1,600(포테이토)=16,400(원)

2. 세트1개와 단품으로 구매하는 경우 :

8,500(세트)+{6,400(햄버거)+1,000(탄산음료)}=15,900(원)

따라서 세트1개와 단품으로 구매하는 경우가 '16,400−15,900=500'원 더 저렴하다.

정답은 '① 세트 1개와 단품 햄버거와 탄산음료로 구매하시는 것이 모두 단품으로 구매하시는 것보다 500원 더 저렴합니다.'이다.

34 직무자가 확인해야 하는 것은 시설별 만족도이므로

'$\text{만족도}=\frac{\text{만족에 응답한 고객의 수}}{\text{응답한 고객의 수}}$'를 이용하여 시설별 만족도를 계산하여야 한다.

A시설의 만족도 : $\frac{34}{72}\times100=47.2(\%)$

B시설의 만족도 : $\frac{41}{67}\times100=61.2(\%)$

C시설의 만족도 : $\frac{20}{62}\times100=32.3(\%)$

D시설의 만족도 : $\frac{36}{54}\times100=66.7(\%)$

따라서 만족도가 높은 것부터 낮은 것 순서로 정리하면 'D시설−B시설−A시설−C시설'이므로

정답은 '④ D시설−B시설−A시설−C시설'이다.

35 직무자 L씨가 물레를 이용하여 만들 수 있는 것은 회전체이므로 회전체가 아닌 도자기는 만들 수 없다.

따라서 정답은 '④'이다.

36 ② 바나나의 판매량은 감소하가다 2017년에 증가하였다.

③ 호박의 판매량은 매년 감소하였다.

④ 오이의 판매량은 거의 일정하게 유지되고 있다.

따라서 정답은 '① 딸기의 판매량은 꾸준히 증가하므로, 내년에는 좀 더 많은 수량이 필요하다'이다.

37 직무자 Y는 먼저 구매가 필요한 제품의 수량을 예측해야 하는데, 이는 '(사용 예측량) − (현재 재고)'로부터 구할 수 있다.

직무자가 구매해야 할 물품의 총액은 품목별 구매 액수

A : (32−8)×23,000=552,000원

B : (26−12)×19,000=266,000원

C : (14−4)×42,000=420,000원

D : $(22-6)\times38{,}000=608{,}000$원

의 총합과 같으므로 552,000 + 266,000 + 420,000 + 608,000 = 1,846,000(원)이다.

따라서 정답은 '④ 1,846,000원'이다.

38 직무자 K씨는 객실의 예약 현황을 참고하여 고객에게 응대해야한다.

수용인원은 7세 이상에 대해서만 고려하므로 어른 5명이 묵을 수 있는 객실은 301호와 302호이다.

301호의 경우 비용은 '200,000(기본요금)+20,000(초과 1명)=220,000'이고

302호의 경우 비용은 '210,000(기본요금)+20,000(초과 1명)=230,000'이므로

301호에 묵는 것이 더 저렴하다. 따라서 정답은 '③ 예약가능합니다. 이용 요금은 22만원입니다.'이다.

39 ① 학술 발굴의 건수는 100건대인 데 비해 구제 발굴은 1000건대로 가장 많다.

② 발굴 건수의 증가량은 11%−10%−8% 순으로 감소했다.

③ 순수 학술 발굴 건수보다 정비목적 학술 발굴 건수가 많다.

④ 조사 비용의 증가폭은 2014년 대비 2015년에 증가했다가 2016년에 감소했다.

따라서 정답은 '④ 조사 비용의 증가폭은 해마다 커지고 있습니다.'이다.

40 직무자 K는 부동산 중개 수수료율을 참고하여 중개 수수료를 계산하여 답해야 한다.

월세이므로 거래금액은 '(보증금)+(월세×70)'으로부터 '2000만원+(25만원×70)=3,750만원'이고, 중개수수료는 '(거래금액)×(상한요율)'로부터 '3,750만원×0.005=187,500'이다. 따라서 정답은 '② 187,500원'이다.

41 직무자 K씨는 각 업체의 불량률을 구해서 비교하여야 한다.

'불량률(%)$=\dfrac{\text{불량품 수}}{\text{조사한 상품의 개수}}\times100$'이므로

A업체 : $\dfrac{11}{132}\times100=8.3(\%)$

B업체 : $\dfrac{9}{152}\times100=5.9(\%)$

C업체 : $\dfrac{10}{173}\times100=5.8(\%)$

D업체 : $\dfrac{5}{112}\times100=4.5(\%)$로부터 불량률이 가장 낮은 업체는 D이다.

따라서 정답은 '④ D업체'이다.

42 직무자 P씨는 준비된 여행 상품 가격표에서 A항공 12월1일 출발 상품중 가장 저렴한 것을 찾아 안내해야 한다.

제시된 여행 상품 가격표에서 A항공사를 이용한 상품 중 가장 저렴한 상품의 1인당 비용은 '1,100,000원'이고, 5% 할인된 4인 총 비용은

'1,100,000원×4인×(1−0.05)=4,180,000원'이다.

따라서 정답은 '② 4,180,000원'이다.

43 직무자 Y씨는 운임표에서 고객의 운송조건에 맞는 항목을 찾아 합산하여야 한다.

크기와 중량 조건에 모두 맞아야 하므로 30kg(160cm까지)의 타지역 요금을 적용해서 요금을 계산하여야 하고, 화물의 개수가 5개이므로 총 운임은 10,500×5=52,500원이다. 따라서 정답은 '③ 52,500원'이다.

44 직무자 L씨는 콘크리트의 배합 비율로부터 준비할 모래와 자갈의 양을 구해야 한다.

400㎥의 콘크리트를 만들 때 배합되는 시멘트, 모래, 자갈의 양을 각각 x, y, z라 하면, '$x+y+z=400\cdots$①'이고 배합비율 '$x:y=1:3$', '$x:z=1:4$'로부터 각각 $y=3x$, $z=4x$의 관계를 얻을 수 있으므로,

이를 ①식에 대입하면 '$x+3x+4x=8x=400$'으로부터 $x=50$을 얻을 수 있다.

이로부터 모래와 자갈의 양은 각각 $y=3x=150$, $z=4x=200$임을 알 수 있다

따라서 정답은 '④ 모래 150㎡, 자갈 200㎡'이다.

《다른 풀이》

$x:y:z=1:3:4$ 이므로

$y=\dfrac{3}{8}\times400=150(\text{m}^3)$

$z=\dfrac{4}{8}\times400=200(\text{m}^3)$

45 직무자 H씨는 다음과 같은 방정식으로부터 필요한 시간을 계산하여야 한다.

기계 한 대의 시간당 생산량을 x라 하면, 총 작업량은 $8\times x\times30=240x$이다.

이 작업을 6대만 가동한다면, $\dfrac{240x}{6x}$이므로, 필요한 시간은 총 40시간이다.

따라서 정답은 '② 40시간'이다.

46 직무자 P씨는 다음과 같이 간단한 일차부등식을 풀어서 고객에 대한 답을 구해야 한다.

자유이용권 이용 횟수를 x라 하면, 비회원의 자유이용권 구매 금액은 $30{,}000x$이고

회원의 자유이용권 구매 금액은 $100{,}000+15{,}000x$이다.

그러므로,

$30,000x \geq 100,000 + 15,000x$

$x \geq \frac{100,000}{15,000}$

$x \geq 6.66\cdots$

즉, 자유이용권을 1년에 7회 이상 이용할 경우 연간 회원권을 구입하는 쪽이 좋다.

정답은 '② 7'이다.

47 이용 요금 8% 인상 시 감소하는 손님의 예상 비율을 x% 라 하면,

직무자 K씨가 예상할 수 있는 이용요금은 $\frac{2}{5} = \frac{x}{8}$이므로,

$x = 3.2(\%)$이다.

정답은 '② 3.2%'이다.

48 달걀 1개의 원가를 a원, 달걀을 깨뜨린 후 변경해야 하는 이익률을 x라 할 때,

처음 기대했던 이익금과 깨뜨린 후 예상되는 이익금이 같아야 하므로, $\frac{20}{100} \times a \times 3,000 = \frac{x}{100} \times a \times 2,000$,

$60 = 2x(\%)$ $\therefore$ $x = 30(\%)$이다.

정답은 '③ 30%'이다.

49 직무자 L씨의 기차가 300m 길이의 터널을 완전히 통과하는데 이동한 거리는 400m 이고,

$(속력) = \frac{(거리)}{(시간)}$이므로, 열차의 속력은 $\frac{400}{10} = 40(\text{m/s})$ 이다.

L씨가 이 기차로 500m 터널을 완전히 통과하려면 600m를 이동해야 하므로, $\frac{600}{40} = 15$(초)가 소요된다.

정답은 '② 15초'이다.

50 집 – 회사 – 거래처 – 회사 이므로, 직무자 L씨가 집에서 회사를 거쳐 거래처를 갔다가 다시 회사로 돌아오는 경우의 수는 $3 \times 5 \times 5 = 75$가지 이다.

정답은 '④ 75가지'이다.

의사소통 국어영역

본문 p.317

01 ③	02 ①	03 ③	04 ②	05 ①
06 ①	07 ②	08 ④	09 ③	10 ①
11 ②	12 ②	13 ④	14 ④	15 ④
16 ③	17 ①	18 ②	19 ④	20 ③
21 ①	22 ①	23 ①	24 ①	25 ②
26 ①	27 ④	28 ③	29 ④	30 ④
31 ③	32 ③	33 ③	34 ③	35 ④
36 ④	37 ④	38 ④	39 ③	40 ③
41 ②	42 ③	43 ③	44 ②	45 ①
46 ④	47 ④	48 ③	49 ①	50 ①

03 ③은 언급된 내용이 아니다.

04 ②는 굳이 물어볼 필요가 없다. 참고하고 싶다면 김지민 씨가 시계를 보고 확인하면 된다.

05 ② B 제품은 A 제품보다 가격이 더 비싸면서도 용량은 더 적다.
③ C 제품은 모바일 프린팅 기능이 제공되지 않는다.
④ D 제품은 가격이 20만 원 중반대를 넘는다.

08 모든 공모전에 참가하라는 것은 아니다. 영업부와 관련된 공모전에는 참여할 필요가 있는데 아무도 참여하지 않은 것에 대해 문제를 제기한 것이다.

09 ① 배송기사는 대금을 지불했는지와 상관이 없다.
② 이메일이 왔는지 확인하는 것도 큰 의미는 없다. 대금 미지불과 관련하여 확인 자료를 요청했기 때문이다.
④ 물품은 이미 잘 받았다고 하였다.

10 노진홍 씨는 10시까지, 김지민 씨는 11시 30분까지 시간이 가능하므로 두 사람이 만날 수 있는 시간으로는 10시 이전까지이다.

12 곤란한 요구일지라도, 고객과 대화할 때에는 예의바른 태도로 임해야 한다.

13 오만하게 들릴 수 있는 말이다. 칭찬하는 말을 들으면 그에 대한 감사를 표시하거나 겸손하게 말하는 것이 적절하다.

14 소보로 빵이 다 나갔으므로 아침식사 대용으로 방금 나온 다른 제품을 추천해 주는 것이 적절하다. 모카빵은 아직 나오지 않아 추천할 수 없다.

16 현장성과 전문성 재고를 위해 최신 잡지와 전문지를 비치하자는 것이다. 관련 서적 저자 초청에 대한 제안은 없다.

18 물건을 사용하는 주기가 길지 않은 편이라고 했다.

19 ① 신제품 ② 신속하게 대처 ③ 고정 고객화

20 모든 통화에서 전화를 건 사람은 먼저 자신이 누구인지를 밝히는 것이 예의이다.

21 ② ㉡ 매일 → 메일
③ ㉢ 기달려 → 기다려
④ ㉣ 주십시요 → 주십시오

22 ② 입하 ③ 출고 ④ 출하

23 ② ㉡ 붓기 ③ ㉢ 나은 ④ ㉣ 되게

24 ② ㉡ 반드시 ③ ㉢ 분명히 ④ ㉣ 일일이

25 동사 '만들다'의 명사형은 기본형 어간에 '–ㅁ'을 붙이면 된다. 따라서 '만듦'으로 써야 한다.

26 ① 수신은 받는 사람이나 기관을 뜻하는 말이다. 관련 자료를 함께 보낼 때는 주로 ②, ③의 용어를 사용하고 ④도 종종 사용하는 곳이 있다.

27 ④ 문맥상 반대되는 의미의 접속부사가 와야 한다.

28 ① A사는 B업체에게 잔금의 지급 의무가 없다고 했다.
② A사는 B업체에게 20일 이내에 계약을 해지하는 것이 아니라 수정보완을 요구할 수 있다.③ A사는 B업체에 기지급된(이미 지불한) 대금(제작비용)의 반환(되돌려 줌) 요구는 하지 않는다.
④ A사는 B업체가 제작한 홈페이지를 불안전 홈페이지임에도 불구하고 그 상태대로 사용할 수 있다고 했다.

29 가격과 품질은 정비례하고, 본 점포는 입지는 좋은 편(○)이나 서비스가 보통(△)이라고 나와 있다.

30 ① 사고 건수가 많으면 보험료 할증폭이 커진다.
② 기본적으로 과실비율이 10%라면 보험료가 이전보다 10% 덜 오르는 것은 맞지만, 무조건은 아니다.
③ 과실률이 50% 미만이더라도 핸드폰 사용으로 사고가 났다면 10% 가중된다.

31 설치비에 대한 문제 제기는 없다.

32 ① 학생도 가입할 수 있다. ② 신청하기 전에 홈페이지에 회원가입을 하여야 한다. ④ 가입비는 1,000원이다.

33 화장품과 물은 100ml의 이하의 용기에 담아 반입 가능하고, 의약품은 증빙서류를 제시해야 한다.

34 ① 수칙9. 작업장에서는 금주, 금연이다.
② 수칙5. 높은 곳에서는 안전벨트를 꼭 착용해야 한다.
④ 수칙 10. 현장 내에서는 절대로 뛰어다니지 않는다.

35 배송 지연에 따르는 보상은 나와 있지 않다.

36 ① 지정병원이 있다.
② 금식은 당일 아침부터이다.
③ 신분증을 지참해야 한다.

37 의견이 다르더라도 일단 수용하도록 한다.

38 사내 주차장에 주차하기가 힘들고 먼 곳에 유료 주차를 해야 한다는 것을 주차가 지원되지 않는다는 말로 대체하였고 대중교통으로 오시라는 말이 들어감.

39 ③은 '생산 전략'보다는 '유통 전략' 정도가 적당하다.

40 ④는 단점은 해당되나 장점은 나와 있지 않다.

41 ② 자동이체 날짜를 변경하는 것이 아니라, 자동이체하려는 계좌를 변경하는 것이다. "변경하려는 자동이체 내역의 출금일을 확인 후 신청하세요" 정도로 바꾸면 된다.

42 화려한 식탁과 의자는 '㉠ 건물 · 시설'에 해당한다.

43 영업, 공장, 개발 차원에서의 일의 연관성이 드러나도록 시각화 한 것은 ③이다.

44 고객들이 가고자 하는 마트를 선정할 때 고려하는 요소들이다.

46 차량 기종이나 발매 연도는 자료에서 나와 있지 않다.

47 ① 수치는 수정 전과 후 모두 등장한다.
② 매출액 기준의 정렬은 수정 전에도 되어 있었다.
③ '–'기호를 사용하여 신장률을 부각한 것도 수정 전부터 있던 내용이다.

48 수정 전과 후 모두 '하십시오'체의 아주높임을 사용해 공손한 어투를 사용하고 있다.

49 상세한 자료를 핵심적인 내용만 뽑아 한눈에 보기 좋게 정리하였다.

50 문서를 이해한다는 것에 내용을 시각화하는 것이나 내용을 창의적으로 변용하는 것까지는 직접적으로 포함되지 않는다.

의사소통 영어영역

본문 p.367

01 ③	02 ④	03 ④	04 ④	05 ①
06 ②	07 ③	08 ①	09 ④	10 ③
11 ②	12 ②	13 ④	14 ①	15 ③
16 ④	17 ①	18 ②	19 ③	20 ②
21 ②	22 ④	23 ①	24 ③	25 ①
26 ④	27 ④	28 ①	29 ④	30 ②
31 ③	32 ④	33 ①	34 ③	35 ②
36 ①	37 ④	38 ②	39 ③	40 ①
41 ②	42 ③	43 ④	44 ④	45 ②
46 ③	47 ②	48 ②	49 ④	50 ①

01 | Script |

Jieun Hello. Geo's stationery. Do you need a help?
Man I want to buy some things for my office.
Jieun OK. Do you have a list you want to purchase?
Man Here it is.
Jieun Let's see. Three erasers, two correction tapes, four binder books, one stapler and one scissors. Is that all?
Man Yes. Could you bring all these items to me?
Jieun No problem. Wait a minute.

지은 안녕하세요. 지오 문구입니다. 뭘 도와드릴까요?
남자 사무실용품을 사고 싶어요.
지은 네. 구입할 물품 목록을 가지고 계신가요?
남자 여기 있어요.
지은 봅시다. 지우개 3개, 수정테이프 2개, 바인더철 4개, 스테이플러 1개 그리고 가위 1개. 이게 전부인가요?
남자 네. 이것들을 제게 좀 가져다 주시겠어요?
지은 당연하죠. 잠시만 기다리세요.

사무실에서 사용할 물품으로 지우개(eraser) 3개, 수정테이프

(correction tape) 2개, 파일철(binder book) 4권, 스테이플러(stapler) 1개, 가위(scissors) 1개를 구입하려고 한다.

- purchase 구입하다
- tape measure, tapeline 줄자

〈검색해 보세요 : names of stationery〉

02 |Script|

Jieun	Have you decided on your jacket style for your wedding?
Man	Yes. My bride loves a bright and simple style and I would like to match her style.
Jieun	You mean the white or ivory color jacket, right?
Man	That's right. I am going to wear a white jacket with a black collar.
Jieun	What about the number of buttons on the jacket?
Man	Two buttons would be nice. I think three button jacket is out of date.
Jieun	Do you have something you prefer for lapel style?
Man	I love Single-Breasted Notched lapel.
Jieun	What about Double-Breasted Shawl lapel?
Man	I don't like it because it's a little bit showy.
지은	결혼식에서 입으실 재킷 스타일을 결정하셨나요?
남자	네. 제 신부가 밝고 단순한 스타일을 너무 좋아해서 그녀의 스타일에 맞춰주고 싶어요.
지은	그럼 흰색 또는 미색의 재킷을 의미하는거죠, 맞죠?
남자	맞아요. 검정색 깃을 가진 흰색 재킷을 입을 거에요.
지은	재킷의 버튼 개수는 몇 개로 하실 건가요?
남자	두 개짜리가 좋을 거 같아요. 세 개짜리는 구식처럼 여겨져요.
지은	가슴쪽 깃은 특히 마음에 두시는 것이 있나요?
남자	그냥 싱글 옷깃을 좋아해요.
지은	더블 옷깃은 어떠세요?
남자	그건 너무 요란해 보여서 싫어요.

신랑(bridegroom)은 신부(bride)의 취향에 맞추어 흰색 바탕에 검정깃(collar)을 가졌으며 2개의 단추가 달린 자켓을 입으려고 한다.

- ivory 미색
- collar (목덜미의) 옷깃
- lapel (가슴부위의) 옷깃

〈검색해 보세요 : styles of dress〉

03 |Script|

Man	Your new design is so impressive. Tell me your concept for your pieces.
Jieun	Generally, I have hesitated to use more than three colors in an outfit. However, this time, my design is out of my normal concept.
Man	Oh, I see. Your new clothes absolutely look colorful.
남자	당신의 새 디자인은 정말 인상적이에요. 당신 작품에 대한 구상을 말해 주세요.
지은	일반적으로, 나는 의류에 3가지 이상의 색을 쓰는 것을 망설여 왔어요. 하지만, 이번에는, 저의 보통 구상을 벗어난 디자인을 했어요.
남자	오, 알겠어요. 당신의 새 옷들은 정말로 다양한 색깔을 사용했군요.

평상시와는 다른 매우 다양한 색채를 띤 옷감을 사용하였다.

- impressive 인상적인
- concept 개념, 구상, 발상
- hesitate 망설이다
- outfit (의상) 한 벌
- normal 보통의, 일반적인
- absolutely 절대적으로, 정말

〈검색해 보세요 : guide to pattern〉

04 | Script |

Jieun Hi. Welcome.

Man Hi. I want to check in.

Jieun OK. Can I have your name, sir?

Man My name is Shia LaBeouf.

Jieun Sorry, sir. ______________?

지은 안녕하세요. 환영합니다.

남자 안녕하세요. 체크인을 하고 싶어요.

지은 네. 성함을 말씀해 주시겠어요, 선생님?

남자 제 이름은 쉬아 라뵈프에요.

지은 죄송하지만, 다시 한번 말씀해 주시겠어요?

① 오, 멋진 이름이군요.
② 이게 정말 당신의 성명인가요?
③ 무슨 말씀을 하시는거죠?
④ 다시 한 번 말씀해 주시겠어요?

호텔 체크인에서 고객의 이름을 못 알아 들어서 다시 말해달라고 하고 있다.

- check in 투숙[탑승] 수속을 밟다
- check out (투숙객이) 비용을 지불하고 나가다
- Can I have your name? 이름이 뭐죠?
- Can you say that again? 다시 한번 말씀해 주시겠어요?

05 | Script |

Man Good morning. This is G-E-O in the UK. Is that the Accounts department?

Jieun Yes, this is Jieun speaking. How can I help you?

Man Well, it's about our invoice of March 15th. I'm afraid we haven't received payment yet.

Jieun And how much was it?

Man £6,577.

Jieun Oh, I'm very sorry. We need an invoice in dollars. Our computer program can't deal with non-dollar invoices.

남자 좋은 아침입니다. 여기는 영국의 지-이-오 회사입니다. 거기가 재무부서인가요?

지은 네. 저는 지은입니다. 무엇을 도와드릴까요?

남자 음, 3월 15일자 우리 송장에 대한 겁니다. 유감스럽게도 저희들이 아직 대금을 받지 못했어요.

지은 그런데 대금이 얼마였죠?

남자 6577 파운드입니다.

지은 오, 정말 죄송합니다. 우리는 미달러 기준의 송장이 있어야 해요. 우리 회사 프로그램이 달러가 아닌 경우 처리를 할 수 없어요.

회사의 회계 프로그램이 미국 달러화를 기본으로 계산하도록 되어 있어서 영국 파운드화에 대한 대금지불이 제대로 이루어지지 않았다.

- receive payment 대금을 지불받다
- invoice in dollars 미달러화로 산정된 송장
- deal with 다루다, 처치하다
- human resources department, personnel division 인사부 / sales department, business department 영업부 / planning department 기획부 / account department, finance department 회계부, 재무부 / secretary's office 비서실

06 | Script |

Jieun Good morning, sir.

Man Good morning. I have a little problem. I'd like to buy a TV directly from Korea but I don't know the best way to pay for it. How can I deal with this situation?

Jieun Well, you can give your credit card number or make a transfer. It's probably better to make a transfer.

Man Is a transfer costly?

Jieun No, but there is a small commission.

지은 안녕하세요. 고객님.

남자 안녕하세요. 제가 문제가 좀 있어요. 제가 한국에서 TV를 직접 구입하고 싶은데요. 대금을 어떻게 지불해야 할지 모

르겠어요. 이런 경우 어떻게 처리해야 하죠?

지은 음, 신용카드 번호를 보내시거나 계좌이체를 하시면 되요. 아마도 계좌이체가 더 나으실 겁니다.

남자 계좌이체는 비용이 많이 드나요?

지은 아니요. 하지만 약간의 수수료는 있어요.

해외에서 한국으로 직접 TV를 구입하고자 하므로 대금을 지불하는 방식으로 '계좌이체(transfer)' 방식을 추천해 주고 있다.

- costly 값이 비싼, 비용이 많이 드는
- commission 수수료
- make a transfer 계좌이체하다
- pay in cash 현금으로 지불하다

07 | Script |

Jieun Good afternoon. Can I help you?

Man Well yes. Do you have any rooms available?

Jieun Yes, Sir. How long would you like to stay?

Man For two nights. Actually, I chose your hotel for my wife. She is blind.

Jieun There's no problem at all. Our hotel was built for all visually impaired guests. Do you have any special needs?

Man A double room if possible. I can't help my wife if we stay in a twin room. And we have a guide dog. Do you have facilities for our guide dog?

Jieun Don't worry. We have all the facilities for you to look after your dog.

Man Oh, good. How much is the room?

Jieun The room charge is 270 dollars per night including VAT. There is no additional charge for the guide dog.

지은 안녕하세요. 도와드릴까요?

남자 음, 네. 제가 투숙할 방이 있나요?

지은 네, 선생님. 얼마나 오래 묵으실 건가요?

남자 이틀 밤 정도요. 실은, 전 제 아내를 위해 당신의 호텔을 선택했어요. 그녀가 시각장애인이거든요.

지은 전혀 문제가 없어요. 저희 호텔은 시각적 문제가 있는 손님들을 위해 지어졌어요. 특별한 요구가 있으신가요?

남자 가능하다면 더블룸을 주세요. 트윈룸에서는 제가 아내를 도와줄 수 없어요. 그리고 우린 안내견이 있어요. 우리 안내견을 위한 시설도 갖추고 있나요?

지은 걱정마세요. 우리는 당신의 안내견을 돌볼수 있는 시설을 완비하고 있습니다.

남자 오, 좋아요. 방 가격은 얼마죠?

지은 세금을 포함해서 하루에 270달러입니다. 안내견을 위한 추가 비용은 없습니다.

시각장애인과 동행인 투숙객에게 시각장애 투숙객(visually impaired guest)을 위한 특별시설(facilities)에 대해 설명해 주고 있다.

- available 이용할 수 있는
- How long would you like to stay? 얼마나 오래 투숙하실 건가요?
- actually 실제로, 사실은
- special need 특별한 요구
- double room 두 명이 함께 취침이 가능한 방
- twin room 두 명이 따로 취침하게 되는 방
- family twin room 더블베드 한 개와 싱글베드 한 개가 한방에 놓여 있는 방
- 침대의 폭에 따라 보통보다 좁은 폭은 economy, 보통보다 넓은 폭의 침대에는 king 혹은 deluxe를 붙여 부른다.
- guide dog 안내견
- additional charge 추가요금
- VAT 부가가치세(value-added tax)

08 | Script |

Jieun Hello. How can I help you?

Man I've got a terrible stomach ache.

Jieun How long have you had the pain?

Man Well, it started yesterday afternoon and I was terribly sick during the night.

Jieun Can you tell me where your stomach hurts you?

Man It hurts all over.

Jieun	OK. Just wait for a moment. You can see a doctor in 5 minutes.
지은	안녕하세요. 무엇을 도와드릴까요?
남자	심한 위통이 있어요.
지은	얼마나 오랫동안 아프셨죠?
남자	음, 어제 오후부터 아프기 시작했는데 밤새 정말 고통스러웠어요.
지은	어느 부분이 아픈지 말씀해 주시겠어요?
남자	배 전체가 아파요.
지은	알았어요. 잠시만 기다려 주세요. 5분 후에 진료를 하실 수 있어요.

밤새 심한 위통(stomach ache)을 앓은 환자에게 아픈 부위를 묻고 있다.

- terrible 극심한
- during the night 밤새도록
- hurt all over 전체 부위가 아프다
- see a doctor 진료받다
- have indigestion 소화불량에 걸리다
- have a toothache 치통이 있다
- suffer from insomnia 불면증에 걸리다

09 | Script |

Man	Ms Park, we hear a lot about health and fitness these days. Can you give me some tips for losing weight in good shape?
Jieun	Well, first, eat the right food and the right amount. A balanced diet is much more important rather than exercise only.
Man	How much should we eat?
Jieun	It depends, but you should try to control your weight by burning up calories with proper physical activities.
Man	What kind of food is best?
Jieun	Eat a variety of foods, especially vegetables and fruit and foods which are low in fat like fish.
남자	박선생님, 요즘 우리는 건강과 신체 단련에 대해 많이 듣고 있어요. 좋은 몸매 유지를 위한 체중 감량에 대한 좋은 비결을 알려주시겠어요?
지은	음, 먼저 바른 음식을 적당히 드세요. 운동만 하시는 것보다는 균형잡힌 식사를 하시는 것이 훨씬 더 중요해요.
남자	얼마나 많이 먹어야 하나요?
지은	경우에 따라 다른데요, 체중을 조절하기 위해서는 적정한 신체활동으로 칼로리를 태우도록 노력해야 해요.
남자	어떤 종류의 음식이 제일 좋죠?
지은	다양한 음식을 드세요. 특히 채소와 과일 그리고 생선처럼 지방이 적은 음식을 드세요.

적정한 몸매(good shape)를 유지하면서 체중(weight)을 줄일 수 있는 방법은 균형잡힌 식단(balanced diet)과 적절한 양(amount)의 음식섭취, 그리고 적절한 운동(proper physical activities)에 달려 있다고 말하고 있다.

- fitness 신체 단련, 건강, 지구력
- exercise 운동, 체조, 훈련
- especially 특히
- low in fat 지방성분이 낮은
- lack of sleep 수면부족
- Auschwitz 병적으로 마른 / skinny 마른 / skinny fat 팔다리는 가늘지만 복부비만이 있는 사람 / toned 마른 근육질 / fit 적당한 근육질 / athletic 적절하고 근육이 매우 발달된 / buildfat 지방과 근육이 모두 많은 / chubby 지방질은 많고 근육이 상대적으로 적은 / fat 지방질이 매우 많으나 근육이 거의 없는 / strongfat 지방질이 많지만 근육량은 매우 많은 건장한

10 | Script |

Jieun	Good morning. Dr. Kim dental clinic. Can I help you?
Man	Hello. My name is Mr. Smith. Can I make an appointment?
Jieun	Of course. Do you have your prefer day or time?
Man	Yes. Is Tuesday 2 p.m. OK?
Jieun	Sorry, we have no vacancy at 2 pm. We can keep your appointment at 4 p.m. same day.

Man	That's great, thanks.
Jieun	OK. See you on Tuesday. Mr. Smith.
지은	여보세요. 김치과입니다. 도와드릴까요?
남자	여보세요. 저는 스미스입니다. 예약을 할 수 있을까요?
지은	물론이죠. 언제 몇 시에 하고 싶으세요?
남자	네. 화요일 오후 2시가 가능한가요?
지은	죄송한데, 2시에는 빈 자리가 없어요. 같은 날 4시에는 가능하세요.
남자	좋아요. 감사합니다.
지은	네. 그럼 화요일에 뵈어요. 스미스 씨.

치과 예약 환자가 원하는 시각인 2시에는 예약이 꽉 찬 상태라서 4시에 예약이 가능하다고 말하고 있다.

- make an appointment 예약하다
- prefer 선호하다.
- no vacancy 빈자리가 없음
- delay the appointment 예약을 미루다
- advance the appointment 예약을 앞당기다
- cancel the appointment 예약을 취소하다
- check the appointment 예약을 확인하다

11 |Script|

Jieun	Your hair cut is all done. Do you like it, sir?
Man	Yes. I like it. I look young for my age. Thank you. However, could you trim the ends more?
Jieun	OK. No problem. And do you want shampooing and blow-dry as well?
Man	No, thanks. I just wanna a blow-dry not shampooing. I don't have enough time for shampooing.
지은	이발이 끝났습니다. 맘에 드세요. 선생님?
남자	네. 좋아요. 제 나이보다 젊어 보이네요. 고마워요. 그런데, 끝을 더 다듬어 주시겠어요?
지은	네. 알았어요. 샴푸를 하시고 드라이도 하실 거죠?
남자	고맙지만 됐습니다. 샴푸 없이 드라이만 해 주세요. 샴푸를 할 시간은 없네요.

미용실에서 이발을 마친 남자 손님이 만족해 하며 마지막으로 머리카락 끝 손질(trim the ends)과 함께 바쁜 일정으로 인해 샴푸 대신 드라이 손질(blow-dry)만을 원하고 있다.

- trim the ends 머리카락 끝을 다듬다
- want it layered 머리카락을 층을 내다
- want it thinned out 머리숱을 치다
- cut my bangs to cover my eyebrows 앞머리카락을 눈썹을 덮을 정도의 길이로 자르다
- have a perm 파마를 하다
- color my hair 나의 머리카락을 염색하다
- put hair parted 가르마를 가르다
- put hair down 머리를 풀다
- put hair in a ponytail 머리를 하나로 묶다

12 |Script|

Jieun	Good morning. How can I help you?
Man	Good morning. Can I extend our check-out time?
Jieun	Do you want to have late check-out?
Man	Yes. I would like to stay until 5 p.m. if possible.
Jieun	No problem at all. But there will be additional charge, Sir.
Man	All right. How much do I need to pay?
Jieun	Your extra charge will be 50 dollars according to our hotel policy.
지은	안녕하세요. 무엇을 도와드릴까요?
남자	안녕하세요. 퇴실 시간을 좀 미룰 수 있을까요?
지은	늦은 퇴실을 하시고 싶으신 거죠?
남자	네. 가능하다면 오후 5시까지 머물고 싶은데요.
지은	전혀 문제 없으세요. 하지만 추가 비용이 있을 겁니다. 선생님.
남자	좋아요. 얼마나 내야 하죠?
지은	저희 호텔의 규정상 추가 비용은 50달러가 될 겁니다.

투숙객은 체크아웃 시간을 오후 5시까지 연장(extend)하고 싶어 하고 이에 대해 호텔 규정에 따라 50달러의 추가 요금이 발생한다는 것을 말해주고 있다. 일반적으로 호텔의 체크아웃 시간은 오전 11시에서 12시 정도이다.

- extend the time 시간을 연장하다
- if possible 가능하다면
- additional charge, extra charge, extra fee 추가 요금
- policy 규정, 정책

13 | Script |

Jieun	Good evening, sir. How can I help you?
Man	Could you keep my belongings in a safe box?
Jieun	No worries, sir. Would you please fill out this form and sign here? Your belongings will be kept in the safety deposit box.
Man	Here you are.
Jieun	Thank you. Here is your key for the box.
Man	Thank you very much.
지은	무얼 도와드릴까요?
남자	제 소지품을 금고에 보관할 수 있을까요?
지은	물론이죠, 선생님. 이 양식을 작성하고 여기에 서명해 주시겠어요? 선생님의 소지품은 금고에 안전하게 보관될 겁니다.
남자	여기 있어요.
지은	감사합니다. 여기 금고 열쇠를 드릴게요.
남자	정말 감사합니다.

사우나에 들어가기 전에 소지품(belongings)을 보관(deposit)하기를 원하는 고객에게 사전에 양식(form)의 작성과 서명(sign)을 요구하고 있다.

- safety deposit box 물품보관함
- fill out (양식을) 작성하다
- put down a (security) deposit 보증금을 내다

14 | Script |

Jieun	Chef. How can I make pasta?
Man	I am going to teach you how to make it. So help me.
Jieun	Yes, chef.
Man	Please bring some vegetables, paprika, onion and carrot and wash them.
Jieun	Yes, chef.
Man	While I make tomato sauce, you need to cut the vegetables into soup. After that, fry those cooking materials and then cool them down.
Jieun	Yes. chef.
지은	요리사님, 파스타를 어떻게 만들죠?
남자	어떻게 만드는지 가르쳐 드릴게요. 절 좀 도와주세요.
지은	네, 요리사님.
남자	약간의 야채와 파프리카, 양파 그리고 당근을 가지고 와서 씻으세요.
지은	네, 요리사님.
남자	내가 토마토 소스를 만드는 동안, 야채를 수프 속에 잘라 넣으세요. 그리고 나서, 저 요리 재료들을 튀겨서 식히세요.
지은	네, 요리사님.

파스타 만드는 방법을 배우기 위해 요리 재료를 준비하고, 재료를 씻고, 자른 후에 튀기고, 튀긴 음식을 식히는 과정을 거치고 있다.

- vegetables 야채
- paprika 파프리카 / onion 양파 / carrot 당근 / broccoli 브로콜리 / cabbabe 양배추 / celery 셀러리 / corn 옥수수 / cucumber 오이 / eggplant 가지 / green bean 껍질 콩 / lettuce 상추 / mushroom 버섯 / pea 완두콩 / potato 감자 / sweet potato 고구마 / pumpkin 호박 / zucchini 애호박
- stir 젓다 / flip (국자로) 뜨다 / knead 반죽하다 / chop 잘게 자르다 / peel 껍질을 벗기다 / pour (주전자를) 따르다 / blend (믹서기에) 갈다 / grate (채에) 갈다 / slice 썰다 / steam 찌다 / fry 튀기다 / broil (열에) 쬐다 / bake 굽다

15 | Script |

Ms. Kang	Hello. This is the customer service center. How may I help you?
Customer	Hello. The display screen on my cell phone is cracked.
Ms. Kang	Oh, how did you do that?
Customer	I dropped my phone by mistake.
Ms. Kang	That's too bad. You should be here to fix your phone.
Ms. Kang	여보세요. 고객 서비스 센터입니다. 무엇을 도와 드릴까요?
Customer	여보세요. 제 휴대폰 액정이 깨졌는데요.
Ms. Kang	오, 어쩌다 그리 됐나요?
Customer	제 실수로 떨어뜨렸어요.
Ms. Kang	안됐군요. 고치시려면 이곳으로 오셔야 합니다.

휴대폰의 액정을 깨뜨린 고객은 고치기 위해 고객 서비스 센터에 가야 한다.

- customer service center 고객 서비스 센터
- display screen 액정
- is cracked 깨지다
- fix 수리하다

16

제목: SMS 마케팅 : SMS이어야 하는 이유
- 98%의 문자 메시지는 읽혀지는데 반해 이메일은 22%가 읽혀진다.
- SMS는 융통성이 있어서 여전히 휴대폰 소통의 일차적 방법이다.
- 97%의 휴대폰 사용자들은 SMS 메시지를 받으면 15분 안에 읽는다.
- SMS는 휴대폰 사용자들의 수신함에 가장 쉽고, 가장 경제적이며 가장 간단하게 안착하는 방법이다.
- 이메일과 달리, SMS는 걸러지지 않고 사용자에게 바로 간다.

① 마케팅 대상

② N세대: 그들은 SMS를 사랑한다

③ 휴대폰: 더 나은 소통 방법

④ SMS가 더 나은 판촉 방법인 이유

SMS가 다른 매체에 비해 광고에 어떻게 더 효과적인지를 보여주는 글로서, 왜 사람들이 광고에 SMS를 선택해야 하는지 사실을 근거로 설득하고 있다.

17

남자	이 분야에서 당신의 강점은 무엇인가요?
지은	저는 꽤 습득이 빠르고 새로운 기술에 앞서 적응합니다. 저는 새로운 것들을 빨리 배우고 새로운 아이디어를 시도해 보는 데 망설임이 없습니다. 또한 저는 빠른 봉제 실력자이고 엑셀, 파워포인트와 같은 컴퓨터 프로그램에 능숙합니다. 저는 정말 이곳에서 일하고 싶습니다.
남자	영어 소통 능력은 어떠한가요?
지은	저는 초등학교때부터 거의 10년을 영어 공부를 해 왔고 영어원어민들과 소통해 왔습니다. 그들이 말하기를 제 영어가 비교적 짧은 시간에 많이 향상되었다고 하고 저는 지금도 영어로 대화하는 것을 정말 좋아합니다.

컴퓨터 활용 능력, 봉제 실력, 외국어 소통 능력에 대해서는 언급하고 있지만, 조직 이해 능력에 대해서는 언급한 점이 없다.

18

지은: 5월 18일 14시 11분
안녕, 윌리엄. 오로지 오늘만 우리 가게인 www.GeoNeoshop.com/brandsale에서 당신은 한 개의 가격에 두 개를 구입할 수 있습니다. 절대 놓치지 마시고 만약 관심이 있으시면 이 메시지에 대해 간단히 다음 코드로 답변 보내세요. TBWO

윌리엄: 5월 18일 14시 12분
TBWO

지은: 5월 18일 14시 13분
감사합니다 윌리엄. 당신의 코드는 활성화되었습니다.

지은씨는 판촉 메시지에 관심이 있으면 TBWO(Two birds with one stone)라는 응답을 하라고 메시지를 보냈고, 이에 윌리엄씨

가 응답하였으므로, 코드가 활성화되었다고 답신을 보내야 한다.

19

지은	안녕하세요, 어서 오세요. 무엇을 주문하실 건가요?
남자	네. 저는 식사를 주문하고 싶어요.
지은	어떤 식사를 원하시나요? 화면을 보고 선택하실 수 있어요.
남자	음, 계란스크램블 한 접시, 샌드위치 한 개 그리고 소시지 두 개를 주세요.
지은	네. 음료는 무얼 드실 건가요?
남자	사이다 하나와 뜨거운 커피 한 잔을 주세요.
지은	커피에 크림과 설탕을 넣으시나요?
남자	각설탕 하나만 넣으세요.
지은	사이다의 크기는 무엇으로 하실래요?
남자	그냥 보통 크기로 주세요.

남자가 주문한 식사에 ③감자튀김(French fries)은 없다.

20

지은	어서 오세요. 제가 도와드릴까요?
남자	네. 제 아내를 위한 기념품을 찾고 있어요.
지은	저희는 다양한 종류의 기념품이 있어요. 마음에 두신 거라도 있으세요?
남자	음, 좀 독특한 것이면 좋겠어요. 그녀는 이미 많은 한국 기념품을 가지고 있어요. 어쨌든 제가 가게를 먼저 둘러봐도 될까요?
지은	물론이죠, 천천히 둘러보세요.

남자는 마지막 말에서 기념품을 구입하기 전에 가게를 둘러보고 싶다고 말했다. 이에 대한 지은 씨의 적절한 응대는 ②번이다.

21

- entrance 입구
- souvenir shop 기념품 가게
- exit 출구

22

- Laundromat 세탁기
- washing power 세탁력
- extra features 부가 기능

23

May I take your order? 주문하시겠습니까?
Are you looking for something special today? 오늘 특별한 무엇을 찾으시나요?
Do you have anything in mind? 생각하고 계신 것이 있나요?

- How would you like it cooked? 그것을 어떻게 구워드릴까요?

24

We apologize for your inconvenience. 당신을 불편하게 해드려 사과드립니다.
How long have you been here? 여기에 오신지 얼마나 되셨지요?
Thank you for your hard work. 당신의 노고에 감사드립니다.
Let's give it our best shot! 우리 앞으로 잘해 봅시다!

25

Mr. Kim	이 컴퓨터 어디에 설치할까요?
Foreigner	이 책상 위에 해 주시고요, 그런데 이 제품 보증 기간을 확인하고 싶은데요.
Mr. Kim	이 컴퓨터는 1년간 보증을 이행하고 있습니다.

- install 설치하다
- warranty period 보증 기간
- carry 보증을 이행하다

26

- the pros and cons 장단점

27

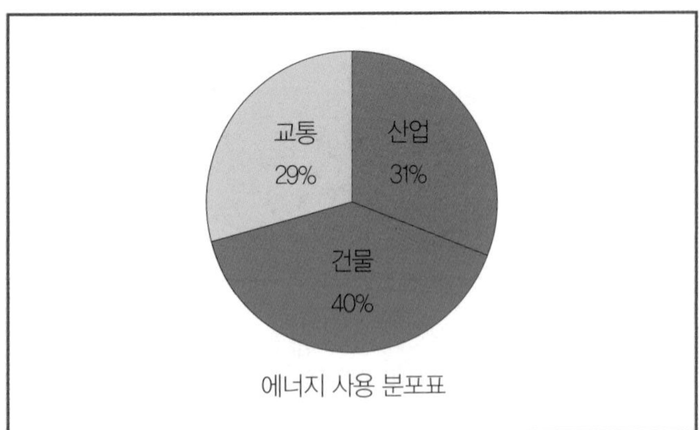

에너지 사용 분포표

28

Mr. David	여보세요. 저는 David인데요. 모든 입국 절차 마치고 밖으로 나왔어요.
Mr. Kim	밖에요? 지금 계신 곳이 어디에요?
Mr. David	확실히 모르겠지만 국내선과 국제선 간판 앞에 서 있어요.

- entry process 입국 절차
- Domestics 국내선

29

- Can I take your message? 메모 남기시겠습니까?
- May I take an order? 주문하시겠습니까?
- Can I leave a message? 메모 남길 수 있을까요?

30

Foreigner	패션 트렌드에 관한 발표 자료 끝냈어요?
Mr. Kim	아직이요. 열심히 작성하고 있어요.
Foreigner	예정된 발표일이 내일인가요?
Mr. Kim	네. 사실 매우 떨려요.

- presentation 발표 자료
- I'm still working on it. 지금 열심히 작성 중이다.
- presentation scheduled 예정된 발표일
- nervous 초조한

31

- Sorry to bother you. 귀찮게 해서 죄송해요
- Sorry to bring you down. 실망시켜 드려 죄송해요

32

- Please take a look at~ ~를 봐 주세요
- According to the newspaper 신문에 따르면
- The purpose of this presentation is ~ 이 발표의 목적은 ~이다
- In conclusion 결론적으로 말씀드리면

33

- perfume 향수
- precision scale 정밀 저울
- measure 측정하다
- precisely 정확하게
- invoice 청구서
- Employment notice 고용 공고

34

- porter 짐꾼
- luggage 짐, 수화물

35

Jieun	회사 방문을 환영합니다! 제가 회사 소개를 하게 되어 기쁘게 생각합니다.
Foreigner	저는 당신의 원자력발전소 방문을 학수고대했습니다.
Jieun	방문해 주셔서 감사드리고, 회사의 어느 분야를 먼저 보고 싶으십니까?
Foreigner	원자로와 증기 발생기를 보고 싶습니다.

- look forward to ~을 학수고대하다
- nuclear power plant 원자력 발전소
- reactor 원자로
- steam generator 증기 발생기

36

- How long is the deck of the ship? 배의 갑판 길이는 얼마입니까?
- What is the maximum quantity? 최대 양이 얼마입니까?
- What is the interest for this deposit? 이 예금의 이자는 얼마입니까?
- How tall is the statue? 그 동상의 높이는 얼마입니까?

37

- reissue (여권 등을)재발행하다
- cancel my room reservation 내 방 예약을 취소하다

38

- replace 갈다, 바꾸다
- worn tire 낡은 타이어
- The total comes to~. 총 합계가 ~이다.
- How long will it take~? ~하는 데 시간이 얼마나 걸립니까?
- approximately 대략
- be satisfied 만족하다

39

- You'd better hurry. 서두르는 것이 좋겠다.

40

- For here or to go? 여기서 드시겠습니까, 아니면 포장해 드릴까요?

41

- Pardon me? 다시 말씀해 주시겠어요?
- It's on me. 제가 낼게요.
- Bill, please. 계산서 주세요.

42

Mr. Roy	작업 일정에 대해 이야기해 봅시다. 일정 가운데 일부가 진행이 더딘 것 같네요.
Mr. Kim	일정보다 약 2주가 늦어져 미안합니다. 작업 일정을 앞당기기 위해 더 많은 도움이 필요합니다.
Mr. Roy	내일부터 추가 인력을 배치하는 것이 어떨까요?
Mr. Kim	좋아요. 고맙습니다.
Mr. Roy	작업이 언제 끝날 수 있을까요?
Mr. Kim	추가 인력이 우리와 함께 일한다면, 우리는 마감 시한까지 마칠 수 있습니다.

- some 약, ~ 정도
- be finished 끝나다

43

Airline Counter	부칠 짐이 있으신가요?
Mr. Na	네, 가방 하나 있어요.
Airline Counter	여기 탑승권 있습니다..
Mr. Na	고맙습니다.

44

- This is~ 이 분은 ~입니다.

45

안전 보건 기본 수칙 지키기

*작업장 안전 통로 확보
*유해 · 위험 화학물질 경고 표지 부착
*용접 작업 시 인화성, 폭발성 물질 격리
*밀폐 공간 작업 전 산소 농도 측정

46

Mr. Roy	Ms. Kim, 벤쿠버 출장 어땠어요?
Ms. Kim	좋았어요. 꽤 흥분되었어요.
Mr. Roy	좋군요! 사장님에게 직접 보고하는 것 잊지 마세요.
Ms. Kim	알고 있어요. 고마워요.

47

Jieun	캐드 작업 끝냈나요?
Foreigner	아니요, 아직이요, 하지만 거의 다 했어요.
Jieun	그 일 끝난 후에 오후에 발표 자료 검토할 시간 좀 있으세요?
Foreigner	이 일 끝나고 바로 확인 할게요.

- go over 검토하다
- on ~ing ~하자 마자

48

Mr. Kim	우리는 불량품 비율을 줄이기 위해 노력해야 합니다.
Foreigner	물론이죠. 저도 그렇게 하기 위해 최선을 다하고 있습니다.

- reduce 줄이다
- proportion of defective output 불량품 비율

49

성공한 사람은 항상 시간을 효율적으로 활용하려고 노력한다.

50

제목	사랑은 비를 타고/뮤지컬
시간	개막 공연-2017. 3. 13
공연 일정표	월요일 · 금요일, 오후 8:00시 토요일 오후 5:00시, 오후 8:00시(일요일 공연 없음)
장소	Hollywood Theater
공연시간	120분

수리활용 영역

본문 p.419

01 ④	02 ③	03 ②	04 ③	05 ④
06 ④	07 ②	08 ③	09 ②	10 ②
11 ③	12 ③	13 ②	14 ②	15 ③
16 ④	17 ④	18 ①	19 ③	20 ①
21 ④	22 ③	23 ②	24 ③	25 ②
26 ③	27 ③	28 ②	29 ④	30 ③
31 ③	32 ④	33 ③	34 ①	35 ③
36 ①	37 ④	38 ②	39 ③	40 ④
41 ②	42 ①	43 ③	44 ②	45 ③
46 ③	47 ①	48 ④	49 ③	50 ②

01 10월 20일부터 22일 까지는 성수기가 아닌 금, 토, 일 이용이므로, 금요일 1박, 토요일 1박 회원 요금을 합산하면 된다.
즉, 직무자 H씨가 고객에게 답변해야 할 이용 요금은 $90,000+120,000=210,000$이다.
정답 ④ 총 210,000 원입니다.

02 A 사의 제품을 구매할 경우 $50\times3,000=150,000$(원)이고, B 사의 제품을 구매할 경우 $25\times5,000=125,000$(원)이다. (1+1 이므로, 25개 가격만 계산)
즉, 직무자 K씨는 고객에게 B사로 구매할 경우 $150,000-125,000=25,000$(원) 저렴하다고 안내해야 한다.
정답 ③ 25,000원 더 저렴하게 구매할 수 있습니다.

03 메탈 케이스 할인율은 $\frac{8,000}{20,000}\times100=40(\%)$이다.

실리콘 케이스의 할인율도 $\frac{5,600}{14,000}\times100=40(\%)$이므로,
직무자 A씨가 광고지에 기재해야할 할인율은 40%이다.
따라서 정답은 '② 40%'이다.

04 직무자 K씨는 다음과 같이 각각의 시술 금액에 할인율을 곱하여 구한 총 금액을 고객에게 대답해야 한다.
$(240,000+130,000+10,000)\times0.8=304,000$
따라서 정답은 '③ 총 시술금액은 304,000원입니다.'이다.

05 1일 사용되는 애호박의 양은 $100(g)\times150$(인분) $=15000(g)$

1000g이 1kg이므로 1일 사용되는 애호박의 양은 15kg이다. 현재 재고가 5kg이므로 필요한 애호박의 양은 15kg－5kg＝10kg이고, '2kg/박스'로 주문해야 하므로 직무자 J씨가 주문해야 하는 양은 10÷2＝5로부터 5박스이다.

따라서 답은 '④ 5박스'이다.

06 옥상 전체의 면적은

6×8＋4×12＝96㎡이다.

1㎡ 당 0.5L가 필요하므로,

직무자 P씨가 준비해야 할 방수페인트의 양은

96×0.5＝48L 이다.

정답 '④ 48L'이다.

07 직무자 S씨는 요청받은 제품을 생산하는 데 필요한 부품을 계산하여 부족한 부품을 구입해야 한다. 제품 생산에 필요한 부품의 수량은 다음과 같다.

부품	○○제품 생산에 필요한 부품의 양	□□제품 생산에 필요한 부품의 양	합계	재고
부품A	5×12＝60	7×10＝70	130	136
부품B	2×12＝24	5×10＝50	74	70
부품C	8×12＝96	5×10＝50	146	152
부품D	3×12＝36	4×10＝40	76	78

따라서 S씨가 추가 구입해야 하는 부품은 부품B이므로 정답은 '② 부품B'이다.

08 직무자 P씨가 편성한 33명인 조의 개수를 x, 34명인 조의 개수를 y라 하면,

$x+y=7$, $33x+34y=235$이다.

이 두 식을 연립방정식을 이용하여 풀면 $x=3$, $y=4$이다.

그러므로, 34명으로 편성된 조는 4개이다.

정답 '③ 4'이다.

09 직무자 B씨가 고객에게 안내해야 할 창고는 온도가 －10℃ ~－5℃ 이고,

사용가능 공간('용량'－'현재이용량')이 500㎤ 이상인 창고이므로, 냉－5 창고이다.

정답 '② 냉－5 창고'이다.

10 직무자 C씨가 행사를 위해서 준비해야 할 테이블의 개수는 '참석 인원÷테이블당 착석 인원'으로부터 구할 수 있다.

100÷6＝16.666…이므로 C씨가 준비해야 할 테이블의 개수는 17개이다.

따라서 정답은 '② 17개'이다.

11 직무자 J씨는 도표로 주어진 음료의 점유율을 다음과 같이 분석하여 보고하여야 한다.

지난 한 달간 A음료의 점유율이 가장 높았지만 점차 감소하고 있다.

지난 한 달간 B음료의 점유율은 점차 감소하고 있다.

지난 한 달간 C음료의 점유율은 꾸준히 증가하여 B음료의 점유율을 앞질렀다.

지난 한 달간 D음료의 점유율은 가장 낮지만 조금씩 증가하고 있다.

따라서 정답은 '③ 지난 한 달간 C음료의 점유율이 B음료의 점유율을 앞질렀습니다.'이다.

12 (1) 인쇄용지 구매 가격은 8박스×30,000＝240,000원, 2박스는 무료 증정

(2) 스테이플러 구매 가격은 17개×10,000원＝170,000원, 3개 무료 증정

그러므로, 남은 금액은 500,000－(240,000＋170,000) ＝90,000이므로

직무자 K씨가 구매해야 하는 볼펜의 개수는 90,000÷1,000＝90(개) 이다.

정답 '③ 90개'이다.

13 직무자 L씨는 항공편의 출발 일정으로부터 지연 내용을 확인하여 고객에게 응대해야 한다.

A항공사의 베이징행 비행편은 지연으로 21시 출발 예정이고 현재 시간이 약 19시이므로 출발까지 약 2시간을 기다려야 한다. 따라서 정답은 '② 약 2시간 정도 기다리셔야 합니다.'이다.

14 닭의 마리 수를 x라 하고

닭의 다리는 2개, 토끼의 다리는 4개 이므로,

$2x+4(10-x)=32$이다.

그러므로, $x=4$

정답 '② 4 마리'이다.

15 '1.6km＝1600m'이므로 직무자 K씨는 '1600÷50＝32'로부터 도로에 32개의 가로등을 설치해야 한다. 단, 이때 도로의 끝에 1개가 추가되므로 한 쪽 도로에 33개의 가로등을 설치해야 하고, 도로의 양쪽에 모두 설치해야 하므로 66개의 가로등을 설치해야 한다. 따라서 정답은 '③ 66개'이다.

16 기름 탱크의 부피는 $\pi\times2^2\times6=24\pi$이고,

기름통의 부피는 $\pi\times1^2\times2=2\pi$이다.

즉, 직무자 L씨가 주문해야 하는 기름은 총 $24\pi\div2\pi=12$(대) 분량의 기름이다.

정답 '④ 12대'이다.

＜참고＞ 반지름 r, 길이 h인 원기둥의 부피는 πr^2h 이다.

17 직무자 L씨는 그래프로부터 다음과 같이 메시지 건수별 고객 수를 구해야 한다.

15건 사용자 고객 수 : $0.12 \times 300 = 36$

25건 사용자 고객 수 : $0.18 \times 300 = 54$

35건 사용자 고객 수 : $0.22 \times 300 = 66$

45건 사용자 고객 수 : $0.28 \times 300 = 84$

그러므로 문자메시지 50건 이하 고객의 수는 $36 + 54 + 66 + 84 = 240$(명)이고 이를 전체 인원으로 나누어 퍼센트로 나타내면 '$\frac{240}{300} \times 100 = 80(\%)$'이다.

따라서 정답은 '④ 80%'이다.

《다른 풀이》

$0.12 + 0.18 + 0.22 + 0.28 = 0.8 \rightarrow 80(\%)$

18 표의 합계를 완성하면,

연번	단가	수량	합계
1	2,000	60	120,000
2	3,000	60	180,000
3	5,000	40	200,000
4	2,000	30	60,000
5	200,000	1	−200,000

직무자 K씨가 근무하는 체험 농장의 지난 주말 매출 총액은 $120,000 + 180,000 + 200,000 + 60,000 - 200,000 = 360,000$원이다.

정답 ① 360,000원'이다.

19 각 플레이어가 처음 선택할 수 있는 스킬은 10가지이고, 두 번째 선택할 수 있는 스킬은 9가지이다. 처음에 선택한 스킬과 두 번째 선택한 스킬의 순서는 상관 없으므로, 직무자 R씨가 기재해야 하는 스킬의 숫자는 $10 \times 9 \div 2 = 45$(가지)이다.

정답 '③ 45'이다.

20 직무자 Y씨는 각각의 객실 타입별로 이용 요금을 계산한 후 비교하여 고객의 문의에 대답하여야 한다.

객실 A의 경우에 한 방에 최대 3명이 들어갈 수 있으므로 16명이 숙박하기 위해서는 최소한 객실 6개를 예약해야 하므로 $90,000 \times 6 = 540,000$원이 예상된다.

객실 B의 경우에 한 방에 최대 5명이 들어 갈 수 있으므로 최소한 객실 4개를 예약해야 하므로 $140,000 \times 4 = 560,000$원이 예상된다. 따라서 B객실을 예약할 경우 A객실을 예약할 때보다 이용 요금이 2만원 더 든다.

따라서 정답은 '① A타입으로 할 때가 B타입으로 예약할 때보다 2만원이 더 저렴합니다.'이다.

21 상 부분에 선택할 수 있는 색 3가지

중 부분에 선택할 수 있는 색 3가지

하 부분에 선택할 수 있는 색 3가지

$3 \times 3 \times 3 = 27$

정답 '④ 27'이다.

22 두 아이스크림의 표시된 가격의 합은 '$2,000 + 1,500 = 3,500$'(원)이고 이 가격의 40%가 할인되므로, 직무자 J씨가 받아야 할 금액은 '3,500(원)$\times 0.6 = 2,100$(원)'이다.

정답 '③ 2,100원'이다.

23 직무자 Y씨는 '○○전자 무상 보증 기간'을 확인하여 고객에게 응대해야 한다.

시스템 에어컨의 경우 구매일이 2017년 6월 1일이므로 무상 보증 기간이 1년이고, 2018년 5월말까지 무상 보증이 된다.

따라서 정답은 '② 고객님께서 구입하신 제품은 시스템 에어컨이므로 2018년 5월 31까지 무상 보증을 받으실 수 있습니다.'이다.

24 K씨의 하루 평균 매출은 1,000(원)$\times$1,000(개)$\times 0.9 = 900,000$원이고

하루 생산 원가는 600(원)$\times$1,000(개)$= 600,000$원이다.

하루 폐기 비용은 500(원)$\times$100(개)$= 50,000$원 이므로

하루 이윤은 $900,000 - 600,000 - 50,000 = 250,000$원이다.

그러므로, 직무자 K씨 매장의 한달 이윤은

$250,000 \times 30 = 7,500,000$원이다.

정답 '③ 7,500,000원'이다.

25 판매 직원 1인당 평균 판매량을 구하기 위해 직무자 P씨는 전체 판매량을 직원수 6으로 나눠야 한다.

즉, $\frac{(2+2+5+6+3+2)}{6} \fallingdotseq 3.3$이다.

따라서 정답은 '② 약 3.3대'이다.

26 직무자 M씨가 구매해야 할 모니터는 4대이고 정가는 60만원이다.

① 5% 할인을 적용받으면 $600,000 \times \frac{5}{100} = 30,000$원 할인

② 일시불 구매 해서 40,000원 할인

③ 50만원 이상이므로 50,000원 할인

④ 4대 구입 예정이므로 40,000원 할인

정답 '③ 50만원 이상 구매시 50,000원 할인'

27 직무자 K씨는 각 연령대별 1인 가구수를 '남녀 1인 전체 가구수'로 나누어 비율을 구하고, 이를 표로 정리해야 한다.

정리한 표는 다음과 같다.

연령대	서울 1인 가구 가구주의 연령분포율(%)	
	남	여
20대	12.09%	13.83%
30대	14.94%	10.34%
40대	8.83%	6.26%
50대	5.80%	6.27%
60대 이상	5.70%	15.93%
계	47.36%	52.64%

따라서 정답은 '③ 40대 여성의 비율'이다.

《참고》 52,942÷845,526=0.626……

28 통로쪽을 제외하면 숫자 번호는 2, 3, 4 또는 3, 4, 5만이 가능하다.
검은색은 이미 예약이 완료된 좌석이므로,
예약 가능한 회색 좌석 중 가장 뒷 자석은 G열이므로, 직무자 S씨가 고객에게 제안할 좌석 위치는 $G2$, $G3$, $G4$ 또는 $G3$, $G4$, $G5$ 이다.
정답 '② $G2$, $G3$, $G4$'이다.

29 직무자 C씨는 표를 이용하여 변화 추이를 분석해야 한다.
따라서 정답은 '④ 최근 5년간 ○○시 관할구청의 장애인 채용 정원을 살펴보면 장애인 채용 정원은 꾸준히 늘고 있다.'이다.

30 50요금제의 기본 음성통화 제공량은 320분이고 고객의 평균 음성통화량은 408분이므로 초과 이용 시간인 88분에 대한 음성통화 요금은 8800원이다.
데이터의 경우 50요금제에 비해 9Mb 즉, 900원 정도 초과 사용함을 확인할 수 있다.
그러므로, 고객이 50요금제에 가입할 경우 9700원의 초과 요금을 납부해야 하므로, 직무자 K씨는 고객에게 기본요금이 8000원 비싼 58요금제를 사용할 경우 가장 저렴하게 이용할 수 있다고 안내해야 한다.
정답 '③ 58요금제'이다.

31 직무자 L씨는 사은품을 지급하는 경우의 예산을 각각 뽑아서 합해야 한다.
마스크팩 지급을 위한 예산 : 1,000(원)×300(명) =300,000(원)
파우치 지급을 위한 예산 : 3,000(원)×50(명)=150,000(원)
그러므로 사은품 지급을 위한 총 예산은 '300,000+150,000 =450,000(원)'이다.
따라서 정답은 '③ 450,000원'이다.

32 기부한 금액인 수익의 80%가 600,000원 이므로, 달력 판매 총 수익은
$600,000 \times \frac{100}{80} = 750,000$원이다.
달력 한 부당 생산 비용은 1,000원이고 2,500원에 판매하므로, 달력 1 부당 수익은 1,500원이다.
750,000÷1,500=500부이다.
정답 '④ 500부'이다.

33 직무자 P씨는 시간당 물을 채우는 속도로 채워야 하는 전체 물의 양을 나눠줌으로써 필요한 시간을 계산할 수 있다.
즉 '$\frac{160}{12} = 13\frac{1}{3}$(시간)'이고 $\frac{1}{3}$시간은 20분이므로
물을 채우는 데 필요한 시간은 총 13시간 20분이다.
따라서 정답은 '③ 13시간 20분'이다.

34 74개의 제품을 6개씩 진열하기 위해선 최소 13개의 진열대가 필요하다.
7개의 진열대를 보유하고 있으므로, 추가 제작해야 하는 진열대 수는 13－7=6(개)이다.
정답 '① 6개'이다.

35 직무자 L씨는 주어진 통계 자료를 분석하여 회의 자료를 준비해야 한다.
③ 연도별 노인 인구 비율의 차이는
2005~2006년 '9.5－9.1=0.4',
2006~2007년 '9.9－9.5=0.4(%)',
2007~2008년 '10.3－9.9=0.4',
2008~2009년 '10.7－10.3=0.4',
2009~2010년 '11.0－10.7=0.3'
으로 비교적 일정하게 증가하고 있으며, 차이가 가장 적을 때는 2009년과 2010년 사이이다.
따라서 정답은 '③ 그림에서 노인 인구 비율의 변화 차가 가장 작을 때는 2005년과 2006년 사이이다.'이다.

36 직무자 J씨가 입찰해야 하는 매물은 참다랑어이고, 길이 150cm 이상, 무게 80kg 이상을 만족해야 하므로, 4065번 매물을 입찰해야 한다.
정답 '① 4065'이다.

37 직무자 L씨는 '할인율$=\frac{\text{할인된 가격}}{\text{정상 가격}} \times 100$'으로부터 할인율을 구하여 포스터에 표시해야 한다.
4시간 이용 시 할인된 가격은 '8,000×4－20,000=12,000(원)'이므로

할인율은 '$\frac{12,000}{32,000} \times 100 = 37.5(\%)$'이다.

따라서 정답은 '④ 37.5'이다.

38 여행 인원이 가이드 포함 16명 이므로, 최소 17인승 콤비 버스를 렌트해야 한다.

17인승 콤비버스 4일 간 이용 금액은

$100,000 \times 4 = 400,000$이고,

10% 할인을 적용하면,

$400,000 \times 0.9 = 360,000$원 이다.

정답 '② 360,000원'이다.

39 직무자 L씨는 '조사 대상 수×선호율=선호한 고객의 수'로부터 B음식과 C음식을 선호한 30대 미만 고객의 수를 각각 구해서 비교한 결과를 팀장에게 보고하여야 한다.

B음식을 선호한 고객 중 30대 미만 고객은 '$2+14=16(\%)$'이므로 '$75 \times 0.16 = 12$(명)'이고,

C음식을 선호한 고객중 30대 미만 고객은 '$19+50=69(\%)$'이므로 '$200 \times 0.69 = 138$(명)'이다.

그러므로 '$\frac{\text{C음식을 선호한 30대 미만 고객의 수}}{\text{B음식을 선호한 30대 미만 고객의 수}}$(배)'이다.

따라서 $\frac{138}{12} = 11.5$이므로 정답은 '③ 네, C음식을 선호한 30대 미만 고객의 수가 B음식을 선호한 30대 미만 고객수보다 11.5배 큽니다.'이다.

40 직무자 K씨는 200 마리를 18분(1,080초) 이내에 감별해야 하므로,

$1,080 \div 200 = 5.4$초이다.

정답 '④ 5.4 초'이다.

41 직무자 Y씨는 다음과 같이 초과 근무 확인 시간을 규정에 따라 계산하여 합산 후 수당을 계산하여야 한다.

〈디자인 팀 A사원의 초과 근무 내역〉

순번	초과 근무 일자(요일)	초과 근무 시간	초과 근무 확인 시간
1	11.06(월)	18:00 ~ 20:30	1:30
2	11.11(토)	10:00 ~ 13:00	3:00
3	11.17(금)	18:00 ~ 23:10	4:00
4	11.23(목)	18:00 ~ 21:40	2:40
5	11.27(월)	18:00 ~ 20:00	1:00

한 달 초과 근무 확인 시간의 총합은 12시간 10분이므로 디자인 팀 A사원의 초과 근무 수당은 '12(시간)×15,000(원/시간)=180,000(원)'이다.

따라서 정답은 '② 180,000원'이다.

42 Y사의 선크림은 \$54이고, S사의 아이크림은 \$46이므로, 합계는 \$100이다. 직무자 K씨가 고객에게 답변해 드려야 할 가격 \$100에 환율을 적용하면, $100 \times 1,100 = 110,000$원이다.

정답 '① 110,000원'이다.

43 직무자 P씨는 비례식을 이용하여 60인치 TV의 가로 길이를 구해야한다.

즉 60인치 TV의 가로 길이를 x라 하면

$50:60 = 1,095:x$

$50x = 60 \times 1,095$

$x = \frac{60 \times 1,095}{50} = 1,314$ 임을 알 수 있다.

따라서 정답은 '③ 1,314mm'이다.

44 직무자 N씨가 구매하는 총 금액은

$1,500 \times 20 + 3,000 \times 10 + 4,000 \times 5 = 80,000$원이고 10만원 미만이므로 할인은 적용되지 않는다.

정답 '② 80,000원'이다.

45 직무자 K씨는 먼저 달러를 살 때의 환율을 적용하여 고객에게 내어줄 달러의 양을 계산하고 고객의 요구에 맞게 환전해 주어야 한다.

160만원을 환전한 달러를 x라 하면 '1(달러) : 1030.44(원) $= x$: 1,600,000(원)'으로부터

'$x = \frac{1,600,000}{1,030.44}$에서 약 1,552.73(달러)'이다.

100달러 지폐로 12장, 50달러 지폐 5장은 1,450달러이므로 '1,552−1,450=102(달러)'이므로 20달러 5장, 1달러 2장을 추가로 환전해야 한다.

정답은 '③ 20달러 5장, 1달러 2장'이다.

46 올해 전체 예산을 x라 하면,

자녀 장학금은 $\frac{1}{2}x$이므로

$\frac{1}{2}x + 3,000 + 1,000 = x$

이다. 그러므로 $x = 8,000$(만 원)

정답 '③ 8,000만 원'이다.

47 직무자 Y씨는 둘레, 무게, 탄성력 세 가지 조건에 모두 해당하는 회사의 제품을 선택해야 한다. 농구공의 공식 규격중 둘레의 조건에 해당하는 것은 A제조사와 B제조사 제품이고, 이중 A제조사 제품만 무게의 조건에 해당하므로 정답은 '① A제조사'이다.

48 직무자 K씨는 용량별 1mL당 가격을 구한 후, 이를 비교해서 고객에게 설명해야 한다.

39,000원인 50mL 화장품의 1mL 가격은 $39,000 \div 50 = 780$(원)이고,

69,000원인 125mL 화장품의 1mL 가격은 $69,000 \div 125$

=552(원)이다.

그러므로 두 제품의 1mL당 가격 차이는 780−552 =228(원)이다.

따라서 정답은 '④ 용량이 125mL인 제품이 용량이 50mL인 제품보다 1mL당 228원 더 저렴합니다.'이다.

49 증가율은 $\frac{\text{증가 사원수}}{\text{참여 사원수}}$이므로,

2012년 증가율은 $\frac{60-50}{50}\times 100=20\%$,

2013년 증가율은 $\frac{66-60}{60}\times 100=10\%$,

2014년 증가율은 $\frac{79-66}{66}\times 100 \fallingdotseq 20\%$,

2015년 증가율은 $\frac{87-79}{79}\times 100 \fallingdotseq 10\%$,

2016년 증가율은 $\frac{104-87}{87}\times 100 \fallingdotseq 20\%$이다.

정답 ③이다.

50 직무자 P씨는 가로축을 칼로리, 세로축을 도수, 급간을 250으로 하는 다음과 같은 히스토그램을 그렸다.

정답은 ②이다.

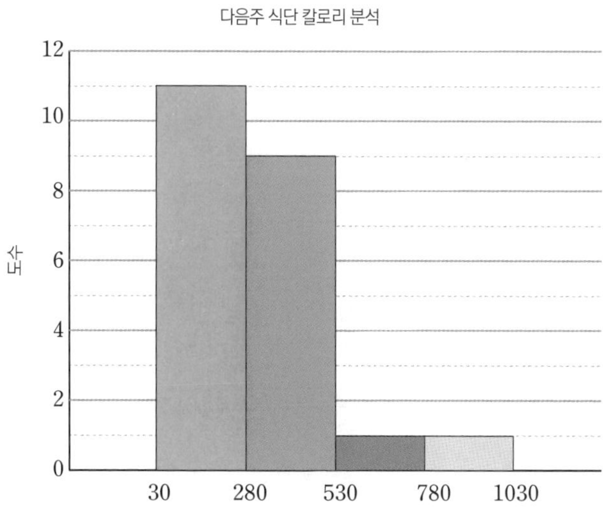

MEMO